beck'sche reihe

bsr

Das Buch bietet die berühmte Einführung aus der Feder von Gareth Stedman Jones, die zuerst auf Englisch in der Reihe «Penguin Classics» erschienen ist. Zusätzlich enthält es den kommentierten Originaltext des kommunistischen Manifests. Stedman Jones ist weltweit einer der besten Kenner der ideengeschichtlichen Wurzeln des Marxschen Werkes. Sein meisterhafter Text ist die ausführlichste und gründlichste Einführung, die es zu diesem Schlüsseltext der Weltgeschichte gibt. Sie macht seinen Inhalt verständlich, verortet ihn in der politischen Ideengeschichte, seziert die unterschiedlichen Einflüsse, denen Marx und Engels bei der Abfassung unterlagen und fragt nach der gegenwärtigen Relevanz seiner Thesen.

Gareth Stedman Jones ist einer der bekanntesten englischen Historiker. Bis 2010 war er Professor für Politikwissenschaft an der University of Cambridge und Fellow des King's College. Seitdem lehrt er Ideengeschichte an der Queen Mary University of London. Seine Hauptwerke sind *Outcast London* (1971) und *Languages of Class* (1983).

Gareth Stedman Jones

Das Kommunistische Manifest

von

Karl Marx und

Friedrich Engels

Einführung, Text, Kommentar

aus dem Englischen von Catherine Davies

Verlag C.H.Beck

Die englische Originalausgabe erschien 2002 unter dem Titel
«Karl Marx and Friedrich Engels, The Communist Manifesto.
With an Introduction and Notes by Gareth Stedman Jones»
bei Penguin Books

Originalausgabe

Satz, Druck u. Bindung: Druckerei C.H.Beck Nördlingen
Umschlagabbildungen: © akg-images
Umschlagentwurf: malsyteufel, Willich
Printed in Germany
ISBN 978 3 406 63883 1

www.beck.de

Inhalt

Dank

Beim Verfassen dieses Buches konnte ich mich auf Erkenntnisse und Denkanstöße zahlreicher Menschen stützen, die ich hier nicht alle erwähnen kann. Doch muss ich jenen besonderen Dank aussprechen, die wissentlich oder unwissentlich in einem bedeutenden Maße zu der Interpretation beigetragen haben, die ich in dieser Einführung entwickelt habe: Raymond Geuss und Istvan Hont, die mit mir zusammen Seminare über Hegel gaben; Emma Rothschild, mit der ich die Geschichte des ökonomischen Denkens erkundete. Ich möchte auch jenen Menschen danken, die meine Abhandlung noch in Manuskriptform lasen: Chimen Abramsky, Sally Alexander, Edward Castleton, Tristram Hunt, Daniel Pick, Miri Rubin und Bee Wilson. Ihre Kritik, ihre Anregungen und ihr Fachwissen waren für mich ausgesprochen wertvoll. Für ihre Hilfe bei der Überarbeitung des Manuskripts für die Veröffentlichung bedanke ich mich besonders bei Susanne Lohmann, Inga Huld Markan and anderen am *Centre for History and Economics* sowie bei meiner Lektorin, Caroline Knight. Viel verdanke ich auch Margaret Hanbury sowie Simon Winder vom Penguin Verlag, die den Band in der vorliegenden Form möglich machten. Den größten Dank schulde ich schließlich meiner Familie, die mich beständig ermutigt und angeregt hat und mich auf diese Weise antrieb, dieses Projekt zu vollenden.

Teil I

Einführung

1. Vorwort

Die Bedeutung des *Kommunistischen Manifests* ist im 20. Jahrhundert nur selten in Frage gestellt worden. Wichtig war es nicht bloß wegen seines Inhalts, sondern mehr noch aufgrund der weltpolitischen Lage. In den zwanzig bis dreißig Jahren nach 1950 lebten Millionen von Menschen in der Sowjetunion, in China, Kuba und Osteuropa unter kommunistischer Herrschaft. Weitere Millionen lebten in Ländern, in denen der Kommunismus so prägend war, dass man sich ihm kaum entziehen konnte – ob man nun in Bürgerkriegen im südlichen Afrika, Lateinamerika oder Südostasien kämpfte oder in politische Auseinandersetzungen in Frankreich, Griechenland oder Portugal verwickelt war.

In Westeuropa wurde der Kommunismus als autoritäres System abgelehnt. Und dennoch wurde er, so seltsam das heute erscheinen mag, bis in die sechziger Jahre hinein mit der Vorstellung von einer rücksichtslosen und dynamischen Modernität identifiziert. Zur Zeit der Fünfjahrespläne der Sowjetunion in den dreißiger Jahren glaubte man, er besitze eine Antwort auf das Problem der Massenarbeitslosigkeit. In den siebziger Jahren galt der Kommunismus weithin als die effektivste Antwort auf wirtschaftliche Rückständigkeit. In vielen Teilen der Dritten Welt speisten sich die Ideologien der antikolonialistischen Freiheitsbewegungen aus einer Kombination von Marxismus und Nationalismus, während selbst in Nord- und Westeuropa eine Mischung aus Keynesianismus und moderaten Versionen sozialistischer Planwirtschaft immer größeren Anklang fand. So glaubte der britische Premierminister Wilson im Jahr 1964 als Anwalt der Modernität einen «nationalen Plan» zur Gesundung des Landes vorlegen zu müssen. Allein in den Vereinigten Staaten (und auch hier erst nach den Verfolgungen der McCarthy-Ära) schien die Bevölkerung immun zu sein gegenüber den Verlockungen des Sozialismus. Wer die moderne Welt verstehen wollte, so schien es damals, musste sich mit Marx beschäftigen, und wohl nirgends ist die Marxsche Botschaft so eindrücklich formuliert worden wie im *Kommunistischen Manifest*.

Diese politische Landschaft der Jahrhundertmitte aber veränderte sich in den achtziger und neunziger Jahren bis zur Unkenntlichkeit. Mit dem Fall der Berliner Mauer 1989, dem Zusammenbruch der Sowjetunion zwei Jahre später und dem überall (mit Ausnahme Chinas und Südostasiens) zu beobachtenden Aussterben der kommunistischen Parteien wurde dem «Kalten Krieg» ein abruptes Ende gesetzt, nachdem die meisten Menschen ihn schon als selbstverständlichen Teil ihrer Lebenswelt akzeptiert hatten. Kaum jemand hatte damit gerechnet, dass der Kommunismus so schnell und würdelos aus der Geschichte verschwinden würde.

Sozialistische und sozialdemokratische Parteien waren ebenfalls in die Defensive gedrängt worden. Nach den Ereignissen vom Mai 1968 waren sowohl auf der Rechten als auch auf der Linken libertäre und antiautoritäre Bewegungen entstanden. Der Aufstieg eines neuen und aggressiveren Konservatismus, angeführt von der britischen Premierministerin Margaret Thatcher und dem amerikanischen Präsidenten Ronald Reagan, setzte dem Konsens der Nachkriegszeit und seinem Bekenntnis zu Währungsstabilität, Vollbeschäftigung und Sozialstaat ein Ende. Gleichzeitig begann die Wählerschaft der sozialdemokratischen Parteien wegzubrechen, da traditionelle Industrieberufe angesichts der zunehmend in die Dritte Welt verlagerten Produktion in der gesamten entwickelten Welt verschwanden. Darüber hinaus führten Neuerungen im Bereich der Computertechnologie und Elektronik zu Personalabbau, einer zunehmenden Prekarisierung der Büroarbeit und einem weiteren Niedergang der manuellen Arbeit. In dieser neuen Ära profitierte die Mehrheit der Arbeitnehmer immer noch von einem wachsenden Reichtum, der gleichwohl von einer zunehmenden Unsicherheit begleitet war, während gleichzeitig eine Unterschicht entstand, die in der postindustriellen Ökonomie keine sinnvolle Funktion mehr erfüllte. Traditionelle sozialistische und sozialdemokratische Ziele wie die Gestaltung der Wirtschaft oder die Umverteilung des Reichtums wurden so gut wie aufgegeben.

Die wachsende Partizipation von Frauen in der Arbeitswelt ließ zudem die Sprache des *Kommunistischen Manifests* überholt erscheinen: Aufrufe zur Einheit der «arbeitenden Männer» hört man kaum noch. Politische Kampagnen wurden mehr und mehr auf ein einziges Thema ausgerichtet, und die politischen Anliegen der Bevölkerung individualisierten sich zunehmend. So wirkt der Versuch, die Arbeiterklasse in eine politische Partei zu transformieren, heute unverständlich. Der Glaube an die Möglichkeit oder gar Wünschbarkeit einer zukünftigen kommunistischen Gesellschaft ist erloschen. In diesem neuen Zeitalter ist die Beschäftigung mit dem *Manifest* nicht mehr selbstverständlich; seine Relevanz steht auf dem Prüfstand. Wird es Eingang finden in die sehr kleine Reihe politischer Texte – Platons *Politeia*, Machiavellis *Fürst*, Hobbes' *Leviathan*, Rousseaus *Gesellschaftsvertrag* gehören wohl dazu –, die selbst Jahrhunderte nach ihrer Niederschrift immer noch die Kraft haben zu provozieren? Oder wird das *Manifest*, die Inspirationsquelle der kommunistischen Bewegung, das gleiche Schicksal erleiden wie diese selbst und so lange an Bedeutung verlieren, bis sich nur noch Spezialisten für die Geschichte des politischen Denkens dafür interessieren?

Auf diese Frage gibt es eine einfache Antwort. Das *Manifest* wird ein Klassiker bleiben, und wenn auch nur aufgrund seiner kurzen, aber unübertroffenen Darstellung des modernen Kapitalismus. Marx war der erste, der die scheinbar grenzenlose Macht und die globale Reichweite der modernen Wirtschaft erfasste. Er war der erste, der die unglaublichen Veränderungen beschrieb, die von der Entstehung des Weltmarktes und den entfesselten, beispiellosen Produktivkräften der modernen Industrie in einem Zeitraum von weniger als hundert Jahren ausgingen. Er skizzierte den immer neu beginnenden, unaufhörlich rastlosen und unfertigen Charakter des modernen Kapitalismus. Er hob die ihm innewohnende Tendenz hervor, immer neue Bedürfnisse und gleichzeitig die Mittel zu ihrer Befriedigung zu erfinden, seine Subversion überlieferter kultureller Praktiken und Überzeugungen, seine Verachtung für Grenzen, seien sie nun heilig oder säkular, seine Destabilisierung jedweder Hierarchie – sei es von Herrschenden und Beherrschten, Mann und

Frau oder Eltern und Kind – sowie seine Art, alles in eine Ware zu verwandeln.

Kurzum, das *Manifest* zeichnet eine Sicht der Wirklichkeit, die heute, am Anfang des neuen Jahrtausends und angesichts endloser Diskussionen über Globalisierung und Deregulierung, als Bild unserer Welt ebenso zeitgenössisch und überzeugend wirkt, wie es Lesern des Jahres 1848 erschienen sein mag.

In den Jahren vor 1870 fiel es Nationalökonomen schwer, die gesellschaftsverändernden Möglichkeiten der Industrialisierung zu erkennen – die Angst vor Überbevölkerung und das Gespenst der fallenden Profitrate spukten nach wie vor durch ihre Köpfe.[1] Es blieb den Frühsozialisten der 1830er und 1840er Jahre und insbesondere den Anhängern Robert Owens als Aposteln einer sogenannten Sozialwissenschaft überlassen, sich mit der Aussicht auf Überfluss und der Möglichkeit einer Gesellschaft, die keinen Mangel mehr kennt, zu identifizieren. Doch setzten sie ihre Hoffnung in die Ideale der Wissenschaft und der Genossenschaft. Den Markt brandmarkten sie dagegen als System ungleicher Tauschbeziehungen, des «Kriegs aller gegen alle» oder des «billig kaufen, teuer verkaufen». Aus dieser Haltung heraus war es leicht, sich der Nostalgie einer «einfacheren» Gesellschaft mit vorhersagbaren Erwartungen und festen Bedürfnissen hinzugeben. Was am *Manifest* ungewöhnlich, wenn nicht einzigartig war – und dies gilt gewiss nicht für alle Werke von Marx –, war seine unbeirrbar modernistische Sichtweise, in der der kapitalistische Weltmarkt nicht einfach mit Ausbeutung und Destabilisierung, sondern auch mit Befreiung und mit der Macht identifiziert wurde, Menschen aus der Rückständigkeit und aus traditionsverhafteten Abhängigkeiten zu erlösen.

1 Zur nicht nachlassenden Furcht vor einer fallenden Profitrate siehe insbesondere E. A. Wrigley, *Continuity, Chance and Change: the Character of the Industrial Revolution in England*, Cambridge 1988; zur verspäteten Erkenntnis einer «industriellen Revolution» unter Ökonomen siehe D. C. Coleman, *Myth, History and the Industrial Revolution*, London 1992, S. 1–42.

Der fortwährende Prozess der Innovation, die nicht aufhörende Erfindung neuer Bedürfnisse und die Schaffung neuer Märkte sind seit der Entstehung des *Manifests* nicht zum Erliegen gekommen. Die Tendenz zu grenzenloser Expansion besteht nach wie vor, auch wenn sie nun durch ökologische Gefahren behindert wird, so wie sie früher durch abnehmende Profite behindert wurde. Die Geschichte hat gezeigt, dass der Kommunismus nicht imstande war, die widersprüchlichen Tendenzen dieser Welt, wie sie im *Manifest* beschrieben werden, aufzuheben. Doch was immer man über den Rest des *Manifests* auch sagen mag: Seine große Leistung bestand darin, seine Theorie aus einer höchst einzigartigen und bemerkenswert neuen Sicht der modernen Welt zu entwickeln, die trotz all der ungeheuren Umwälzungen der vergangenen anderthalb Jahrhunderte immer noch die unsere ist.

Auch die historische Bedeutung des *Manifests* ist gewaltig. Ein Jahrhundert lang oder mehr war seine nun seltsam erscheinende Theorie von der Geschichte als Klassenkampf, der unvermeidlich zum Triumph des Weltkommunismus führt, das Credo von zehntausenden, manchmal hunderttausenden Anhängern in allen Teilen der Welt. Die Thesen des *Manifests*, die nicht bloß als Darlegung von Prinzipien oder als Ausdruck eines Wunsches formuliert waren, sondern als eine Reihe von Prophezeiungen verkündet wurden, bildeten im letzten Drittel des neunzehnten Jahrhunderts die Grundlage für die Schaffung einer weltweiten Arbeiterbewegung, und im zwanzigsten Jahrhundert befeuerten sie viele der politischen Auseinandersetzungen – und nicht wenige Kriege –, die die Welt zwischen 1917 und 1989 zerrissen.

Doch die Wirkung des *Manifests* blieb nicht auf sozialistische und kommunistische Kreise beschränkt. Eine abgeschwächte Version seiner Geschichtsthesen übte einen starken Einfluss auf die Geschichtsschreibung und das Gesellschaftsverständnis von Menschen aus, die selbst nicht direkt mit den Werken von Marx vertraut waren. Geschichte wurde nicht länger als eine Auseinandersetzung um Ideen und Glaubensbekenntnisse gesehen, sondern als das Aufeinandertreffen sozialer Kräfte, das an dem Ziel einer bevorstehenden oder späteren sozialen Revolution gemessen wurde. Die «materialistische Geschichtsauffassung», die Marx und Engels im *Manifest* auf die Geschichte des Kommunismus anwandten, wurde auch außerhalb kommunistischer Kreise weithin akzeptiert und sollte eine Form des geschichtlichen und gesellschaftlichen Denkens begründen, die selbst nach dem Ende des Kommunismus fortbestehen wird.

So sind sich etwa verzweifelte Vertreter der «alten Linken» und ungestüme Anwälte der marktliberalen Rechten darin einig, dass der globale Kapitalismus in seiner historischen Entwicklung nur eine wirkliche Herausforderung gekannt hat, nämlich den revolutionären Sozialismus als Vertreter der industriellen Arbeiterklasse. Beide Gruppen scheinen daraus den Schluss zu ziehen, dass nun, da diese Herausforderung definitiv bewältigt wurde, das weitere Fortschreiten eines keinem Zwang unterliegenden und vollständig globalisierten Kapitalismus durch nichts aufgehalten werden könne. Wenn diese Einschätzung aus der Zeit unmittelbar nach dem Ende des Kalten Krieges ein Zeichen dafür ist, wie nachhaltig das *Manifest* Denkweisen und Wahrnehmungen geprägt hat, so gilt dies auf einer modischeren Ebene wohl auch für die Haltung bestimmter Autoren der Postmoderne. Denn diese französischen und amerikanischen Theoretiker kommen zu dem Schluss, dass, nachdem der Klassenkampf im Zeichen des Kommunismus vorbei sei, die Geschichte selbst an ihr Ende gekommen sein müsse.

Eine mögliche Antwort auf diese weltgeschichtliche Überhöhung des *Manifests* lautet, dass die Kritik an der globalen Durchsetzung des Laissez-faire-Kapitalismus nicht erst mit der Industrialisierung und dem revolutionären Sozialismus begann. Auch ist es unwahrscheinlich, dass sie mit dem Zusammenbruch des Kommunismus und dem Ende des industriellen Zeitalters verschwinden wird. Seit dem Ende des vorigen Jahrtausends haben sich neue und anders ausgerichtete Ansätze herausgebildet, um das globale Wirtschaftssystem in einem nachhaltigeren und ethisch verträglicheren Rahmen zu verankern.

Doch die beste Antwort auf diese Form des Postmodernismus besteht darin, auf die mittlerweile vergessene Entstehungsgeschichte der mit Marx assoziierten historischen Großerzählung zu verweisen. Durch sie lässt sich erklären, wie diese nach wie vor bestehende Sicht der Welt ursprünglich zusammengebaut wurde. Zu diesem Zweck ist es erforderlich, eine recht lange und komplizierte Geschichte zu erzählen. Doch diese Geschichte ist wichtig, denn sie verdeutlicht, dass vieles von dem, was zum ersten Mal im *Manifest* behauptet und später als Erklärung der Entstehung der modernen Welt gemeinhin akzeptiert wurde, eher dem Reich der Mythologie als dem der Fakten zuzuordnen ist.

Insbesondere wird sich so zeigen, dass die Wurzeln des Marxschen Sozialismus gar nicht in der Industrialisierung oder den sozialen und politischen Hoffnungen der Industriearbeiter lagen. Er speiste sich stattdessen aus den Diskussionen, die die radikalen Schüler Hegels über die Frage führten, was das Christentum bzw. Hegels rationalisierte Version des Christentums, den «absoluten Geist», ersetzen solle. Aus einer europäischen Perspektive betrachtet, waren diese Wurzeln des deutschen Sozialismus in einer religiösen Reformbewegung nicht sonderlich überraschend. Denn sowohl in Großbritannien als auch in Frankreich war der Sozialismus zu Beginn des neunzehnten Jahrhunderts ebenfalls aus postchristlichen religiösen Reformbewegungen entstanden.[2]

2 In Frankreich lassen sich die Ursprünge des Sozialismus bis in die 1790er Jahre, das Jahrzehnt der Französischen Revolution, zurückverfolgen, als man nach einem Ersatz für die christliche Religion suchte, von der man hoffte, sie würde wie die Monarchie einfach untergehen. Dem Sozialismus – Fouriers «Harmonie» oder «Newtons Religion» (später Saint-Simons «neuem Christentum») – sollte dieselbe «spirituelle Macht» eigen sein, über die einst die katholische Kirche verfügt hatte. In Großbritannien wurde Robert Owens «neue moralische Welt» ganz ohne Ironie als Botschaft des zweiten Messias verkündet. Die «rationale Religion» der Oweniten war ein direkter Ausläufer der Tradition der Rational Dissenters [einer Gruppe nichtanglikanischer Protestanten, die den christlichen Glauben mithilfe wissenschaftlicher Methoden überprüfen und stärken wollte, Anm. d. Übers.] des achtzehnten Jahrhunderts. Formuliert wurde sie als ein wissenschaftlicher Ersatz für das traditionelle Christentum und sein Konzept der Erbsünde. Der deutsche Weg von einer religiösen Reformbewegung zum Marxschen Sozialismus unterschied sich nicht qualitativ von dem Prozess, der den sogenannten

Im *Manifest* unternahmen Marx und Engels den erfolgreichen Versuch, diese religiösen Spuren zu verwischen und sie durch eine sozioökonomische Genealogie zu ersetzen, die ihrem neuen kommunistischen Selbstbild angemessen war. Wie diese Einführung zeigen wird, klammerten sie in ihrer Darstellung allerdings nicht nur die religiöse Vorgeschichte des Kommunismus aus, sondern vielmehr *jegliche* Form von intellektueller Vorgeschichte. Erwähnt wurden weder der Einfluss der klassischen deutschen Historiker noch die sogenannte «deutsche historische Rechtsschule» und deren Geschichte der Eigentumsformen noch Adam Smiths oder Simone des Sismondis Überlegungen zur Funktionsweise der Marktgesellschaft noch Proudhons Kritik von Eigentum und Gemeinschaft noch der in der Naturrechtstradition des siebzehnten Jahrhunderts entwickelte historische Begriff der Gemeinschaft und des Privateigentums. Als Marx und Engels das *Manifest* entwarfen, ließen sie alle Hinweise auf diese Ideen, ob religiös oder säkular, einfach verschwinden. Sie lenkten zudem die Aufmerksamkeit von den sozialistischen oder kommunistischen Ideen auf die sozialen Kräfte, die von jenen angeblich repräsentiert wurden. So konnte der Eindruck entstehen, als sei die Geschichte des Sozialismus oder Kommunismus gleichbedeutend mit der Entstehung des industriellen Proletariats und dem Übergang zur modernen Gesellschaft, die mit der industriellen Revolution in Großbritannien ihren Ausgang nahm und dann auf den europäischen Kontinent und nach Nordamerika übergriff. Kriege und Revolutionen wurden zu Begleiterscheinungen der sozialen und politischen Kämpfe, die ihrerseits Produkte des weltweiten Industrialisierungsprozesses waren.

Doch trotz des *Manifests* sollten Sozialismus und Kommunismus nie gleichbedeutend werden mit der Perspektive des «Proletariats». Der spekulative oder quasireligiöse Ursprung und Charakter der sozialistischen Glaubensbekenntnisse, einschließlich desjeni-

«utopischen Sozialismus» in Frankreich und Großbritannien hervorgebracht hatte; der Unterschied lag vielmehr in den älteren religiösen und philosophischen Traditionen.

gen, das auf den Verkündigungen des *Manifests* selbst beruhte, blieb hinter der mit viel Mühe ausgearbeiteten sozioökonomischen Fassade immer sichtbar. Es war nicht die bloße Tatsache der Proletarisierung, die ursächlich war für die Kriege und Revolutionen des zwanzigsten Jahrhunderts, sondern die Erfahrungen sozialer und politischer Unruhen, die in der militanten und apokalyptischen Sprache des Kommunismus und revolutionären Sozialismus zum Ausdruck gebracht wurden. Historiker haben deshalb zu Recht die Leidenschaften, die Kompromisslosigkeit und den Extremismus der Revolutionen des zwanzigsten Jahrhunderts mit den Religionskriegen des sechzehnten und siebzehnten Jahrhunderts verglichen.

Mit Blick auf den Niedergang des Sozialismus in der zweiten Hälfte des zwanzigsten Jahrhunderts sollte man ähnlich argumentieren. Obwohl die Krisen der sozialistischen Doktrin und der Zusammenbruch kommunistischer Staaten eindeutig durch politische, militärische und sozioökonomische Faktoren beschleunigt wurden, war die Säkularisierung politischer Überzeugungen in den Jahrzehnten nach 1950 doch ebenso bedeutsam. Das Ende des Kommunismus war nicht das «Ende der Geschichte», sondern das Ende einer Ära, in der sich die Kritik am globalen Kapitalismus überschnitt mit dem Aufstieg und Fall einer mächtigen und organisierten postchristlichen Religion, die sich im Namen der Wissenschaft an die Unterdrückten wandte.

Wenn es um die anhaltende historische Bedeutung des *Manifests* geht, muss abschließend auf seine rhetorische Kraft, seine Macht als Text eingegangen werden. Seine Thesen und Parolen sind selbst denen im Gedächtnis, die es nie gelesen haben – «Ein Gespenst geht um in Europa – das Gespenst des Kommunismus» ... «Die Geschichte aller bisherigen Gesellschaft ist die Geschichte von Klassenkämpfen» ... «Die Proletarier haben nichts zu verlieren als ihre Ketten» ... «PROLETARIER ALLER LÄNDER VEREINIGT EUCH!»

Doch das *Manifest* bezog seine Macht nicht einfach aus diesen einprägsamen Sätzen. Auch kann man nicht behaupten, dass es seinen Einfluss seinem Gesamtaufbau verdankt. Der letzte Abschnitt wurde in Eile niedergeschrieben und wirkt unfertig, während der dritte Abschnitt trotz seiner mitunter brillanten Sticheleien willkürlich und sektiererisch ist. So konzentriert sich die Stärke des *Manifests* zweifellos in seinen ersten beiden Abschnitten. Unbeirrbar und in beißender Schärfe entfaltet sich hier seine Argumentation, die durch verblüffende rhetorische Wendungen eine zusätzliche Lebendigkeit erhält, sodass jeder Absatz noch immer überraschend und verstörend wirkt.

Noch heute – und ganz sicher in den 1840er Jahren – erwarten die Leser eines «Manifests» wohl, hier eine Darlegung der «Grundsätze des Kommunismus» zu finden (die sie in einem früheren von Friedrich Engels verfassten Entwurf auch gefunden hätten) oder sogar (in der noch früheren Fassung eines anderen Mitglieds des Bunds der Kommunisten, Moses Hess) ein «kommunistisches Bekenntnis».[3] In den 1840er Jahren – und dies wird im Folgenden deutlich werden – wurde der Kommunismus ganz überwiegend entweder mit radikalen Traditionen des Christentums oder mit den Extremen des aus der Französischen Revolution stammenden jakobinischen Rationalismus identifiziert. Der Ausgangspunkt des *Manifests* ist ein ganz anderer. Es beginnt nämlich mit einer nachhaltigen Würdigung seines erklärten Gegners – dem Inbegriff von Privateigentum und Egoismus: der «Bourgeoisie» und der «modernen bürgerlichen Gesellschaft». Die «Bourgeoisie» hat «ganz andere Wunderwerke vollbracht als ägyptische Pyramiden, römische Wasserleitungen und gotische Kathedralen». In kaum hundert Jahren hat sie «massenhaftere und kolossalere Produktivkräfte geschaffen als alle vergangenen Generationen zusammen». Wenn die «moderne bürgerliche Gesellschaft» nun ihrem Ende entgegenging und die Macht an ihren Antipoden, das Proletariat, abtreten musste, so geschah dies nicht aufgrund ihrer Niederlagen, sondern wegen ihrer Triumphe.

3 Siehe F. Engels, «Grundsätze des Kommunismus», in: K. Marx und F. Engels, *Werke*, Berlin 1956 ff. (im Folgenden: MEW), Bd. 4, S. 361–380; Moses Hess, «Kommunistisches Bekenntnis in Fragen und Antworten», in: W. Mönke (Hrsg.), *Moses Heß. Philosophische und Sozialistische Schriften* 1837–1850, Vaduz 1980, S. 359–371.

Das Ende schien nah. Wie der «Hexenmeister, der die unterirdischen Gewalten nicht mehr zu beherrschen vermag, die er heraufbeschwor», habe die Bourgeoisie durch die schiere Größe des von ihr bewirkten materiellen Fortschritts «die Waffen geschmiedet, die ihr den Tod bringen». Ebenso habe sie «die Männer gezeugt, die diese Waffen führen werden – die modernen Arbeiter, die *Proletarier*». Der erste Abschnitt endet mit einer Beschreibung der Verwandlung des Proletariats in eine Klasse. Die moderne Industrie bzw. die industrielle Revolution, diese große bürgerliche Errungenschaft, habe die Isolation der Arbeiter durch ihre «revolutionäre Vereinigung» zu einer Gruppe ersetzt. Der Niedergang der Bourgeoisie und der Aufstieg des Proletariats «sind gleich unvermeidlich».

Der zweite Abschnitt ist kaum weniger verblüffend, wenn auch der Tonfall hier ganz anders ist. In einem bemerkenswerten Umschwung vom Epischen ins Triviale findet ein Szenenwechsel statt – aus der Fabrik und dem Geschäftszimmer hinaus und in das bürgerliche Interieur hinein. Dort steht der Bourgeois, der nun kein herkulischer Erbauer, kein Weltveränderer mehr ist, sondern ein recht selbstmitleidiger Familienvater, ein schwatzender Haushälter, der sich den kalten Schweiß von der Stirn wischt und seine dicklichen Hände ringt, flehend, dass er der sicheren Vergeltung durch die Kommunisten entgehen möge.

Trotz seines Titels («Proletarier und Kommunisten») besteht dieser Abschnitt hauptsächlich aus einem imaginären Dialog zwischen dem Kommunisten und dem Bourgeois, ein Dialog, in dem die Physiognomie des kommunistischen «Gespensts» in geradezu reißerischer und unheimlicher Manier ausgemalt wird. Dieser Teil ist gleichermaßen bitter wie provozierend. Die meisten der gegen die Kommunisten vorgebrachten wilden Anwürfe – dass sie ihre Frauen teilen, dass sie die Nationen abschaffen wollen, dass sie das Eigentum und die Zivilisation zerstören wollen – werden dem Bourgeois umgehend wieder vor die Füße geworfen. Einige andere werden von den Kommunisten mit Heiterkeit aufgenommen. Wenn das «Gespenst» so ausgetrieben worden ist, dann auf eine ganz und gar nicht beruhigende Weise. Denn der Bourgeois wird bloß aufgefordert, seine kindischen Ängste abzulegen, um den sehr realen und erwachsenen Schrecken einer kommenden Revolution ins Auge zu sehen.

Der spielerische Sadismus dieses Abschnitts wiederum wird erst ermöglicht durch ein drittes und gleichermaßen fesselndes Merkmal des *Manifests*: die neue Identität des «Kommunisten». Es ist nun nicht mehr «der Kommunist», der den Bourgeois bedroht. Kommunisten tragen keine persönliche Verantwortung für die unmittelbar bevorstehende Enteignung der Bourgeoisie, und selbst das Proletariat wird nur die Rolle spielen, die die Geschichte ihm zugeteilt hat. Kommunisten sind nicht länger diejenigen, die sich bestimmten «Ideen oder Prinzipien» verschrieben haben; sie «sind nur allgemeine Ausdrücke tatsächlicher Verhältnisse, eines existierenden Klassenkampfs, einer unter unsern Augen vor sich gehenden geschichtlichen Bewegung». Diese Bewegung ist Ausdruck einer

> Empörung der modernen Produktivkräfte gegen die modernen Produktionsverhältnisse, gegen die Eigentumsverhältnisse, welche die Lebensbedingungen der Bourgeoisie und ihrer Herrschaft sind.

Was den Kommunisten auszeichnet, ist sein klares Bewusstsein dieser Tatsache.

Der Kommunist ist daher jemand, der über den Vorteil verfügt, «die Bedingungen, den Gang und die allgemeinen Resultate der proletarischen Bewegung» zu verstehen. Zu diesen «allgemeinen Resultaten» zählen das Verschwinden der «Klassenunterschiede» und die Konzentration aller Produktion in den Händen der «assoziierten Individuen» oder, wie es in der späteren englischen Fassung hieß, einer «vast association of the whole nation». Schließlich «verliert die öffentliche Gewalt den politischen Charakter» und an «die Stelle der alten bürgerlichen Gesellschaft mit ihren Klassen und Klassengegensätzen tritt eine Assoziation, worin die freie Entwicklung eines jeden die Bedingung für die freie Entwicklung aller ist».

Zeugen diese kühnen Thesen von einem zusammenhängenden Denkprozess? Oder handelt es sich vielmehr um den bloßen Anschein theoretischer Einheit, hinter dem sich in Wirklichkeit eine zufällige Ad-hoc-Ansammlung von Behauptungen verbirgt, die sich aus verschiedenen Quellen speist? Warum hätte eine Deklaration des Kommunismus die weltverändernden Leistungen der «Bourgeoisie» herausstellen sollen? Warum die Behauptung, dass die existierenden sozialen und politischen Systeme unreformierbar seien und dass die regelmäßig wiederkehrenden Krisen auf ein Ende des Eigentumssystems insgesamt hindeuten? Warum die Annahme, dass es eine besondere Affinität zwischen den Anliegen der Arbeiter und den Zielen des Kommunismus gebe? Und schließlich: Warum hätte man davon ausgehen sollen, dass am Ende eines historischen Prozesses, der nicht von Idealen, sondern von dem Aufeinandertreffen materiell konkurrierender Interessen beherrscht wird (dem «Klassenkampf»), dennoch ein moralisch erstrebenswertes Ergebnis steht?

2. Die Rezeption des *Manifests*

Bis vor kurzem hätte man es schwer gehabt, auf diese doch recht naheliegenden Fragen klare Antworten zu finden. Um zu erklären, warum sie so selten gestellt wurden, muss man sich der Geschichte der Rezeption des *Manifests* zuwenden und fragen, wie sich die seiner Theorie zugeschriebene Bedeutung im Laufe der Zeit veränderte und für welche unterschiedlichen politischen Zwecke es nutzbar gemacht wurde.

Von Anfang an, so scheint es, sind die Verfechter des *Manifests* eher an den dort formulierten unmittelbaren politischen Anliegen interessiert gewesen als an seinen langfristigen kommunistischen Zielen. Nachdem Marx das *Manifest* in den ersten Wochen des Jahres 1848 in großer Eile niedergeschrieben hatte, erschien es just zu dem Zeitpunkt, als der europäische Kontinent von der Ostsee bis zum Balkan von einer Welle von Revolutionen erfasst wurde. Doch trotz – oder gerade wegen – dieses Zusammentreffens blieb eine durchschlagende Wirkung zunächst aus. Von der deutschen Originalfassung erschien 1848 lediglich eine

Ausgabe.[4] Angesichts der revolutionären Unruhen wurde der auf den ersten Seiten des Textes verkündete Plan, das Dokument in fünf Sprachen zu übersetzen, bald aufgegeben, und in Deutschland hatten die beiden Autoren guten Grund, die Bedeutung sowohl der Forderungen des *Manifests* als auch der Partei, die es repräsentieren sollte, herunterzuspielen.[5] Tatsächlich wurde der Bund der Kom-

4 Daneben existieren zwei weitere Ausgaben des *Manifests*, die in London gedruckt wurden und auf das Jahr 1848 datiert sind. Eine davon wurde wie die Originalausgabe angeblich von J. E. Burghard, 46 Liverpool St., Bishopsgate, gedruckt; die andere erschien bei R. von Hirschfeld, «englischer und ausländischer Drucker, 48 Clifton Street, Finsbury Square». Deswegen ging man lange davon aus, dass 1848 drei Ausgaben herauskamen. Neuere Forschungen deuten aber eher darauf hin, dass keine der beiden Ausgaben in diesem Jahr publiziert wurden. Die erste wurde illegal in Köln gegen Ende des Jahres 1850 veröffentlicht, während die zweite nicht vor 1856 und wahrscheinlich erst 1861 erschienen ist. Siehe *Das Kommunistische Manifest (Manifest der Kommunistischen Partei)* von Karl Marx und Friedrich Engels, Internet-Version, bearbeitet und mit Vor- und Nachbemerkung sowie editorischen Anmerkungen versehen von T. Kuczynski, 1996, http://www.fes.de/marx/km/vesper.html. Dieser Text erschien ursprünglich als Nr. 49 der Schriften aus dem Karl-Marx-Haus Trier (1995).

5 Eine englische Übersetzung des ersten Abschnitts des *Manifests* von Helen McFarlane (unter dem Pseudonym «Howard Morton») erschien in der Zeitschrift *The Red Republican*, Bd. 1, Nr. 21 (9. November 1850), S. 161 f.; Bd. 2, Nr. 22 (16. November), S. 170–172. In der Einleitung hieß es, dass «die Unruhe» nach der Februarrevolution in Frankreich es «unmöglich gemacht hat, es in alle Sprachen des zivilisierten Europa zu übersetzen» und dass zwar zwei französische Übersetzungen als Manuskript existierten, dieser Plan aber angesichts der «gegenwärtigen repressiven Gesetzeslage in Frankreich» «nicht durchführbar» sei (ebd., S. 161). Die Presse widmete der englischen Fassung des *Manifests* einige Aufmerksamkeit. In einem Leitartikel der *Times* (3. September 1851) wurde das *Manifest* zitiert (dabei aber nicht namentlich erwähnt), wobei der Autor die «Zahl und Infamie» von billigen Publikationen beklagte, in denen dem Volk «zersetzende und demoralisierende Grundsätze» gepredigt würden. Ebenfalls erwähnt wurde das *Manifest* in einem Überblick zu «Revolutionärer Literatur» in der Zeitschrift *The Quarterly Review* (September 1851), Bd. lxxxix, S. 523. Der anonyme Autor hob die Pas-

munisten, die Organisation, die das *Manifest* in Auftrag gegeben hatte, unmittelbar nach dem Ausbruch der Revolutionen (im Februar in Paris, in Wien und Berlin im März) aufgelöst.

Es war Marx selbst, der in seiner Funktion als neu gewählter Vorsitzender des Zentralkomitees des Bunds der Kommunisten diesen Schritt beschloss. Denn nun, da die Revolution auch Deutschland erfasst hatte und Marx aus seinem Exil in Brüssel und Paris zurückkehren konnte, ging es ihm vor allem darum, seine politische Karriere als Herausgeber der radikalen Kölner *Rheinischen Zeitung* wiederaufzunehmen, die er 1843 aufgrund der von der preußischen Regierung erzwungenen Schließung der Zeitung hatte aufgeben müssen. Als wiedereingesetzter Herausgeber der nunmehr umbenannten *Neuen Rheinischen Zeitung* war Marx der Ansicht, dass das Deutschland seiner Gegenwart noch nicht reif sei für die im *Manifest* skizzierten politischen Ziele («Bildung des Proletariats zur Klasse, Sturz der Bourgeoisieherrschaft, Eroberung der politischen Macht durch das Proletariat»). Die neue Zeitung nannte sich im Untertitel «Organ der Demokratie», und ihr Ziel war es, die Stimme des radikalen Flügels einer «bürgerlichen Revolution» zu sein, vergleichbar mit der Französischen Revolution von 1789. Zwar hatte das *Manifest* voller Zuversicht prophezeit, dass «die deutsche bürgerliche Revolution (...) nur das unmittelbare Vorspiel einer proletarischen Revolution sein kann»; gleichwohl glaubte Marx, dass es in Anbetracht der neuen Umstände ganz unangemessen wäre, «bei den Arbeitern ein möglichst klares Bewußtsein über den feindlichen Gegensatz von Bourgeoisie und Proletariat herauszuarbeiten», wie es das *Manifest* gefordert hatte. Es galt, eine parlamentarische Regierung samt bürgerlichen Freiheiten durchzusetzen, wie man sie mit der französischen Revolution von 1848 assoziierte. Erst auf dieser Basis könnte dann

sagen hervor, in denen «die Zerstörung Ihres Eigentums» gefordert und die «bürgerliche Ehe» als «in Wahrheit eine Vergemeinschaftung der Frauen» denunziert wurde, und verurteilte sie als besonders schlimme Auswüchse dieses Genres. Ich danke Chimen Abramsky, der mich auf diese Texte aufmerksam gemacht hat.

eine weitere Revolution die Abschaffung des Privateigentums bewirken. Aus diesem Grund sprach sich Marx gegen das separate Arbeiterprogramm aus, das ein anderes Mitglied des Bunds der Kommunisten, der Vorsitzende der Kölner Arbeitergesellschaft Andreas Gottschalk, propagierte. Doch war es nicht möglich, dieses zur Unzeit auftretende unabhängige Handeln der Arbeiterklasse zu unterdrücken, und so beschloss Marx die Auflösung des Bundes, um Gottschalk und seinen Anhängern den Boden zu entziehen.

Im Dezember 1848 wurde dann aber deutlich, dass Marx' Strategie, die «bürgerliche» Revolution zu unterstützen und die Entwicklung einer unabhängigen proletarischen Partei zu behindern, gescheitert war. Die neuen Repräsentativorgane hatten die althergebrachte Macht der Autokratie in den Armeen und dem Adel der wichtigsten deutschen Staaten nicht überwinden können. Die deutsche Bourgeoisie hatte sich als unfähig erwiesen, ihre Revolution zu vollenden und wurde angesichts ihrer Furcht vor der Bedrohung von unten zusehends reaktionär. Anfang 1849 änderte Marx daher seine Meinung und begann, die Entwicklung proletarischer Unabhängigkeit aktiv zu fördern. Zu diesem Zeitpunkt ging es aber nicht mehr in erster Linie darum, den Übergang von einer «bürgerlichen» zu einer «proletarischen» Revolution sicherzustellen. Vielmehr stellte sich die Frage, wie man angesichts eines sich immer deutlicher abzeichnenden Siegs der Reaktion überhaupt noch ein Minimum dessen bewahren konnte, was im Frühjahr 1848 erreicht worden war.

Zwischen 1850 und 1870 erinnerten sich nur ein paar hundert deutschsprachige Veteranen der 48er Revolutionen an das *Manifest*. In größerer Zahl neu aufgelegt wurde es erst wieder in Bismarcks neu gegründetem Reich, als August Bebel und Wilhelm Liebknecht, zwei Führungsfiguren der deutschen Sozialdemokratie (und, in Liebknechts Fall, ein weiterer Veteran des Bundes der Kommunisten), im Jahr 1872 des Landesverrats angeklagt wurden, nachdem sie sich gegen den Krieg mit Frankreich ausgesprochen hatten. Um den Vorwurf des Verrats zu belegen, präsentierte die Staatsanwaltschaft dem Gericht das *Manifest*, von dessen antipatriotischem Ausspruch «Die Arbeiter haben kein Vaterland» sie sich große Wirkung versprach. Ein unbeabsichtigter Nebeneffekt war, dass sozialistische Verleger nunmehr die Zensurgesetze umgehen und eine Neuveröffentlichung des *Manifests* in Angriff konnten; so kam es zur deutschen Neuauflage von 1872.

In den folgenden Jahrzehnten entstanden sozialistische und sozialdemokratische Parteien in großer Zahl und in fast allen Teilen der Welt, wodurch auch die Anzahl der Übersetzungen und Neuauflagen rapide zunahm; im Jahr 1914 waren es mehrere hundert, darunter auch Übersetzungen in Esperanto, ins Japanische, Jiddische, Tatarische und in alle wichtigen Sprachen des Russischen Reiches.[6]

Anfang der 1870er Jahre sah es zunächst so aus, als könne die politische Krise, in der sich Frankreich nach der Niederlage im deutsch-französischen Krieg und der Abdankung Napoleons III. befand, wie 1848 eine neue Welle von Revolutionen hervorrufen. In den 1840er Jahren hatte es erste Versuche gegeben, internationale Assoziationen von Radikalen, Demokraten oder Sozialisten zu bilden; 1864 dann hatte sich in London die Internationale Arbeiterassoziation gegründet, in der Karl Marx als Sekretär fungierte. Die Erste Internationale, wie sie heute in Geschichtsbüchern genannt wird, war zunächst nicht mehr als ein bescheidener Zusammenschluss von englischen und französischen Gewerkschaftern, die verhindern wollten, dass Unternehmer bei Arbeitskämpfen im Baugewerbe auf ausländische Arbeiter zurückgriffen.[7] Marx ver-

6 Diese Editionen und Übersetzungen wurden von B. Andréas umfangreich katalogisiert; siehe ders., *Le Manifeste Communiste de Marx et Engels: Histoire et Bibliographie 1848–1918*, Mailand 1963; eine Erörterung der Verbreitung des *Manifests* vor 1914 findet sich bei Eric Hobsbawm, «Einleitung», in: Karl Marx und Friedrich Engels, *The Communist Manifesto: A Modern Edition*, London 1998.

7 Zum Ursprung der Ersten Internationale siehe H. Collins und C. Abramsky, *Karl Marx and the British Labour Movement: Years of the First International*, London 1965. Die Erste Internationale wurde formell auf dem Kongress von Philadelphia im Jahr 1876 aufgelöst, hatte aber de facto seit 1872 nicht mehr bestanden, als Marx und Engels im Anschluss an den Haager Kongress die Zentrale der Organisation nach New York verlegt hatten.

suchte nun seine Position als Sekretär zu nutzen, um die Assoziation zu einem Vehikel der internationalen Arbeitersolidarität zu machen. Obwohl sie die meiste Zeit ihres Bestehens in erster Linie auf dem Papier existierte, hatte die Internationale gegen Ende der 1860er Jahre weltweite Berühmtheit erlangt, was ihrer stetig wachsenden geographischen Reichweite sowie ihren immer umfassender werdenden politischen Zielen zu verdanken war, die auf aufwendig beworbenen internationalen Kongressen artikuliert wurden. Während der instabilen Periode nach dem deutsch-französischen Krieg und dem Ende des Zweiten Kaiserreichs war man in Europa vielerorts der Überzeugung, dass die Internationale an der Übernahme der französischen Hauptstadt durch Arbeiter und Radikale im Frühjahr 1871 – der Pariser Kommune – federführend beteiligt war. Eine große Streikwelle in den sich industrialisierenden Regionen Westeuropas wurde ihr ebenso angelastet wie die Entstehung der ersten Massenarbeiterparteien in Deutschland, die sich zumindest teilweise zu einer sozialistischen Programmatik bekannten. Es war diese Reihe von Ereignissen, die Marx zu einer internationalen Berühmtheit machte. Wegen seiner Verteidigung der Pariser Kommune, die er 1871 in London unter dem Titel *Der Bürgerkrieg in Frankreich* in seiner Funktion als Sekretär der Internationalen Arbeiterassoziation verfasst hatte, wurde Marx von der konservativen Presse einhellig als Anführer einer geheimen internationalen kommunistischen Arbeiterverschwörung gebrandmarkt. Marx erfreute sich nun nicht mehr nur eines stetig wachsenden Renommees als Autor des 1867 erschienen ersten Bandes von *Das Kapital*, sondern hatte sich quasi über Nacht als großer revolutionärer Architekt des «wissenschaftlichen» Sozialismus etabliert.

Allerdings unterschieden sich die politischen Umstände, unter denen das *Manifest* wiederveröffentlicht wurde, signifikant von jenen seiner ursprünglichen Entstehung. In der Zeit zwischen den 1870er Jahren und 1914 war die Bedeutung, die dem *Manifest* von Seiten der etablierten sozialistischen Parteien Zentral- und Westeuropas zugeschrieben wurde, hauptsächlich symbolischer Natur. Kritische Fragen hinsichtlich der weitergehenden Ideen des *Manifests*, der Durchführbarkeit seiner Konzeption des Kommunismus und der Plausibilität des dort angenommenen Übergangs von einem allmächtigen sozialistischen Staat zu einer staatenlosen kommunistischen Gesellschaft waren innerhalb der Ersten Internationale Mitte der 1860er Jahre gestellt worden. Doch nachdem es Marx 1872 gelungen war, den russischen Revolutionär Michail Bakunin und seine Anhänger aus der Internationale auszuschließen, blieb die Beschäftigung mit solchen Fragen nunmehr hauptsächlich auf «Anarchisten» beschränkt.[8] Als zudem 1889 die Zweite Internationale begründet wurde, war die Ablehnung des Anarchismus sowohl auf der Ebene der Doktrin als auch auf der institutionellen Ebene zu einem festen Bestandteil der neuen sozialistischen Orthodoxie geworden.[9] Die neuen sozialistischen Parteien Europas der

8 Der Begriff «Anarchist» wurde 1840 in Frankreich von P.-J. Proudhon gebraucht. Siehe P.-J. Proudhon, *Was ist das Eigentum?*, Berlin 1896, S. 219. Zu Proudhon vgl. die unten stehenden Ausführungen. Michail Bakunin, ein Mitglied des russischen Landadels, kam 1840 nach Berlin, um Philosophie zu studieren, war ein Zeitgenosse Marx' im Paris der 1840er Jahre und beteiligte sich an der Seite des Komponisten Richard Wagner an der Dresdener Revolution von 1849. Nach seiner Gefangennahme durch royalistische Kräfte verbrachte er mehrere Jahre in russischen Gefängnissen und in der sibirischen Verbannung. 1864 wurde er Mitglied der Internationale und versammelte, hauptsächlich von der Schweiz aus, eine Schar von Anhängern um sich; während dieser Zeit wuchs sein Widerstand gegen den von Marx vorgegebenen Kurs der Assoziation. Die Anarchisten waren der Ansicht, dass der Staat genauso unterdrückerisch wirke wie das Privateigentum. Aus diesem Grund lehnten sie sowohl den Staatssozialismus als auch eine Mitwirkung innerhalb des bestehenden politischen Systems ab. Im Gegensatz zu Marx und seinen Anhängern, welche das Proletariat in eine politische Partei transformieren wollten und eine temporäre Machtübernahme als Vorstufe zum «Absterbens des Staates» anstrebten, sprachen sich die Anarchisten gegen jegliche Beteiligung an Wahlen aus. Bakunins Kritik an Marx findet sich in M. Bakunin, *Staatlichkeit und Anarchie* (1873), hrsg. v. Wolfgang Eckhardt, 2. Aufl., Berlin 2007.

9 Die Zweite Sozialistische Internationale wurde 1889 auf einem Kongress in Paris gegründet. Es handelte sich dabei um ein im Wesentlichen europäisches Bündnis von Parteien und Gewerkschaften, das von der deutschen Sozialdemokratie dominiert wurde. Die Zweite Internationale war

1870er und 1880er Jahre setzten auf die Partizipation der organisierten Arbeiterschaft innerhalb des bestehenden politischen Systems.

Unter diesen Bedingungen konnte das im *Manifest* skizzierte politische Programm nicht länger als relevant gelten. Spekulationen darüber, wie die Welt nach der Abschaffung des Privateigentums aussehen könnte, wirkten nun immer abwegiger, während das Beharren auf dem «gewaltsamen Umsturz aller bisherigen Gesellschaftsordnung» als geradezu gefährlich erscheinen musste. Ebenso verband man mit dem Begriff der Partei nun andere Vorstellungen als noch in den 1840er Jahren.[10] Die Sprache des *Manifests* hatte die kosmopolitischen, freimaurerischen und illuminatischen Assoziationen einer vergangenen unsichtbaren Kirche evoziert: «die Kommunisten» bildeten «keine besondere Partei», sondern brachten «die gemeinsamen, von der Nationalität unabhängigen Interessen des gesamten Proletariats» zum Ausdruck und hatten ein klares Verständnis der «allgemeinen Resultate der proletarischen Bewegung».[11] Alternativ bezeichnete der Begriff einen Zusammenschluss gleichgesinnter Geister: So hatte Marx in den 1850er Jahren

deutlich größer als ihre Vorgängerin und umfasste 1914 vier Millionen Mitglieder und zwölf Millionen parlamentarische Stimmen. Alle zwei bis vier Jahre fanden Kongresse statt, die der inhaltlichen Auseinandersetzung dienten. Der Ausbruch des Ersten Weltkriegs bedeutete das faktische Ende der Zweiten Internationale, die den Krieg nicht hatte verhindern können. Dennoch gab es mehrere Nachfolgeorganisationen bis hin zur 1951 gegründeten Sozialistischen Internationale, die bis heute existiert. Die Anarchisten versuchten 1893 und 1896 erfolglos, die Positionierung der Internationale in der Frage der politischen Beteiligung anzufechten, und wurden daraufhin von ihren Beratungen ausgeschlossen.

10 Engels reagierte auf diese Entwicklungen, indem er in der Ausgabe von 1872 den Titel änderte und aus dem *Manifest der kommunistischen Partei* das *Kommunistische Manifest* machte.

11 Zu den Verbindungen zwischen der Freimaurerei des 18. Jahrhunderts und den Geheimbünden des 19. Jahrhunderts siehe A. Lehning, «Buonarroti and his international secret societies», in: *International Review of Social History*, Bd. 1, 1956, S. 112–140.

eine Gruppe ehemaliger Redakteure der *Neuen Rheinischen Zeitung* als «unsere Partei» bezeichnet.[12] In den 1870er Jahren dagegen kristallisierte sich eine Bedeutung heraus, der zufolge man unter dem Begriff «Partei» eine nationale Organisation verstand, die über eine demokratische Satzung verfügte und auf jährlichen Kongressen politische Leitlinien verabschiedete; eine Organisation, die auf Wahlen und zunehmend auch auf die Mitwirkung in repräsentativen Institutionen ausgerichtet war. Aus eben diesen Gründen bezeichneten sich die neuen Parteien lieber als «sozialistisch» oder, besser noch, als «sozialdemokratisch» denn als «kommunistisch».

Insoweit man sich in den Jahrzehnten nach 1870 mit dem *Kommunistischen Manifest* beschäftigte, wurde es als wegweisendes Beispiel des «wissenschaftlichen» Sozialismus interpretiert. Doch auch in dieser Hinsicht schien sein Ansatz nicht mehr zeitgemäß. Es war als Intervention in eine Debatte über den «Kommunismus» in den 1840er Jahren verfasst worden, wobei sein Spezifikum, wie noch zu zeigen sein wird, in dem Versprechen einer realisierbaren Konzeption des Kommunismus auf der Basis einer Historisierung des Begriffs des Privateigentums bestand. In den 1870ern und 1880ern dagegen wurde der Text einer sozialistischen Leserschaft als nur ein Baustein einer immer gigantischer werdenden Theorie kosmischen Ausmaßes präsentiert, die in der Hauptsache nicht länger politischer, sondern epistemologischer und methodologischer Natur war: eine «wissenschaftliche» Auffassung der Welt und sogar des Seins an sich, die in den folgenden siebzig Jahren in ihren Dimensionen immer größer und aufgeblähter werden sollte. Von der «materialistischen Geschichtsauffassung» über den «Marxismus» bis zum «historischen Materialismus» und «dialektischen Materialismus» erreichte dieser Prozess seinen hochtönenden und banalen Höhepunkt mit der Formulierung von Josef Stalins Schrift *Über Dialektischen und Historischen Materialismus*: «die Weltanschauung der marxistisch-leninistischen Partei».

12 Siehe R. N. Hunt, *The Political Ideas of Marx and Engels*, Bd. 1, «Marxism and Totalitarian Democracy 1818–1850», London 1975, S. 278–283.

Diese Entwicklung war in den späten 1850er Jahren von Engels in geheimer Absprache mit Marx mit dem Ziel initiiert worden, ihre Arbeit in neue Begriffe zu kleiden, die sie für die junge, post-48er Generation von säkularen und positivistischen Radikalen attraktiv machen könnten. Marx' Arbeit sollte ihnen als große wissenschaftliche Entdeckung präsentiert werden, als der Beginn einer neuen und vollkommen originären «materialistischen Geschichtsauffassung». «Wie Darwin das Gesetz der Entwicklung der organischen Natur», erklärte Engels 1883 am Grabe Marx', «so entdeckte Marx das Entwicklungsgesetz der menschlichen Geschichte.»[13] Diese Behauptung hatte nicht nur wenig mit den Inhalten der politischen Debatten der 1840er Jahre zu tun, sondern entkoppelte die neue «Wissenschaft» auch von jeglicher Verbindung mit früherem politischen und sozialen Gedankengut.

Die erste Generation von «Marxisten», die in den 1870er Jahren politisch aktiv wurde, war für derartige Behauptungen besonders empfänglich und hielt Marx' *Kapital* oder mehr noch Engels' *Anti-Dühring* von 1877 als Leitfaden der neuen Weltanschauung für zuverlässiger als das *Manifest*.[14] So war Letzteres nicht länger der Entwurf eines aktuellen politischen Programms und auch nicht die maßgebliche Zusammenfassung des «wissenschaftlichen Sozialismus». Vielmehr sah man in ihm im späten neunzehnten Jahrhundert immer mehr ein altehrwürdiges politisches Relikt, eine geliebte, aber doch etwas verstaubte Geburtsurkunde des revolutionären Sozialismus und ein frühes und beständiges Symbol der politischen und intellektuellen Unabhängigkeit der Arbeiterklasse.

13 F. Engels, «Das Begräbniß von Karl Marx», in K. Marx und F. Engels, *Gesamtausgabe*, Berlin 1975 ff. (im Folgenden: MEGA), Abt. I, Bd. 25, S. 407.

14 Karl Kautsky, der einflussreichste marxistische Theoretiker der Zeit zwischen 1870 und 1914, schrieb: «Wenn ich nach der Wirkung urteile, die Engels ‹Anti-Dühring› auf mich übte, so gibt es kein Buch, das für das Verständnis des Marxismus so viel geleistet hätte wie dieses. Wohl ist das Marxsche ‹Kapital› gewaltiger. Aber erst durch den Anti-Dühring haben wir das ‹Kapital› richtig lesen und verstehen gelernt.» *Friedrich Engels' Briefwechsel mit Karl Kautsky*, Wien 1955, S. 4.

Mit Blick auf die Zwänge, denen die Sozialisten in Bismarcks neuem Reich ausgesetzt waren, hatten Marx und Engels in ihrer Einleitung zur Neuausgabe von 1872 dieser Sicht selbst ungewollt Vorschub geleistet: «[D]as Manifest», schrieben sie, «ist ein geschichtliches Dokument, an dem zu ändern wir uns nicht mehr das Recht zuschreiben.»[15]

So kam es, dass *Das Kommunistische Manifest* nicht im neunzehnten, sondern im zwanzigsten Jahrhundert seine größte politische Bedeutung erlangte. Erst die Umbrüche des Ersten Weltkriegs und der bolschewistischen Revolution von 1917 verliehen ihm schließlich schlagartig Leben und die Kraft, gewissermaßen aus seinem eigenen Jenseits heraus, «reale» Kommunisten zu generieren, die bereit waren, ein apokalyptisches Szenario der Weltrevolution buchstabengetreu umzusetzen.

Dabei hatte es bereits in den 1870er Jahren Anhänger gegeben, die bereit gewesen waren, den Verfügungen des *Kommunistischen Manifest* auf eine Weise zu folgen, die wortgetreuer war als alles, was die etablierten sozialistischen Parteien für angemessen hielten. In einem autokratischen Regime wie dem Zarenreich, das über keine Tradition parlamentarischen Regierens, des Sozialismus oder der organisierten Arbeiterbewegung verfügte, erschien der «gewaltsame Umsturz aller bisherigen Gesellschaftsordnung» sehr viel plausibler, während in Westeuropa und Nordamerika eine Reihe militanter und kompromissloser Splittergruppen, die aufgrund der offenkundigen Fügsamkeit der im Parlament vertretenen sozialistischen Parteien frustriert waren, die Bedeutungen und Implikationen des *Manifests* minutiös erörterten. Der Triumph der russischen Revolution unter Führung der Bolschewisten im Jahr 1917 katapultierte diese verhärteten Sektierer von den Rändern in das Zentrum sozialistischer Politik.[16]

15 MEW, Bd. 4, S. 574.

16 Für eine Beschreibung dieser Gruppen in Großbritannien zu Beginn des zwanzigsten Jahrhunderts siehe W. Kendall, *The Revolutionary Movement in Britain 1900–1921*, London 1969; S. Macintyre, *A Proletarian Science: Marxism in Britain 1917–1933*, Cambridge 1980;

Mit der Gründung der Dritten Internationale wurde eine noch nie dagewesene und globale Form des orthodoxen Marxismus etabliert, die dem *Kommunistischen Manifest* einen ganz neuen kanonischen Status verlieh.[17] Die philosophische Naivität des «Marxismus» nach 1870 wurde von dem bleiernen Gewicht des dogmatischen und intoleranten «Marxismus-Leninismus» überlagert. Die zahlreichen, aber limitierten Auflagen des *Kommunistischen Manifests*, die mit den sozialistischen Parteien und marxistischen Sekten der Zeit vor 1914 assoziiert wurden, wurden von dem

J. Rée, *Proletarian Philosophers: Problems in Socialist Culture in Britain, 1900–1940*, Oxford 1984.

17 Die Dritte Internationale (1919–1943) wurde von Lenin und den Bolschewisten kurz nach der Oktoberrevolution von 1917 in Moskau gegründet. Lenin definierte ihre grundlegenden Prinzipien als «Anerkennung der Diktatur des Proletariats und der Rätemächte an Stelle der bürgerlichen Demokratie». Seinen «21 Leitsätzen über die Bedingungen der Aufnahme in die Kommunistische Internationale» zufolge musste jede beitrittswillige Gruppierung «Reformisten und Anhänger des Zentrums» aus ihren Führungskreisen entfernen und legale mit illegalen Aktivitäten kombinieren. Diese Bedingungen sollten die Basis darstellen für die Gründung kommunistischer Parteien in der ganzen Welt in einer Ära, die als eine des «verschärften Bürgerkriegs» definiert wurde, die «eiserne, fast militärische Disziplin» und eine möglichst zentralistische Organisation erfordere.
Die Dritte Internationale, auch als Komintern bekannt, blieb immer eine ideologische Schöpfung der Sowjetunion. Ihre feindselige Ablehnung sozialdemokratischer Parteien erreichte zwischen 1928 und 1933 ihren Höhepunkt, als die Sozialdemokratie als «Sozialfaschismus» gebrandmarkt und die Unterscheidung zwischen Faschismus und «bürgerlicher Demokratie» aufgegeben wurde. Nachdem diese Strategie dazu beigetragen hatte, dem Nationalsozialismus in Deutschland zum Sieg zu verhelfen, wurde sie zugunsten einer breiten «Volksfront» gegen den Faschismus aufgegeben. In der Folge des Hitler-Stalin-Pakts 1939 verabschiedete sich die Komintern noch einmal von der Unterscheidung zwischen parlamentarischen und faschistischen Regimen und verurteilte den Krieg als imperialistisch und reaktionär. Nach dem deutschen Angriff auf die Sowjetunion im Jahr 1941 stellte sie sich dann wieder an die Seite der Achsenmächte. Stalin löste die Komintern 1943 auf, um so seinen neuen Alliierten im Westen entgegenzukommen.

Gewicht der weltweiten Ausgaben marxistisch-leninistischer Klassiker, die der Moskauer «Verlag für fremdsprachige Literatur» am laufenden Band produzierte, praktisch erdrückt. Die neuen Parteien, die ausdrücklich zu dem Zweck gegründet worden waren, die Oktoberrevolution zu unterstützen und ihre Prinzipien zu weltweiter Anwendung zu bringen, nannten sich «kommunistische» Parteien. Das *Manifest der kommunistischen Partei* – so sein ursprünglicher und vollständiger Name – wurde zu einem Text, dessen Theoreme jeder Kommunist lernen, verstehen und akzeptieren sollte. Fußnoten und Leseanleitungen im Geist der Orthodoxie bügelten Widersprüche aus. Einzig die von Marx und Engels selbst vorgeschlagene Änderung aus dem Jahr 1872 wurde offiziell übernommen. Deren beiläufige Beobachtung, ursprünglich von Marx im Zusammenhang mit der Pariser Kommune formuliert – dass «die Arbeiterklasse nicht die fertige Staatsmaschine einfach in Besitz nehmen und sie für ihre eignen Zwecke in Bewegung setzen kann» –, erhielt von Lenin den Status einer Lehrmeinung *ex cathedra* und markierte von da an die Grenze zwischen Sozialismus und Kommunismus. Die opportunistischen sozialistischen Parteien der Zeit vor 1914, so hieß es nun, waren der revolutionären Konsequenz dieser Wahrheit ausgewichen: Kommunisten müssen «die Staatsmaschinerie *zerschlagen*».[18]

Während der Kämpfe und Auseinandersetzungen um den Kommunismus, die die Welt zwischen 1917 und 1991 beherrschten, wurde das *Manifest* als ganz und gar zeitgenössisches Dokument behandelt. Einigen Formulierungen wurde nun eine geradezu obsessive Bedeutung zugemessen und seine Gesamtinterpretation sorgsam überwacht. In den zwanziger Jahren begann man, die historische Entstehung des *Manifests* zu erforschen, kam aber über einige vielversprechende Pionierarbeiten nicht hinaus.[19] Im Ergeb-

18 V. I. Lenin, *Staat und Revolution*, Berlin 1978 (1948), S. 122 und passim (6. Kapitel).

19 Hier war vor allem das Marx-Engels-Institut in Moskau unter der Führung von David Riazanov in den zwanziger und dreißiger Jahren führend. Riazanov veröffentlichte als erster eine vollständige

nis verschwanden so große und elementare Fragen wie nach der Definition des Kommunismus und der Stellung des *Manifests* unter einer immer dichteren Schicht marxistisch-leninistischer Monologe.

Die Rezeptionsgeschichte des *Manifests* verdeutlicht, dass die Aufmerksamkeit, die dem Text zuteil wurde, immer von bestimmten politischen Umständen determiniert war. Im Jahr 1848 bedeutete dies, dass seine Forderungen und sogar seine Existenz selbst heruntergespielt wurden. Nach seiner Wiederveröffentlichung in den 1870er Jahren wurde es zu einem öffentlichen Dokument. Doch dabei blieben die verschiedenen Lesarten immer ausgesprochen selektiv. Eine hartnäckige Betonung des scheinbar kritischen Zustands des Kapitalismus und eine bittere Auseinandersetzung um die Rolle einer politischen Partei in der Revolution, die ihm ein Ende bereiten würde, gingen einher mit uninspirierten und unkritischen Annahmen zur Form der postkapitalistischen Gesellschaft und dem Übergang zum Kommunismus. Dass man sich nahezu einhellig Marx' Ablehnung aller kommunistischen Blaupausen anschloss, offenbarte einen grundsätzlichen Unwillen, sich mit den unklaren Konturen einer scheinbar fernen Zukunft auseinanderzusetzen.[20] Doch waren solche Fragen nicht einfach akademischer Natur, wie das zwanzigste Jahrhundert zeigen sollte.

Ausgabe des Briefwechsels zwischen Marx und Engels und initiierte die *Marx-Engels-Gesamtausgabe* (MEGA[1]), die zwischen 1927 und 1932 erschien. Riazanov fiel später in Ungnade und verschwand unter Stalin.

20 Eduard Bernstein hatte sich in seiner Kritik des «orthodoxen Marxismus» unter anderem an der Unbestimmtheit dessen, was man «Endziel des Sozialismus» nannte, gerieben und so 1896 die sogenannte «revisionistische» Kontroverse in Deutschland ausgelöst. Bernstein argumentierte, dass Marx' Vorhersagen zur beständigen Verschlechterung des Zustands des Proletariats (seiner sogenannten «Verelendung») und der zunehmenden Polarisierung zwischen zwei großen Klassen in der modernen kapitalistischen Gesellschaft nicht eingetreten waren. Er machte dann auf die Unbestimmtheit der Idee einer kommunistischen Gesellschaft aufmerksam. «[M]an sagt noch gar nichts, wenn man von der kommunistischen Zukunft erklärt, die ‹Gesellschaft› werde vor-

Mit dem Niedergang des Kommunismus und dem Ende des Marxismus wird die Auseinandersetzung mit solchen Fragen nicht länger durch den Respekt vor einer heiligen doktrinären Tradition verdunkelt, der zufolge Kapitalismus und Kommunismus Teil eines einzigen historischen Prozesses sind, ein Nullsummenspiel, bei dem die Niederlage des einen der Triumph des anderen war. Was diese Idee nicht in Betracht zog, war die Möglichkeit, dass Sozialismus oder Kommunismus lediglich einen Strang der Kritik bildeten, die seit dreihundert Jahren die Entstehung der Weltwirtschaft begleitete. Indem man den Sozialismus als Kritik der politischen Ökonomie definierte, geriet die Tatsache aus dem Blick, dass er Teil eines Bündels höchst idiosynkratischer Ausformungen jener Strömung war, die nicht nur die Defizite der Tauschökonomie in den Blick nahm, sondern die Tauschwirtschaft als solche kritisierte. Ebenso verdunkelt wurde die Tatsache, dass ein Großteil der ökonomisch argumentierenden Kritik der Tauschwirtschaft selbst dort, wo sie von Sozialisten übernommen wurde, ihren Ursprung außerhalb der kommunistischen und sozialistischen Tradition hatte. Um also den Sozialismus oder Kommunismus zu verstehen, muss man sie nicht innerhalb der Geschichte der Wirtschaft, sondern in der umfassenderen Geschichte des politischen Denkens verorten.

Im Falle des Manifests bedeutet dies, dort anzufangen, wo auch seine Autoren anfingen – bei den Fragen, die der Kommunismus

aussichtlich dann die Dinge so oder so ordnen, dies oder jenes thun. Die ‹Gesellschaft› schlechtweg ist (...) ein uferloser Begriff. Und doch werden dieser metaphysischen Wesenheit, dieser unbegrenzten Einheit, Leistungen zugeschrieben, deren Großartigkeit ebenso grenzenlos ist. Sie verwirklicht oder verbürgt die vollste Harmonie, die schönste Solidarität auf Erden.» Zum «Endziel des Sozialismus» bemerkte Bernstein: «Dieses Ziel, was immer es sei, ist mir gar nichts, die Bewegung alles.» Siehe E. Bernstein, «Probleme des Sozialismus. Die sozialpolitische Bedeutung von Raum und Zahl», in: *Die neue Zeit* 15 (1896/97), 2. Bd., H. 30, S. 102 f.; ders., «Der Kampf der Sozialdemokratie und die Revolution der Gesellschaft», in: *Die neue Zeit* 16 (1897/98), 1. Bd., H. 18, S. 548/557, hier S. 556.

zum Zeitpunkt seines Entstehens in den 1840er Jahren aufwarf. War der Kommunismus eine begründete Schlussfolgerung aus der christlichen Theologie, die wahre Grundlage einer Republik oder die letztgültige, der menschlichen Spezies angemessene Gesellschaftsform? Was war der Unterschied zwischen Sozialismus und Kommunismus? Stand der Kommunismus für absolute Gleichheit oder für eine bedarfsgerechte Verteilung? Wie konnten ein progressives Steuersystem, die Abschaffung des Erbes, die Gleichheit der Gehälter oder die gemeinschaftliche Aneignung des Landbesitzes zu einer staatenlosen Gesellschaft führen? Wie konnte das menschliche Bedürfnis außerhalb oder jenseits dessen definiert werden, was der Markt als Konsum oder Nachfrage anerkannte? Wie würde man die Hegemonie des Privateigentums überwinden können? Durch das Zusammenleben im Kollektiv und die Vergemeinschaftung der Güter? Durch kollektives Eigentum, Besitzgleichheit oder eine Form der «negativen Gemeinschaft» als Reminiszenz an die Zeit vor der Einführung des Rechts, des Privateigentums und des Staates? Dies waren die Fragen, die man in den 1840er Jahren zum Kommunismus stellte – Fragen, auf die das *Manifest* eine provokante und hochgradig fragile Antwort bereithielt.

3. Das «Gespenst des Kommunismus»

Als Marx den berühmten ersten Satz des *Manifests* niederschrieb – «Ein Gespenst geht um in Europa. Das Gespenst des Kommunismus» – sprach er eine einfache Wahrheit aus. Im Zentraleuropa der späten 1840er Jahre war dieses Bild fast ein Allgemeinplatz. So hieß es zum Beispiel im Eintrag zu «Communismus», den der Nationalökonom Wilhelm Schulz für das «Supplement» von 1846 zu der berühmten liberalen Enzyklopädie des Vormärz, Rottecks und Welckers *Staats-Lexikon*, verfasste: «Seit wenigen Jahren ist in Deutschland vom Communismus die Rede und schon ist er zum drohenden Gespenst geworden, vor dem die Einen sich fürchten, womit die Andern Furcht einzujagen suchen.»[21] Der Kommunismus hatte in erstaunlich kurzer Zeit Berühmtheit erlangt – in der ersten Ausgabe des *Staats-Lexikons* von 1834 hatten weder der Begriff noch das ihm entsprechende Phänomen Erwähnung gefunden.

Das Wort Kommunismus war im Frankreich der frühen 1840er Jahre gebräuchlich geworden und beschrieb zunächst eine ultraradikale Abspaltung der republikanischen Bewegung, die im Zuge der Julirevolution von 1830 zu neuer Bedeutung gelangt war. «Kommunisten» zeichneten sich durch ihre Betonung der Gleichheit und ihre Identifikation mit der radikalen jakobinischen Phase der ersten Französischen Revolution aus. Selbst ihre internen Unterschiede reproduzierten diejenigen der Revolution – zwischen den Anhängern von Robespierre, von Hébert und von Babeuf, besonders von «Gracchus» Babeuf, der 1796 versucht hatte, einen Aufstand gegen das Direktorium zu organisieren (die französische Regierung, die sich nach dem Sturz Robespierres gebildet hatte). Ursprünglich bezeichneten «Kommunismus» und «Babouvismus» daher dieselbe politische Richtung. Als Philippe Buonarroti, ein Veteran der Revolution und Überlebender der Verschwörung, 1828 seinen Bericht *Babeufs Verschwörung für die Gleichheit* in Brüssel veröffentlichte, fand dieses Ereignis erneut Eingang in das öffentliche Bewusstsein.[22] Seiner Darstellung zufolge hatten

21 W. Schulz, «Communismus», in: C. von Rotteck und C. Welcker, *Supplemente zur ersten Auflage des Staats-Lexikons*, Altona, 1846, Bd. 2, S. 23.

22 Zu Babeuf siehe R. B. Rose, *Gracchus Babeuf: The First Revolutionary Communist*, London 1978. Im zwanzigsten Jahrhundert gab es lange Diskussionen darüber, ob Babeuf und seine Anhänger zu Recht als «Kommunisten» charakterisiert werden können. Wer im achtzehnten Jahrhundert vom «Ackergesetz» sprach – ein Konzept, das durch die Wahl des Namens Gracchus evoziert wurde –, meinte damit eine regelmäßige Neuaufteilung des Landes im Namen der Verhinderung von Ungleichheit (eine Annahme, die durch die historischen und rechtswissenschaftlichen Untersuchungen Savignys und Niebuhrs zu Beginn des neunzehnten Jahrhunderts in Frage gestellt wurde. Siehe unten, Kapitel 11, Abschnitt b). Einige «Gleiche» gingen noch darüber

die Verschwörer, die sich selbst «die Gleichen» nannten, geglaubt, dass Volkssouveränität und eine tugendhafte Republik unerreichbare Ziele bleiben würden, solange es Ungleichheit gab. Die korrupte Regierung des Thermidor sollte daher gestürzt und durch eine «Notstandsdiktatur» «weiser Männer» ersetzt werden – ähnlich dem Wohlfahrtsausschuss, der zwei Jahre zuvor über die Terrorherrschaft gewacht hatte. Die «weisen Männer» würden die Reichen enteignen, das Land an sich nehmen und eine Gütergemeinschaft etablieren, um dann schließlich die Macht dem Volk einer nunmehr egalitären und demokratischen Republik zurückzugeben.

In den 1830er Jahren wurde diese Doktrin von den radikalen republikanischen Assoziationen reaktiviert, die sich nach der Julirevolution von 1830 gebildet hatten.[23] Die Verfechter einer egalitären Republik, insbesondere die Mitglieder der *Société des Droits de l'Homme* (Gesellschaft der Menschenrechte), betrachteten die parlamentarische Monarchie, das Besitzwahlrecht und die Laissez-faire-Ökonomie des neuen «Bürgerkönigs» Louis-Philippe als «Verrat». Diese Gesellschaften, die meist von Paris aus operierten und deren Mitglieder Studenten und unzufriedene Handwerker waren, unternahmen mehrfach den Versuch eines Aufstands und

hinaus. Sie waren der Überzeugung, dass zwar nicht die Produktion, wohl aber der Konsum materieller Güter auf der Basis strikter Gleichheit von der Gemeinschaft reguliert werden müsse. Es gibt aber keine Anhaltspunkte dafür, dass sie eine gemeinschaftliche Bestellung des Landes anstrebten oder das verwirklichen wollten, was Sozialisten später unter der «Vergemeinschaftung der Produktionsmittel» verstanden. Für eine Erörterung dieser Thematik siehe G. Lichtheim, *The Origins of Socialism*, London 1969, Kap. 1. (Buonarrotis Bericht wurde von Anna und Wilhelm Blos ins Deutsche übersetzt; siehe A. und W. Blos, *Babeuf und die Verschwörung für die Gleichheit: mit dem durch sie veranlaßten Prozess und den Belegstücken*, Stuttgart 1909. Wilhelm Blos war ein deutscher Sozialdemokrat, Journalist und Politiker.)

23 Siehe A. Lehning, *From Buonarroti to Bakunin: Studies in International Socialism*, Leiden 1970.

provozierten damit zunehmend repressive Reaktionen des Staates. 1835 wurden nicht nur alle republikanischen Gesellschaften verboten, sondern auch jegliches Eintreten für die Republik von nun an unter Strafe gestellt.[24]

Angesichts dieses harten Durchgreifens ging ein Teil der republikanischen Opposition in den Untergrund. Es bildeten sich Geheimgesellschaften wie die *Société des Saisons* (Gesellschaft der Jahreszeiten), die 1839 unter der Führung von Armand Barbès und Auguste Blanqui einen höchst stümperhaften Aufstand unternahm. Andere radikale Republikaner, so vor allem Etienne Cabet, zogen legale Aktivitäten vor und redeten Ende der 1830er Jahre dem «Kommunismus» als einem betont friedlichen und apolitischen Surrogat für die verbotene Idee einer egalitären Republik das Wort.

Cabet, ein Bewunderer Robespierres, war schockiert über die mangelnde Bereitschaft des Juli-Regimes, die Not der Armen zu lindern. Während seines Exils in London zwischen 1834 und 1839, wo er in den Bann von Thomas Morus' *Utopia* geriet, näherte sich Cabet dem «Kommunismus» an und beschrieb ihn in seinem Buch *Reise nach Ikarien* von 1840, einer mühseligen Imitation von Morus' Meisterwerk.[25] Wichtiger noch für seine spätere politische Weltanschauung war jedoch sein Kontakt zu Robert Owen. Wie Owen betonte Cabet den Einfluss der Umwelt auf den menschlichen Charakter und plädierte für einen friedlichen Wandel durch die Bildung experimenteller Gemeinschaften sowie für ein Bündnis mit einer aufgeklärten Mittelschicht. Als er 1839 nach Frankreich zurückkehrte, setzte er sich vergeblich für eine breite Kampagne

24 Siehe C. H. Johnson, *Utopian Communism in France: Cabet and the Icarians, 1839–1851*, Ithaca 1974, S. 67.

25 Dem Vorwort zufolge waren «Unordnungen und Unruhen, Laster und Verbrechen, Kriege und Revolutionen, Marter und Blutbad, grausige Umwälzungen und herzbrechender Jammer» allgegenwärtig, und das «Wurzelübel dieser schlechten Organisation» war die «*Ungleichheit*, die derselben als Grundlage dient». (E. Cabet, *Reise nach Ikarien*, Magdeburg 1893, S. 19.)

zur Durchsetzung des allgemeinen Wahlrechts ein. Dies würde, so glaubte er, die Wahl eines Diktators zur Folge haben, der einen fünfzig Jahre dauernden Übergang zum Kommunismus einleiten würde.[26]

Es ist möglich, dass seine Erfahrungen in Großbritannien auch seine ökonomischen Vorstellungen beeinflussten. Denn während Buonarotti noch der Idee spartanischer Austerität und bäuerlicher Einfachheit verpflichtet war, wie sie von Denkern des achtzehnten Jahrhunderts (Rousseau, Mably oder Morelly) gepriesen wurde, war Ikarien ein wohlhabender und moderner Ort. Er verfügte über ein ausgedehntes Eisenbahnnetz, riesige mechanisierte Fabriken, war vertraut mit den neuesten Methoden wissenschaftlicher Landwirtschaft und besaß eine Antriebsenergie, die noch produktiver als Wasserdampf war.

In der Frage, wie die zersetzenden Wirkungen des Individualismus eingehegt werden könnten, bestand Einigkeit zwischen den rivalisierenden Konzepten des Kommunismus. So sollten kurz nach der Gründung Ikariens alle «gefährlichen Bücher» verbrannt werden. Und obwohl die partizipatorische ikarische Demokratie die «Regierung der Menschen» durch eine «Verwaltung der Dinge» ersetzen sollte, würden die Ikarier weiterhin vor dem Einfluss gefährlicher Ideen geschützt werden müssen. So, wie es in der Republik der «Gleichen» strafbar war, Kritik an der Gleichheit zu üben, so sollten sich die Kunst und Literatur Ikariens dem Urteil der Allgemeinheit unterwerfen. Der Unterricht an ikarischen Schulen sollte durch kollektive Rezitationen und große gymnastische Aufführungen ergänzt werden, während die Moral der Fabrikarbeiter durch Massengesänge aufrechterhalten werden würde.[27]

1840 wurde der «Kommunismus» zum Gegenstand öffentlicher Aufmerksamkeit. Zwei Gegner des Cabet'schen Gradualismus, die brachial vorgehenden Dézamy und Pillot, organisierten in Belleville «das erste kommunistische Bankett», zu dem 1200 Menschen

26 Johnson, *Utopian Communism*, S. 59 f.
27 Cabet, *Ikarien*, S. 101.

kamen und mit dem sie die wachsende Kampagne für eine Wahlrechtsreform ausmanövrierten.[28] Einige Beobachter brachten dieses Bankett mit der Streikwelle in Verbindung, die wenige Wochen später Paris erfasste. Gegen Ende des Jahres schließlich unternahm ein kommunistischer Arbeiter, Darmès, einen Anschlagsversuch auf den französischen König.

Wenn die Wirklichkeit des «Kommunismus» im Jahr 1840 so aussah, so erklärt dies kaum die dunklen und furchteinflößenden Dimensionen des «Gespensts des Kommunismus», das die deutschsprachigen Länder während der folgenden zehn Jahre heimzusuchen begann. Doch die Übernahme dieses Begriffs zu Beginn des Jahrzehnts war lediglich ein Zeichen für eine sich verändernde politische Konstellation, wozu vor allem die von Zeitgenossen beobachtete Überschneidung von älteren, radikal-republikanischen Obsessionen mit auf Gleichheit ausgerichteten, neueren, hauptsächlich sozialistischen Überlegungen zur «Assoziation» als Lösung der «Arbeiterfrage» gehörte.

Bis in die späten 1830er Jahre hinein gab es wenig Gemeinsamkeiten zwischen beiden Positionen. Die kommunistische Bewegung war politischer Natur. Ihr ging es darum, die revolutionäre republikanische Tradition wiederzubeleben und das Prinzip der Gleichheit so auszulegen, dass es nicht nur die Abschaffung von Privilegien, sondern auch einen allgemeinen Angriff auf das Privateigentum umfasste. Der Sozialismus dagegen – ein Bündel von Doktrinen, die auf Saint-Simon und Fourier zurückgingen – war

28 Das Bankettieren war eine Taktik der 1839 begonnenen Kampagne zur Ausweitung des Wahlrechts in der Julimonarchie. Da Assoziationen und Demonstrationen verboten waren, nutzte man spendenfinanzierte Bankette, die früher zu Ehren eines Abgeordneten gegeben wurden und mit Reden und Toasts endeten, um die Sache der Wahlrechtsreform voranzutreiben. Die zahlreichen Bankette, die in Frankreich zwischen 1839 und 1840 stattfanden, wurden hauptsächlich von lokalen Notabeln besucht. Die Idee, die Bankettaktik für die Ziele des Kommunismus einzuspannen, war nicht nur wegen der dadurch generierten öffentlichen Aufmerksamkeit brillant, sondern stellte auch eine bedeutende Innovation im Repertoire der populären Politik dar.

der Revolution gegenüber negativ eingestellt, verhielt sich indifferent zu politischen Formen, lehnte die Gleichheit ab und war mehr an der Kirche als am Staat interessiert. Langfristig ging es ihm um die Herbeiführung einer Harmonie, die dank einer neuen Sozialwissenschaft möglich werden sollte; bis dahin sollten die «Assoziation» oder «Genossenschaft» den «Antagonismus» auflösen, der durch den in Wirtschaft und Gesellschaft herrschenden Wettbewerb und «Egoismus» erzeugt wurde.

1840 erschienen zwei Bücher, die diese politische Landschaft auf ganz unterschiedliche Weise konturierten: Louis Blancs *Organisation der Arbeit* und P.-J. Proudhons *Was ist das Eigentum*? Blancs Buch war ein Versuch, den Sozialismus mit dem Republikanismus zu verschmelzen. Es konzentrierte sich auf die «Arbeiterfrage» und beschrieb ein auf «Vernichtung» ausgerichtetes Wettbewerbssystem, das mit sinkenden Löhnen, einer Auflösung der Familie und moralischem Niedergang einherging, seine Ursache in der Herrschaft des Bürgertums, englischer Hegemonie und einem alles durchdringenden Egoismus hatte und dem die Bildung von Arbeiterassoziationen unter der Ägide eines republikanischen Staates Abhilfe schaffen sollte.[29] Proudhon vertrat ebenfalls eine Spielart des Sozialismus und befürwortete unter anderem eine nichtstaatliche Form der «Assoziation». In seinem Hauptkritikpunkt schien er dagegen eher den Kommunisten zuzuneigen. Trotz seiner entschiedenen Ablehnung des Asketismus und Autoritarismus der Babouvisten war er wie sie der Meinung, dass wer politische Gleichheit

29 Blanc verlieh der sozialistischen Attacke gegen die Auswirkungen des Wettbewerbs eine neue melodramatische Schärfe, indem er sie mit einer Form des jakobinischen Patriotismus kombinierte. Frankreich und England waren die modernen Äquivalente von Rom und Karthago. Die Zersetzung des nationalen Lebens durch das Wettbewerbsprinzip hatte begonnen, als die Franzosen 1789 unter die «Herrschaft der Bourgeoisie» gefallen waren und die «Traditionen der englischen politischen Ökonomie» übernommen hatten. Dies würde unvermeidlich zu einem «Krieg bis zum Tode» zwischen beiden Ländern führen. L. Blanc, *Organisation du Travail*, 5. Auflage, Paris 1848, S. 10, 84–98.

wolle, das Eigentum abschaffen müsse.[30] Auf diese Weise wurden Sozialismus, Kommunismus und das Problem der Arbeit in der öffentlichen Wahrnehmung zunehmend miteinander verwoben.

In den deutschen Reaktionen auf den Kommunismus wurde diese neue und schwierige Verbindung von unterschiedlichen oder auch gegensätzlichen Positionen zur Arbeiterfrage zu einem nicht weiter problematisierten Ausgangspunkt.[31] Während der Kommunismus mit der «Gleichmacherei» assoziiert wurde, wurde er mehr oder weniger von seinen republikanischen Wurzeln gelöst, als Teil der «sozialen Frage» neu definiert und mit einer ursprünglichen, jenseits des Politischen liegenden Kraft, dem Proletariat, identifiziert. So stellte die konservative *Preußische Staats-Zeitung* im Mai 1841 zwischen dem Kommunismus und einem «Teil des industriellen Elends der modernen Gesellschaft» eine Verbindung her und erkannte in seinen Ideen den «Angstschrei einer unglücklichen und fanatisirten Classe», während Heinrich Heine von seinem Pariser

30 Proudhon, *Was ist das Eigentum?*, S. 24.

31 Die besten allgemeinen Überblicke zur Wahrnehmung des Kommunismus in Deutschland in den 1840er Jahren finden sich in W. Schieder, «Kommunismus», in: *Geschichtliche Grundbegriffe*, Stuttgart 1982 ff., Bd. 3, S. 455–529; J. Grandjonc, *Communisme/Kommunismus/Com munism. Origine et développment international de la terminologie communautaire preMarxiste des utopistes aux neo-babouvistes 1785–1842*, 2 Bde., Trier 1989. Siehe auch W. Schieder, «Sozialismus», in: *Geschichtliche Grundbegriffe*, Stuttgart 1982 ff., Bd. 5, S. 923–996. Ein weiterer wichtiger Faktor, der die Wahrnehmung des Kommunismus in Zentraleuropa prägte, waren die mit der Reformation assoziierten kommunistischen Experimente mit dem Prinzip der Gütergemeinschaft. Bob Scribner zufolge gab es zwischen 1525 und 1622 durchgehend immer wenigstens eine Gemeinde, die Gütergemeinschaft praktizierte. Das berühmteste Experiment dieser Art war das der Wiedertäufer in Münster; am langlebigsten jedoch erwies sich das der Hutterer in Mähren. Zwischen 1553 und 1591, einer Zeit, in der die Gemeinde vergleichsweise frei von Verfolgungen leben konnte, umfasste sie bis zu 40 000 Personen. Siehe B. Scribner, «Practical Utopias: Pre-Modern Communism and the Reformation», in: *Comparative Studies in Society and History*, 1994, S. 743–772.

Exil aus berichtete, dass die Kommunisten über eine einfache und universelle Sprache verfügten, die allen Menschen zugänglich sei und deren Grundbestandteile «Hunger», «Neid» und «Tod» seien.[32]

Diese vereinfachende Assoziationskette wurde in Lorenz von Steins umfangreicher wissenschaftlicher Untersuchung aus dem Jahr 1842, *Der Sozialismus und Communismus des heutigen Frankreichs*, noch einmal nachdrücklich verstärkt. Wieder einmal stand das Proletariat im Mittelpunkt. Stein zufolge stellten sowohl der Sozialismus als auch der Kommunismus Antworten dar auf die Entstehung des Proletariats während der Französischen Revolution und auf seine Formierung als Klasse. Der Sozialismus wurde zur wissenschaftlichen Antwort auf die Arbeiterfrage, welche die Spaltung zwischen Staat und Gesellschaft beseitigen würde. Der «Kommunismus» war sein instinktives und destruktives Gegenstück, verkörpert in einem Proletariat, das sowohl aufgrund seines Unwissens wie auch seiner Besitzlosigkeit gezwungen war, das unrealistische Vorhaben einer endgültigen Umverteilung zu verfolgen, und das unfähig war, dem Kreislauf der Negation zu entkommen, in dem es sich gefangen fand.[33]

Im Deutschland der 1840er Jahre wurde das Wort «Proletariat» nicht mit der Welt der modernen Industrie, sondern mit erbärmlicher Not, Pauperismus und Kriminalität assoziiert. Es war, modern gesprochen, eine «Unterschicht». Marx' erster Definition von 1843

32 Schieder, «Kommunismus», S. 474 f.

33 L. Stein, *Der Sozialismus und Communismus des heutigen Frankreichs*, 2. Aufl., Leipzig 1848, Bd. 1, S. 447 f. Steins Forschungen in Paris waren von der preußischen Regierung finanziert worden. Seinen Überlegungen lag ein hegelianisches Staatsverständnis zugrunde. Er leitete die Entstehung des «Proletariats» aus politischen Gründen ab. Ihm zufolge handelte es sich um ein Ergebnis der Französischen Revolution, nach der nicht mehr die Geburt, sondern das Vermögen die Bedingung für politische Teilhabe war. Das Proletariat war daher ein Stand, der aus all jenen bestand, die aufgrund ihrer Besitzlosigkeit vom politischen Leben ausgeschlossen waren. Stein sprach sich für eine monarchische Regierung auf der Grundlage des allgemeinen Männerwahlrechts aus.

zufolge bildete «nicht die *naturwüchsig entstandne* sondern die *künstlich producirte* Armuth, (...) die (...) aus der Auflösung des Mittelstandes hervorgehende Menschenmasse» das Proletariat.[34] Ungeachtet von Enklaven industrieller Entwicklung überstieg das Bevölkerungswachstum von 1815 bis 1848 die Beschäftigungsmöglichkeiten bei weitem, eine Situation, die in den 1840er Jahren bereits krisenhafte Dimensionen annahm. Die Gesellschaft befand sich in einem Zustand der Auflösung, insofern man die ökonomische Realität weder in den Städten noch auf dem Lande länger mit den alten Kategorien einer ländlichen Ständegesellschaft beschreiben konnte.[35]

Drei Viertel der deutschen Bevölkerung lebten auf dem Land, wobei die Hälfte aus landlosen Tagelöhnern und halb-pauperisierten Heimarbeitern bestand. Im ostelbischen Preußen waren es die drückenden Bedingungen der Bauernbefreiung, die die Landlosigkeit anwachsen ließen. Im Norden und Westen hatten die zahlreichen armen Bauern, die darauf angewiesen waren, ihr kärgliches Einkommen im Winter durch Textil- und insbesondere Leinenproduktion aufzubessern, unter der zunehmenden Konkurrenz durch englische Baumwoll- und Flachsfabriken zu leiden, die zu einem Rückgang der in- und ausländischen Nachfrage nach Leinenprodukten führte. Das im Südwesten herrschende ländliche Erbrecht hatte eine zunehmende Aufsplitterung kleinbäuerlichen Besitzes zur Folge, welche im Verbund mit einer hauptsächlich kartoffelbasierten Ernährung eine Lage herbeiführte, die kaum weniger ernst war als die Irlands kurz vor der Hungersnot von 1846.

34 K. Marx, «Zur Kritik der Hegelschen Rechtsphilosophie. Einleitung», MEGA, Abt. I, Bd. 2, S. 182.

35 Für einen allgemeinen Überblick über die sozialen und politischen Zustände im Deutschen Bund zwischen 1815 und 1848 siehe J. J. Sheehan, *Der Ausklang des alten Reiches. Deutschland seit dem Ende des Siebenjährigen Krieges bis zur gescheiterten Revolution 1763 bis 1850*, Oxford 1989, Teil 3; D. Blackbourn, *Fontana History of Germany 1780–1918: The Nineteenth Century*, London 1997, Kap. 1–3; J. Sperber, *Rhineland Radicals: The Democratic Movement and the Revolution of 1848–1849*, Princeton 1991, Kap. 1–4.

Die Lebensgrundlage der Handwerker – und hier vor allem derjenigen, die im Möbel- und Bekleidungsgewerbe tätig waren – nahm sich ähnlich prekär aus wie die ihrer von Armut geplagten Kunden. In der ersten Hälfte des neunzehnten Jahrhunderts hatte ihre Zahl rasant zugenommen, was Zeitgenossen meist auf die Abschaffung der Zunftbeschränkungen zurückgeführt hatten. Eine stetig wachsende Zahl von kleinen Meistern und Gesellen musste daher immer weiter reisen, um Arbeit zu finden. Einige von ihnen verschlug es sogar ins Ausland: In den späten 1830er Jahren lebten ungefähr 20 000 deutsche Handwerker in Paris und mehrere tausend in anderen Städten – von Wien und Zürich bis nach Brüssel und New York.

In deutschen Städten lebte es sich kaum besser als auf dem Land. In Städten wie Köln waren 20 bis 30 Prozent der Bevölkerung auf die Armenfürsorge angewiesen. Pauperismus und Unterbeschäftigung führten zu Kriminalität. Ein anderer Begriff für diese städtische Armut war der der «gefährlichen Klassen». Statistiken deuten darauf hin, dass die Kriminalität in Zeiten akuter Not wie 1840/41 und 1845–1847 zunahm.[36] Es war daher keineswegs unlogisch, dass sich zeitgenössische Romane von Charles Dickens' *Oliver Twist* bis Eugène Sues *Pariser Mysterien* mit Verbrechen beschäftigten und in zwielichtigen Milieus angesiedelt waren. Ernst Dronke hat geschätzt, dass während der schlimmsten Jahre von 1844–1845, als eine Missernte und eine industrielle Depression zusammentrafen, 25 Prozent der Berliner Bettler, Kriminelle und Prostituierte waren.[37]

In der Zeit vor 1848 glaubte man, dass Kriminalität sowohl Ausdruck einer Notlage als auch des Klassenhasses sei – ein Gefühl, das man nicht nur Tagelöhnern und den Armen, sondern auch Fabrikarbeitern und dem Proletariat als Ganzem unterstellte. Dass man die nach wie vor winzige Fabrikarbeiterschaft in die Unterschicht mit einschloss, war ein weiteres Zeichen dafür, dass die Entstehung

36 Siehe Blackbourn, *Germany*, S. 113.
37 E. Dronke, *Berlin*, Frankfurt am Main 1846, (Neudruck Darmstadt 1974), S. 238.

einer Arbeiterschaft jenseits der Kategorien und Erwartungen der Ständegesellschaft mit Unbehagen beobachtet wurde. Robert von Mohl stellte 1835 fest, dass Fabrikarbeiter anders als Lehrlinge nicht damit rechnen könnten, es einmal zum Meister zu bringen; für ihren Lebensunterhalt würden sie immer auf Maschinen angewiesen sein, die anderen gehörten. Der Proletarier war daher dazu verurteilt, «ein Knecht [zu bleiben], wie Ixion an sein Rad geschmiedet».[38] Diese Gruppe hatte kein Erbe zu erwarten, sie würde keine Fertigkeiten erlernen, hatte keinen Grund, die Ehe hinauszuschieben, und keine Hoffnung, der Bettelei zu entkommen. Sie war dazu verurteilt, «nie etwas zu besitzen». Wer könnte daran zweifeln, dass sie verbittert war? Proletarier, so Sismondi (der den Begriff 1819 eingeführt hatte), waren eine «unglückliche und leidende Bevölkerung», immer «unruhig» und ohne «Zuneigung» zu ihrem Vaterland und ohne «Bindung an die bestehende Ordnung».[39]

Die Assoziation des Kommunismus mit dem Proletariat, die Stein 1842 vollzog, war daher alarmierend. Doch seiner Argumentation zufolge war der Kommunismus das spezifische Produkt der postrevolutionären Konstellation in Frankreich. Für Deutschland

38 Zitiert in Sheehan, *Der Ausklang des alten Reiches*, S. 601.

39 J. C. L. Simonde de Sismondi, *Nouveaux Principes d'Economie Politique ou de la Richesse dans ses Rapports avec la Population*, 2 Bde., Paris 1819, Bd. 1, S. 350, 368. Sismondi (1773–1842) wurde in Genf in die protestantische Familie Simonde hineingeboren, die ihren Stammbaum angeblich auf die Sismondi, eine alte Familie der Pisaner Aristokratie, zurückverfolgen konnte. Er machte sich zunächst als Anhänger Adam Smiths und Mitglied des romantischen Kreises um Madame de Staël in Coppet einen Namen. Berühmt wurde er dann für seine 16-bändige Geschichte der italienischen Stadtrepubliken, die er 1803 begann und 1818 beendete. Sismondis *Nouveaux Principes* war die erste große Abhandlung, die sich direkt mit dem neuen System der Textilproduktion und seiner Bedeutung für die Arbeit und den Weltmarkt auseinandersetzte. Es war geschrieben worden, um das Überangebot auf den Märkten im Gefolge der Napoleonischen Kriege zu erklären, und war eines der ersten Bücher, das die sozialen und ökonomischen Auswirkungen der englischen Fabrikproduktion auf die traditionelle Baumwollspinnerei von «Hindustan» (Bengalen) thematisierte.

wurde keine Gefahr gesehen. Das Erschrecken war daher groß, als ein Jahr später die Verhaftung und Inhaftierung des umherreisenden Schneiders und kommunistischen Autors Wilhelm Weitling in Zürich offenbarte, dass der «Kommunismus» sich auch unter deutschen «Proletariern» bereits verbreitete. In einem offiziellen Bericht, der sich auf bei Weitling gefundene belastende Unterlagen stützte, sah der Schweizer Lokalmagistrat und konservative Politiker J. C. Bluntschli die dunkelsten Befürchtungen hinsichtlich einer Verbindung zwischen dem Kommunismus und den bedrohlichen, zerstörerischen und kriminellen Bestrebungen des Proletariats bestätigt. Weitling und andere Flüchtlinge des Pariser Aufstands von 1839 hatten den «Kommunismus» in die Schweiz gebracht. Weitling forderte eine Revolution, die die Gütergemeinschaft herbeiführen und den Staat abschaffen würde, denn «[j]eder Staat, auch die ausgedehnteste Demokratie, erfordert Unterordnung», und Unterordnung ist mit Gleichheit nicht vereinbar.[40] Bluntschli zufolge hatte Weitlings Argumentation bei den Schweizern keine signifikante Wirkung erzielt, dafür aber zahlreiche Anhänger unter deutschen Wanderhandwerkern gefunden. Dem Vorbild Steins folgend, nutzte Bluntschli sein Material, um den Kommunismus vor allem mit Zerstörung in Verbindung zu bringen. Obwohl Weitling in seinem veröffentlichten Buch *Garantien der Harmonie und Freiheit* seine Argumentation gegen das Privateigentum auf Vernunftgründe stützte, konnte Bluntschli so auf der Grundlage der Privatkorrespondenz nachweisen, dass Weitling ebenfalls der Meinung war, der Kommunismus müsse durch «wilde», «kriminelle» und «grausame» Handlungen der notleidenden Armen herbeigeführt werden, die auch vor Diebstahl, Unruhen und Terror nicht haltmachen.[41]

Nach der Veröffentlichung von Bluntschlis Bericht und bis 1848 und darüber hinaus blieb eine panische Angst vor dem Kommunismus bestehen. In hohen Kreisen, von Metternich bis zum preußi-

40 J. C. Bluntschli, *Die Kommunisten in der Schweiz nach den bei Weitling vorgefundenen Papieren*, Zürich 1843, S. 5.

41 Ebd., S. 99.

schen König Friedrich Wilhelm IV., wurden Kommunisten für so gut wie alles verantwortlich gemacht – vom Aufstand der schlesischen Weber über die Bewegung der deutschen Katholiken und die Bauernaufstände in Galizien bis hin zu den neuen Armengesetzen in England.[42] Hinter jeder bescheidenen Forderung nach Reform, so schien es, lauerte die sich abzeichnende soziale Revolution; ein anonymes Pamphlet von 1848 beschrieb dies in einer gotisch anmutenden Bildlichkeit: Dem «zuckenden Blitz», der «das bleiche Gespenst des Communismus» sichtbar mache, werde der «Donner der Unzufriedenheit mit dem Bestehenden» folgen.[43]

Es ist klar, dass Bluntschli auf die bescheidene Anziehungskraft des Kommunismus unter deutschen Wanderhandwerkern deutlich überreagierte, so wie auch Stein die Bedeutung dieser Bewegung in Frankreich maßlos übertrieben hatte. Sofern der «Kommunismus» vor 1848 *innerhalb* Deutschlands überhaupt eine Rolle spielte, blieb er fast gänzlich auf die Salongespräche des abenteuerlustigen Teils der bürgerlichen Jugend beschränkt.[44] Der Grund für diese Überreaktion war nicht das Phänomen selbst, sondern die Furcht, dass der Kommunismus die Not und den Zorn des «Proletariats» zum Ausdruck brachte und dass Kommunismus und Proletariat in gewisser Hinsicht identisch waren. Die Gleich-

42 Fürst von Metternich (1773–1859) war österreichischer Außenminister von 1809 bis 1821 und Kanzler von 1821 bis 1848. Er war federführend bei der Gründung der Heiligen Allianz, einem Pakt reaktionärer Mächte zur Verhinderung von weiteren Revolutionen nach 1815. Bis zum Verlust seines Amtes im Zuge der Revolution von 1848 war Metternich innerhalb des Deutschen Bundes der wichtigste Befürworter eines entschiedenen Vorgehens gegen liberale Forderungen, Volksunruhen und die intellektuelle Opposition. Friedrich Wilhelm IV. (1795–1861) bestieg 1840 den preußischen Thron. Als Romantiker und christlicher Fundamentalist war er in der Zeit zwischen 1840 und 1848 ein entschiedener Gegner Hegels und der Junghegelianer (siehe unten).

43 Schieder, «Kommunismus», S. 486.

44 Siehe zum Beispiel die Reden über den Kommunismus von Friedrich Engels und Moses Hess vor Elberfelder Kaufleuten und Handlungsgehilfen im Februar 1845. Siehe MEW, Bd. 2, S. 58–557

setzung des Proletariats mit den «gefährlichen Klassen», mit einer räuberischen Ablehnung des Privateigentums war in den 1840er Jahren praktisch universell verbreitet – und was war der Kommunismus, wenn nicht Ausdruck dieser Ablehnung? Selbst diejenigen, die das «Gespenst» verspotteten, wie der Liberale Wilhelm Schulz, und sich der systematischen Übertreibung der kommunistischen Bedrohung durch die reaktionäre Presse bewusst waren, zweifelten nicht an der Existenz eines «realen Übels», für das dieses Gespenst ein Symptom war. Schulz zufolge bestand dieses Übel in dem Krieg zwischen Arm und Reich, in der wachsenden materiellen und geistigen Ungleichheit, die das Ergebnis eines ungezügelten Wettbewerbs war, und in dem Hass, Neid und Zorn des «Proletariats».[45]

Wie noch zu zeigen sein wird, verlieh das *Kommunistische Manifest* dem Proletariat ein neues Gesicht, das Engels aus seinen Berichten über den Chartismus und die englische industrielle Revolution entwickelt hatte. Das Proletariat war demzufolge ein Produkt der Industrialisierung, das von den Fabriken, in denen es Arbeit fand, und den Städten, in denen es sich versammelte, diszipliniert wurde. Proletarier wurden nun nicht mehr mit den entwurzelten und elendigen Armen der Großstädte gleichgesetzt, die Weitling beschworen hatte. Diese städtische Armut wurde nun unter eine separate und durch und durch negative moralische Kategorie, das Lumpenproletariat, subsumiert. Dieses, so hieß es, sei kriminell und zu allem bereit.

Doch das *Manifest* gab das frühere Bild des räuberischen und instinktiv kommunistischen Proletariers nur teilweise auf. Das Proletariat hatte immer noch kein Vaterland; die «Gesetze, die Moral, die Religion» waren für es «ebenso viele bürgerliche Vorurteile». Die Aufgabe des Proletariats bestand nach wie vor in der Zerstörung. Die bürgerliche Furcht vor dem Gespenst des Kommunismus wurde verhöhnt, doch war sein Besitz weiterhin bedroht. Kommunisten sprachen mit Nachdruck vom «gewaltsamen Umsturz aller

45 Schulz, *Staats-Lexikon*, S. 25 f.

bisherigen Gesellschaftsordnung» und das Proletariat wurde zu dem Subjekt, das diese Ankündigung in die Tat umsetzen sollte. Die Nähe des Proletariats zu Gewalt und zu «diebischen Bestrebungen» wurde nicht geleugnet. Stattdessen wurde dies nun als Teil eines dialektischen Fortschritts begriffen, der auf einer höheren Stufe die proletarische Revolution herbeiführen und die Ziele des Kommunismus verwirklichen würde.

Doch unabhängig von ihren literarischen und philosophischen Verdiensten war diese Argumentationslinie als politische Taktik ein Fehlschlag. Das kunstvolle Oszillieren zwischen einem gespenstischen und einem tatsächlichen Kommunismus machte nicht nur der Bourgeoisie, sondern auch den Arbeitern Angst. Als eine Generation später in den 1860er und 1870er Jahren in Deutschland die sozialdemokratische Bewegung entstand, wachten ihre Anführer Ferdinand Lassalle und August Bebel sorgsam darüber, dass das Wort «kommunistisch» nie erwähnt wurde.[46]

4. Der Bund der Kommunisten

Die Vorstellung von einem «Gespenst des Kommunismus» war das Produkt einer zunehmenden Furcht vor dem Mob, vor Bettlern und Gewalt in einem Jahrzehnt, das von einer endemischen Wirtschaftskrise bestimmt war. Doch seine bescheidene Wirklichkeit – eine Bewegung von wenig mehr als tausend Menschen, die fast alle außerhalb der deutschen Grenzen aktiv waren – verdankte sich ironischerweise vor allem dem erfolgreichen Versuch Metternichs und seiner Verbündeten, selbst den bescheidensten Reformbewegungen im Deutschen Bund einen Riegel vorzuschieben und jegliche Überschneidung zwischen den Interessen der Mittelklasse einerseits und der Unzufriedenheit des Pöbels andererseits zu verhindern. Die Reformbankette der Notabeln spielten sich hinter verschlossenen Türen ab, während der Protest des Volkes auf der Straße stattfand.

46 Schieder, «Kommunismus», S. 507.

Anders als während der englischen Reform Bill von 1832 oder der französischen Bankettkampagne der 1840er Jahre, die sich sowohl draußen als auch drinnen abspielte, bewegten sich diese Protestformen kaum aufeinander zu. In der Zeit zwischen 1815 und 1848 gab es immer wieder Jahre – 1816–1817, 1830–1834, 1841–1843 –, in denen nationalistische, liberale und radikale Hoffnungen Auftrieb erhielten. In diesen Zeiten wurden Forderungen laut nach einer Volksversammlung, nach einer parlamentarischen Regierung, nach einer Trennung von Kirche und Staat und nach einer freien Presse; Radikale forderten gar die Einführung des allgemeinen Männerwahlrechts und die Gründung einer Republik. Doch wo immer sich in diesen kurzen Perioden liberalen Fortschritts die Möglichkeit abzeichnete, Welckers Bild vom Pöbel als einem «ärgere[n] Feind als alle andern vor ihm» zu überwinden, wurde dies umgehend von den alsbald folgenden konservativen Gegenangriffen im Keim erstickt.[47] Die Anführer der oppositionellen Bewegungen – hauptsächlich Journalisten und Akademiker – sahen sich angesichts dieser Schikanen zum Schweigen verurteilt oder begaben sich ins Exil. Aus eben diesem Grund waren die radikalen Schriftsteller Heinrich Heine und Ludwig Börne 1830 nach Paris umgesiedelt, wohin ihnen die junghegelianischen Redakteure Arnold Ruge und Karl Marx gegen Ende 1843 folgten.

Das Exil – gleich ob politischer oder ökonomischer Natur – bildete die gemeinsame Basis der deutschen Geheimbünde, die nach 1830 im Ausland gegründet wurden. Politische Flüchtlinge, die meist gezwungen waren, ihren Lebensunterhalt als Lehrer oder

47 Zitiert in Sheehan, *Der Ausklang des alten Reiches*, S. 558. Carl Welcker gab gemeinsam mit Carl Rotteck das *Staats-Lexikon* heraus, das im Vormärz zu einem «grundlegenden Referenzwerk der politischen Opposition wurde» (siehe Fußnote 21). Als 1830 die Nachricht vom Sturz der französischen Bourbonenmonarchie in Leipzig zu Straßenaufständen führte, verurteilte Rotteck diese als «Gebrechen des Gemeinswesens ohne den weiteren Blick aufs Vaterland oder die Staatsverfassung»; deren «Antrieb und Werkzeug» nicht zuletzt «auch persönliche Leidenschaften, großenteils auch Rohheit, Unverstand, Raublust des Pöbels» seien. Ebd., S. 562, 571.

Journalisten zu verdienen, befanden sich nun in einer ähnlichen Situation wie Wandergesellen, die bereit waren, auch in Städten im Ausland nach Arbeit zu suchen. In Städten wie Paris, London, Brüssel, Zürich und Genf führten sie eine isolierte Existenz, waren oft kaum der Sprache des Gastlandes mächtig und fühlten sich daher umso mehr von gesellschaftlichen Ereignissen, Kursen, Lesungen und Diskussionen angezogen, die von deutschsprachigen kulturellen Vereinigungen organisiert wurden, die sich in den von den Migranten bevorzugten Städten gebildet hatten. So kam 1840 auch der von Karl Schapper, Joseph Moll und fünf anderen in London gegründete Deutsche Arbeiterbildungsverein zustande, eine Organisation, deren Hauptquartier sich in der Tottenham Court Road befand und die bis 1914 Bestand hatte.[48]

Diese Vereine bildeten außerdem einen perfekten Deckmantel für die Organisation von Geheimbünden. Der Arbeiterbildungsverein, der einem inneren Zirkel als Kommunistischer Arbeiterverein bekannt war, fungierte gleichzeitig als Londoner Zweigstelle des Bunds der Gerechten, der Organisation, die unter ihrem neuen Namen «Bund der Kommunisten» Marx und Engels im Winter 1847 beauftragen sollte, für sie ein Manifest zu verfassen.

Der Bund der Gerechten war im September 1837 in Paris gegründet worden. Zu seinen Zielen gehörten die «Befreiung Deutschlands von dem Joche schimpflicher Unterdrückung, Mitwirkung zur Entsklavung der Menschheit und Verwirklichung der in den Menschen- und Bürgerrechten enthaltenen Grundsätze.»[49] In seinem Aufsatz «Zur Geschichte des Bunds der Kommunisten» von 1885 behauptete Engels, dass es sich bei dem Bund um eine Abspaltung der «extremsten, meist proletarischen Elemente» des ihm vorausgehenden Bunds der Geächteten gehandelt habe, dessen

48 Die beste Darstellung des Deutschen Arbeiterbildungsvereins und der Londoner Aktivitäten des Bundes der Gerechten und des Kommunistenbundes ist die von Christine Lattek, *Revolutionary Refugees: German Socialism in Britain, 1840–1860*, London 2002.

49 *Der Bund der Kommunisten: Dokumente und Materialien*, 3 Bde., Berlin 1982–1984, Bd. 1, S. 93.

«sehr große[r] Fehler» es gewesen sei, dass seine Mitglieder «fast ausschließlich eigentliche Handwerker» waren.[50] Aus den Vereinsunterlagen geht jedoch hervor, dass die Auseinandersetzungen eher politischer und religiöser als sozialer Natur waren. Der ursprüngliche Bund der Geächteten von 1834 war ein von Buonarroti inspirierter und nach streng hierarchischen Prinzipien organisierter republikanischer Geheimbund. Anlass der Spaltung war die Ankunft einiger Mitglieder eines rivalisierenden Geheimbundes, des «Jungen Deutschland», in Paris, die 1836 auf Metternichs Geheiß hin aus der Schweiz ausgewiesen worden waren. Diese Organisation war demokratischer organisiert und nicht Buonarrotis «Europäischer Republik» verpflichtet, sondern Mazzinis «Europa der Republiken».[51]

50 Friedrich Engels, «Zur Geschichte des ‹Bundes der Kommunisten›», MEGA, Abt. I, Bd. 30, S. 90, 95 f.

51 Siehe W. Schieder, *Anfänge der deutschen Arbeiterbewegung*, Stuttgart 1963, S. 29–60. Buonarrotis Ideen stammten aus der Zeit des französischen Revolutionskriegs von 1792. Ihnen zufolge sollte das jakobinische Modell der französischen Republik auch außerhalb Frankreichs Anwendung finden – eine Vision, die nicht national, sondern kosmopolitisch war. Eine internationale Verschwörung, angeführt von einem geheimen hierarchischen Führungszirkel namens Carbonaria oder Charbonnerie réformée, sollte Europa in diesem Sinne transformieren. Giuseppe Mazzini (1805–1872) verließ die Carbonaria nach dem fehlgeschlagenen italienischen Aufstand von 1831/32 und gründete den radikalen Geheimbund «Junges Italien». Kurze Zeit später erfolgte die Gründung des «Jungen Deutschland» und «Jungen Polen»; ihre Aktivitäten wurden teilweise vom «Jungen Europa» koordiniert. Im Gegensatz zum Carbonaria-Modell verfügten diese Bewegungen über eine demokratisch gewählte Führung und konzentrierten sich vor allem auf die «Brüderlichkeit» und die «Assoziation» der demokratischen Völker. Mazzinis Programm berief sich nicht nur auf die Französische Revolution, sondern appellierte auch an ein religiöses Prinzip. Christus war demnach der erste Prophet der Freiheit, der Gleichheit, der Menschlichkeit und der Emanzipation des gemeinen Volkes. Der Katholizismus verriet dieses Prinzip, indem er sich an die Monarchie verkaufte. Zwischen den 1830er und den 1870er Jahren war Mazzini die beherrschende Figur innerhalb der republikanischen Bewegung Italiens.

Diese beiden republikanischen Bünde fingen in den 1830er Jahren an, sich auch zu sozialen Fragen zu äußern, und bekannten sich zunehmend zu sozialen Zielen. Ihre Aufmerksamkeit galt nun verstärkt der Agrarfrage und der Gefahr, dass eine auf Gleichheit beruhende Republik durch die Intrigen einer «Geldaristokratie» untergraben werden könnte. Dies war allerdings nicht gleichbedeutend mit einer Entwicklung zum «Kommunismus» hin, und es ist nicht wahrscheinlich, dass es überhaupt so weit gekommen wäre, wäre da nicht der Einfluss eines neu zum Leben erwachten christlichen Radikalismus gewesen, der sich nun in Frankreich bemerkbar machte und zwischen 1835 und 1843 seinen Höhepunkt erreichte. Inspiriert wurde diese neue Bewegung hauptsächlich von den Werken Félicité de Lamennais', vor allem von *Worte des Glaubens* (1834) und dem *Volksbuch* (1838).[52] Die Wirkung dieser Bücher auf dem europäischen Kontinent kann wohl nur mit der Tom Paines in der englischsprachigen Welt verglichen werden. Hinzu kam, dass Lamennais, anders als die Werke Buonarrotis und Cabets, umgehend ins Deutsche übersetzt wurde.[53]

52 Abbé Félicité de Lamennais (1782–1854) war in den 1820er Jahren in eine Reihe mit den gegenrevolutionären, ultramontanen und theokratischen Denkern Joseph de Maistre und Louis de Bonald gestellt worden, hatte sich dann aber dem Liberalismus und ab 1830 auch der Demokratie geöffnet. Er rief die katholische Kirche dazu auf, sich für die demokratische Sache einzusetzen; der Papst reagierte 1832 mit einer Verurteilung («Mirari vos»). Daraufhin wandte Lamennais der Hierarchie der Kirche den Rücken zu und sprach sich für eine auf Gerechtigkeit und Nächstenliebe beruhende Allianz zwischen radikalen Demokraten und einem erneuerten Christentum aus. Er evozierte zwar regelmäßig das Prinzip der Assoziation und der Brüderlichkeit, gab sich aber nie explizit als Unterstützer sozialistischer Vorschläge zu erkennen.

53 *Worte des Glaubens* erschien innerhalb von wenigen Monaten in der siebten Auflage; insgesamt wurden 100 000 Exemplare verkauft. Die Übersetzung wurde von dem radikalen deutschjüdischen Emigranten Ludwig Börne besorgt und war nach kurzer Zeit ausverkauft. Weitling war einer der Übersetzer des *Volksbuchs*, das – vor allem unter Wanderhandwerkern – ebenfalls enorm einflussreich war. Siehe Schieder, *Anfänge*, S. 232–240.

Lamennais kündigte die Heraufkunft des Paradieses auf Erden an, wie es von Christus versprochen und in den Prinzipien von 1789 verkündet worden war. Das Christentum war für ihn gleichbedeutend mit den Idealen der Gerechtigkeit und der Nächstenliebe. Durch ihre unmittelbar bevorstehende Verwirklichung würde die Herrschaft Satans beendet, die Armut und Leiden in die Welt gebracht hatte; und alle würden bald als Brüder in Freiheit und Gleichheit leben. Obwohl Lamennais vom allgemeinen Wahlrecht, von der Assoziation und dem Ende von Privilegien und Monopolen sprach, zielte seine Vision eher auf eine moralische Erneuerung denn auf eine politische Transformation. Doch in den Schriften seiner deutschen Schüler, vor allem bei Wilhelm Weitling, wurde dies zur Grundlage eines aggressiven, physische Gewalt befürwortenden Arguments für den Kommunismus und für eine Rückkehr zum christlichen Prinzip der Gütergemeinschaft propagiert. Die Bibel wurde zum revolutionären Dokument mit der Botschaft: «Eure Hoffnung liegt nur in eurem Schwerte.»[54]

1837 fanden im Bund der Gerechten Diskussionen über die Gütergemeinschaft statt, die in einer Resolution kulminierten, in der Weitling beauftragt wurde, einen Bericht zur praktischen Umsetzbarkeit dieses Prinzips vorzubereiten. Das Ergebnis, ein Dokument mit dem Titel *Die Menschheit, wie sie ist und wie sie sein sollte* wurde im Winter 1838/39 fertiggestellt und machte Weitling zum unangefochtenen Chefdoktrinär des Bundes, eine Stellung, die er bis 1843 behauptete.

Weitling argumentierte, dass die ungleiche Verteilung von Arbeit und Reichtum in der Gesellschaft ein Ergebnis des «Geldsystems» sei.[55] Die Gütergemeinschaft war daher nicht einfach ein Mittel zur Bewahrung der Gleichheit in einer demokratischen Republik, son-

54 Zitiert bei Schieder, *Anfänge*, S. 268. Wilhelm Weitling (1808–1871), geboren in Magdeburg, verdiente seinen Lebensunterhalt als umherziehender Schneider. Er war der wichtigste Theoretiker des frühen deutschen Sozialismus. 1836 trat er dem Bund der Geächteten in Paris bei.

55 W. Weitling, *Das Evangelium des armen Sünders, Die Menschheit, wie sie ist und wie sie sein sollte*, hrsg. v. W. Schäfer, Hamburg 1971, S. 151.

dern die Basis einer gänzlich anderen Gesellschaftsordnung, die auf einer universellen Pflicht zur Arbeit beruhte und aus einer Zentralverwaltungswirtschaft, «Familienassoziationen» von ungefähr tausend Personen und einem aus diesen Assoziationen gewählten Senat bestand. Bei zahlreichen Details seiner Wirtschaftsordnung bediente Weitling sich der Schriften des französischen Sozialisten Charles Fourier: Arbeit wurde in zweistündige Abschnitte unterteilt, und unangenehme Aufgaben wurden von einer aus Jugendlichen bestehenden Industriearmee erledigt.[56]

Doch der Geist des Weitling'schen Systems war gänzlich verschieden von Fouriers Bild von «Harmonie». Seine Hauptleidenschaft galt der Gleichheit, wobei es einige begrenzte Zugeständnisse an die Freiheit gab, wie beispielsweise das vieldiskutierte System der Commerzstunden, das Menschen die Möglichkeit gab, durch Zusatzarbeit zusätzlichen Luxus wie Reisen oder Urlaub zu erwerben.[57]

Weitlings Position wurde von den Mitgliedern des Bundes zunächst enthusiastisch unterstützt, erschien dann aber angesichts der

56 Charles Fourier (1772–1837) entwickelte eine Gesellschaftstheorie im Anschluss an die Französische Revolution. Sie basierte auf der «Wissenschaft der leidenschaftlichen Anziehung». Fourier zufolge produzierte die «Zivilisation» Armut und Not, weil sie die Unterdrückung der Leidenschaften zur Voraussetzung hatte. Im heraufziehenden Zeitalter der «Harmonie» würde die Menschheit in «Phalansterien» leben – bis ins Einzelne entworfenen Gemeinschaften von ungefähr 1 620 Personen, in denen sämtliche Leidenschaften zum Ausdruck gebracht und miteinander kombiniert werden könnten. Anstelle der Monotonie von Ehe und Lohnarbeit würde eine in all ihren Formen ausgelebte Sexualität treten. Arbeit würde «attraktiv» werden, da sie mit der Ausagierung bestimmter Formen des Begehrens einhergehen würde. Eine der Leidenschaften, die die Zivilisation nicht anerkannte, war «der Schmetterling» – das Bedürfnis nach Abwechslung und Veränderung, das der Mensch in «sanfter» Form jede Stunde und in «akuter» Form alle zwei Stunden verspürt. Aus diesem Grund waren die verschiedenen Tätigkeiten, aus denen in Fouriers Phalansterium der Tag bestand, in Zwei-Stunden-Abschnitte unterteilt.

57 Weitling, *Die Menschheit*, Kap. 7. Fourier glaubte, dass Freiheit und Gleichheit inkompatibel seien.

feindseligen Kritik, die aus den Reihen des neu formierten Jungen Deutschland in der Schweiz kam, zunehmend unhaltbar. Weitling antwortete seinen Schweizer Kritikern, indem er seinen Antinationalismus betonte, die Notwendigkeit einer Diktatur als Mittel des Übergangs zur Gemeinschaft bekräftigte und, was noch kontroverser war, die christliche Grundlage seines Arguments zu beweisen versuchte, indem er auf die identische etymologische Wurzel der Wörter «Kommunion» und «Kommunismus» verwies.[58] Letzteres Argument wurde von seinen Gegnern schleunigst widerlegt, woraufhin Weitling eine Kehrtwende vollzog und in *Garantien der Harmonie und Freiheit* (1842) eine rein säkulare Theorie des Kommunismus zu entwickeln versuchte. Unter dem Einfluss Proudhons sah er die Ursache des Bösen nun nicht mehr im Geldsystem, sondern im Privateigentum und bezog sich wieder einmal auf Fourier, um eine auf den unveränderlichen Begierden des Menschen basierende Theorie des Fortschritts zu entwickeln. Marx äußerte sich enthusiastisch über das Werk, das aber nicht im selben Maße wie sein Vorgänger den Nerv der Zeit traf.[59] Weitling selbst ärgerte sich über die lustlosen Reaktionen innerhalb des Bundes und vermutete, dass diese durch die fehlende christliche Dimension bedingt waren. In seinem 1843 eilig verfassten dritten Werk, *Das Evangelium des armen Sünders*, versuchte er daher, die religiöse Komponente wieder zu integrieren. Doch wurde das Buch aufgrund von Weitlings zwischenzeitlicher Inhaftierung erst 1845 veröffentlicht, zu einem Zeitpunkt also, als es die anhaltenden Diskussionen des Bundes nicht mehr beeinflussen konnte.

In London und Paris gewann Weitlings Position zunächst immer mehr Anhänger.[60] Ab 1842 dann entwickelten sich die verschiedenen Zweige des Bundes zunehmend auseinander. In Paris wurde

58 Siehe W. Weitling, «Die Kommunion und die Kommunisten», in: *Der Hülferuf der deutschen Jugend*, Nr. 3 (Nov. 1841), S. 33–39; Schulz, *Staats-Lexikon*, S. 47 f.; Schieder, «Kommunismus», S. 478.

59 K. Marx, «Kritische Randglossen zu dem Artikel ‹Der König von Preußen und die Sozialreform. Von einem Preußen›» (10. August 1844), MEGA, Abt. I, Bd. 2, S. 459.

60 Schieder, *Anfänge*, S. 53 f.

der Bund unter der Führung Dr. Ewerbecks zunehmend cabetistisch. Die Londoner Führer Schapper, Bauer und Moll erklärten noch im März 1845, dass der Kommunismus die Verwirklichung des Christentums sei; doch hatte sich ihre Position bereits seit 1841/42 zunehmend mit den pazifistischen und rationalistischen Annahmen des Owenismus vermengt.[61]

Unter der Führung Schappers sprachen sich 1842/43 die Führer des Londoner Zweigs des Bundes in einer Reihe von Diskussionen gegen die von Cabet vorgeschlagenen kommunistischen Siedlungen aus; sie waren der Meinung, dass die Menschheit für solche Experimente noch nicht bereit sei. In den folgenden zwei Jahren suchten sie nach einer neuen Grundlage für den Kommunismus.[62]

61 Karl Schapper (1812–1870) war die beherrschende Figur des Londoner Zweiges des Bundes. Er hatte an der Universität Gießen Forstwissenschaft studiert, war dort Mitglied der Burschenschaft gewesen und hatte sich in ihrem Namen Duellnarben zugezogen. In der Schweiz suchte er die Nähe zum «Jungen Deutschland» und nahm 1834 an Mazzinis Expedition nach Savoyen teil. In Paris wurde er Mitglied des Bundes der Gerechten und legte Weitling 1838 ein Dokument vor, in dem er eine rivalisierende Darstellung der Ziele des Bundes gab. Schapper erhielt in London Asyl, nachdem 1839 ein Aufstandsversuch des Pariser Geheimbunds Société des Saisons fehlgeschlagen und der Bund der Gerechten verdächtigt worden war, an dem Aufstand beteiligt gewesen zu sein.
Heinrich Bauer (1813–?) war Schuster und ebenfalls Mitglied des Pariser Zweigs des Bundes der Gerechten. Er wurde 1842 aus Frankreich ausgewiesen, nachdem er Weitlings Journal *Der Hülferuf* verbreitet hatte.
Joseph Moll (1812–1849), ein Uhrmacher aus Köln, war wie Schapper republikanischer Nationalist. Auch er verließ Paris nach dem gescheiterten Aufstand von 1839 und ging nach London. Er fiel im Kampf während des badisch-pfälzischen Aufstands von 1849.
Engels' Erinnerungen an den Bund und seine Anführer finden sich in einem Aufsatz von 1885 «Zur Geschichte des ‹Bundes der Kommunisten›», MEGA, Abt. I, Bd. 30, S. 89–108.

62 Siehe Lattek, *Revolutionary Refugees*, Kap. 2; siehe auch A. Lehning, «Discussions à Londres sur le Communisme Icarien», in: Lehning, *From Buonarroti to Bakunin*, S. 123–143; «Diskussionen im Kommunistischen Arbeiterbildungsverein, 18. Feb. 1845–14. Jan. 1846», in: *Der Bund der Kommunisten*, Bd. 1, S. 214–238.

Im September 1844 traf Weitling in London ein und forderte den Bund auf, seine Theorie zur Debatte zu stellen. Seine Position wurde in einer Reihe von Diskussionen, die im Januar 1846 endeten, erörtert und schließlich abgelehnt. Schapper war wie Weitling der Meinung, dass der Mensch lediglich im Einklang mit der Natur – also ohne Privateigentum – leben müsse, um gut zu werden. Doch könne dies nur in einem Prozess gradueller Veränderung und Aufklärung geschehen und nicht, wie von Weitling vorgesehen, durch eine sofortige und gewaltsame Revolution. Die Details des Weitling'schen Gemeinwesens wurden ebenfalls unter die Lupe genommen; insgesamt aber wurden seine Vorschläge als «zu militärisch» abgelehnt.

Ebenso wichtig war, dass die Londoner Gruppe sich zu dieser Zeit von der Idee eines auf dem Christentum basierenden Kommunismus entfernte. Schapper plädierte für eine strikte Trennung von politischen und religiösen Fragen und schlug 1846 vor, im Bund die Haltung der Junghegelianer zur Religion zu diskutieren.[63] Gegen Ende des Jahres 1845 hatten sich zunehmend mehr Mitglieder des Bundes, teilweise unter dem Einfluss des Owenismus, zum Atheismus bekannt. Die neue Haltung der Führungsriege schien nun in positiver Hinsicht am ehesten dem kommunistischen «Humanismus» von Moses Hess zu entsprechen. In Hess' «Kommunistischem Bekenntnis» hieß es im Abschnitt zur Religion, dass Gott die menschliche Gattung oder die «in Liebe vereinigte Menschheit» sei. Früher habe man geglaubt, Gott sei außerhalb der Menschheit, da diese selbst in einem Zustand der Spaltung und des Antagonismus lebte. Doch mit der Heraufkunft des Kommunismus würde es keine Hölle auf Erden und keinen Himmel im Jenseits mehr geben; vielmehr würde all das, was im Christentum auf prophetische und fantastische Weise dargestellt wurde, nun wirklich werden – in einer wahrhaft menschlichen Gesellschaft, die sich auf die ewigen Gesetze der Liebe und der Vernunft gründete.[64]

63 Siehe Lattek, *Revolutionary Refugees*, Kap. 2.

64 M. Hess, «Kommunistisches Bekenntnis in Fragen und Antworten», in: Mönke (Hrsg.), *Moses Hess*, S. 367–368..

Was in den Diskussionen von 1845/46 schließlich am stärksten heraussticht, ist das vor allem von Schapper zum Ausdruck gebrachte Anliegen, dass der Kommunismus die freie Selbstentfaltung aller Individuen ermöglichen sollte. Weitlings Kommunismus würde, wie der Cabets, die Menschheit lähmen; Gleichheit bedeute Chancengleichheit, nicht Konsum- oder Genussgleichheit. Kommunismus und individuelle Selbstverwirklichung sollten Hand in Hand gehen. Dass das *Manifest* von «eine[r] Assoziation, in der die freie Entwicklung eines jeden die Bedingung für die freie Entwicklung aller ist», sprach, ist wahrscheinlich auf Schappers Beschäftigung mit diesen Fragen zurückzuführen.[65]

Im Sommer 1846 wurde das Hauptquartier des Bundes von Paris nach London verlegt. Im Februar hatten Marx und Engels das Brüsseler Kommunistische Korrespondenz-Komitee gegründet, das als internationale Propagandaorganisation fungieren sollte. In diesem Zusammenhang hatten sie an den Redakteur der Chartisten-Zeitschrift *Northern Star*, G. J. Harney, geschrieben und sich nach einer möglichen Kontaktperson in England erkundigt. Harney schlug daraufhin Karl Schapper vom Londoner Zweig des Bundes vor. Die erste Begegnung zwischen den beiden Gruppen war von gegenseitigen Verdächtigungen geprägt. Marx und Engels glaubten fälschlicherweise, dass der Londoner Bund immer noch von Weitling beherrscht wurde. Die Londoner waren ihrerseits halb davon überzeugt, dass es sich bei dem Brüsseler Komitee um eine akademische Clique handele, die für Arbeiter nichts übrig habe – ein Gerücht, das Weitling nach seiner Auseinandersetzung mit Marx im März 1846 in Brüssel verbreitet hatte.[66] Nachdem ein ers-

65 Diese Vorstellung zeichnete sich deutlich in Schappers Kritik an Weitling ab, die er während der 1845/46 im Bund geführten Diskussionen äußerte. Er bestand darauf, dass jeder Einzelne volle Freiheit genießen müsse, allerdings nicht auf Kosten der persönlichen Freiheit anderer. Siehe *Der Bund der Kommunisten*, Bd. 1, S. 235.

66 Ziel des von Marx zusammen mit Engels und Philippe Gigot, einem belgischen Freund, gegründeten Kommunistischen Korrespondenz-Komitees war es, einen brieflichen Austausch zu «wissenschaftlichen

ter direkter Kontakt zwischen den beiden Gruppen zustande gekommen war, konnte man sich allerdings rasch auf eine ablehnende Haltung gegenüber Weitlings religiösen und verschwörerischen Positionen und damit auf eine gemeinsame Basis der Zusammenarbeit einigen. Die Unterstützung des Chartismus und des polnischen Aufstands wirkten ebenfalls als verbindendes Element. Zudem war selbst Schapper mittlerweile zu dem Schluss gekommen, dass eine

Fragen» mit deutschen Sozialisten und Kommunisten zu organisieren, populäre Schriften und sozialistische Propaganda in Deutschland zu «überwachen» und dafür zu sorgen, dass deutsche, französische und englische Sozialisten untereinander Kontakt hielten. Siehe Marx' Brief an Proudhon, in dem er ihn zur Mitarbeit einlud (5. Mai 1846), MEGA, Abt. III, Bd. 2, S. 7f. (Proudhon lehnte die Einladung ab). Weitling befand sich am 30. März 1846 auf Durchreise in Brüssel und traf bei dieser Gelegenheit Marx und seine Gruppe; er war ebenfalls eingeladen worden, sich an der Arbeit des Komitees zu beteiligen. Doch das Treffen verlief stürmisch und in unfreundlicher Atmosphäre. Marx forderte Weitling auf, seine Form der sozial-revolutionären Agitation zu verteidigen. Der Darstellung des anwesenden Russen Annenkows zufolge wurde Weitling von Marx ungeduldig unterbrochen, bevor er seine Darstellung zu Ende bringen konnte. Marx erklärte, dass von einer sofortigen Realisierung des Kommunismus keine Rede sein könne, dass es zuerst eine Phase der Herrschaft der Bourgeoisie geben müsse und dass der Kommunismus niemals auf der Basis von Weitlings 40 000 Banditen oder dem Aufbau einer neuen Gesellschaft auf der Grundlage christlicher Tugenden verwirklicht werden könne. Eine auf Annenkows Bericht beruhende anschauliche Darstellung von Weitlings Auseinandersetzung mit Marx findet sich in B. Nicolaevsky und Otto Maenchen-Helfen (Hrsg.), *Karl Marx. Eine Biographie*, Hannover 1963, S. 119–123.

Marx verurteilte Weitling zwar nicht öffentlich, bestand aber auf einer «Siebung» der kommunistischen bzw. sozialistischen Partei. Man fasste daher den Beschluss, einen öffentlichen Angriff auf Hermann Kriege, einen engen Freund und Anhänger Weitlings, in Umlauf zu bringen. Man erklärte, dass die von Kriege «vertretene Tendenz (...) nicht kommunistisch» und dass sein Standpunkt «im höchsten Grade kompromittierend für die kommunistische Partei» sei – eine bemerkenswerte Behauptung, da es keine «kommunistische Partei» gab. Siehe MEW, Bd. 4, S. 3.

Revolution unvermeidlich sei. Schapper und das Londoner Komitee äußerten sich dahingehend in einem Brief an Marx und erklärten:

> Unsere Aufgabe ist, das Volk aufzuklären und Propaganda für die Gütergemeinschaft zu machen; Ihr wollt dasselbe, also reichen wir uns die Hände und wirken mit vereinter Kraft für eine bessere Zukunft.[67]

Die Zusammenarbeit intensivierte sich im darauffolgenden Jahr, und man kam schließlich überein, dass Marx und das Brüsseler Komitee einem neu gestalteten Bund beitreten würden. Es kam jedoch sogleich zu Auseinandersetzungen. So wollten die Londoner eine Konferenz einberufen, auf der die «Beziehungen zur religiösen Partei» und zur «radikalen Bourgeosie» geklärt werden sollten. Marx und Engels gaben sich ihrerseits wenig Mühe, ihre Verachtung für den Londoner Bund zu verbergen. Erst als der Bund im Februar 1847 Joseph Moll beauftragte, mit Marx zu verhandeln, vermochte man sich auf einen Plan für Reformen zu einigen: Der Bund würde zukünftig nicht mehr im Geheimen agieren; außerdem sollte ein neues Programm entworfen werden. Ein Kongress wurde für den 2.–9. Juni 1847 anberaumt, auf dem neue Statuten verabschiedet und ein «kommunistischer Katechismus» diskutiert werden sollten. Auf dem Kongress beschloss man, sich von nun an «Bund der Kommunisten» zu nennen, neue Statuten zu entwerfen und Engels' «Entwurf eines kommunistischen Glaubensbekenntnisses» als neues Programm zu verabschieden.

Die Zusammenarbeit zwischen Brüssel und London beruhte nicht auf einer gemeinsamen Verpflichtung auf das, was man später «Marxismus» nennen würde. Es gibt wenig Hinweise darauf, dass die Londoner den Kommunismus mit einer industriellen Arbeiterklasse oder einer bestimmten Stufe der Produktion verbanden.

67 Schapper an Marx, 6. Juni 1846, in: *Der Bund der Kommunisten*, Bd. 1, S. 348.

Relevanter war ein gemeinsames Bekenntnis zur «Gütergemeinschaft», die durch einen Angriff auf «die bestehende soziale Ordnung und das Privateigentum» im Verbund mit einer Zurückweisung des «Kasernenkommunismus» und der konspirativen Taktiken der verbleibenden Anhänger Weitlings herbeigeführt werden sollte. Die Londoner Anführer des Bundes waren allein schon deswegen bereit, Marx und seinen Anhängern weitgehende Zugeständnisse zu machen, weil sie eine Grundlage für einen Konsens finden wollten, der mit dem von Weitlings *Die Menschheit, wie sie ist und wie sie sein sollte* gestifteten vergleichbar wäre. Der Bund war seit 1843 in drei Gruppen gespalten, die Marx, Weitling oder Proudhon unterstützten. 1846 war er fast vollständig verfallen. Als Antwort auf diese «Krise» hatten die Londoner «Schritte getan, um andere Elemente der kommunistischen Bewegung, die bisher dem B[un]d fremd waren, in den B[un]d zu ziehen».[68] Vielleicht würde die von Marx und Engels vorgeschlagene neue Konzeption des Kommunismus den Bund zu neuer Einigkeit finden lassen.

Eine Beschreibung der Rolle des Bundes der Gerechten und des Bundes der Kommunisten bei der Formulierung des *Manifests* ist deswegen wichtig, weil Standarddarstellungen die Geschichte nach wie vor als eine Konfrontation erzählen zwischen der wissenschaftlichen Perspektive von Marx und Engels einerseits und der von Weitling und seinem Handwerkerkommunismus repräsentierten einfachen Denkweise des Bundes andererseits. Ein solcher Ansatz blendet nicht nur die Diskussionen aus, die 1842 im Bund ausgetragen wurden; ihm entgeht auch die noch bedeutendere Tatsache, dass die sehr wenigen Sätze, die der Kompatibilität von Kommunismus und Freiheit zur individuellen Selbstverwirklichung gewidmet waren, sehr wahrscheinlich einen Beitrag des Bundes darstellten und nicht auf Marx und Engels selbst zurückgingen.

68 Siehe Heide und C. Schill (d. i. W. Wolff und K. Schapper), «Rundschreiben des ersten Kongresses des Bundes der Kommunisten an den Bund», in: *Der Bund der Kommunisten*, Bd. 1, S. 475–487, hier S. 481, 485.

5. Engels' Beitrag

Friedrich Engels war ein wichtiger Vermittler zwischen Brüssel und London und trug wesentlich zum Entwurf des neuen «kommunistischen Glaubensbekenntnisses» bei. Als ältester Sohn eines Textilunternehmers und designierter Erbe der väterlichen Firma hatte er seine lebenslange Zusammenarbeit mit Marx im Sommer 1844 in Paris begonnen. Beide waren aktive Anhänger der radikalen philosophischen Gruppierung der Junghegelianer, die während der vergangenen acht Jahre in Preußen entstanden war. In den zwei Jahren vor 1844 aber hatte die Bewegung jeden Anschein von Einheit eingebüßt. Bei einem Treffen in Paris waren Marx und Engels übereingekommen, ein gemeinsames Werk mit dem Titel *Die heilige Familie* zu schreiben, in dem sie ihre Kritik an den anderen Junghegelianern darlegen wollten. Engels war aus Manchester gekommen, wo er zwei Jahre als Repräsentant des Familienunternehmens fungiert hatte, und hatte auf dem Weg ins heimatliche Barmen einen Zwischenstopp in der französischen Hauptstadt eingelegt. Zurück in Barmen, schrieb er innerhalb von sechs Monaten seine berühmte Studie über *Die Lage der arbeitenden Klasse in England* und begab sich dann im April 1845 nach Brüssel, um zu Marx zu stoßen.

Zwischen 1845 und 1848 übernahm Engels vor allem politische und journalistische Funktionen. Nach wie vor angewiesen auf die unsicheren finanziellen Zuschüsse seines Vaters, unternahm er Reisen, die vordergründig Recherchezwecken dienten, verfasste umfangreiche Beiträge für die politische Presse und arbeitete unter deutschen Handwerkergruppen und kommunistischen Vereinigungen in Brüssel, Paris und London. Anders als Marx, der aus Paris verbannt worden war, konnte sich Engels zwischen diesen Städten frei bewegen und als fliegender Anwalt ihrer gemeinsamen Position fungieren. So kam es, dass er im Juni 1847 in London auf dem ersten Kongress des neu benannten Bundes der Kommunisten als Gesandter des Brüsseler Kommunistischen Korrespondenz-Komitees den ursprünglichen «Entwurf eines kommunistischen Glaubensbekenntnisses» vorlegte. Im September desselben Jahres schrieb er mit an Sicherheit grenzender Wahrscheinlichkeit einen Beitrag für die erste und einzige Ausgabe der geplanten Vereinszeitschrift *Die kommunistische Zeitschrift* und vermutlich war er es auch, der vorschlug, die alte Parole des Bundes «Alle Menschen sind Brüder» durch die neue Parole «Arbeiter aller Länder, vereinigt euch!» zu ersetzen.

Bei einer Sitzung des Pariser Zweigs des Bundes am 22. Oktober 1847 legte Engels einen zweiten Entwurf des Glaubensbekenntnisses, die sogenannten «Grundsätze des Kommunismus», vor; die Anwesenden gaben ihm vor der von Moses Hess vorgeschlagenen Alternative den Vorzug. Auf dem zweiten Kongress des Bundes, der in London zwischen dem 28. November und dem 18. Dezember 1847 unter Anwesenheit von Marx und Engels stattfand, wurde dieser Entwurf vermutlich als Grundlage der endgültigen Version angenommen. Engels hatte eine Woche zuvor an Marx geschrieben, die «Grundsätze» kurz skizziert und, da «darin mehr oder weniger Geschichte erzählt werden muß», vorgeschlagen, dass man die «Katechismus Form weg[lasse] und (...) das Ding: Kommunistisches *Manifest*» nenne. Auf dem Kongress selbst, so versicherte er Marx, «*this time we shall have it all our own way* [diesmal werden wir uns auf ganzer Linie durchsetzen]».[69]

Im Anschluss an den Kongress verbrachten Marx und Engels einige Tage in London und dann weitere zehn Tage in Brüssel, bevor Engels schließlich nach Paris zurückkehrte. Erst am 29. Januar 1848 begab er sich wieder nach Brüssel; das Manuskript des *Manifests* scheint vor dem 1. Februar 1848 abgegeben worden zu sein. Überliefert ist nur eine Seite der vorbereitenden Notizen – eine Gliederung des zweiten Abschnitts, die vermutlich auf den Dezember 1847 zu datieren ist.[70] Es ist daher davon auszugehen, dass Marx die endgültige Version im Januar 1848 allein niederschrieb.

Die Reihenfolge des *Manifests* lehnte sich eng an die «Grundsätze» von Engels an. Die ersten beiden historischen Abschnitte des

69 Engels an Marx, 23.–24. November 1847, MEGA, Abt. III, Bd. 2, S. 121 f. (Englisch im Original).

70 MEW, Bd. 4, S. 610.

Manifests entsprechen den Fragen 1–23 der «Grundsätze». Der dritte Abschnitt zur kommunistischen Literatur behandelt ausführlich die 24. Frage der «Grundsätze», während der vierte Abschnitt über Kommunisten und oppositionelle Parteien sich auf die 25. Frage bezieht. Auch inhaltlich beruhte das *Manifest* stark auf den früheren Schriften beider Männer, insbesondere auf der gemeinsam verfassten «Deutschen Ideologie» (1845–1847), auf Marx' erster Kritik der politischen Ökonomie (1844), seiner gegen Proudhon gerichteten Polemik *Die Armut der Religion* (1846), Engels' «Umrissen einer Kritik der politischen Ökonomie» (1843–44), seiner *Lage der arbeitenden Klasse in England* (1845) und einer Reihe kleinerer Schriften, die 1846/47 verfasst worden waren. Marx paraphrasierte Teile dieser Arbeiten, übernahm aber auch einfach ganze Sätze oder Satzteile, wenn dies passend erschien.[71]

In der kommunistischen Literatur ist Engels als stets zur Verfügung stehender loyaler Weggefährte von Marx dargestellt worden, der immer bereit war, an der Seite des Genies die zweite Geige zu spielen. Die Arbeiten der beiden Männer galten als ununterscheidbar, und jeder Versuch, zwischen ihnen zu unterscheiden, wurde als Akt politischer Feindseligkeit gewertet. Als Reaktion darauf versuchten die Gegner des Sowjetkommunismus Punkte auszumachen, an denen Marx und Engels voneinander abwichen. In diesen mitunter gezwungen wirkenden Darstellungen erschien Marx als Verfechter eines edlen und leidenschaftlichen Humanismus, während man den Determinismus, den Positivismus und die mechanistische Denkweise, die mit dem «orthodoxen Marxismus» assoziiert wurden, auf den Einfluss Engels' zurückführte.[72]

Da das *Manifest* diesen humanistischen Themen wenig Platz einräumte, wurde seine Grundhaltung weitgehend Engels zuge-

71 Zu den Details dieser Anleihen siehe Andréas, *Le Manifeste Communiste*, S. 1–4.

72 Für eine nützliche Beschreibung der Hauptstränge innerhalb dieses Ansatzes siehe J. D. Hunley, *The Life and Thought of Friedrich Engels*, New Haven 1991, Kap. 3.

schrieben. Viele seiner zentralen Themen – der Übergang von der «feudalen» zur «bürgerlichen» Gesellschaft, das Wachstum des Freihandels und des Weltmarkts, die industrielle Revolution, das Ende der «patriarchalen, idyllischen Verhältnisse» und die Herausbildung des Proletariats – waren bereits 1844 in Engels' Schriften über England zu finden, zu einer Zeit also, als seine Zusammenarbeit mit Marx noch nicht begonnen hatte.[73]

Wenn dieses Argument auch in mancher Hinsicht Wahres enthält, so ist es insgesamt doch irreführend. Es trifft sicherlich zu, dass sich das im *Manifest* vertretene historische Argument für den «Kommunismus» zentral auf eine kaum verheimlichte Beschreibung der englischen sozialen und ökonomischen Entwicklung bezieht, die dem entspricht, was Engels bereits 1844 skizziert hatte. Doch wie zu zeigen sein wird, war die Bedeutung, die dieser Geschichte nun zugeschrieben wurde, eine ganz andere.

Friedrich Engels wurde 1820 im westfälischen Barmen geboren, das früher zum Großherzogtum Berg gehört hatte, zu Engels' Zeit aber Teil des erweiterten preußischen Staates war. Friedrich wuchs in einem ausgeprägt calvinistischen Haushalt auf, besuchte das Elberfelder Gymnasium und wurde anschließend nach Bremen geschickt, wo er kaufmännische Kenntnisse erwerben sollte. Doch Engels hatte seit der Schulzeit radikale literarische Ambitionen entwickelt. Anders als bei Marx stand seine frühe politische Einstellung stark unter dem Einfluss der liberalen nationalistischen Bewegung der 1830er Jahre. Seine frühesten Helden entstammten der teutonischen Mythologie und noch in Bremen symbolisierte die Siegfried-Sage für ihn den Mut des jungen deutschen Mannes im Kampf gegen das kleingeistige und servile Deutschland der Fürsten. Als Autor von Zeitungsartikeln und Pamphleten, die er unter dem Pseudonym Friedrich Oswald verfasste, fühlte er sich zunächst zum Jungen Deutschland, einer nach der 1830er Revolution

73 Diese Übereinstimmungen werden beschrieben in T. Carver, *Marx and Engels: The Intellectual Relationship*, Brighton 1983, S. 80–83.

entstandenen kurzlebigen literarischen Gruppierung, hingezogen. Besonders der radikale jüdische Schriftsteller Ludwig Börne, der während der Revolution ins Pariser Exil geflüchtet war (und den wir bereits als Übersetzer Lamennais' kennengelernt haben), galt ihm als Held. Es waren dessen radikal-republikanischen Angriffe gegen die deutsche Fürsten und Aristokraten sowie dessen ebenso scharfe Polemik gegen die frankophoben Tendenzen des deutschen Nationalismus, die Engels für ihn einnahmen.

Nach der Lektüre von David Strauss' *Das Leben Jesu, kritisch bearbeitet* in Bremen gegen Ende 1839 fühlte sich Engels dann mehr und mehr zu den Junghegelianern hingezogen. Er schwor schließlich dem christlichen Glauben seiner Kindheit ab, zuerst zugunsten einer vagen pantheistischen Lesart Hegels und dann, nachdem er 1841 in Berlin eingetroffen war, um seinen einjährigen Wehrdienst anzutreten, zugunsten des «geheimen Atheisten Hegel», auf den er von dem führenden Berliner Junghegelianer Bruno Bauer eingeschworen wurde.[74]

Der Junghegelianismus spielte für Marx' Entwicklung während seiner Jahre in Berlin und Köln eine zentrale Rolle. Der Hegelianismus des jungen «Friedrich Oswald» war dagegen nicht von vergleichbarer Bedeutung. Denn die charakteristischen Züge der Ansichten Engels' hatten sich nicht innerhalb der junghegelianischen Kreise Berlins, sondern in England herausgebildet, wohin ihn sein Vater zwischen November 1842 und August 1844 geschickt hatte. In Berlin gab Engels eine impulsive, unerschrockene und eklektische Figur ab. Indem er den Soldaten mimte, konnte er dem Unternehmen seiner Familie für eine Weile entkommen, ohne dass dies ihm den Ärger seines patriotischen Vaters eingehandelt hätte. Es war auch die erste Gelegenheit, seine kleinstädtische Erziehung hinter sich zu lassen und das Leben in einer Großstadt auszukosten, ohne dabei der moralischen Überwachung durch seine Familie und andere Respektpersonen unterworfen zu sein. Doch das soldatische Leben brachte zu Friedenszeiten seine eigene Form der Lan-

74 Zu Strauss, Bruno Bauer und den Junghegelianern siehe Kap. 6 unten.

geweile mit sich. Der Junghegelianismus bot da eine unkonventionelle Abwechslung und die Gelegenheit, sich mit den «Ideen des Jahrhunderts» auseinanderzusetzen.[75]

Just zu jener Zeit kündigte sich eine wichtige Auseinandersetzung um genau diese Ideen in den Hörsälen Berlins an. Friedrich Wilhelm IV. war besorgt angesichts der unchristlichen Tendenzen des Hegelianismus und hatte den betagten Philosophen Schelling auf Hegels Lehrstuhl in Berlin berufen und ihm den Auftrag erteilt, «die Drachensaat des Hegelianismus» auszumerzen. Engels besuchte Schellings erste Vorlesung und begann nur wenige Wochen nach seiner Ankunft, unter Pseudonym Pamphlete gegen Schellings «Philosophie der Offenbarung» zu publizieren.[76]

Engels verfügte weder über eine philosophische Ausbildung noch hatte er Kontakte zur Universität. Unstimmigkeiten unter den Junghegelianern scheinen bei ihm wenig Eindruck hinterlassen zu haben. Seine frühen journalistischen Arbeiten enthalten keinen Hinweis darauf, dass er sich der Unterschiede zwischen den Ansichten Bauers und denen Feuerbachs bewusst war, bevor er sich im Sommer 1844 in Paris mit Marx zusammentat (siehe Kap. 7). Für

75 Engels an seinen Schulfreund Friedrich Graeber, 8. April 1839, MEGA, Abt. III, Bd. 1, S. 110.

76 Siehe «Schelling über Hegel», «Schelling und die Offenbarung. Kritik des neuesten Reaktionsversuches gegen die freie Philosophie» und «Schelling, der Philosoph in Christo, oder die Verklärung der Weltweisheit zur Gottweisheit», MEGA, Abt. I, Bd. 3, S. 256–338. F. J. W. von Schelling (1775–1854) war einst ein Kommilitone und Freund Hegels, und Hegel hatte sein Konzept des «Absoluten» der Schelling'schen Philosophie entnommen. Auch seine erste gesicherte Stellung als Privatdozent an der Universität Jena im Jahr 1801 verdankte er dem Einsatz Schellings. Danach entzweiten sich die Freunde zunehmend; ein endgültiger Bruch erfolgte, als Hegel sich in seiner *Phänomenologie des Geistes* (1807) öffentlich von Schellings Konzept des Absoluten lossagte.
Engels erfasste die dramatischen Aspekte des Geschehens, nicht aber die Bedeutung der Schelling'schen Kritik an Hegels philosophischem Ausgangspunkt. Zu Schellings philosophischer Bedeutung für die Junghegelianer siehe Fußnote 135 unten.

ihn waren beide Teil eines gemeinsamen Angriffs gegen das Christentum, bei dem die Theologie durch die Anthropologie ersetzt werden sollte. Auch in politischer Hinsicht scheint Engels' Haltung von der Hegel'schen Lehre kaum berührt worden zu sein. Anders als die meisten Berliner Junghegelianer war er schon Republikaner und revolutionärer Demokrat, bevor er Hegelianer wurde. Während seiner Zeit in Berlin war er noch der Überzeugung, dass sich Hegels Geschichtsphilosophie mit Börnes republikanischer Einstellung zur Politik vereinbaren lasse.[77] 1842 verfasste Engels ein Spottgedicht über Bauers Entlassung von der Universität gemeinsam mit dessen jüngerem Bruder Edgar und sprach darin von sich als «Oswald der Montagnard»:

> Der wurzelhafteste mit Haut und auch mit Haar.
> Er spielt *ein* Instrument: das ist die Guillotine,
> Auf ihr begleitet er stets *eine* Cavatine.[78]

Engels fand großes Vergnügen daran, die Honoratioren zu schockieren, indem er sich zum Jakobinismus bekannte und den liberalen Juste-milieu-Konstitutionalismus Louis Philippes vehement ablehnte. Mit demselben Ziel beteiligte er sich an den antichristlichen Exzessen der «Freien», eines informellen Zirkels radikaler Freidenker, die sich zusammengetan hatten, um für den Atheismus des entlassenen Bauer einzutreten. Die Veröffentlichung dieser ungezügelten Hetzreden irritierte Marx erheblich, der zu dieser Zeit als Herausgeber der *Rheinischen Zeitung* bemüht war, eine breite Front aus liberalen und konstitutionellen Gegnern der absolutistischen Politik der Monarchie zu bilden. Dies erklärt zweifellos, warum Engels' erste Begegnung mit Marx in den Kölner Redaktionsräumen der Zeitung dem Vernehmen nach recht kühl verlief.

77 Siehe F. Engels, «Alexander Jung, Vorlesungen über die moderne Literatur der Deutschen», MEGA, Abt. I, Bd. 3, S. 361–375.

78 «Die frech bedräute, jedoch wunderbar befreite Bibel. Oder: Der Triumph des Glaubens», MEGA, Abt. I, Bd. 3, S. 407.

Wichtiger war sein Treffen mit Moses Hess, dem Pariser Korrespondenten der Zeitung. Hess behauptete, dass Engels sich als Ergebnis dieser Unterhaltung vom Jakobinismus entfernte und einer Form des Sozialismus zuwandte, die von dem aktivistischen Ansatz der Junghegelianer und Feuerbachs Humanismus inspiriert war. Hess, der Hauptvertreter dieser Position, war wie Engels selbst ein philosophischer Außenseiter. In den folgenden drei Jahren sollte er für die politische und intellektuelle Entwicklung des deutschen Sozialismus eine zentrale Rolle spielen. Sowohl Marx als auch Engels wurden in verschiedenen Hinsichten von ihm beeinflusst. Es ist daher sinnvoll, kurz auf Hess' Biographie einzugehen.[79]

Wie Engels war Hess der aufsässige Sohn eines Industriellen – eines Zuckerfabrikanten aus Köln – und wie Engels wandte er sich dem Kommunismus und Humanismus deshalb so enthusiastisch zu, weil sie für ihn einen Ersatz für einen starken familiären Glauben (in seinem Fall das Judentum) darstellten. Mitte der 1830er Jahre war Hess nach Frankreich gereist und hatte 1837 seine *Heilige Geschichte der Menschheit. Von einem Jünger Spinozas* veröffentlicht, ein radikales chiliastisches Werk, das gewissermaßen das erste philosophische Plädoyer für den Kommunismus in Deutsch-

79 Ähnlich wie noch für Proudhon zu zeigen sein wird, wurde Moses Hess' (1812–1875) wesentlicher Beitrag zur Genese der Marxschen Theorie des Kommunismus von der marxistischen Tradition des 20. Jahrhunderts häufig unberücksichtigt gelassen. Es war praktisch, aber historisch unzutreffend, Hess mit den Doktrinen des «wahren Sozialismus», die im dritten Teil des *Kommunistischen Manifests* attackiert wurden, zu assoziieren. Hess blieb auch später Kommunist und arbeitete zu Beginn der 1860er Jahre mit Lassalle bei der Gründung seines neuen Allgemeinen Deutschen Arbeitervereins zusammen, der zur Grundlage jeder Form der organisierten Sozialdemokratie in Europa wurde. Zur selben Zeit inspirierten Mazzini und der Kampf um die italienische Einigung Hess zu seinem berühmtesten Buch, *Rom und Jerusalem. Die Nationalitätenfrage* (Leipzig 1862), in dem er als erster für eine nationale jüdische Heimstätte argumentierte. Siehe hierzu den Aufsatz von Isaiah Berlin, «Das Leben und die Ansichten von Moses Hess», in: I. Berlin, *Wider das Geläufige. Aufsätze zur Ideengeschichte*, Frankfurt a. M. 1981, S. 321–367.

land war.[80] Der *Heiligen Geschichte* zufolge hatte es im Kindesalter der Menschheit eine Gütergemeinschaft und eine Harmonie zwischen den Menschen und Gott gegeben; in der zweiten, von Christus eingeleiteten Periode war diese Harmonie allmählich zusammengebrochen und hatte der Entstehung des Privateigentums und des Erbprinzips Platz gemacht. In der dritten Epoche würde die Harmonie sowohl zwischen Gott und den Menschen als auch der Menschen untereinander wiederhergestellt werden. Erstere sei in Spinozas Behauptung von der Einheit von Natur und Geist verkündet worden, während die Wiederherstellung der zwischenmenschlichen Harmonie in Rousseaus Prinzip der sozialen Gleichheit enthalten und von der Französischen Revolution und dem Babeuf'schen Kommunismus erweitert worden sei.

Hess war kein Junghegelianer, doch versuchte er in seinem zweiten Buch, *Die Europäische Triarchie* von 1841, seine Position in hegelianischen Begriffen darzulegen. Hess' Interesse galt nicht so sehr Hegel selbst als einem 1838 erschienenen Buch, *Prolegomena zur Historiosophie*, das dessen Philosophie neu formulierte und in dem der Hegelianismus zu einem aktivistischen und zukunftsorientierten Glaubensbekenntnis wurde. Der Autor, ein exilierter polnischer Graf namens August Cieszkowski, argumentierte, dass die Geschichte als Organismus betrachtet werden sollte, eine Einheit von sich rational entwickelnden und unabhängigen Elementen, die dialektischen Gesetzen folgen.[81] Auf dieser Grundlage könne die

80 Siehe Mönke (Hrsg.), *Moses Hess*.

81 August Cieszkowski (1814–1894), der Erbe einer wohlhabenden, kultivierten und aristokratischen polnischen Familie, erhielt seine Ausbildung in Krakau und Berlin, wo er besonders von den liberalen Hegelianern Eduard Gans und Carl-Ludwig Michelet beeinflusst wurde. Neben den *Prolegomena* beteiligte Czieskowski sich an den (alten) hegelianischen Debatten über das Wesen Gottes und die Unsterblichkeit und lehnte Schellings «Philosophie der Offenbarung» ab. Im Jahrzehnt vor 1848 verbrachte er jedoch die meiste Zeit in Paris, wo sein Buch über das Geld, *Du crédit et de la circulation* (1839), erschien, das zur Quelle von Proudhons *Philosophie de la Misère* wurde. Nach 1848 kehrte er nach Posen in der gleichnamigen preußischen Provinz zurück, wo er sich in der Lokal-

Geschichte als Wissenschaft begriffen werden, die auch die Zukunft umfasse. Hegel selbst habe seine Entdeckungen nicht weiterverfolgt und habe fälschlicherweise behauptet, dass die Geschichte zu ihrem Abschluss gekommen sei. Cieszkowski zufolge war die Geschichte dabei, nach der Antike und dem Mittelalter nun in ein drittes Zeitalter der Synthese einzutreten.

Cieszkowski behauptete, dass Hegel das menschliche Handeln ausschließlich als eine Form des Denkens betrachtet und so eine Philosophie der «Kontemplation» vorgelegt habe. Indem man diese mit einer von Fichte abgeleiteten aktivistischen Vorstellung des Willens kombiniere, könne man den Hegelianismus in eine handlungsorientierte Philosophie der Zukunft transformieren. Das anbrechende dritte Zeitalter der Menschheit würde von dieser Einheit von Wissen und Aktion bestimmt sein, die Cieszkowski als «Praxis» oder «die Tat» bezeichnete. Nun, da die Menschheit ihre eigene Geschichte begreife und die Gesetze ihrer historischen Entwicklung kenne, könne sie in vollem Wissen um die eigene Berufung handeln. Als Verehrer Fouriers und Anhänger des ehemaligen saint-simonistischen christlichen Sozialisten Philippe Buchez formulierte Cieszkowski diese Berufung in der Begrifflichkeit des Sozialismus und des neuen, sozial orientierten chiliastischen Christentums der 1830er Jahre.

Cieszkowskis Buch und insbesondere die darin enthaltene Aufforderung, von einer «Philosophie des Geistes» zur «Geistestat» zu schreiten, sowie die Betonung des Primats der sozialen Dimension der in der dritten Epoche zu verwirklichenden Harmonie hinterließen bei Hess einen starken Eindruck.[82] Hess argumentierte gegen

politik engagierte. Sein Lebenswerk, *Vater Unser*, ein Versuch, eine utopische Vision der Zukunft zu entwickeln, die auf einer von der Joachimitischen Prophetie inspirierten esoterischen Lektüre des Vater Unser, einer chiliastischen Lektüre Hegels und auf Lessings *Erziehung des Menschengeschlechts* beruhte, war bei seinem Tode unvollendet. Eine Darstellung seines Lebens und Werks findet sich in A. Liebich (Hrsg.), *Selected Writings of August Cieszkowski*, Cambridge 1979.

82 Siehe M. Hess, «Philosophie der That», in: Mönke (Hrsg.), *Moses Hess*, S. 210–226.

Hegel, dass der Mensch noch nicht in der Lage sei, «mit sich selbst eins zu werden»; auch könne dieser Akt der Versöhnung nicht auf das Denken beschränkt werden. In der kommenden Epoche würden sich die Gegensätze, die in jeder Sphäre der menschlichen Tätigkeit existierten, auflösen. Daher könnte die Versöhnung, von der Hegel schrieb, nur innerhalb einer sozialistischen Gesellschaft und unter der Ägide eines neuen humanistischen Glaubensbekenntnisses realisiert werden. Für Hess verliefen die Wege zur sozialen und geistigen Harmonie parallel zueinander.

In der *Europäischen Triarchie* wurde das Fortschreiten in Richtung dieser endgültigen Harmonie von einer emanzipatorischen Bewegung verkörpert, die von drei europäischen Nationen in einer je charakteristischen Weise getragen wurde. Deutschland, das Land der Reformation, sollte die geistige Freiheit verwirklichen, während die Aufgabe Frankreichs, verkörpert in seiner großen Revolution, in der Realisierung der politischen Freiheit bestand. England, das nun aufgrund des wachsenden Widerspruchs zwischen dem «Pauperismus» und der «Geldaristokratie» am Rande einer sozialen Revolution stand, würde die Aufgabe zufallen, soziale Gleichheit herbeizuführen.[83]

Als Engels im November 1842 nach England aufbrach, schien es, als würde Hess' Prophezeiung von 1841 sich ganz buchstäblich bewahrheiten. Im Sommer, auf dem Höhepunkt der chartistischen Agitation und der Plug-Plot-Aufstände in Manchester und Umgebung, hatte Hess, der damals Auslandskorrespondent der *Rheinischen Zeitung* war, in diesen Ereignissen den endgültigen Ausbruch der «bevorstehenden Katastrophe» erkannt. Nur wenige Tage nach seiner Ankunft in England schrieb Engels ganz Ähnliches.[84] Dies war der Punkt, an dem es Hess gelang, Engels zum Kommunismus zu bekehren.

83 «Die europäische Triarchie», in: Mönke (Hrsg.), *Moses Hess*, S. 159–60.
84 «Über eine in England bevorstehende Katastrophe» (*Rheinische Zeitung* Nr. 177, 26. Juni 1842), in: Mönke (Hrsg.), *Moses Hess*, S. 183–185; F. Engels, «Englische Ansicht über die innern Krisen» (*Rheinische Zeitung* Nr. 343, 9. Dezember 1842), MEGA, Abt. I, Bd. 3, S. 437–443.

Engels selbst definierte seine Hinwendung zum Kommunismus als eine Konsequenz des Junghegelianismus. In einem Artikel von 1843 schrieb er, dass die Junghegelianer im Jahr 1842 «Atheisten und Republikaner» gewesen seien, im Herbst desselben Jahres aber

> verfochten einige wenige in der Partei die Ansicht, dass politische Veränderungen unzureichend seien, und erklärten, dass ihrer Meinung nach eine soziale Revolution auf der Grundlage des Gemeineigentums der einzig gesellschaftliche Zustand sei, der sich mit ihren abstrakten Grundsätzen vertrüge.

Er zeichnete Hess als den «erste[n] Kommunist[en] der Partei».[85]

Engels führte sein Doppelleben während seines Aufenthalts in England fort. So wie er in Berlin als «Friedrich Oswald» Polemiken gegen Schelling verfasst hatte, so schrieb er nun regelmäßig für die englische und deutsche radikale Presse und fing an, Material für sein Buch *Die Lage der arbeitenden Klasse in England* zu sammeln, das 1845 erschien. War Engels in seinem Büro, war er Geschäftsmann; außerhalb der Dienststunden aber ging er eine Beziehung mit Mary Burns, einer radikalen irischen Fabrikarbeiterin, ein und lernte einige der führenden Owenisten und Chartisten aus der Umgebung von Manchester kennen. Viel von dem, was die bleibende Stärke seiner Arbeit ausmacht, ging auf diese Begegnungen und die daraus resultierenden Beobachtungen aus erster Hand zurück.

Engels übernahm Hess' Überzeugung, dass in jeder der drei europäischen Nationen «eine gründliche Revolution der sozialen Verhältnisse auf der Basis der Gütergemeinschaft» eine «dringende und unvermeidliche Notwendigkeit» war. Die Engländer hatten dies «praktisch» erkannt, die Franzosen waren auf «politischem» und die Deutschen auf «philosophischem» Wege, durch eine von ersten Prinzipien ausgehende Argumentation, zu diesem Schluss gekommen. Während seines Aufenthalts hatte Engels sich besonders von

85 F. Engels, «Fortschritte der Sozialreform auf dem Kontinent» (*New Moral World*, 18. November 1843), MEGA, Abt. I, Bd. 3, S. 509.

der praktischen Ausrichtung der Owenisten beeindruckt gezeigt. Im Sommer 1843 schrieb er, dass «in allem, was zur Praxis gehört, zu den Tatsachen des gegenwärtigen Gesellschaftszustands, (…) uns die englischen Sozialisten weit voraus sind».[86] Etwa zur selben Zeit verfasste er die «Umrisse zu einer Kritik der Nationalökonomie». Ausgehend von der owenistischen Kritik der Ökonomie war Engels einer der ersten Junghegelianer, die eine Verbindung zu Proudhons Kritik des Privateigentums herstellten. In diesem Aufsatz führte er die Widersprüche der Nationalökonomie auf die zerstörerische Logik des Privateigentums selbst zurück, das nach seinem Sieg über frühere gesellschaftliche Formen und dem Triumph des Freihandels England in die endgültige soziale Krise treiben würde.[87]

Engels führte seine Überlegungen zu dieser Krise und ihren historischen Ursachen in weiteren Aufsätzen aus. Der Ausgangspunkt seiner Diagnose ähnelte dem Thomas Carlyles: der Individualismus war im Begriff, alle sozialen Bindungen aufzulösen.[88] Mit dem Ende des Feudalsystems werde «die Menschheit nicht mehr durch Zwang, d. h. durch *politische*, sondern durch das Interesse, d. h. durch *sociale* Mittel zusammengehalten» … «Die Auflösung der feudalen Knechtschaft hat ‹baare Zahlung zum einzigen Bande der Menschheit› gemacht.» Die Merkantilisten hätten den Antagonis-

86 F. Engels, «Fortschritte der Sozialreform auf dem Kontinent», MEGA, Abt. I, Bd. 3, S. 510 (Übersetzung aus dem englischen Original).

87 Siehe F. Engels, «Umrisse zu einer Kritik der Nationalökonomie», MEGA, Abt. I, Bd. 3, S. 467–494. Der Aufsatz erschien gemeinsam mit einer Rezension von Thomas Carlyles *Past and Present* in der einzigen Ausgabe der von Marx und Arnold Ruge herausgegebenen *Deutsch-Französischen Jahrbücher* und beeindruckte Marx nachhaltig; siehe Kap. 8 unten.

88 Thomas Carlyle (1795–1881) war in den 1830er und 1840er Jahren der bedeutendste Sozialkritiker Großbritanniens. Mit seinem «Chartismus»-Aufsatz (1839) und seinem Buch *Past and Present* (London 1843) löste er eine Debatte aus, die in den Worten seiner Zeitgenossen um die «Frage nach dem Zustand Englands» kreiste. Carlyle stützte sich stark auf Goethe, Herder und die deutsche Literatur der Romantik.

mus erkannt, der dem Prinzip, billig zu kaufen und teuer zu verkaufen, zugrunde liegt. Doch Adam Smith habe den Handel als ein «Band der Einigung und Freundschaft» gepriesen. Diese «gleißnerische Art, die Sittlichkeit zu unsittlichen Zwecken zu mißbrauchen», sei «der Stolz des Systems der Handelsfreiheit». Alle kleinen Monopole würden «vernichtet, um das *eine* große Grundmonopol, das Eigenthum, desto freier und schrankenloser wirken zu lassen».

Durch die «Auflösung der Nationalitäten» habe die liberale Ökonomie «die Feindschaft der Einzelnen, den ehrlosen Krieg der Konkurrenz, auf die höchste Spitze» getrieben.« Der Handel nahm die Industrie in sich auf und wurde dadurch allmächtig.» Mit der Industrialisierung und dem Fabriksystem sei die letzte Stufe, «die Auflösung der Familie», erreicht worden. «Was kann anders aus der Isolirung der Interessen, wie sie dem System der Handelsfreiheit zugrunde liegt, folgen?» Geld, «die veräußerte, leere Abstraktion des Eigenthums», sei nun der Herr der Welt. Der Mensch sei nicht mehr Sklave des Menschen, sondern «Sklave der *Sache* geworden». «Die Auflösung der Menschheit in eine Masse isolirter, sich abstoßender Atome ist an sich selbst schon die Vernichtung aller corporativen, nationalen und überhaupt besonderen Interessen und die letzte nothwendige Stufe zur freien Selbstvereinigung der Menschheit.»[89]

Der Rahmen, in dem Engels dieses Bild entwickelte, war der der Krise und der letzten Tage des Christentums. «Höher kann der christliche Weltzustand nicht getrieben werden.» England bilde nur deshalb die Kulisse, weil nur England «eine *sociale* Geschichte» habe, «nur hier sind die Prinzipien in Interessen verwandelt worden, ehe sie auf die Geschichte Einfluß haben konnten». Im Anschluss an Hegels *Philosophie der Geschichte* könne der Ursprung der gegenwärtigen Krise auf die «christlich-germanische Weltansicht» zurückgeführt werden, deren wesentliches Prinzip, «die abstracte Subjektivität», individualistisch sei.[90] Nach der Auflösung

89 F. Engels, «Umrisse zu einer Kritik der Nationalökonomie», MEGA, Abt. I, Bd. 3, S. 474 f.; «Die Lage Englands I. Das achtzehnte Jahrhundert» (31. August 1844), MEGA, Abt. I, Bd. 3, S. 544–546.
90 Siehe G. W. F. Hegel, *Vorlesungen über die Philosophie der Geschichte*,

des Feudalismus habe der «christliche Staat» diese Idee politisch vollendet. Das «Einzelinteresse», «subjektiv, egoistisch», sei zu einem «allgemeinen Prinzip» erhoben worden; das Ergebnis sei eine «allgemeine Zersplitterung» und die «Herrschaft des Eigenthums».[91]

Im England des achtzehnten Jahrhunderts seien die Umbrüche der industriellen Revolution und die Expansion des Handels Omen gewesen für die

> Zusammenfassung, die Sammlung der Menschheit aus der Zersplitterung und Vereinzelung, in die sie durch das Christentum geworfen war; der vorletzte Schritt zur Selbsterkenntnis und Selbstbefreiung der Menschheit.

Engels glaubte an den «unaufhaltsamen Fortschritt» der menschlichen Gattung in der Geschichte, an «ihren stets sicheren Sieg über die Unvernunft des einzelnen». 1844 schrieb er:

> Der Mensch hat sich nur selbst zu erkennen, alle Lebensverhältnisse an sich selbst zu messen, nach seinem Wesen zu beurtheilen, die Welt nach den Forderungen seiner Natur wahrhaft menschlich einzurichten, so hat er das Räthsel unserer Zeit gelöst.[92]

Im folgenden Jahr modifizierte Engels seine Ansichten über England in einigen Teilen. In *Die Lage der arbeitenden Klasse in England*, geschrieben im Winter 1844–45, betonte er die erlösende

Frankfurt am Main 1986, Teil IV, Abschnitt 1, Die Elemente der christlichen germanischen Welt. Diese Vorlesungen begannen als Erweiterung des Abschnitts über die Weltgeschichte in den *Grundlinien der Philosophie des Rechts*. Hegel veröffentlichte die *Philosophie des Rechts* 1821. Die *Philosophie der Geschichte* wurde nach Hegels Tod von Eduard Gans auf der Grundlage studentischer Mitschriften herausgegeben.

91 F. Engels, «Das achtzehnte Jahrhundert», S. 545.

92 F. Engels, «Die Lage Englands. *Past and Present* by Thomas Carlyle, London 1843» (*Deutsch-Französische Jahrbücher*), MEGA, Abt. I, Bd. 3, S. 533.

Funktion des Proletariats als Gegengewicht zu den von Individualismus und Privateigentum verursachten sozialen Auflösungserscheinungen, ein Thema, das wahrscheinlich auf seine Lektüre von Marx' Aufsatz in den *Deutsch-Französischen Jahrbüchern* und auf seine eigenen Diskussionen mit Marx in Paris im August 1844 zurückging.

Die Geschichte, die Engels in diesem Buch erzählte, leitete sich aus den Kategorien Feuerbachs ab.[93] Er setzte ein mit einer Darstellung der bukolischen Unschuld der vorindustriellen englischen Textilarbeiter und erzählte dann, wie die Industrialisierung diese Arbeiter in den Hauptstrom der Weltgeschichte gedrängt und sie nach und nach auf die fürchterliche animalische Existenzweise reduziert habe, die Engels in Manchester vorgefunden hatte und nun detailliert beschrieb. Doch die Pauperisierung und Dehumanisierung der Arbeiter waren gleichzeitig eine unabdingbare Vorstufe der Errettung der Menschheit durch die proletarische Revolte, die mit primitiven Akten individueller Gewalt beginnen und in einer organisierten Arbeiterbewegung, im Chartismus, und in sozialer Revolution münden würde.

Engels bekannte sich zwar nach wie vor zu den Owenisten, war ihnen gegenüber aber zunehmend kritisch eingestellt. Im Sommer 1844 war er noch wie sie der Überzeugung gewesen, dass «soziale Übel durch eine Volkscharta beseitigt werden können». Doch in *Die Lage der arbeitenden Klasse in England* kritisierte er, dass die Owenisten den «Klassenhass» missbilligten und das «Fortschrittselement in dieser Auflösung der gesellschaftlichen Ordnung» nicht erkannten. Ihr Ziel, «die Nation ohne weiteres, ohne Fortführung der Politik bis zu dem Ziele, wo sie sich selbst auflöst, sogleich in den kommunistischen Zustand» zu versetzen, erschien ihm nun naiv. Sie sollten sich «erniedrigen (...), einen Augenblick auf den chartistischen Standpunkt zurückzutreten». So gelänge es ihnen vielleicht, «das brutale Element der Revolution auf die Dauer zu überwinden»; andernfalls würde der «Krieg der Ar-

93 Zu Feuerbachs Ideen siehe Kap. 7 unten.

men gegen die Reichen (...) der blutigste sein, der je geführt worden ist».[94]

Engels verfolgte sowohl in seinen frühen Monaten in England als auch während der Niederschrift seines Buches einen Ansatz, der wesentlich auf der Annahme einer parallelen Entwicklung von Ökonomie und Theologie beruhte. Die Furcht des Menschen vor sich selbst drücke sich sowohl im christlich-germanischen Subjektivitätsprinzip als auch im Privateigentum aus. Während die Philosophen die «Abstraktion eines ‹Gottes›» zerstört hätten, würde die aus dem Privateigentum folgende ökonomische Abfolge die «Menschheit mit der Natur und mit sich selbst» versöhnen. Als Befürworter der Vorzüge des Freihandels sei Adam Smith der «ökonomische Luther», der die «unbefangene, katholische Geradheit» des Merkantilsystems durch die «protestantische Gleisnerei» ersetzt habe. So, wie es notwendig war, den Katholizismus zu überwinden, so war es

> notwendig, daß das Merkantilsystem mit seinen Monopolen und Verkehrshemmungen gestürzt wurde, damit die wahren Folgen des Privateigentums ans Licht treten konnten (...), damit der Kampf unserer Zeit ein allgemeiner, menschlicher werden konnte (...) Wie die Theologie entweder zum blinden Glauben zurück-, oder zur freien Philosophie vorwärtsgehen muß, so muß die Handelsfreiheit auf der einen Seite die Restauration der Monopole, auf der andern die Aufhebung des Privateigentums produzieren. (...) Ist ein Prinzip einmal in Bewegung gesetzt, so arbeitet es sich von selbst durch alle seine Konsequenzen durch, die Ökonomen mögen Gefallen daran haben oder nicht.[95]

Doch nur England war dazu bestimmt, diese apokalyptische soziale Revolution durchzumachen. Für Deutschland dagegen bestand

94 F. Engels, «Die Lage der arbeitenden Klasse in England. Nach eigner Anschauung und authentischen Quellen», MEW, Bd. 2, S. 225–506. Die vier Zitate im Text finden sich auf S. 452 (die ersten beiden) sowie S. 506 bzw. S. 504.

95 F. Engels, «Umrisse (zu einer Kritik der Nationalökonomie)», MEW Bd. 1, S. 501.

noch die Hoffnung, dass es zu einem von Philosophen initiierten friedlichen Wandel kommen würde. Im März 1845 teilte ein freudiger Engels den Lesern der owenistischen Zeitschrift *New Moral World* die «wichtigste Tatsache» mit, dass «sich Dr. Feuerbach (...) als Kommunist bekannt hat» und dass «der Kommunismus tatsächlich nur die *Praxis* dessen sei, was er lange zuvor theoretisch verkündet habe». Andere Junghegelianer verurteilte er, weil sie sich weigerten, «praktische Schlußfolgerungen» aus ihren Theorien zu ziehen.[96] In Reden, die Engels etwa zur selben Zeit zusammen mit Moses Hess vor den Honoratioren von Barmen und Elberfeld hielt, vertrat er ebenfalls die Position, dass der Übergang zum Kommunismus in Deutschland ein friedlicher sein solle. Er beschwor die bürgerlichen Zuhörer, den Kommunismus aus Vernunftgründen anzunehmen. Ihre Position, so warnte er, werde durch die Polarisierung zwischen Arm und Reich sowie durch die Folgen des Wettbewerbs und durch das Chaos der regelmäßig wiederkehrenden Handelskrisen untergraben. Als Alternative zur Revolution sprach sich Engels für die Vorzüge der Planwirtschaft und für die allmähliche Einführung des Gemeinschaftssystems aus. In der Zwischenzeit könnten Maßnahmen wie kostenlose Bildung, eine Reorganisation des Armenwesens und eine progressive Einkommenssteuer Abhilfe schaffen.[97]

Die Zusammenkunft mit Marx im April 1845 in Brüssel führte bei Engels zu einem Umdenken in diesen Fragen. In Brüssel arbeiteten sie gemeinsam intensiv an dem unveröffentlichten und nie abgeschlossenen Manuskript «Die deutsche Ideologie». Dieses stellte den zweiten Versuch des 26-jährigen Marx und 24-jährigen Engels dar, die Unterschiede zwischen ihrer eigenen Position und der der Junghegelianer zu verdeutlichen. In dieser Zeit entstand eine neue Sicht der Geschichte, die auf der Beziehung zwischen dem Klassenkampf, dem Eigentumssystem (den «Produktionsverhältnissen») und der Entwicklung der menschlichen Produktivkräfte beruhte

96 F. Engels, «Kommunismus in Deutschland III», MEW, Bd. 2, S. 519.
97 F. Engels, «Zwei Reden in Elberfeld I», MEW, Bd. 2, S. 536–548.

und die später zum Ausgangspunkt des *Kommunistischen Manifests* werden sollte. Sie war hauptsächlich von Marx entwickelt worden, weshalb Engels später darauf bestand, dass das *Manifest* im Wesentlichen Marx' Werk war.

Doch obwohl sie sich mit dieser neuen Interpretation der Geschichte von ihren bisherigen Positionen deutlich entfernten, war dies nicht gleichbedeutend mit einer generellen Absage an ihre früheren Schriften. Besonders einige Argumente aus Engels' Aufsatz zur Nationalökonomie von 1843, die Marx 1844 in seinen Schriften aufgriff, sowie Engels' Studien zur englischen «Sozialgeschichte» und Herausbildung des Proletariats bildeten noch immer den Ausgangspunkt des *Manifests.* Vereinfacht ausgedrückt, besagte diese Position, dass die Lehren der Nationalökonomen die Existenz des Privateigentums voraussetzten, dass das Privateigentum sich in einem Zustand der Krise befand und dem Untergang geweiht war und dass der «Kommunismus» als Negation des Privateigentums das mit raschen Schritten herannahende Ziel der Geschichte darstellte.

Es stimmt also, dass die im *Manifest* dargelegten Beschreibungen des Übergangs vom feudalen zum bürgerlichen Eigentum, der Entwicklung des Freihandels, des Weltmarkts und der Formierung des Proletariats im Grunde jene waren, die Engels 1844/1845 skizziert hatte. Was sich änderte, war der allgemeine theoretische Rahmen, in den diese Geschichte gestellt wurde.

Das teleologische Bild einer unaufhaltsamen Krise und globalen Transformation blieb. Doch das, was es zeigte, hatte sich verändert. Es war nicht mehr eine Vision des Verfalls und Untergangs der «christlichen Weltordnung», sondern die Analyse eines eindeutig säkularen sozioökonomischen Prozesses. Die Idee einer endgültigen Krise war zuerst in Berlin in den Diskussionen der Junghegelianer über das Ende des «christlichen Staates» aufgekommen. Später war der Religion eine begrenztere Rolle zugeschrieben worden. Der Anbruch des Sozialismus war nach wie vor an das Ende der «christlichen Weltordnung» gebunden, allerdings nur als Teil eines umfassenderen Prozesses. In Religion und Ökonomie hatte sich die Entfremdung von der wahren menschlichen «Gattung» oder vom «gemeinschaftlichen» Sein manifestiert. Die Religion habe für die Entfremdung des menschlichen Denkens, das Privateigentum für die Entfremdung des praktischen Handelns gestanden.

Nun war die Entwicklung des «bürgerlichen Besitzes» (einst des «Egoismus»), die ursprünglich nicht mehr als ein Anzeichen kosmischer Unordnung gewesen war, zu einem einzigen selbstgenügsamen kausalen Mechanismus der Selbstzerstörung geworden. Der Kollaps des «bürgerlichen Eigentums» stand unmittelbar bevor, weil es nicht länger in der Lage war, die eigene beständige Reproduktion zu sichern. Die starke und melodramatische Bildlichkeit der Apokalypse wurde nun von einer bewusst prosaischen und farblosen ökonomischen Ausdrucksweise überdeckt. Während die Gesellschaft immer reicher wurde, sahen sich die Arbeiter zum Pauperismus verurteilt. Gemäß dem *Manifest*, das sich hier sehr viel stärker an Marx' früheren Überlegungen zur Verelendung von 1844 anlehnt, war die Bourgeoisie zur Herrschaft ungeeignet, weil sie «unfähig» war, «ihrem Sklaven die Existenz selbst innerhalb seiner Sklaverei zu sichern».

Wenn es also offenkundig zutrifft, dass die Leitideen des *Manifests* das Ergebnis von höchst komplizierten Abstammungsverhältnissen waren, ist es dann überhaupt sinnvoll, zwischen den Ideen seiner beiden Autoren zu unterscheiden? Diese Frage muss emphatisch bejaht werden. Im Kontext von Kommunismus und Kaltem Krieg suchte man an den falschen Stellen nach Divergenzen, während bedeutende und offensichtliche Unterschiede, die die intellektuellen Auseinandersetzungen des zwanzigsten Jahrhunderts nicht tangierten, ignoriert oder übersehen wurden. Dies hatte zur Folge, dass kaum je auf die zwei recht unterschiedlichen Konzeptionen des Kommunismus hingewiesen wurde, die sich im *Manifest* verbargen. Diese Unterschiede verwiesen nicht auf die Kämpfe des zwanzigsten Jahrhunderts, sondern auf die unterschiedlichen Vorstellungen von Kommunismus oder Sozialismus, die die beiden Autoren vor ihrer Zusammenarbeit entwickelt hatten. Doch sind sie deshalb trotzdem nicht bloß von antiquarischem Interesse. Die Tatsache, dass diese Differenzen nicht herausgearbeitet, nicht erforscht und aufgelöst wurden, kann vielmehr erklären helfen, warum der für die spätere marxistische Tradition zentrale Begriff des Kommunismus so eigentümlich obskur, ja sogar leer blieb.

Engels verfügte über keine formale philosophische oder rechtsgeschichtliche Ausbildung. Wenn er in Barmen, Bremen, Berlin oder Manchester nach der Büroarbeit seinen Lektüren nachging, so geschah dies aus einem Enthusiasmus heraus, der von seiner Sprachfertigkeit und seiner Vertrautheit mit der radikalen und sozialistischen Presse befeuert wurde. Aus diesem Grund war und blieb er viel eher geneigt, an den optimistischen Erwartungen und Überzeugungen festzuhalten, die Marx im *Manifest* als «kritisch-utopischen Sozialismus» bezeichnete. Während seines Aufenthaltes in England nahm Engels regelmäßig an den Treffen der Owenisten teil, deren politische Position ihn stark anzog.[98] Ungefähr zur selben Zeit las er auch Fourier, für den er sich Zeit seines Lebens begeistern sollte. Dabei bestach ihn sowohl dessen geistreiche Kritik des Handels als auch seine unorthodoxe Sexuallehre.[99]

Hinweise auf diese Verbindungen finden sich auch in den vorbereitenden Entwürfen des *Manifests*, die sich in bestimmten Bereichen nachweisbar von Marx' endgültiger Version unterscheiden. Was beispielsweise die Frage der Demokratie betraf, reproduzierte Engels die skeptische Haltung gegenüber politischen Formen, die er sich bei den Owenisten angeeignet hatte. 1843 verurteilte er die Demokratie als einen «Widerspruch in sich», eine «Unwahrheit».[100] Selbst in den «Grundsätzen des Kommunismus» nahm er in dieser Frage eine widerwillige Haltung ein: «Die Demokratie würde dem

98 Zu Engels' Kontakten mit den Owenisten in Manchester siehe G. Stedman Jones, «Frederick Engels», in: *Dictionary of National Biography*, www.oxforddnb.com/index/101 039 022/Friedrich-Engels; G. Claeys, *Machinery, Money and the Millenium: From Moral Economy to Socialism, 1815–1860*, Princeton 1987, S. 166–184.

99 Zu Engels' Wertschätzung Fouriers siehe F. Engels, «Ein Fragment Fouriers über den Handel» (1845–46), MEW, Bd. 2, S. 604–610; für seine spätere Wertschätzung siehe F. Engels, «Socialisme utopique et scientifique» (1880), MEGA, Abt. III, Bd. 27, S. 545 ff.

100 F. Engels, «Fortschritte der Sozialreform auf dem Kontinent», MEW, Bd. 1, S. 481.

Proletariat ganz nutzlos sein, wenn sie nicht sofort als Mittel zur Durchsetzung weiterer, direkt das Privateigentum angreifender und die Existenz des Proletariats sicherstellender Maßregeln benutzt würde.»[101] Das *Manifest* selbst sprach hingegen positiver von der notwendigen «Erkämpfung der Demokratie».

Umgekehrt plädierte Engels in den «Grundsätzen» unumwunden für den Kommunismus, da dieser die Abschaffung des Privateigentums zum Ziel habe und eine gemeinschaftliche Kindererziehung befürworte. Dadurch zerstöre er

> die beiden Grundlagen der bisherigen Ehe, die Abhängigkeit des Weibes vom Mann und der Kinder von den Eltern vermittelst des Privateigentums.[102]

Im *Manifest* war dann von einer Abschaffung der Abhängigkeit der Ehefrau von ihrem Ehemann nicht mehr die Rede.

Doch die vielleicht offensichtlichste Divergenz betraf den Status der sozialistischen Gemeinden. Engels sprach sich in seinen Schriften wiederholt für solche Gemeinden aus, sowohl bevor als auch nachdem er sich entschlossen hatte, sich mit Marx zusammenzutun. In *Die Lage* unterstützte er die Vorschläge der Owenisten, Heimkolonien von 2 000 bis 3 000 Menschen zu errichten, die sowohl Landwirtschaft als auch Industriearbeit betreiben sollen. In seiner kommunistischen Rede in Elberfeld von 1845 sprach er sich zur Beherbergung solcher Siedlungen dafür aus, große Paläste in Form eines Quadrats zu bauen. Im selben Jahr schrieb er einen außergewöhnlich hoffnungsfrohen Aufsatz über den Erfolg sozialistischer Gemeinden in den USA, wobei ihm fast ausschließlich Artikel aus der owenistischen Presse als Belege dienten. Im vorletzten Entwurf zum *Manifest* vom Herbst 1847 schließlich plädierte er erneut für die

101 F. Engels, «Grundsätze des Kommunismus», MEGA, Abt. I, Bd. 6, S. 514.

102 F. Engels, Grundsätze des Kommunismus, MEGA, 1. Abt., Bd. 6, S. 519.

Errichtung großer Paläste auf den Nationalgütern als gemeinschaftliche Wohnungen für Gemeinden von Staatsbürgern, welche sowohl Industrie wie Ackerbau treiben und die Vorteile sowohl des städtischen wie des Landlebens in sich vereinigen, ohne die Einseitigkeiten und Nachteile beider Lebensweisen zu teilen.[103]

In der Endversion des *Manifests* findet sich kein Hinweis auf diesen Vorschlag; auch wurden sozialistische Gemeinden in Marx' Schriften zwischen 1844 und 1848 kein einziges Mal explizit erwähnt. Wie anders hätte der «Kommunismus» ausgesehen, wenn dieser Vorschlag geblieben wäre!

Diese Divergenz ist zum Teil darauf zurückzuführen, dass Marx und Engels vor Beginn ihrer Zusammenarbeit unterschiedlichen Arten des Sozialismus begegnet waren. Anders als Engels hatte Marx zuerst Bekanntschaft mit dem Sozialismus Saint-Simons und der Saint-Simonisten gemacht; bereits als Jugendlicher hatte er darüber in den frühen und mittleren 1830er Jahren mit seinem Nachbarn und späteren Schwiegervater Ludwig von Westphalen diskutiert. Saint-Simon sprach nie von sozialistischen Gemeinden und abgesehen von der kurzen, umstrittenen und unglückseligen Kommune des «Vaters» Enfantin in Menilmontant, die 1831 gegründet wurde, hatte es keine saint-simonistischen Äquivalente zu Fouriers «Phalansterium» oder Owens «Genossenschaftsdorf» gegeben.[104]

103 F. Engels, «Die Lage der arbeitenden Klasse in England», MEGA, Abt. I, Bd. 3, S. 447; F. Engels, «Zwei Reden in Elberfeld I» (8. Februar 1845), MEW, Bd. 2, S. 545; F. Engels, «Beschreibung der in neuerer Zeit entstandenen und noch bestehenden kommunistischen Ansiedlungen» (1844–45), MEW, Bd. 2, S. 521–535; F. Engels, «Grundsätze des Kommunismus», S. 373.

104 Barthélemy Prosper Enfantin (1796–1864), ein ehemaliger Student der Ingenieurwissenschaft an der École Polytechnique, wurde einer der zwei «Väter» der saint-simonistischen Kirche, die nach Saint-Simons Tod im Jahr 1825 gegründet wurde. 1828/29 legten die Saint-Simonisten eine systematische Darlegung der Lehren des Meisters in Form von vierzehntäglichen Vorlesungen vor, später bekannt als *Die Lehre Saint-Simons*, (eingeleitet und herausgegeben von Gottfried Salomon-

Doch hat diese Divergenz tiefere Ursachen als allein biographische Unterschiede. Denn die Tatsache, dass Marx in seinen Schriften darauf verzichtete, sozialistische Modellgemeinden als experimentellen Beweis für die sozialistische Auffassung von der menschlichen Natur anzuführen, ging Hand in Hand mit einer ganz anderen Reihe von historisch begründeten Annahmen zum geschichtlich unaufhaltsamen Anbruch des Kommunismus in der ganzen Welt. Dieser Marxsche Kommunismus würde zu seiner Durchsetzung weder eines Staates noch einer Kommune noch eines juristischen Rahmens bedürfen. Er bezog sich nicht auf kommunistische Verfechter des Egalitarismus und nur zu einem sehr kleinen Teil auf Engels oder die utopischen Sozialisten. Stattdessen versuchte er die Heraufkunft einer zukünftigen Gesellschaft jen-

Delatour, Neuwied 1962). Die saint-simonistische Kirche sah sich selbst als Nachfolgerin der katholischen Kirche und imitierte deren hierarchische Organisation. Zusätzlich zu ihren wissenschaftlichen und sozioökonomischen Lehren wurde unter Enfantins Führung eine neue Sexualdoktrin (die tatsächlich hauptsächlich von Fourier inspiriert war) – die «Emanzipation des Fleisches» – verkündet. Dies führte zu einer Spaltung der Kirche, und Bazard, der andere «Vater», zog sich zurück. Mit der verbleibenden saint-simonistischen «Familie» begab sich Enfantin zu seinem Besitz in Menilmontant, wo man auf gemeinschaftliche Weise leben sollte, bis eine «Mutter» der Kirche gefunden war, die ihren Platz neben dem «Vater» einnehmen würde. Dieses skandalträchtige und bald berüchtigte Experiment fand internationale Aufmerksamkeit. Enfantin und der Ökonom Michel Chevalier kamen ins Gefängnis, weil sie gegen den öffentlichen Anstand verstoßen hatten. Nach ihrer Freilassung wurde die Suche nach einer «Mutter» wieder aufgenommen, was Enfantin und seine Anhänger bis in die Türkei und nach Ägypten führte, wo sie außerdem versuchten, die Behörden vom Bau eines Suez-Kanals zu überzeugen. Nach einem Aufenthalt in Algerien wurde Enfantin zu einem öffentlichen Förderer der Eisenbahnfusionierung und Direktor der Paris-Lyon-Mittelmeer-Linie. Bis zu seinem Tod wurde er nicht müde, die saint-simonistische Doktrin sowohl in ihren praktischen als auch in ihren spirituellen Dimensionen zu verkündigen. Es war die Lehre Saint-Simons und Enfantins Gemeinschaft in Menilmontant, durch die das gebildete Europa erstmals auf den Sozialismus aufmerksam wurde.

seits des Privateigentums aus der Geschichte des Eigentums selbst abzuleiten.

6. Marx' Beitrag: Vorrede

Worin also bestand Marx' Beitrag? Vergleicht man Engels' «Grundsätze des Kommunismus» mit der endgültigen Version des *Manifests*, so wird schnell deutlich, was die Besonderheit der Marxschen Version des Kommunismus ausmachte.[105]

Erstens zollte Marx in eindrucksvoller und unzweideutiger Weise den materiellen Leistungen der «Bourgeoisie» Anerkennung.

> Die Bourgeoisie hat in ihrer kaum hundertjährigen Klassenherrschaft massenhaftere und kolossalere Produktionskräfte geschaffen als alle vergangenen Generationen zusammen.

Diese Transformation war nicht länger eine rein technologische. Sie war auch kultureller Natur. «Alle festen eingerosteten Verhältnisse (…) werden aufgelöst (…). Alles Ständische und Stehende verdampft, alles Heilige wird entweiht.» Marx stellte dies nicht einfach fest, sondern befürwortete diese Veränderungen: «[D]ie Menschen sind endlich gezwungen, ihre Lebensstellung, ihre gegenseitigen Beziehungen mit nüchternen Augen anzusehen.»

Andere Änderungen waren ähnlich deutlich. Marx löste sich von

105 Belege für die Unverwechselbarkeit von Marx' Herangehensweise in Bezug auf den Kommunismus werden nicht nur dem *Manifest* entnommen, sondern ergeben sich auch aus einem Vergleich der Schriften der beiden Autoren in den vorangehenden fünf Jahren. Es ist möglich, dass Engels «Grundsätze» die Meinungen des Bundes zu einem stärkeren Grade berücksichtigten als der endgültige Entwurf. Ebenso ist es möglich, dass Engels an der Erstellung des endgültigen Entwurfs mitgewirkt haben könnte. Hier ist man auf Mutmaßungen angewiesen. Man wird allerdings nicht behaupten können, dass die Unterschiede zwischen den «Grundsätzen» und dem *Manifest* rein formaler Natur sind.

den verbleibenden owenistischen Skrupeln Schappers oder vielleicht sogar Engels', was die Gewaltsamkeit eines revolutionären Umsturzes betraf. Dem *Manifest* zufolge können kommunistische Ziele «nur erreicht werden (...) durch den gewaltsamen Umsturz aller bisherigen Gesellschaftsordnung». In ähnlicher Manier folgte das *Manifest* den «Grundsätzen», indem es den Kommunismus mit der Abschaffung des Privateigentums gleichsetzte – die Aufgabe der Kommunisten bestand immer darin, die «Eigentumsfrage» in den Vordergrund zu rücken –, ihn aber nicht einmal mehr implizit mit der «Gütergemeinschaft», «Industriepalästen», «sozialer Egalisierung» oder «universellem Asketismus» assoziierte. Während das *Manifest* schließlich den Kommunismus insgesamt sehr viel weniger explizit darstellte als es die «Grundsätze» taten, war es dennoch in einem Bereich deutlicher. Die «Grundsätze» hatten das Ende der Klassen, der Arbeitsteilung und sogar des Antagonismus zwischen Stadt und Land detailliert beschrieben, hatten aber nichts über den Staat oder seinen mutmaßlichen Nachfolger, «die allgemeine Assoziation aller Gesellschaftsmitglieder», gesagt. Hier wagte das *Manifest* eine knappe Vorhersage, «die öffentliche Gewalt [verliert] den politischen Charakter».

Es mag verlockend sein, einige dieser Änderungen – vielleicht besonders die Charakterisierung der Bourgeoisie – auf grundlegende Unterschiede des Charakters und Temperaments zwischen den beiden Männern zurückzuführen. Engels war offener, geselliger, hatte mehr Freude am Leben, liebte guten Wein und attraktive Frauen, war ein produktiver Journalist, dem das Schreiben leicht fiel, und gleichzeitig ein fähiger Geschäftsmann, der in seiner Rolle des Bourgeois ebenso zu Hause war wie in der Rolle des Revolutionärs. Marx dagegen war obsessiver, dünnhäutiger, unfähig zum Kompromiss und insgesamt ein Grenzgänger, der Enkel von Rabbinern und Sohn eines Anwalts, der zum Christentum konvertiert war, als der preußische Staat seine Haltung zur Judenemanzipation revidierte. Aufgewachsen in einem aristokratischen Viertel Triers, in dessen Kreise er schließlich einheiratete, war er pflichtschuldig darum bemüht, als Familie den Schein zu wahren, auch wenn er dazu nicht in der Lage war. Er war leidenschaftlich, zielstrebig, weniger originell als seine Lehrer und Zeitgenossen (Feuerbach, Proudhon, Heine, Hess oder Engels), wenn es darum ging, neue Ideen zu schaffen; hatte er sich diese Ideen aber einmal angeeignet, folgte er ihrer Logik mit unendlich mehr Beharrlichkeit, Strenge und Kompromisslosigkeit.[106]

Diese Unterschiede sind ohne Frage wichtig, doch wie wichtig sie für die Ausformung der charakteristischen Merkmale von Marx' Kommunismus waren, lässt sich kaum beurteilen, ohne die Herkunft seiner Ideen und ihre systematische Verschränkung in den Blick zu nehmen. Zu oft stellt sich heraus, dass Erkenntnisse, die auf psychologischen Mutmaßungen beruhen, einer genauen Prüfung nicht standhalten oder, in den Worten des französischen utopischen Sozialisten Charles Fourier, das «fünfte Rad am Wagen» sind – eine Annahme also, die einer Erklärung, die man sicherer auf einem anderen Wege gewinnen kann, nichts hinzufügt. Eine ernst-

106 Zu Marx' Persönlichkeit und Fähigkeiten wird häufig das Urteil von Moses Hess zitiert: «... denke dir Rousseau, Holbach, Voltaire, Lessing, Heine und Hegel in einer Person vereinigt; ich sage vereinigt, nicht zusammengeschmissen – so hast du Dr. Marx» (Moses Hess an Bertold Auerbach, 2. September 1848); weniger oft erwähnt werden die späteren desillusionierten Kommentare Heines, die mit Hess' Urteil gleichwohl nicht unvereinbar sind. 1851 bemerkte er zu Moritz Carriere, als Marx' Name im Gespräch fiel: «Indes ist der Mensch bei alledem wenig, wenn er nichts als ein Scheermesser ist.» Sein öffentliches Urteil, das er 1854 in seinen *Geständnissen* notierte, ist respektvoll, aber kaum wärmer: «Die mehr oder weniger geheimen Führer der deutschen Kommunisten sind große Logiker, deren stärksten aus der Hegelschen Schule hervorgegangen sind, und sie sind ohne Zweifel die fähigsten Köpfe, die energischsten Charaktere Deutschlands. Diese Doktoren der Revolution und ihre mitleidslos entschlossenen Schüler sind die einzigen Männer in Deutschland, die Leben in sich haben, und ihnen, fürchte ich, gehört die Zukunft.» Man muss allerdings der Gerechtigkeit halber hinzufügen, dass die Beziehung zwischen Marx und Heine vergiftet worden war, als sich herausstellte, dass Heine heimlich Geld von der Regierung Louis-Philippes angenommen hatte. Siehe S. Prawer, *Karl Marx und die Weltliteratur*, München 1983, S. 27, 127, 355.

hafte Beschäftigung mit der Ideengeschichte kann diese Gefahren mindern, insofern sie es uns erlaubt, schärfer zwischen den für einen bestimmten Autor charakteristischen Ansätzen oder Ausdrucksweisen einerseits und solchen, die sich aus einem geteilten Genre oder theoretischem System andererseits ableiten, zu unterscheiden. In Marx' Fall bedeutet dies, dass seine persönlichen Sorgen seinen Hass und seine Bewunderung für die Bourgeoisie wie auch seine humorlos-bitteren Urteile über sie im *Manifest* geprägt haben mögen, dass sie aber als solche kaum eine hinreichende Erklärung für die charakteristischen Merkmale von Marx' Kommunismus darstellen. Diese Merkmale lassen sich nur bestimmen, wenn man zunächst Marx' Ausgangspunkt rekonstruiert, das heißt seinen intellektuellen Werdegang nachvollzieht.

Dies ist einfach, aber grundlegend. Anders als Engels erhielt Marx von 1835–1841 über sechs Jahre eine systematische universitäre Ausbildung – zunächst in Bonn und dann in Berlin. Berlin war zu dieser Zeit die wohl weltweit führende Universität, vor allem in den Fächern, die Marx besonders interessierten, nämlich Recht und Philosophie. Da er anfangs für die Rechtswissenschaft vorgesehen war, besuchte der junge Marx sowohl die Vorlesungen des großen konservativen Meisters der deutschen historischen Rechtsschule, Carl von Savigny, als auch die seines Gegners, des Hegelianers Eduard Gans. Marx nahm die Rechtswissenschaft ernst und schrieb noch als Student ein 300-seitiges Manuskript zur Rechtsphilosophie, bevor er das Projekt aufgab. Diese Studien sollten eine unabdingbare Basis für seine spätere Arbeit über die Entwicklung der Eigentumsverhältnisse werden.[107]

107 Zur Bedeutung von Marx' Studium der Rechtswissenschaft siehe R. D. Kelley, «The Metaphysics of Law: an Essay on the very young Marx», in: *American Historical Review*, 83 (1978), S. 350–67. Die Auseinandersetzungen zwischen Savigny und Gans und ihre Bedeutung für Marx' Konzept des Kommunismus werden in Kapitel 9 erörtert.

7. Die Junghegelianer

a) Hegel und der Hegelianismus

Schon zu Beginn seines Studiums zeigte Marx weit weniger Interesse für die Rechtspraxis als für die ihr zugrunde liegende Theorie. Daher überrascht es kaum, dass er sich im Herbst 1837 der Philosophie zuwandte – und zwar der Philosophie Hegels. Hegel war während der Choleraepidemie von 1831 gestorben. Man kann sich leicht vorstellen, wie anziehend er auf einen radikalen, nach intellektuellen Herausforderungen suchenden Studenten der 1830er Jahre gewirkt haben muss. So erklärte Marx seinem verständlicherweise beunruhigten Vater: «Von dem Idealismus (...) gerieth ich dazu, im Wirklichen selbst die Idee zu suchen.»[108]

Hegelianer zu sein bedeutete, weitreichende Behauptungen zu akzeptieren; dies schloss jedoch nicht die Bereitschaft ein, die Postulate des Kommunismus ernstzunehmen. Hegel selbst hatte in der *Philosophie des Rechts*, seiner Theorie des modernen Staates, den Kommunismus mit deutlichen Worten verurteilt. Eigentum war Hegel zufolge das Mittel, durch das der «Wille» Dasein erlange, weswegen es die Bestimmung haben müsse, «das Meine zu sein». Hegel nannte dies die «wichtige Lehre von der Notwendigkeit des *Privateigentums*». Die «Vorstellung von einer frommen oder freundschaftlichen und selbst erzwungenen Verbrüderung mit Gemeinschaft der Güter und der Verbannung des privateigentümlichen Prinzips» könne sich, so Hegel, nur «der Gesinnung leicht darbieten, welche die Natur der Freiheit des Geistes und des Rechts verkennt».[109] Was also konnte einen ernsthaften und philosophisch geschulten Anhänger Hegels dazu bewegen, zu einem überzeugten Kommunisten zu werden?

108 K. Marx an H. Marx (10.–11. November 1837), MEGA, Abt. III, Bd. 1, S. 15 f.

109 G. W. F. Hegel, *Grundlinien der Philosophie des Rechts*, Werke Bd. 7, Frankfurt am Main 1970, § 45, 46, S. 107–110.

Die kurze Antwort lautet, dass es nach den Revolutionen des Jahres 1830, als Preußen sich mehr und mehr von der durch die Niederlage gegen Napoleon erzwungenen liberalen Reformära verabschiedete, auch zunehmend schwieriger wurde, Hegelianer zu bleiben.[110]

Wie die preußischen Reformen war auch Hegels Philosophie ein Produkt der stürmischen Jahre zwischen 1789 und 1819 gewesen – die Jahre der Französischen Revolution, eines Weltkriegs, des von Napoleon herbeigeführten Endes des Heiligen Römischen Reiches Deutscher Nation, der Transformation Mitteleuropas und schließlich der Schaffung eines völlig neuen europäischen Staatensystems auf dem Wiener Kongress.[111]

Dieser Aufruhr war kein ausschließlich politisches Phänomen. Schon vor dieser Welle von Krieg und Revolutionen hatten die neue kritische Philosophie Kants und die Rehabilitation der «atheistischen» oder «pantheistischen» Lehre Spinozas dazu geführt, dass das deutschsprachige Europa – oder zumindest seine gebildeten Schichten – eine Krise des Religiösen erlebte. Der Sturz des Ancien Régime in Frankreich und der darauffolgende europaweite Zusammenbruch von so vielen Formen althergebrachter weltlicher wie

110 Die mit den Ministerien vom Steins und Hardenbergs assoziierte preußische «Reformära» (1807–1819) wurde von der katastrophalen Niederlage Preußens in den Schlachten von Jena und Auerstedt im Jahr 1806 eingeleitet. Im Wesentlichen ging es dabei darum, die Leistungsfähigkeit der Armee zu erhöhen und den Regierungsapparat zu stärken. Die Reformen beinhalteten die Einführung der Wehrpflicht, die Bauernbefreiung, die Aufhebung von Zunftbeschränkungen und -privilegien, die Emanzipation der Juden, die Liberalisierung des wirtschaftlichen Lebens, die Einführung kommunaler Selbstverwaltung, die vollständige Reform des Bildungssystems und die Gründung der Berliner Universität.
Die beste Untersuchung zu Hegel und der hegelianischen Bewegung ist die von John E. Toews, *Hegelianism: The Path Toward Dialectical Humanism, 1805–1841*, Cambridge 1980.

111 Als Folge des Wiener Kongresses wurden das Rheinland und Marx' Heimatstadt Trier zu einem Teil Preußens.

geistiger Autorität hatten die Furcht vor einem um sich greifenden «Nihilismus», ein Begriff, mit dem die religiöse Krise seit den 1780er Jahren bezeichnet wurde, nur noch verstärkt.[112] Hegels Konzept des «absoluten Geistes» und der Weltgeschichte als Fortschritt von Freiheit und Vernunft, seine berühmte Lehre von der Identität von Vernunft und Wirklichkeit, die in seiner Darstellung des modernen Staates zum Ausdruck gebracht wurde, sowie sein Beharren darauf, dass Religion und Philosophie sich lediglich der Form nach unterschieden, waren alle Teil seiner Antwort auf die unterschiedlichen Gesichter dieser Krise.

Seit der Veröffentlichung von Edmund Burkes *Betrachtungen über die französische Revolution* im Jahr 1790 (das Buch war rasch ins Deutsche übersetzt worden) hatten sich konservative Kritiker der Revolution darauf konzentriert, die Revolutionäre als fanatische Anhänger einer abstrakten Vernunft darzustellen, die ebenso geschichts- wie erfahrungsblind seien. Da Hegel die Vernunft in der Geschichte verkörpert sah, konnte er in dem Streit zwischen Traditionalisten und Rationalisten eine Mittelposition einnehmen. Auch er kritisierte den abstrakten Vernunftbegriff der Jakobiner und der Anhänger Kants, die die Vernunft jenseits von Raum und Zeit ansiedelten. Doch stellte er die Attacke der Konservativen auf den Kopf, indem er behauptete, dass die Vernunft selbst ein Produkt der Geschichte sei und dass daher die Revolution kein willkürliches Ereignis gewesen, sondern vom ganzen bisherigen Geschichtsverlauf vorbereitet worden war.

Hegel war der Meinung, dass keine Überzeugung und keine Institution überleben würde, die nicht in der Vernunft begründet war. Doch glaubte er nicht, dass diese Idee eine Erfindung der Französischen Revolution war. Vielmehr sei eine solche Annahme seit Luther impliziter Bestandteil des protestantischen Christentums gewesen, so wie sie nun die Grundlage des modernen Staates bil-

112 Zur Rezeption von Kants Philosophie in Deutschland in den 1780er und 1790er Jahren siehe F. Beiser, *The Fate of Reason, German Philosophy from Kant to Fichte*, Cambridge 1987; zur Entstehung des Spinozismus und der Idee des «Nihilismus» siehe ebd. Kap. 1 und 2, S. 30 f.

de.[113] Nur weil der Staat auf Vernunft und Freiheit beruhe, könne er als rechtliche und politische Gemeinschaft anerkannt werden, als ein *Wir*, in dem das sich seiner selbst bewusste Individuum den gemeinschaftlichen Willen als seinen eigenen wollen kann. Ein solches Prinzip setze Meinungsfreiheit, religiöse Toleranz und die Trennung von Kirche und Staat sowie die Beseitigung der Relikte des Feudalismus, der bürgerlichen Ungleichheit und willkürlicher Privilegien voraus.

Doch Hegel pflichtete auch Kritikern wie Hamann bei, der den von Kant entwickelten Vernunftbegriff wegen seiner Abstraktheit ablehnte.[114] Die Vernunft könne nicht als etwas gedacht werden, das jenseits von Raum und Zeit existiert. Sie habe eine Geschichte und werde in der Sprache und in der Kultur zum Ausdruck gebracht. Sprachen und Kulturen wiederum wiesen zeitlich und räumlich be-

113 Die Gleichung von Protestantismus und Vernunft wurde aus der Luther'schen Vorstellung des Priestertums aller Gläubigen abgeleitet. Katholiken glaubten, dass die Beziehung zwischen Gott und dem einzelnen Gläubigen der Vermittlung durch die Autorität der Kirche und des Priestertums bedürfe. Protestanten dagegen glaubten, dass es eine direkte Beziehung zwischen Gott und dem Einzelnen gebe. Die Gläubigen sollten sich ausschließlich an der Schrift orientieren – dies war ein Grund, warum die historische und philosophische Bibelkritik den größten Einfluss in protestantischen Ländern ausübte. Doch war diese Lehre des «sola scriptura» selbst nicht frei von Ambiguität, denn die Texte bedurften der Interpretation. Aus diesem Grund hatten die Protestanten seit der Zeit Luthers die jeweilige Bedeutung der Autorität der Schrift, der Vernunft und der Reinheit des Herzens für die Urteilskraft des einzelnen Gläubigen unterschiedlich gewichtet. Hegels Christentum hatte ein chiliastisches Moment, das er vermutlich dem Pietismus seiner württembergischen Heimat verdankte. Siehe L. Dickey, *Hegel, Religion, Economics and the Politics of Spirit 1770–1807*, Cambridge 1987.

114 J. G. Hamann (1730–1788) griff 1783 den kantischen Vernunftbegriff an. Vernunft, so sein Argument, werde in der Sprache und im Handeln zum Ausdruck gebracht und habe keine davon unabhängige Existenz. Da sie hauptsächlich in der Sprache ihren Ausdruck finde, seien historische Epochen und unterschiedliche Kulturen in einer je spezifischen Weise vernünftig.

dingte Unterschiede auf. Deswegen dürfe die Vernunft nicht als formales Kriterium des Urteilens, als ein bloßes «Sollen» angesehen werden, sondern als etwas, das in einer mehr oder weniger ausgeprägten Form im Geist eines bestimmten Volkes seinen Ausdruck findet. Aus diesem Grund glaubte Hegel, dass die Zukunft der Freiheit in den protestantischen Regionen Nordeuropas eher gesichert sei als im katholischen und jakobinischen Frankreich.[115]

Da die Vernunft sich also notwendigerweise konkret manifestiere, müsse sie auch Teil der Natur sein. Die von Kant ausgelöste Glaubenskrise der 1780er Jahre war unter anderem darin begründet, dass sich ein immaterieller Freiheitsbegriff nicht mit einem vollständig deterministischen Bild der Natur (das auch den Menschen selbst als natürliches Lebewesen mit einschloss) vereinbaren ließ. Hegel war daher seinem Freund Schelling gefolgt und hatte diesen «mechanischen» Naturbegriff zugunsten eines vitalistischen Konzeptes aufgegeben, das sich auf jüngere Fortschritte in den Lebenswissenschaften stützte. Sowohl der Mensch als auch die Existenz als Ganze waren nun Teil einer einzigen Substanz, eines «Absoluten», das der Form nach organisch war. Körper und Geist, Vernunft und Natur, Sein und Bewusstsein waren dementsprechend nur unterschiedliche Organisationsgrade einer einzigen lebendigen Kraft. An die Stelle des statischen und künstlich-mechanischen Systems von «Gott oder Natur», das Spinoza im 17. Jahrhundert entwickelt hatte, trat nun der Entwurf eines neuen interaktiven Begriffs des Ganzen als einem sich selbst erzeugenden organischen Prozess.

Der Fehler dieser romantischen Konzeption des «absoluten Lebens» lag darin, dass sie von allen spezifischen Bestimmungen abstrahierte und sich nur mittels religiöser oder künstlerischer Intui-

115 Aus Hegels Sicht bestand der Fehler der Französischen Revolution in dem Glauben, eine politische Reform sei ohne eine gleichzeitige Reform des Religiösen möglich; es habe sich gezeigt, dass eine in der Vernunft begründete Verfassung nicht mit einer autoritätsbasierten Kirche zu vereinbaren sei. Siehe zum Beispiel Hegels *Philosophie des Geistes (Enzyklopädie der philosophischen Wissenschaften III)*, Frankfurt am Main 1986, § 552.

tion fassen ließ. Hegel empfand dieses nicht beschreibbare Konstrukt bald als unbefriedigend und entwickelte stattdessen einen transparenten Begriff des «Absoluten», den die Philosophie als die sich selbst verwirklichende Verkörperung der Vernunft fassen konnte. Diesen Prozess zu verstehen hieß, Zugang zum «absoluten Wissen» zu gewinnen, in dem die letztgültige Wirklichkeit als die Tätigkeit eines unendlichen vernünftigen Subjekts gesehen werden konnte, das sich selbst durch seine Verkörperung in der Natur entäußerte und sich dann im Laufe der menschlichen Geschichte als absolutes Selbstbewusstsein oder absoluten Geist erkannte. Hegel behauptete, dass dieser Prozess die grundlegende christliche Wahrheit der Inkarnation aufnehme und eine spekulative Übersetzung der Trinitätslehre sei.

Obwohl Hegels Ansatz einige politische Errungenschaften der Französischen Revolution voraussetzte, waren die Krisen, die seine Philosophie bewältigen sollte, hauptsächlich geistiger Natur. Seine frühen Anhänger erinnerten sich später an ihre Euphorie, als sie von Hegel lernten, dass der menschliche Geist sich vom göttlichen nicht unterscheide oder dass der Mensch das Bewusstsein Gottes in sich trage, und interpretierten dieses Gefühl der Glückseligkeit als die Erfüllung des christlichen Erlösungsversprechens. Doch war es nicht die Intention der spekulativen Philosophie, die menschliche Existenz als Ganze zu transformieren. Wie Hegel selbst betonte, kann der Mensch *nur* durch die Tätigkeit des spekulativen Denkens mit dem Absoluten eins werden.[116]

Und auch die Freiheit, die Hegel als Ziel der Geschichte gepriesen hatte, ließ sich inhaltlich nicht in dem Maße politisch ausdeuten, wie der Begriff es zunächst zu versprechen schien. Wenn das Wesen des Menschen die Freiheit war, und die Freiheit nur im Staat erlangt werden konnte, dann bestand das Ziel der Geschichte darin, einen Staat hervorzubringen, in dem die Freiheit verwirklicht wäre. Freiheit bestand für Hegel jedoch nicht aus einer Reihe konkreter Ansprüche, sondern stellte eine Form der Weisheit dar. Freiheit war

116 Siehe Toews, *Hegelianism*, S. 66.

ein Zustand, in dem der *fremde* Charakter der äußeren Welt verschwand und Individuen sich als «in ihr zu Hause» erkannten. Ein Verständnis von Geschichte als Verwirklichung der Freiheit konnte sich also nicht darin erschöpfen, einfach das Streben von begrenzten und endlichen Wesen zu beschreiben, sondern zielte auf den Prozess der Wiedervereinigung zwischen dem Geist dieser begrenzten und endlichen Wesen einerseits und dem absoluten oder unendlichen Geist andererseits.

Und auch in ihrer eher weltlichen Bedeutung waren die politischen Aspekte von Hegels Philosophie nur dann plausibel, wenn man seine optimistische Überzeugung akzeptierte, dass die Vernunft sich tatsächlich in der Welt verwirklicht, dass ihr stetiges Voranschreiten nicht bloß ein subjektiver Wunsch, sondern ein objektiver Prozess ist. Hegels Ansehen erreichte seinen Höhepunkt, als er in den Jahren nach dem Sturz Napoleons nach Berlin eingeladen wurde, zu einer Zeit also, als die bewahrenswerten Errungenschaften der Französischen Revolution Eingang in die Verfassungen und Rechtssysteme Frankreichs und der neu gebildeten deutschen Staaten gefunden hatten. In Deutschland wurden diese Errungenschaften nicht durch die Mobilisierung patriotischer Gefühle durch romantische Nationalisten während der Erhebungen von 1813 abgesichert, sondern mit Hilfe von rational verfassten juristischen und politischen Institutionen des Reformstaates. Dies war auch die politische Botschaft der *Philosophie des Rechts*. Hegel legte dar, dass es nicht sein Ziel sei zu erklären, wie die Welt verändert werden müsse, da das ethische Leben bereits im postrevolutionären modernen Staat verwirklicht sei – zumindest in groben Umrissen. Sein Ziel bestand vielmehr darin, die Logik der von ihm und seinen Zeitgenossen erfahrenen Veränderung aufzuzeigen.

Doch ab 1819 änderte sich die politische Stimmung merklich.[117]

117 Hegel hatte seinem ursprünglichen Optimismus angesichts des fortschrittlichen Charakters der Nachkriegsentwicklung in seiner ersten in Heidelberg gehaltenen Vorlesungsreihe im Jahr 1817–1818 Ausdruck verliehen. Siehe Hegel, *Vorlesungen über Naturrecht und Staatswissenschaft*, Hamburg 1983. Der Umschlag hin zur Reak-

Im Deutschen Bund fand die reaktionäre Haltung Metternichs mehr und mehr Anhänger, während die preußischen Reformer sich mit dem wachsenden Widerstand konservativer und religiöser Kräfte konfrontiert sahen. Angehörige der alten Aristokratie – vor allem ehemalige Soldaten, die noch unter dem Schock der erniedrigenden Niederlage Preußens gegen Napoleon standen – waren von einer fundamentalistischen religiösen Erweckungsbewegung erfasst worden, die sämtliche religiöse wie politische Formen des Liberalismus bekämpfte. Obwohl der König 1815 versprochen hatte, eine repräsentative Versammlung ins Leben zu rufen, zerschlug sich unter diesen Umständen zunehmend die Hoffnung, dass Preußen eine konstitutionelle Monarchie werden könne.

Hegel und seine Anhänger waren in die Defensive gedrängt worden, worauf Hegel einen politisch-taktischen Rückzug startete und bewusst vage blieb. Mit seinem Vorwort zur *Philosophie des Rechts* aus dem Jahr 1821 und dem notorischen Diktum, dass das Vernünftige wirklich und das Wirkliche vernünftig sei, schien Hegel sich von der Sache der Reform losgesagt zu haben. Doch es blieb eine gewisse Zweideutigkeit. Wenn man Heinrich Heine glauben will, hörte der Dichter Hegels Vorlesungen und erschrak über die Behauptung der Identität von «Vernünftigem» und «Wirklichem». Er ging so auf Hegel zu und bat ihn, zu erklären, was mit dieser Aussage gemeint sei. Es heißt, Hegel habe verstohlen gelächelt und leise geantwortet: «Es könnte auch heißen: ‹Alles, was vernünftig ist,

tion erfolgte, als der reaktionäre Dichter August von Kotzebue von einem radikalen Studenten ermordet wurde, der sein Opfer für einen Agenten des Zaren hielt. Metternich, der angesichts der Entwicklung des Liberalismus in Preußen beunruhigt war, nutzte die Gelegenheit, in Karlsbad im August 1819 ein Treffen der Staaten des Deutschen Bundes abzuhalten. Das Ergebnis des Treffens waren die Karlsbader Beschlüsse, die Wissenschaftler und wissenschaftliche Veröffentlichungen einer strengen Zensur unterwarfen. Hegel hatte kurz zuvor einen Entwurf der *Philosophie des Rechts* abgeschlossen, entschloss sich dann aber, ihn zurückzuziehen und zu überarbeiten, um der Zensur zu entgehen.

muß sein.›»[118] Dies war die Interpretation, auf die sich Hegels liberalere Anhänger beriefen. Eduard Gans beispielsweise sprach sich für das Prinzip der Volkssouveränität aus und begrüßte die Revolutionen von 1830 als neues Kapitel in der Geschichte des Weltgeistes. Hegel selbst dagegen stand der Aussicht auf politischen Wandel in den 1820er Jahren zunehmend furchtsam gegenüber und teilte die verängstigte Reaktion der Regierenden auf die Ereignisse von 1830.[119] Generell führte das Wiederaufleben des revolutionären Geistes im Ausland dazu, dass sich die Aussichten auf eine staatlich geführte politische Liberalisierung in Preußen verschlechterten. Das, was an Reformdruck nach wie vor vorhanden war, kam zunehmend von außen oder von unten.

Am verwundbarsten aber erschien Hegel nicht im politischen, sondern im religiösen Bereich. In den 1820er Jahren war seine Idee, dass der «absolute Geist» den rationalen Kern des christlichen Glaubens bilde, den Fundamentalisten ein Dorn im Auge; seine Behauptung, dass Religion und Philosophie sich bloß der Form nach unterschieden, erschien ebenfalls höchst verdächtig. Doch in dieser Hinsicht konnte Hegel auf die Protektion des Staates zählen, da der König, Friedrich Wilhelm III., und sein Minister für

118 Siehe G. Nicolin, *Hegel in Berichten seiner Zeitgenossen*, Hamburg 1970, S. 235. Heine hatte die Geschichte vermutlich von seinem Freund Eduard Gans gehört und nicht, wie er behauptete, selbst erlebt.

119 In einer Serie von Artikeln über die englische Wahlreformkrise, die er 1831 für die offizielle *Preußische Staatszeitung* verfasste, erklärte Hegel zunächst, dass Reformen notwendig seien, um «Recht und Gerechtigkeit» anstelle der «gegenwärtigen Unregelmäßigkeit und Ungleichheit» in die parlamentarische Versammlung zu tragen. Dann zeigte er sich jedoch zunehmend beunruhigt angesichts der konstitutionell bedingten Schwäche des englischen Monarchen, die er mit der von der preußischen Krone gewährten rationalen Führung kontrastierte. Abschließend gab er zu bedenken, dass ein Reformversuch in eine Revolution münden könne. Siehe G. W. F. Hegel, «Die englische Reformbill», *Berliner Schriften 1818–1831*, Frankfurt am Main 1986. Nur wenige Tage nach Abschluss der Artikelserie brach Hegel zusammen und starb an Cholera.

«Kultus, Unterricht und Medizinalwesen», Karl von Altenstein, in Bezug auf die Kirche und das höhere Unterrichtswesen eine Politik verfolgten, die durchaus nicht der konservativen, antirationalistischen Reaktion der Nachkriegsjahre entsprach. 1817 hatte Friedrich Wilhelm ohne vorherige Konsultation die Union der lutherischen und calvinistischen Gemeinden verkündet und in den 1820er Jahren für die Unierte Kirche eine neue, aus deutschen, schwedischen, hugenottischen und anglikanischen Gebetbüchern zusammengeschusterte Liturgie entwickelt. Diese königliche Politik eines «aggressiven konfessionellen Etatismus» provozierte nicht nur die konservative und pietistische Opposition, sondern führte auch zur Abspaltung und Emigration von mehreren tausend «Altlutheranern» in Schlesien.[120] Eine ähnliche Politik der Zentralisierung und Rationalisierung wurde im neu hinzugewonnenen Rheinland verfolgt, wo der unpopuläre Versuch unternommen wurde, das Allgemeine Preußische Landrecht einzuführen, und wo der protestantischen Minderheit der überwiegend katholischen Provinz aggressive Unterstützung zuteil wurde. Diese Politik erreichte 1837 ihren Höhepunkt, als der Erzbischof von Köln inhaftiert wurde, weil er die katholische Erziehung von Kindern aus gemischt-konfessionellen Ehen hatte durchsetzen wollen.

Doch zusammen mit diesen expansionistischen Ambitionen setzte die königliche Regierung gleichzeitig alles daran, den im 18. Jahrhundert erworbenen Ruf Preußens als einem Staat der Toleranz und der freien Erörterung religiöser Fragen zu bewahren. Altensteins Position blieb diejenige, die Kant einst Friedrich dem Großen zugeschrieben hatte: «Räsoniert, so viel ihr wollt und worüber ihr wollt, aber gehorcht!» Es war Altenstein, der Hegel zuerst nach Berlin geholt hatte, und während seiner langjährigen Amtszeit setzte er sich durchgehend für die Berufung und bevorzugte Behandlung von Hegelianern ein. Der Hegelianismus blieb attraktiv –

120 Zur Konfessionspolitik Friedrich Wilhelms III. und Altensteins siehe C. Clark, «Confessional policy and the limits of State action: Frederick William III and the Prussian Church Union 1817–1840», in: *Historical Journal*, 39:4 (1996), S. 985–1004.

wegen seines Eintretens für religiöse Toleranz, geistige Freiheit, einen rationalisierten Protestantismus, für preußische Führung im Deutschen Bund und für die unzweideutige Unterordnung der Kirche unter den Staat.[121]

b) Der Kampf gegen das Christentum und die Anfänge der Junghegelianer

1835 veröffentlichte David Friedrich Strauss seine epochemachende Studie *Das Leben Jesu, kritisch bearbeitet.*[122] Strauss stammte wie Hegel selbst aus Württemberg und hatte, ebenfalls wie Hegel, Theologie am Evangelischen Stift zu Tübingen in Vorbereitung auf das evangelische Pfarramt studiert. Während der folgenden zwei Jahre, in denen er in dem schwäbischen Dorf Kleiningersheim als Hilfsvikar arbeitete, hatte er hinreichend Zeit, über die hegelianische Behauptung von der Identität von Dogmen des Glaubens und philosophischen Wahrheiten nachzudenken. Im Herbst 1831 ging er für ein Jahr nach Berlin, wo er Hegel begegnete, der eine Woche später der Cholera erlag. Strauss kehrte nach Tübingen zurück und hielt Vorlesungen an der Universität, wurde aber nach der Veröffentlichung seines Buches zur Aufgabe seiner Lehrtätigkeit gezwungen.

Konservative und Anhänger der Erweckungsbewegung sahen in Strauss' Buch eine Bestätigung ihrer dunkelsten Befürchtungen hinsichtlich der Folgen der von Hegel behaupteten Identität von Religion und Philosophie. Tatsächlich aber verdankte Strauss' mythologische Herangehensweise Hegel gar nichts.[123]

121 Zu Hegels Haltung in diesen Fragen siehe besonders *Grundlinien der Philosophie des Rechts*, § 270, S. 415–431.

122 D. F. Strauss, *Das Leben Jesu, kritisch bearbeitet*, 2 Bde., Tübingen 1835–1836. Strauss war der Sohn eines Kaufmanns am königlichen Hof in Württemberg. Zu Strauss siehe Toews, *Hegelianism*, S. 165–75, 255–88; M. H. Harris, *David Friedrich Strauss and his Theology*, Cambridge 1973; M. C. Massey, *Christ Unmasked: The Meaning of the Life of Jesus in German Politics*, Chapel Hill 1983.

123 Vor Strauss war man gemeinhin davon ausgegangen, dass die Evangelien auf Tatsachen basierten. Der Naturmensch schrieb die natürlichen

Dennoch formulierte Strauss seine Schlussfolgerungen in einem eindeutig hegelianischen Rahmen. Wenn religiöse Repräsentation mit philosophischer Wahrheit übereinstimmen sollte, argumentierte er, müssten die Evangelien zunächst von dem abergläubischen und übernatürlichen Kontext, in dem sie ursprünglich angesiedelt waren, befreit werden. Die im Christentum enthaltene rationale Wahrheit war die der Inkarnation, der Einheit von Menschlichem und Göttlichem. Doch die Evangelien hatten diese Wahrheit unter einer archaischen Form der Darstellung verborgen, in der die «Idee» in einer Erzählung des Lebens und der Tätigkeit eines einzigen Individuums verkörpert war. Wollte das moderne «kritische wissenschaftliche Bewusstsein» die christliche Wahrheit wiederherstellen, müsste es den Jesus der Evangelien durch die Idee der Menschheit im ganzen Verlauf ihrer Entwicklung ersetzen. Denn nur der unendliche Geist des Menschengeschlechts könne die Einheit von Endlichem und Unendlichem herbeiführen, die in der christlichen

Erscheinungen, die er nicht verstand, übernatürlichen Mächten zu – ein Ansatz, den Hume popularisiert hatte. Die Rationalisten waren vor das Problem gestellt gewesen, Faktisches von Übernatürlichem zu trennen und naturalistische Erklärungen des Wunderbaren zu finden. Doch Strauss argumentierte, dass das in den Evangelien zu findende Leben Jesu selbst als historische Darstellung unmöglich war. Die Evangelisten waren «Augenzeugen von Ideen, nicht von äußeren Tatsachen». Die Evangelien waren daher das Produkt eines «unbewussten mythologisierenden Prozesses»: Denken wurde durch Sprechen und Handeln ersetzt; religiöse und philosophische Ideen wurden in einer historischen Form präsentiert. Die Mythen entstanden langsam und wurden in den dreißig Jahren nach Jesu Tod niedergeschrieben. Ihr Inhalt orientierte sich an einem Bild des Messias, das auf dem Alten Testament beruhte und den Menschen vertraut war. Aus diesem Grund stimmten so viele der Wunder, die Jesus vollbrachte, mit denen von Moses, Elia und Elisa überein. In Strauss' Darstellung waren die Evangelien zusammengesetzte Strukturen, die von einer späteren Tradition aus Sprichwörtern geschaffen wurden, die ursprünglich einer anderen Zeit und einem anderen Kontext entstammten. Ihre Absicht war es, einen Messias zu zeichnen, der den zu dieser Zeit im jüdischen Volk präsenten apokalyptischen Erwartungen entsprach.

Geschichte der Fleischwerdung enthalten und von Hegel in die begriffliche Form des «absoluten Geistes» übersetzt worden sei.

Altenstein genehmigte den freien Vertrieb des Buches in Preußen, trotz der darin enthaltenen Leugnung der übernatürlichen und wundertätigen Elemente der christlichen Geschichte und trotz einer von Hengstenberg und den erweckten Christen initiierten erbitterten Kampagne für ein Verbot des Buches. Und doch markierte Strauss' Veröffentlichung einen Wendepunkt. Es wurde für Altenstein zunehmend schwieriger, für Hegelianer Universitätsanstellungen zu finden, und der moderate reformerische Konsens, der die erste Generation der Hegelianer charakterisiert hatte, zerbrach in das, was als «rechts», «links» und «Mitte» bekannt wurde.[124]

Der Begriff «Junghegelianer» kam im Zuge der Debatte über Strauss und die Inhaftierung des Kölner Erzbischofs auf. Der Kölner Kirchenstreit löste eine große in Flugschriften ausgetragene Debatte aus, die auf katholischer Seite von dem ultramontanen Pu-

124 Strauss selbst erlebte zunächst 1837/38 eine Krise des Selbstvertrauens, in der er sich bemühte, seinen Kritikern entgegenzukommen, bekannte sich 1838/39 dann aber erneut zu seinen ursprünglichen Argumenten. In diesem Jahr wurde er zum Professor der Theologie in Zürich ernannt, ging dann aber nach einer Auseinandersetzung über seine Berufung bei halbem Gehalt in den Ruhestand. Obwohl er bis zum Ende seiner Laufbahn ein produktiver Schriftsteller blieb, erhielt er nie wieder einen Ruf.
In *Die christliche Glaubenslehre in ihrer geschichtlichen Entwicklung und im Kampfe mit der modernen Wissenschaft*, 2 Bände, Tübingen 1840–1841, und in späteren Werken unternahm Strauss den Versuch, das Christentum durch eine einer kulturellen Elite gemäße Form des Humanismus zu ersetzen. Trotz seiner antichristlichen Haltung und seiner zentralen Bedeutung für die Entstehung des Junghegelianismus blieb Strauss politisch ein Konservativer. Er wurde bald von Ruge, Feuerbach und den *Hallischen Jahrbüchern* von links kritisiert, während Bauer sein Werk zunächst als orthodoxer Hegelianer und dann, nach 1840, als Fahnenträger der junghegelianischen Linken kritisierte. 1841 brach Strauss daher mit den Junghegelianern und klagte, dass er für die radikale Kritik des Christentums ein Kolumbus sei, der von einem Amerigo Vespucci verdrängt wurde.

blizisten Joseph Görres und bei den Protestanten von dem orthodoxen lutherischen Hegelianer Heinrich Leo angeführt wurde. Beide wurden dann wiederum von einem radikalen Dozenten der Universität Halle, Arnold Ruge, angegriffen, der bald das wichtigste Sprachrohr der junghegelianischen Bewegung werden sollte. Ruge hatte kurz zuvor die *Hallischen Jahrbücher* gegründet, die ursprünglich als literarisches Feuilleton gedacht waren, das Beiträge des gesamten hegelianischen Spektrums enthalten sollte, sich nun aber auch für die «Unabhängigkeit wissenschaftlicher Forschung» (d. h. Strauss) und für den Vorrang des Staates vor der Kirche stark machte. Ruge attackierte Görres und Leo wegen ihrer feindlichen Haltung gegenüber dem «Rationalismus», der ihm zufolge den Kern des preußischen Staates bildete. Leos Antwort erschien unter der Überschrift «Die Hegelinge». Sie bezichtigte die *Hallischen Jahrbücher* und die Verteidiger von Strauss, Feinde der Religion und des Staates zu sein, während Hengstenberg Ruge als Anstifter zu Atheismus und Revolution denunzierte.[125]

Alarmiert von diesem Schlagabtausch kehrten die Moderaten den *Hallischen Jahrbüchern* den Rücken und Altenstein gab es auf, Ruge einen Lehrstuhl verschaffen zu wollen. Daraufhin zog sich Ruge von der Universität zurück und fing an, Artikel zu schreiben, die die Regierung direkt kritisierten. Das Wesen Preußens, so be-

125 Arnold Ruge (1802–1880) war in den frühen 1820er Jahren ein Aktivist der Burschenschaft, wofür er zu sechs Jahren Gefängnis verurteilt wurde. In den 1830er Jahren unterrichtete er als Privatdozent an der Universität Halle, wo er 1837 die *Hallischen Jahrbücher*, die wichtigste Zeitschrift der junghegelianischen Bewegung, aufbaute, auf die von 1841 bis 1843 die *Deutschen Jahrbücher* folgten, nachdem die Zensur ihn gezwungen hatte, die Zeitschrift nach Sachsen zu verlegen. Nach der auf das Betreiben der preußischen Regierung hin erfolgten Schließung der Zeitschrift zog Ruge nach Paris. Eine Auseinandersetzung über die Frage des Sozialismus führte zum Bruch mit Marx. 1848 wurde er als Vertreter der Radikalen in die Paulskirchenversammlung gewählt und ging anschließend ins englische Exil nach Brighton. In späteren Jahren jedoch wurde er zu einem entschiedenen Unterstützer von Bismarcks Reichsgründung.

hauptete er nun, sei die von der Reformation und der Aufklärung begründete Freiheit. Doch der Staat sei in Gefahr. Er sei unter die Herrschaft des «Katholizismus» und der «romantischen Reaktion» gefallen und würde eine Revolution auslösen, wenn er nicht zu seinem wahren Auftrag zurückkehre.

Ruge setzte sich auch mit dem anderen Kern des «Junghegelianismus», dem 1837 gegründeten sogenannten Doktorklub, in Verbindung. Der Klub kultivierte einen großstädtischen, unkonventionellen Stil und traf sich in bestimmten Cafés und Weinkellern. Er hatte ursprünglich wissenschaftliche Zwecke verfolgt, war aber im Zuge des Kölner Kirchenstreits auch in politische und religiöse Debatten hineingezogen worden. Unter den Mitgliedern des Klubs befanden sich Gelehrte, Lehrer, Journalisten, freie Schriftsteller und Studenten, darunter auch Marx. Der allgemein anerkannte intellektuelle Kopf des Klubs war der Berliner Universitätsdozent Bruno Bauer.[126] Bauer war ursprünglich dazu ausersehen worden, die orthodoxe Versöhnung von Religion und Philosophie gegen Strauss zu verteidigen. Doch 1838 hatte er seine Haltung geändert und seinen früheren Unterstützer Hengstenberg, den Führer der christlichen Erweckungsbewegung, scharf angegriffen.

Die Auseinandersetzung um Ruge erfasste bald auch Bauer. 1839 hatte Altenstein in einem Versuch, Bauer aus weiteren Schwierigkeiten herauszuhalten, diesen aus Berlin an die Theologische Fakultät nach Bonn geholt. Doch dieser Wechsel bestärkte Bauer nur in seiner Heterodoxie. Bauer akzeptierte Strauss' mythologischen Ansatz nie. Ihm zufolge scheiterte dieser nicht nur daran, den Cha-

126 Bruno Bauer (1809–1882) war einer von vier Söhnen eines Porzellanmalers an der königlichen Manufaktur in Charlottenburg. 1828 schrieb er sich an der Berliner Universität zum Studium der Theologie ein, brillierte als Student und wurde für einen Aufsatz über Ästhetik ausgezeichnet. Von 1834–1839 unterrichtete er als Privatdozent in Berlin und galt als einer der begabtesten orthodoxen Hegelianer, der fest von der Harmonie zwischen Hegel und dem Christentum überzeugt war. Er wurde gegen den Widerstand von Hegels Sohn, der Bauer für zu konservativ hielt, beauftragt, Hegels Vorlesungen zur Religion editorisch zu bearbeiten.

rakter und den Aufbau der Evangelien überzeugend darzustellen, sondern er setze auch – anders als Hegel – die Evangelien mit den apokalyptischen Erwartungen des Alten Testaments gleich und verkenne deshalb die Besonderheit des Christentums als einer neuen Etappe in der Entwicklung des «absoluten Geistes». Bauers Ausgangspunkt war die Übereinstimmung zwischen der Bibel und der hegelianischen Idee. In seiner ursprünglichen Replik auf Strauss hatte er zu zeigen versucht, dass die Vernunft und das biblische Narrativ übereinstimmten; 1838 begann er, dies anhand des Alten Testaments im Detail nachzuvollziehen.[127] In seinem nächsten großen Buch, *Kritik der evangelischen Geschichte des Johannes* von 1840, hatte sich seine Haltung signifikant geändert. Er zeigte, dass das Johannesevangelium eine rein literarische Schöpfung und sein anschaulicher Charakter der einer Erzählung war. Doch die endgültige Richtung war damit immer noch nicht eindeutig ausgemacht, denn es schien immer noch möglich, dass die anderen drei Evangelien vielleicht die bei Johannes fehlende Geschichte beinhalten könnten. In der 1842 erschienenen *Kritik der evangelischen Geschichte der Synoptiker* bewegte Bauer sich schließlich in eine Richtung, die die faktischen Inhalte der Evangelien noch weitaus massiver in Frage stellte, als Strauss es ursprünglich getan hatte.

Die Studie zeigte, dass die Unterschiede zwischen Johannes und den synoptischen Evangelien (Matthäus, Markus und Lukas) nicht qualitativer, sondern lediglich gradueller Natur waren. Bauers Ansatz stützte sich auf eine von orthodoxen Bibelkommentatoren der 1830er Jahre gemachte Entdeckung, derzufolge Markus der erste Evangelist war. Markus hatte die ursprüngliche Verbindung zwischen den Ereignissen niedergeschrieben; die anderen Evangelisten hatten Markus' Darstellung vermutlich erweitert und ausgeschmückt, indem sie auf Sprichwörter und Anekdoten einer breite-

127 Bauers Ansatz, in dem jedes Detail des Evangeliums mit der «absoluten Idee» übereinstimmte, stellte ihn vor unauflösliche Rätsel. So musste er beispielsweise die metaphysische Notwendigkeit der jungfräulichen Geburt demonstrieren. Strauss bezeichnete dies als «dummes Geschreibsel».

ren Tradition zurückgriffen.[128] Bauer jedoch deutete diese These auf eine radikale und unerwartete Weise. Denn wenn Johannes nicht länger als Augenzeuge gelten konnte und wenn zwei der synoptischen Evangelien eine Erweiterung des ersten waren und das dritte zudem eine Ausschmückung des zweiten, dann lag die Schlussfolgerung nahe, dass das Original-Evangelium auf einen einzigen Urheber zurückging. Außerdem stammten die Belege für die «breitere Tradition», aus der die anderen Evangelisten angeblich geschöpft hatten, selbst aus den Erzählungen des Evangeliums. Es war also mit anderen Worten möglich, dass die «breitere Tradition» eine Schöpfung des ersten Evangelisten war. Dies würde bedeuten, dass die Idee der Messianität und deren Verknüpfung mit der Priesterschaft Jesu nicht allgemein verbreitet waren, bevor sie zum ersten Mal niedergeschrieben wurden. Wahrscheinlicher war, dass man aus den allgemeinen Ideen der Zeit eine literarische Tradition geschaffen hat, mit der die Erfahrungen der frühen christlichen Gemeinde artikuliert werden konnten.[129]

128 Die Markus betreffende These wurde mit den Entdeckungen zweier deutscher Bibelwissenschaftler in den späten 1830er Jahren assoziiert: C. H. Weisse, *Die evangelische Geschichte kritisch und philosophisch bearbeitet*, 2 Bände, Leipzig 1838, und C. G. Wilke, *Der Urevangelist*, Dresden und Leipzig 1838. Für eine Erörterung ihrer Thesen siehe A. Schweitzer, *Kritische Darstellung unterschiedlicher neuerer historischer Abendmahlsauffassungen*, Freiburg i. Br. 1901, Kap. 10.

129 Der Schwachpunkt einer radikalen Verfolgung des Markus-Ansatzes (dass die Erzählung des Evangeliums die Schöpfung eines einzigen Autors war) waren allerdings die zahlreichen unerklärlichen Wiederholungen, die der Text enthielt. Dieses Problem ließ sich nur umgehen, indem man zwischen einem vermeintlichen Ur-Markus und späteren Einschiebungen unterschied. 1841 ließ Bauer die Frage offen, ob es einen historischen Jesus gab, dem die späteren Urchristen messianische Qualitäten zuschrieben. Die Frage würde sich durch eine Untersuchung der Briefe des Paulus klären lassen. Doch im darauffolgenden Jahrzehnt wurde Bauer zunehmend von der Vorstellung gepackt, dass Jesus eine rein literarische Erfindung sei, ein Produkt der Vorstellungskraft der frühchristlichen Kirche, wie er in seiner *Kritik der Evangelien* (2 Bände, Berlin 1850–1852) argumentierte, ohne dies jedoch mit seriösen historischen

Als seine Studie über die Synoptiker erschien, hatte Bauer längst jede Aussicht auf eine universitäre Anstellung verloren. Sowohl Altenstein als auch der König waren 1840 verstorben, und obwohl die ersten Amtshandlungen des neuen Königs, Friedrich Wilhelms IV., allgemein enthusiastische Reaktionen auslösten, entpuppte er sich rasch als romantischer Reaktionär. Friedrich Wilhelm glaubte an einen persönlichen Gott und an seinen eigenen Gnadenstand als Monarch. Er war auch der Überzeugung, dass Zweifel an der Offenbarung zu einem Untergang jeglicher gesellschaftlichen Ordnung führen würden. Anders als einige Junghegelianer es sich erhofft hatten, stand er keineswegs über den Parteien, sondern brachte seine Abneigung gegen den Hegelianismus öffentlich zum Ausdruck. Zudem rief er Schelling an die Berliner Universität, der mit seiner «Philosophie der Offenbarung» dem Hegelianismus entgegentreten sollte.

Im Frühjahr 1841 wurden Ruges *Hallische Jahrbücher* in Preußen verboten, und selbst das *Athenäum*, die winzige Zeitschrift des Doktorklubs, wurde eingestellt. Im Falle Bauers schickte der neue Kultusminister Eichhorn einen Fragebogen an preußische theologische Fakultäten und erkundigte sich, ob man ihm wegen seiner Leugnung der göttlichen Inspiration der Evangelien die Lehrbefugnis entziehen sollte. Die theologischen Fakultäten sprachen sich nicht für eine Entlassung aus, doch ein geringfügiger Vorfall in Berlin am 28. September 1841 – Bauers Rede bei einem Festessen des Doktorklubs anlässlich eines Besuchs des süddeutschen liberalen Herausgebers des

Belegen zu untermauern. Doch sollte diese Arbeit Bauers eigener Aussage zufolge ohnehin nicht mehr als eine Vorarbeit sein. In seiner abschließenden Darstellung *Christus und die Cäsaren. Der Ursprung des Christentums aus dem römischen Griechentum* (Berlin 1877), machte er noch ungenierteren Gebrauch von historischen und textkritischen Verfahren. In dieser Arbeit behauptete er, dass die christliche Einstellung zur Welt, wie sie in den Aussagen des Paulus zutage trete, die Erfindung des Stoikers Seneca sei. Dieser Stoizismus sei aus der Verzweiflung geboren worden, die der Philosoph angesichts der Wirkungslosigkeit des Denkens in der Welt Neros und Domitians empfand. Vertieft wurde dieser Stoizismus durch die Einführung neuplatonischer Elemente, die mit dem griechisch-römischen Judentum Philos und Josephus' versetzt waren.

Staats-Lexikons, Carl Welcker – bewegte den König dazu, persönlich darauf zu bestehen, dass Bauer seine Position in Bonn nicht mehr ausübe. Bevor Bauer Bonn verließ, mieteten er und Marx «ein paar Esel», um durch die Stadt zu reiten: «Die Bonner Gesellschaft sah uns verwunderter wie je an. Wir jubelten. Die Esel schrieen.»

Als Antwort auf die feindselige Haltung der Regierung starteten die Junghegelianer zwischen 1840 und 1842 einen pauschalen Angriff auf das Christentum und verbanden diesen mit einer republikanischen Kritik des preußischen Staates. Der Angriff auf das Christentum wurde von Bauer angeführt. Das Christentum sei nicht, wie Strauss dachte, im Wesen der Tradition, in jüdischen Erwartungen der Apokalypse oder im alttestamentarischen Gott Spinozas verankert.[130] Vielmehr sei es eine Antwort auf die neuen universellen Bedingungen des Römischen Reiches gewesen. Es markiere den «Tod der Natur» und den Anfang des Selbstbewusstseins – doch leider nur einen falschen Anfang. Denn das Christentum bedeute keinen wahren Sieg über die Natur durch ein Wissen um ihre Gesetze. Vielmehr war es die Projektion eines individuellen Selbstbewusstseins, das sich aus der Welt zurückzieht, einer Per-

130 Nach dem spektakulären Erfolg von Ernest Renans 1863 erschienenem Buch *Das Leben Jesu* veröffentlichte Strauss 1864 *Das Leben Jesu für das deutsche Volk bearbeitet*, Leipzig 1864, in dem er sich sowohl jeglicher hegelianischer Überbleibsel entledigte als auch die enge Verbindung, die er zuvor zwischen Jesus und der alttestamentarischen Eschatologie gezogen hatte, fallenließ. In anderen Fragen bekräftigte er seine früheren Positionen und zeigte sich sehr kritisch gegenüber einem Großteil der zwischenzeitlich erschienenen Forschungsarbeiten. Insbesondere verwarf er sämtliche Arbeiten (die seines alten Feindes Bruno Bauer eingeschlossen), die von einem chronologischen Vorrang des Markus-Evangeliums ausgingen. Er verglich diese Idee mit dem zeitgenössischen Unsinn einer «Musik der Zukunft» (Wagner) und der Antiimpfbewegung. Das erklärt zum Teil Nietzsches Angriff «David Strauss der Bekenner und der Schriftsteller» (Friedrich Nietzsche, *Die Geburt der Tragödie. Unzeitgemäße Betrachtungen,* Kritische Studienausgabe I, München 1967), in dem Strauss als Inbegriff des «Bildungsphilisters» dargestellt wurde. Nietzsche schrieb diesen Aufsatz als Geschenk zu Richard Wagners Geburtstag am 22. Mai 1873.

sönlichkeit, die sich selbst als Antithese zur Welt begreift, ihr gegenüber jedoch hilflos ist und ihr nur mit Hilfe eines falschen Mediums – Wundern – entkommen kann. Ebenso habe das Christentum mit seinem in den Evangelien verkündeten Jesusbild keinen wahren Menschen geschaffen, sondern ein der eigentlichen Menschheit fremdes Ich. Der historische Jesus hatte die Trennung zwischen Menschlichem und Heiligem nur um den Preis einer neuen Form der religiösen Entzweiung und Entfremdung überwunden. Der Mensch könne sich daher im Christentum nicht selbst erfahren, sondern begegne hier nur einer Parodie seiner selbst. Eine Reform, so betonte Bauer 1843, würde nicht nur die Elimination Gottes bedeuten, sondern auch das Ende der christlichen Kultur und ihrer uralten Hypothesen über die Unzulänglichkeit des Menschen.

An die Stelle der Hegel'schen Identität von Religion und Philosophie setzte Bauer daher eine Antithese. Auch behauptete er – wider besseren Wissens –, dass Hegel selbst insgeheim diese Position vertreten habe. Im Frühjahr 1841 veröffentlichte er unter Pseudonym ein Pamphlet mit dem Titel *Die Posaune des Jüngsten Gerichts über Hegel*, das vorgab, von einem zornigen pietistischen Pastor verfasst worden zu sein. Hier versammelte Bauer sämtliche Passagen, die auf einen «esoterischen» Hegel hindeuteten, der nicht nur Atheist war, sondern auch ein Freund von Subversion, Unruhe und Revolution. Der Pastor rief aus:

> Das ist nach Hegel die Versöhnung der Vernunft mit der Religion, daß man einsieht, es gebe keinen Gott und das Ich habe es in der Religion immer nur mit sich zu thun, während es als religiös meint, es habe es mit einem lebendigen, persönlichen Gott zu thun. Das realisierte Selbstbewußtsein ist jenes Kunststück, daß das Ich sich einerseits wie in einem Spiegel verdoppelt und endlich nachher, wenn es sein Spiegelbild Jahrtausende lang für Gott gehalten hat, dahinterkommt, daß jenes Bild im Spiegel es selber sey. (...) Die Religion hält jenes Spiegelbild für Gott, die Philosophie hebt die Illusion auf und zeigt dem Menschen, daß hinter dem Spiegel niemand steckt.[131]

131 B. Bauer, *Die Posaune des Jüngsten Gerichts über Hegel*, Leipzig 1843 (Neudruck Aaalen 1983), S. 148.

c) Die Junghegelianer gegen den «christlichen Staat»

Mit dieser radikalen Verwerfung des religiösen Bewusstseins ging eine republikanisch inspirierte Überarbeitung von Hegels politischer Philosophie einher. Für Bauer stellten der Kölner Kirchenstreit sowie die von dem reaktionären Philosophen Friedrich Julius Stahl angezettelte lautstarke Bewegung für die Aufhebung der Kirchenunion von 1817 und die Wiederherstellung kirchlicher Unabhängigkeit eine Provokation dar. 1840 veröffentlichte er daher ein anonymes Pamphlet, in dem er sich für einen Vorrang des Staates gegenüber der Kirche stark machte, der weit über das hinausging, was Altenstein je vorgeschwebt hatte. Er erklärte, dass das subjektive Bewusstsein sich während der Aufklärung zum ersten Mal zur Allgemeinheit erhoben habe; an die Stelle des in der Religion vorherrschenden verstümmelten Bilds des menschlichen Wesens habe die Aufklärung eine wahre Idee der Menschheit gestellt. Auf diese Weise sei das religiöse Bewusstsein dem Selbstbewusstsein gewichen, wonach die Kirchen jeden Grund für eine unabhängige Existenz eingebüßt hätten. Sie waren nun nicht mehr Ausdruck eines «absoluten Geistes», sondern rein «positive» Institutionen, die nicht rational begründet waren.

Der wahre Ort der «freien Subjektivität» war nun nicht mehr die Kirche, sondern der Staat. Der Staat, so habe es Hegel gelehrt, war «die Wirklichkeit der sittlichen Idee»; Vernunft und Freiheit begründeten sein Wesen, und dies bedeutete, dass sich der Staat gemeinsam mit der Wissenschaft und der Philosophie allen Formen der «Positivität» entgegenstellen müsse. Doch Hegels Furcht vor der Volkssouveränität habe ihn dazu geführt, einen Kompromiss zwischen einem auf «freier Subjektivität» beruhenden Staat und einer durch den Absolutismus repräsentierten Vormundschaft zu formulieren. Sein Bild war das eines über dem Besonderen schwebenden Allgemeinen, das keine Wechselbeziehung zwischen beidem kannte und, in praktischer Hinsicht, die Fähigkeit zu allgemein gültigen Urteilen auf eine offizielle Klasse beschränkte.

Die Junghegelianer verliehen diesem Staat daher eine republikanische Form. In Bauers Fall bedeutete dies, dass er das Vermögen der Subjekte, ihren Willen von einem bestimmten Objekt abzuwenden und auf ein anderes zu richten, neu interpretierte. Hegel hatte seine Erörterung dieses «negativen» Moments der Allgemeinheit des Willens auf die Sphäre des «abstrakten Rechts» beschränkt und damit de facto auf die Sphäre des Erwerbs und Tausches von Besitz durch Individuen. Bauer jedoch identifizierte dieses Vermögen mit der allgemeinen politischen Tätigkeit des Staates. Die Bürger eines solchen Staates waren jene, die das Vermögen der «Autonomie» besaßen, die also mit anderen Worten in der Lage waren, ihr Handeln an allgemeinen Prinzipien auszurichten. Es waren die besonderen Formen religiösen Bewusstseins und private wirtschaftliche Interessen, die den Staat daran hinderten, gemäß allgemein gültiger Normen zu handeln.

Preußen müsse daher nicht nur die irrationale Rolle eines «christlichen Staates» ablegen, die der neue König ihm aufgezwungen hatte, sondern müsse auch die liberale konstitutionalistische Form des Staates hinter sich lassen. Als Bauer während des berühmten Abendessens des Doktorklubs seine Position skizzierte (siehe S. 112 f.), die dem König so missfallen hatte, lobte er Hegel, weil dieser die Freiheit mit der Allgemeinheit gleichgesetzt hatte, und es diese Verbindung des Staates mit wahrer Allgemeinheit sei, die während der Aufklärung und der Französischen Revolution so große Fortschritte gemacht habe. Dagegen bestehe der Fehler sowohl von Stahls Konservatismus als auch von Rottecks Liberalismus in der Bestimmung der Freiheit als Privatinteresse. Sollte Stahl sich durchsetzen, würde dies eine Rückkehr zur Reformation bedeuten und der Staat würde nicht mehr als eine äußere «Polizei»macht sein. Doch die liberalen Konstitutionalisten setzten die Freiheit ebenfalls mit dem Privatrecht gleich. Indem sie den religiösen Partikularismus und ökonomischen Individualismus schützten, behinderten diese politischen Philosophen den Staat in seiner Funktion als Vehikel des Fortschritts und des freien Selbstbewusstseins.[132]

132 Die meisten Darstellungen konzentrieren sich fast ausschließlich auf Bauers religiösen Radikalismus und gehen davon aus, dass er nicht

Auch Arnold Ruge entwickelte eine republikanische Kritik. Ihm fiel ein wachsendes Interesse an der preußischen Innenpolitik auf, das er mit einem neuentdeckten Sinn für die Staatsbürgerschaft in Verbindung brachte. Diese Entwicklung beleuchtete einen wesentlichen Mangel der *Philosophie des Rechts* – das Fehlen eines jeglichen Begriffs von «öffentlicher Tugend». Hegel sei sich sehr bewusst gewesen, dass die Deutschen noch über keinen «Staate in der Form des Staats» verfügten. Doch sei seine Abhandlung das Kind einer Zeit gewesen, in der es weder eine öffentliche Diskussion noch ein öffentliches Leben gab. Er habe die Unzulänglichkeit seiner Position implizit anerkannt, indem er den dynastischen «Familienstaat» und den der bürgerlichen Gesellschaft entsprechenden «Nothstaat» vom «freien Staat» als der «Wirklichkeit der sittlichen Idee» unterschieden habe. Dieser «freie Staat» setzt, wie Hegel 1817 angedeutet hatte, eine Nationalversammlung, Geschworenengerichte und eine freie Presse voraus – Institutionen, die in Deutschland fast vollständig fehlten und «welche den Menschen in seiner ganzen Würde und im vollen Lichte des öffentlichen Bewußtseins davon zum Schöpfer seiner Freiheit werden» ließen.[133]

Doch sowohl Kant als auch Hegel seien «Diplomaten» gewesen. Im Falle Kants habe «protestantische Bornirtheit» zu einem Freiheitsbegriff geführt, der nur die «Gewissensfreiheit» kannte, eine Position, die keine andere Tugend anerkannte als die «*Privattugend* der innerlichen Selbstbilligung», eine Tugend für «moralische, auf sich gewiesne Subjecte, keine Staatsbürger». Auch Hegel war der «abstrakte[n] Innerlichkeit des Protestantismus» nicht entkom-

über eine kohärente politische Philosophie verfügte. Für ein wichtiges Korrektiv zu diesem Ansatz siehe D. Moggach, «Bruno Bauer's Political Critique 1840–1841», in: *Owl of Minerva*, 27:2 (Frühjahr 1996), S. 138–154.
Nach der Niederlage der Revolution von 1848 blieb Bauer zwar nicht der Demokratie, aber doch dem Republikanismus treu.

133 Siehe A. Ruge, «Die Hegelsche Rechtsphilosophie und die Politikk unserer Zeit», in: *Deutsche Jahrbücher für Wissenschaft und Kunst*, 10.–12. August 1842, S. 755–763.

men. In seinem Fall führte dies zu der Illusion, dass man «theoretisch frei sein» könne, «ohne es politisch zu sein». Hegel sei auch bereit gewesen, «den Schein» zu dulden. Von seinem theoretischen Standpunkt der «olympische[n] Ruhe» aus «sieht er an *Alles,* was die Vernunft gemacht hat, und siehe, *es war gut*». Er wandte sich von dem «leidige[n] Sollen der Praxis» ab.[134]

Nach Strauss' Buch aber war diese Haltung nicht länger möglich. Man lebte nun in politischen Zeiten. Hegel hatte bei der Logik angesetzt, doch mit der Logik ließ sich das Problem der Existenz nicht angehen. Man konnte den Staat nicht «absolut» fassen, indem man ihn von der Geschichte entkoppelte. «Erst mit dem Eintritt der Geschichte in das [sic] Bereich der Wissenschaft wird die *Existenz selbst das Interesse.*» Doch die Geschichte wurde in der *Philosophie des Rechts* nicht erörtert. Ruge fasste die junghegelianische Position klar zusammen, als er schrieb: «Der *historische Gang* ist die Beziehung der Theorie auf die geschichtlichen Existenzen des Geistes, dies ist *Kritik.*» Weil er nicht zwischen dem Historischen und dem Metaphysischen unterschieden habe, habe Hegel sich in einer «lächerlichen Taschenspielerei» verfangen, in der die Erbmonarchie und das Zwei-Kammer-System zu logischen Notwendigkeiten wurden.[135] Im Ergebnis sei in katholischen Ländern wie Frankreich

134 Der Tonfall der Ruge'schen Kritik an der Kompromissbereitschaft Kants und Hegels fand sich ähnlich bereits in den 1830er Jahren in den Angriffen des Jungen Deutschland gegen Goethe und die Weimarer Klassik. Heine bezeichnete Goethe ironisch als «deutsche[n] Jupiter», der, «wenn er aus seiner stillsitzenden Ruhe einmal plötzlich in die Höhe gefahren wäre (...) den Staatsgiebel durchbrochen» hätte und deswegen «ruhig sitzen [blieb] und (...) sich ruhig anbeten und beräuchern» ließ.

135 Schellings Kritik an Hegel, in der er vor allem auf dem Vorrang der Existenz vor der Vernunft und auf der Faktizität der Welt beharrte, blieb nicht folgenlos. Man hat behauptet, dass einige Aspekte seines Ansatzes Nietzsche, Wittgenstein und Heidegger antizipierten. Unmittelbarer wirkte er sich auf die Hegelkritik aus, die die Junghegelianer in den Jahren 1842/43 formulierten, ohne sich allerdings namentlich auf Schelling zu beziehen. 1843 griff nicht nur Ruge,

die geistige Freiheit behindert worden, während in Deutschland die politische Freiheit durch die «protestantische Abstraktion» unterdrückt worden sei, die mit Hegel ihren Höhepunkt erreicht habe.

Eine wahrscheinliche, wenn auch nicht namentlich erwähnte Quelle von Ruges Kritik war die von Schelling 1841 in Berlin gehaltene Vorlesung über «positive Philosophie». Schelling ging von der Prämisse aus, dass Hegels Philosophie und der «absolute Idealismus», von dem auch er selbst einst überzeugt gewesen war, bloß «negativ» seien. Er könne nur erklären, was passiert, wenn es eine Welt gibt; zu der *Tatsache* aber, dass es eine Welt gibt, habe er nichts zu sagen. Hegel habe dieses Problem der Faktizität der Welt beseitigt, indem er das Sein als Teil einer Reflektionsstruktur und nicht als Grund dieser Struktur behandelt hatte. Doch wenn die Vernunft ihr eigenes Dasein nicht erklären könne, müsse man notwendigerweise nicht bei der Vernunft ansetzen, sondern bei der Kontingenz des Seins. Hegels Dialektik könne weder etwas über das Dasein aussagen noch könne das Dasein in das Hegelsche System aufgenommen werden. Zwischen Hegels Logik und seiner Naturphilosophie oder dem, was Lessing einst als die «notwendigen Wahrheiten der Vernunft» und die «kontingenten Wahrheiten der Geschichte» bezeichnet hatte, lag also ein «hässlicher weiter Wassergraben». Schelling zufolge war es nicht möglich, Existenz und Idee, Welt und Gott im Denken in einer Synthese zusammenzuführen; wohl aber könne

sondern auch Marx Hegel an wegen dessen «logisch pantheistische[n] Mystizismus ... Nicht die Rechtsphilosophie, sondern die Logik ist das wahre Interesse.»
Doch so attraktiv die Schelling'sche Kritik auch sein mochte – sie blieb in ihrer Wirksamkeit begrenzt, was sowohl an der einhelligen Ablehnung der Details seiner «positiven Philosophie» lag als auch an der offiziellen Anerkennung, die ihr durch die Umgebung des neuen preußischen Königs zuteil wurde. Kierkegaards Reaktion war hier charakteristisch: Nach anfänglicher Begeisterung bemerkte er, «Schelling salbadert ganz unerträglich». Siehe K. Marx, «Zur Kritik der Hegelschen Rechtsphilosophie», MEGA, Abt. I, Bd. 2, S. 3–137, hier 13, 18; Kierkegaard, Gesammelte Werke, Abt. 35, *Briefe*, Düsseldorf 1955, S. 104; K. Löwith, *Von Hegel zu Nietzsche*, S. 130ff.

man sie mit Hilfe des Willens verbinden. Die Verbindung von Existenz und freiem Willen in einer theistischen Metaphysik sollte dann die Grundlage von Schellings «positiver Philosophie» bilden.

Marx hatte sich im Sommer 1837 dem Berliner Kreis der Junghegelianer angenähert.[136] Einen besonderen Mentor fand er in Bruno Bauer, dessen Vorlesungen über den Propheten Jesaja Marx 1839 besucht haben soll. Bauer blieb bis Anfang 1843 für die intellektuelle Entwicklung des jungen Marx prägend. Er betreute nicht nur Marx' Doktorarbeit, sondern arbeitete auch politisch und intellektuell eng mit ihm zusammen. 1841 hatten sie gemeinsam eine neue Zeitschrift mit dem Titel *Archive des Atheismus* geplant, und Marx war Bauer nach dessen Abberufung aus Berlin nach Bonn gefolgt.

Der Einfluss Bauers trat in Marx' Doktorarbeit, *Unterschied zwischen der demokritischen und epikureischen Naturphilosophie*, deutlich zutage. Die Philosophie, erklärte Marx, wende sich «gegen alle himmlischen und irdischen Götter, die das menschliche Selbstbewußtsein nicht als die oberste Gottheit anerkennen». Nicht der materialistische und deterministische Demokrit, sondern Epikur war der Held des Buches, da er für «die Absolutheit und Freiheit des Selbstbewußtseins» stand. Auch die Wahl des Themas war politisch relevant. Denn die Beziehung der Epikureer, Stoiker und Skeptiker zu Aristoteles könnte mit der der Junghegelianer zu Hegel verglichen werden. Beide Epochen waren «unglücklich und eisern (...), denn ihre alten Götter sind gestorben» und den neuen fehlten noch die «Farben des Tages». Aus der Einheit, die ein großartiges System geschaffen hatte, wurde Unordnung, und die Philosophie wandte sich erneut von der Welt der Erscheinungen ab. Wie andere Junghegelianer war Marx der Überzeugung, dass «der Wille» in Form von «Kritik» das entscheidende Mittel war, mit dem der Übergang zu einer neuen Epoche gelingen könne. Philosophie war «die *Kritik*, die die einzelne Existenz am Wesen, die besondere Wirklichkeit an der Idee mißt.» In dieser Epoche wurde das, was

136 Siehe zu den Junghegelianern Toews, *Hegelianism*; D. McLellan, *The Young Hegelians and Karl Marx*, London 1969.

«inneres Licht war (...) zur verzehrenden Flamme (...) So ergibt sich die Konsequenz, daß das Philosophisch-Werden der Welt zugleich ein Weltlich-Werden der Philosophie [ist]».[137]

Bauers endgültige Entlassung von seiner Bonner Stelle im April 1842 kann für Marx keine Überraschung gewesen sein; ebenso muss er gewusst haben, dass er selbst nun keine Aussicht mehr auf eine universitäre Anstellung hatte. Wenn er dies nicht bedauerte, so lag dies zweifellos an den interessanten Möglichkeiten, die sich ihm just zu der Zeit, als ihm der Zugang zur akademischen Welt versperrt wurde, im journalistischen Bereich boten. Die Liberalisierung der preußischen Pressegesetze hatte eine Gruppe führender Liberaler aus Köln gegen Ende des Jahres 1841 dazu veranlasst, die *Rheinische Zeitung* zu gründen.[138] Marx war seit den Anfängen an den Diskussionen beteiligt, die schließlich zum Aufbau der neuen Zeitung führten. Im Herbst 1842 übernahm er die Redaktionsleitung und behielt diesen Posten bis zur Schließung der Zeitung im darauffolgenden Frühjahr bei. Aus der Perspektive der Junghegelianer kam Marx' Schritt genau zur rechten Zeit. Der «Kritizismus» hatte die Behauptungen des Christentums auseinandergenommen; als nächste Aufgabe stand die «öffentliche Aufklärung» an.

137 K. Marx, «Differenz der demokritischen und epikureischen Naturphilosophie», MEGA, Abt. I, Bd. 1, S. 12–91, hier 14, 57, 68.

138 Zu den Förderern der *Rheinischen Zeitung* zählten auch Ludwig Camphausen und Gustav Mevissen, die 1848 als Leiter von liberalen Reformministerien bekannt wurden. Unterstützung erhielt das Projekt nicht nur von protestantischen Geschäftsmännern, sondern ursprünglich auch von der preußischen Regierung, die die Idee einer neuen rheinischen Zeitung mit Wohlgefallen betrachtete und ihrerseits das Ziel eines Ausbaus des Zollvereins, einer stärkeren preußischen Führungsrolle und einer pro-preußischen Politik in den Provinzen verfolgte, was der Zeitung zugute kam. Die Geschäftsmänner, die die Zeitung als Aktiengesellschaft gründeten, wollten zunächst Friedrich List, den berühmten Befürworter von Eisenbahnen und deutschem Protektionismus, als leitenden Redakteur der Zeitung gewinnen. Doch List zog seine Bewerbung zurück und die Leitung wurde von Junghegelianern übernommen, zunächst von Adolf Rutenberg und dann von Karl Marx.

Während seiner Zeit bei der *Rheinischen Zeitung* scheint Marx den Positionen Ruges und Bauers treu geblieben zu sein. Religiösem Partikularismus und privaten materiellen Interessen im Verbund mit dem «christlichen Staat» wurde der Staat als eine «freie Vereinigung sittlicher Menschen» gegenübergestellt. Bauer hatte argumentiert, dass der Staat «die einzige Form» sei, «in welcher die Unendlichkeit der Vernunft, der Freiheit, der höchsten Güter des menschlichen Geistes in Wirklichkeit existirt».[139] Marx betonte als Redakteur der *Rheinischen Zeitung* denselben Punkt: Der Staat sei der «große Organismus, in welchem die rechtliche, sittliche und politische Freiheit ihre Verwirklichung zu erhalten hat».[140]

Marx teilte auch Bauers Ansicht, dass die «religiöse Parthie» «am Rhein die gefährlichste» war. Doch da die Zeitung sich als liberaler, protestantischer und pro-preußischer Vorposten in einer stark katholischen Provinz in einer eigentümlichen Position befand, musste das Problem der Religion wie ein rohes Ei behandelt werden. Aus diesem Grund lehnte Marx als Redakteur die «Sudeleien» der Nachfolger des Doktorklubs in Berlin, die sich nun die «Freien» nannten, ab. Auch veröffentlichte er seinen einzigen persönlichen Beitrag zur Theologie, eine kurze Verteidigung von Bauers Interpretation der synoptischen Evangelien, in Ruges Zeitschrift.[141]

Stattdessen konzentrierte er sich auf das andere große Hindernis, das der Entstehung eines republikanischen Staates im Wege stand, die Dominanz der Privatinteressen. Die Diskussionen im Rheinischen Landtag über Pressefreiheit und mögliche Änderun-

139 Bruno Bauer, *Die evangelische Landeskirche Preussens und die Wissenschaft*, Leipzig 1840, S. 104.

140 K. Marx, «Der leitende Artikel in Nr. 179 der ‹Kölnischen Zeitung›» (*Rheinische Zeitung*, 10. Juli 1842), MEGA, Abt. I, Bd. 1, S. 180, 189.

141 Zur «religiösen Partei» siehe Marx an Ruge, 9. Juli 1842, MEGA, Abt. III, Bd. 1, S. 28–30; zu den «Freien», siehe Marx an Ruge, 30. November 1842, MEGA, Abt. III, Bd. 1, S. 37–39; zu Bauers *Synoptiker* siehe K. Marx, «Noch ein Wort über ‹Bruno Bauer und die Akademische Lehrfreiheit› von Dr. O. F. Gumpe, Berlin 1842» (*Deutsche Jahrbücher für Wissenschaft und Kunst*, 16. November 1842), MEGA, Abt. I, Bd. 1, S. 245–248.

gen des Gesetzes über das Sammeln von totem Waldholz durch Bauern gaben ihm hinreichend Gelegenheit, sich über dieses Thema auszulassen. Abgeordnete wurden verspottet, weil sie die Pressefreiheit als eine Form der Handelsfreiheit begriffen. Im Falle der Waldgesetze hätte «man keinen Augenblick anstehen [dürfen], die Vertretung des Sonderinteresscs der Vertretung der Provinz aufzuopfern». Doch die Abgeordneten schwankten zwischen «der absichtlichen Verstocktheit des Privilegiums und der natürlichen Ohnmacht eines halben Liberalismus». In der Summe zeige dies, «was von einer *Ständeversammlung der Sonderinteressen,* würde sie einmal ernstlich zur Gesetzgebung berufen, zu erwarten sei».[142]

Marx vermied es aus naheliegenden Gründen, den «christlichen Staat» direkt anzugreifen, implizierte genau dies aber mit seinem «Begriff des Staates, eine Verwirklichung der menschlichen Freiheit zu sein». Das Fundament dieses rationalen Staates war das Gesetz. Das Gesetz umfasste die «positiven, lichten, allgemeinen Normen, in denen die Freiheit ein unpersönliches, theoretisches, von der Willkür des Einzelnen unabhängiges Dasein gewonnen hat». Zensur dagegen gehöre nicht zum Gesetz, sondern bedeute «Unfreiheit» und «Weltanschauung des Scheines». Angesichts der Feindseligkeit des «christlichen Staates» Friedrich Wilhelms IV. bestehe die aktuelle Gefahr darin, «die Unsterblichkeit des Rechts» dem «endlichen Privatinteresse» oder der Willkür der Zensur zu opfern. Aus diesem Grund sei es gegenwärtig am wichtigsten, für eine «freie Presse» einzutreten. Diese sei «das überall offene Auges des Volksgeistes». Sie würde den Staat dazu bringen, sich wieder seines inneren Prinzips als Verkörperung von Freiheit und Vernunft zu entsinnen. Marx' Zuversicht beruhte auf der von den meisten Junghegelianern geteilten Annahme, dass der «Kritizismus» lediglich die wahren Wünsche der Menschen ins Bewusstsein rufe. Durch die

142 K. Marx, «Debatten über Preßfreiheit und Publikation der Landständischen Verhandlungen» (*Rheinische Zeitung*, 19. Mai 1842), MEGA, Abt. I, Bd. 1, S. 158–169, hier 168; K. Marx, «Debatten über das Holzdiebstahlsgesetz» (*Rheinische Zeitung*, 3. November 1842), MEGA, Abt. I, Bd. 1, S. 199–236, hier 235.

Tätigkeit der freien Presse würden Vernunft und Freiheit rasch über den «christlichen Staat» triumphieren.[143]

Deswegen war es für Marx ein erheblicher Schock, als die preußische Regierung in den ersten Monaten des Jahres 1843 beschloss, die *Rheinische Zeitung* und andere Publikationen der Opposition zu schließen.

Die politische Strategie der Junghegelianer lag nun in Scherben. Wie konnte Deutschland sich noch verändern, wenn der Philosophie sämtliche Mittel des öffentlichen Ausdrucks verboten waren? Wie konnte man noch behaupten, dass das innere Prinzip des modernen Staates die Wirklichkeit der Vernunft und Freiheit sei, wenn es der Staat war, der die Pressefreiheit abgeschafft hatte? Warum schließlich hatte sich so wenig Widerstand gegen die staatliche Unterdrückung der Presse geregt? 1842 hatten die Junghegelianer geglaubt, Teil einer breiteren preußischen Reformbewegung zu sein, die sich für bürgerliche Freiheiten und eine parlamentarische Regierung einsetzte. Die *Rheinische Zeitung* war von den führenden Liberalen des Rheinlands gegründet worden – diese würden das im Schnellverfahren erzwungene Ende der Zeitung doch mit Sicherheit nicht einfach hinnehmen? Als in Frankreich Karl X., der letzte Bourbonenkönig, 1830 versucht hatte, liberale Presseorgane zu schließen, hatte er dadurch die Julirevolution ausgelöst. Warum also waren in Preußen die Aktionen der Regierung nicht einmal von leisen Protesten begleitet worden? Um diese Fragen zu beantworten, bewegte Marx sich im Laufe des Jahres 1843 weg von der von allen führenden Junghegelianern geteilten republikanischen Position und hin zu seiner eigenen, ausgesprochen individuellen Version des Kommunismus.

143 K. Marx, «Debatten über Preßfreiheit und Publication der Landständischen Verhandlungen» (*Rheinische Zeitung*, 12., 15. Mai 1842), MEGA, Abt. I, Bd. 1, S. 142–158, hier 142, 150, 153; K. Marx, «Der leitende Artikel in Nr. 179 der ‹Kölnischen Zeitung›» (*Rheinische Zeitung*, 14. Juli 1842), MEGA, Abt. I, Bd. 1, S. 188.

8. Vom Republikanismus zum Kommunismus

Unmittelbar nach der Einstellung der Zeitung war Marx zunächst noch optimistisch. Er hatte vor kurzem geheiratet und lebte im Frühjahr 1843 einige Monate lang zurückzogen in Kreuznach, einem kleinen Dorf. Er erwartete nach wie vor die unmittelbar bevorstehende Rückkehr des «Selbstgefühl[s] des Menschen, Freiheit (...), welches mit den Griechen aus der Welt und mit dem Christentum in den blauen Dunst des Himmels verschwindet». Marx plante eine neue Zeitung, um sich «dem alten Regime Deutschlands, welches dabei ist, zugrunde zu gehen und sich zu zerstören», entgegenzustellen, und es gelang ihm, den eher skeptischen Arnold Ruge, dessen *Deutsche Jahrbücher* ebenfalls Gegenstand von Repressionen waren, zur Mitarbeit an dem Projekt zu bewegen. Ihr Plan war es, den deutschen philosophischen Radikalismus und die französische Politik zusammenzubringen.[144] Berichte aus Frankreich über das «System des Erwerbs und Handels, des Besitzes und der Ausbeutung der Menschen» ließen auf einen «Bruch innerhalb der jetzigen Gesellschaft» hoffen. Doch politische und religiöse Reformen waren nach wie vor notwendig. Marx lehnte den mit Cabet, Dézamy und Weitling identifizierten Kommunismus weiterhin als «dogmatische Abstraction» ab.[145] Reformen müssten von der gegenwärtigen Wirklichkeit ausgehen.

144 Das Ergebnis waren die *Deutsch-Französischen Jahrbücher*, deren erste und einzige Ausgabe Anfang 1844 in Paris erschien.

145 Theodore Dézamy war zu Beginn der 1840er Jahre einer der wichtigsten babouvistischen Kommunisten. Er rief die Proletarier zum Kampf gegen ihre «Unterdrücker» auf und galt zu dieser Zeit als einer der «Gewalttätigen», «Materialisten» oder «Unmittelbaren». Er war einer der Organisatoren des ersten kommunistischen Banketts in Belleville am 1. Juli 1840.

> Die Reform des Bewußtseins besteht *nur* darin, daß man die Welt ihr Bewußtsein innewerden läßt, daß man sie aus dem Traum über sich selbst aufweckt, daß man ihre eignen Actionen ihr *erklärt.*[146]

Doch im Laufe der Sommermonate wandelte sich Marx' Position. Der «Kritizismus», so schien es ihm nun, hatte nichts bewirkt. Die «deutsche Mittelklasse» hatte auf die Rückkehr der Zensur ganz und gar nicht heldenhaft reagiert und ihr «bescheidene[r] Egoismus» als «allgemeine Repräsentantin von der philisterhaften Mittelmäßigkeit aller übrigen Klassen» deutete darauf hin, dass von ihr kaum etwas zu erwarten sei.[147] Marx bezweifelte nun, dass die Probleme Deutschlands auf politischem Wege gelöst werden könnten. Im Oktober kam er zu dem Schluss, dass es «durchaus keinen Spielraum für eine freie Thätigkeit» gebe und siedelte nach Paris um.

Das Jahr 1843 sollte für alle Junghegelianer eine Zeit der Desorientierung und Ernüchterung werden. Ein Jahr zuvor hatte Bruno

146 K. Marx, «Ein Briefwechsel von 1843» (März, Mai, September 1843), MEGA, Abt. I, Bd. 2, S. 475 f., 479, 487.

147 Zu diesem Zeitpunkt speiste sich Marx' Modell eines bürgerlichen Radikalismus hauptsächlich aus dem berühmten Pamphlet des Abbé Sieyès, *Was ist der Dritte Stand?*; die dort formulierte Antwort (von Marx als «*Ich bin nichts und ich müßte alles sein*» zusammengefasst) hatte der politischen Lage Frankreichs 1789 eine unzweideutig revolutionäre Richtung verliehen. Der andere, jüngere Präzedenzfall einer bürgerlichen Beteiligung an revolutionären Geschehnissen hatte sich im Juli 1830 ereignet, als der allgemeine Widerstand gegen das Pressedekret Karls X. zu seiner Abdankung und Flucht geführt hatte. Der drei Tage andauernde Aufstand, der den Sturz Karls X. auslöste, wurde in Delacroix' berühmten Gemälde verewigt, in dem die Freiheit einen Bürger und einen Arbeiter über eine Barrikade führt. Die Liste der Toten und Verletzten aber deutet darauf hin, dass die Barrikadenkämpfer mehrheitlich Handwerker waren. In Deutschland war es, ganz abgesehen von der in der Regel königstreuen Haltung des norddeutschen kleinstädtischen Bürgertums, von vorneherein unwahrscheinlich, dass Repressionen gegen die antichristliche *Rheinische Zeitung* im ganz überwiegend katholischen Rheinland für nachhaltige Empörung sorgen würde.

Bauer geglaubt, dass man seine Entlassung als «welthistorisches Ereignis» im Kampf zwischen Christentum und modernem Bewusstsein betrachten würde. Seine Anhänger unter den «Freien» jedenfalls hegten daran keinen Zweifel und hielten ihre Reaktion in dem komisch-epischen Gedicht von Friedrich Engels und Edgar Bauer fest. Doch solche Erwartungen wurden bald enttäuscht. Bauer war nicht dazu bestimmt, ein zweiter Luther oder Voltaire zu werden. Seine Apologie in eigener Sache, die Marx für seinen bisher besten Text hielt, wurde kaum zur Kenntnis genommen.[148] Und auch sonst stimmte das Ergebnis der liberalen Herausforderung des romantischen Absolutismus Friedrich Wilhelms IV. nicht gerade zuversichtlich. Angesichts der staatlichen Unterdrückung, gleich ob im Rheinland oder in Ostpreußen, schien es, als würde die liberale Opposition von 1842 einfach erlöschen. Der Versuch des «Kritizismus», die Welt «philosophisch» werden zu lassen, war gescheitert. Dies war die Lage, in der sich die Einheit der Junghegelianer auflöste und der Konflikt zwischen Sozialismus und Republikanismus ausgetragen wurde.

Obwohl Bauer in vieler Hinsicht die meisten Rückschläge einzustecken hatte, war er derjenige, der politisch gesehen am besten darauf vorbereitet war, mit der neuen Situation fertig zu werden. Er war von Anfang an davon ausgegangen, «daß ein neues Prinzip immer nur in verhältnismäßig wenigen Geistern zum Bewußtsein kommt (...) und beim Herabsteigen nach unten endlich eine Masse antrifft, die von ihm nur dumpf berührt wird und aus ihrer Gleichgültigkeit kaum herausgehoben werden kann.»[149] In Bauers Theorie war die Erlangung von Autonomie eine Errungenschaft des Einzelnen. Obwohl er wie Marx an die soziale Befreiung glaubte, war seine Betonung von Universalität und gleichen Rechten deswegen

148 Anon. (F. Engels und E. Bauer), «Die frech bedräute, jedoch wunderbar befreite Bibel. Oder: Der Triumph des Glaubens», MEGA, Abt. I, Bd. 3, S. 407; Marx an Ruge, 13. März 1843, MEGA, Abt. III, Bd. 1, S. 45.

149 Bauer, *Landeskirche*, S. 50; zitiert nach Moggach, «Bruno Bauer's Political Critique», S. 149.

inkompatibel mit jeglicher Konzeption des Proletariats als einer besonderen Klasse. Sozialismus war für ihn eine neue Form der Privilegierung von partikularen und heteronomen Interessen.

Die Erfahrung der Niederlage schärfte daher sein Misstrauen gegenüber Volksbewegungen, war aber nicht ursächlich dafür verantwortlich. Die Massen, so glaubte er, blieben nach wie vor der Religion und ihren privaten materiellen Interessen verhaftet. Bauer verfasste in späteren Jahren eine Geschichte dieser Epoche, in der er im Tonfall düsterer Resignation und mit offener Skepsis angesichts der Leichtgläubigkeit des Volkes die Trierer Wallfahrt von 1844 schilderte, als Millionen Gläubige zwischen August und Oktober 1844 nach Trier pilgerten, um den dort ausgestellten Heiligen Rock zu sehen. Erst in den 1850er Jahren gab er die Sache der Reform endgültig verloren; 1848 hatte er noch als Verfechter der Volkssouveränität für die preußische Nationalversammlung kandidiert. Doch wie sein späterer Verbündeter Nietzsche hatte Bauer zu keinem Zeitpunkt Vertrauen in die Fähigkeiten des Volkes.[150]

150 Zum heiligen Rock von Trier siehe B. Bauer, *Vollständige Geschichte der Parteikämpfe in Deutschland während der Jahre 1842–46*, Charlottenburg 1847, Bd. 3, S. 229 ff.
In den 1850er Jahren galt Bauers Aufmerksamkeit mehr und mehr dem wachsenden Einfluss Russlands aus einer deutschnationalistischen Perspektive; Deutschland wurde als der ausersehene und doch verachtete Führer des Westens dargestellt. Gleichzeitig traten seine Geringschätzung der Demokratie und seine Judenfeindlichkeit immer deutlicher zutage, vor allem während seiner Zeit als Mitarbeiter Hermann Wageners, des Herausgebers der ultrakonservativen *Kreuzzeitung*, zwischen 1859 und 1866.
Von 1866 bis zu seinem Tod 1882 lebte Bauer im Berliner Vorort Rixdorf, wo er Landwirtschaft betrieb, hauptsächlich, um die verwaisten Töchter seines Bruders zu versorgen. Trotz seiner unglücklichen Existenz in einer «Öde, eine[r] landschaftliche[n] Dummheit, wie sie nur die kühnste Phantasie eines Gogol erdenken könnte», blieb er weiterhin geistig aktiv. Nietzsche schrieb in *Ecce Homo* rückblickend, dass Bauer nach seinem Angriff gegen Strauss 1873 einer seiner «aufmerksamsten Leser», ja sogar sein «ganzes Publikum» gewesen sei. In einem Stall, den er zum Arbeitszimmer umfunktioniert hatte,

Verstörender war das Jahr 1843 für diejenigen, die wie Marx und Ruge einer demokratischeren Form des Republikanismus anhingen. Am tiefsten enttäuscht war Ruge. Als ehemaliger Burschenschafter glaubte er, dass die Massen Zeugen der Wahrheit und Träger des «Zeitgeists» sein könnten, und hielt dies für die «Jahrhundertentdeckung». Doch 1843 konnte er, wie der Dichter Hölderlin, Deutschland nur noch als einen Raum ohne Menschen, ohne ganze Personen sehen, wo verstümmelte Glieder über ein trostloses Schlachtfeld verstreut waren – ein Land, das nichts vorzuweisen hatte als fünfzig Jahre der Schmach und Schande.[151]

Marx war etwas zuversichtlicher, musste aber Ruges Diagnose in weiten Teilen beipflichten. Während seiner Zeit bei der *Rheinischen Zeitung* war Marx' Republikanismus kaum weniger pädagogisch gewesen als der Bauers. «[W]ahre[r] Liberalismus», hatte er geschrieben, bedeute, «eine völlig neue, einem tieferen, durchgebildeteren und freieren Volksbewußtsein entsprechende Staatsform zu erstreben».[152] Während es auf der anderen Seite des Rheins noch Hoffnung gab für die Philosophie und die Sache der Freiheit, schien Deutschland in dieser Hinsicht verloren. In Anbetracht der traurigen deutschen Vergangenheit gab es keinen Grund, für die unmittelbare Zukunft mit einer parlamentarischen Regierung zu rechnen; und selbst wenn dies doch eintreten sollte, würde dies wohl keine

zeugte eine Sammlung von Werken über die Spätantike und das frühe Christentum von Bauers ungebrochenen Ambitionen, der Gibbon des neunzehnten Jahrhunderts zu werden. Bauers letzter Aufsatz über den Altertumswissenschaftler Karl Philipp Moritz von 1882 war für die *Internationale Monatsschrift* bestimmt, eine Zeitschrift, die wagnerianische Ästhetik, nietzscheanische Philosophie, Nationalismus, Atheismus und Antisemitismus miteinander verband. Zu Bauers späterem Leben siehe Lawrence Stepelevichs Einführung zu Bruno Bauers.

151 Ruge an Marx, März 1843, MEGA, Abt. III, Bd. 1, S. 402; A. Ruge u. K. Marx (Hrsg.), *Deutsch-Französische Jahrbücher*, Paris 1844 (Neudruck Leipzig 1973), S. 102 f.

152 K. Marx, «Die ‹liberale Opposition› in Hannover» (*Rheinische Zeitung*, 8. November 1842), MEGA, Abt. I, Bd. 1, S. 250.

echte Veränderung der deutschen Verhältnisse nach sich ziehen. Im Laufe des Jahres 1843 kam Marx zu dem Schluss, dass die Vorbehalte der französischen Sozialisten gegenüber dem «bourgeoisen» Charakter der modernen Repräsentativregierung gerechtfertigt waren. Ihr Sinnbild war die «Bürgermonarchie» Louis Philippes. Gegen Ende des Jahres schienen die politischen Hoffnungen von 1842 daher überholt; ersetzt wurden sie durch eine «radikale» Vision von einer «*Auflösung der bisherigen Weltordnung*» und der «*Negation des Privateigentums*» auf der Grundlage «*der* Theorie, welche den Menschen für das höchste Wesen des Menschen erklärt».[153]

Marx legte seine neue Position in seiner «Kritik der Hegelschen Rechtsphilosophie» dar, einer erneuten Untersuchung von Hegels politischer Philosophie. Dieses Manuskript stützte sich auf eine Mischung deutscher und französischer Quellen: Aus Deutschland kam der von Ludwig Feuerbach unternommene radikal-«humanistische» Angriff sowohl auf Hegel als auch auf das Christentum; aus

153 K. Marx, «Zur Kritik der Hegelschen Rechtsphilosophie. Einleitung», MEGA, Abt. I, Bd. 2, S. 170–183, hier 182. Ruge zufolge war Marx' Hinwendung zum Kommunismus der Hauptgrund für das Zerwürfnis der beiden Herausgeber und für das Ende der *Deutsch-Französischen Jahrbücher* nach nur einer Ausgabe. Ruge behauptete, dass zwischen September 1843 und dem Frühjahr 1844 Marx dem «krassen Sozialismus» widerstanden hatte und ihn in ihrem veröffentlichten Briefwechsel von 1843 effektiv kritisiert hatte. Im März 1844 habe Marx sich zum Kommunismus bekannt und erklärt, nicht länger mit Ruge zusammenarbeiten zu können. Siehe A. Ruge, *Zwei Jahre in Paris: Studien und Erinnerungen* (Leipzig 1846), Hildesheim 1977, Bd. 1, S. 139 f.; «Ein Briefwechsel von 1843», in: *Deutsch-Französische Jahrbücher* (1844), Leipzig 1873, S. 101–128. Obwohl es erst einmal keinen Grund gibt, an Ruges Darstellung zu zweifeln, ging es bei dem Disput der beiden Männer ebenso um persönliche und finanzielle Fragen. Ruge kam für Marx' Gehalt auf und zeigte sich irritiert von dessen Unzuverlässigkeit als Journalist. Die Ehepaare Marx und Ruge lebten in nebeneinander liegenden Wohnungen. Ruge war krank und daher nicht in der Lage, seinen Teil der Redaktionsarbeit zu erledigen. Die preußische Regierung konfiszierte zahlreiche Exemplare des Journals, und Ruge versuchte, Marx mit unverkauften Exemplaren zu bezahlen.

Frankreich kam Proudhons *Was ist das Eigentum?*, angereichert um die soziale und historische Kritik Louis Blancs, Pierre Leroux' und Victor Considerants.[154]

154 Marx hat offenbar sowohl Blancs Pamphlet über die Organisation der Arbeit gelesen als auch seine *Histoire des dix Ans. 1830–1840*, 1841–1844 (deutsche Übersetzung: *Geschichte der zehn Jahre von 1830 bis 1840*, Zürich 1843–1845), ein Text, der mehr als jeder andere den Tonfall für die radikale Interpretation der Julimonarchie und ihres «bourgeoisen» Charakters vorgab.
Pierre Leroux (1797–1871) war um 1830 Redakteur von *The Globe* und gehörte ursprünglich zu den Saint-Simonisten. Er lehnte die saint-simonistische Kirche als eine neue Form papistischer Despotie jedoch ab und stellte ihr ein Konzept gegenüber, das er als «religiöse Demokratie» bezeichnete. Er wurde ein enger Freund der Schriftstellerin George Sand und genoss bis zum Ende seines Lebens Marx' Respekt.
Victor Considerant (1808–1893), ein ehemaliger Student der École Polytechnique, wurde in den 1830er und 1840er Jahren zum Anführer der Fourieristen. 1843 veröffentlichte er das *Manifeste de la Démocratie pacifique* (eine Einführung in die gleichnamige fourieristische Zeitung) und legte die Schrift 1847 erneut auf, diesmal unter dem Titel *Principes du Socialisme, Manifeste de la Démocratie au xixème Siècle.* Angefangen mit Georges Sorel zu Beginn des zwanzigsten Jahrhunderts haben zahlreiche französische Autoren die Auffassung vertreten, dass das *Kommunistische Manifest* sich stark an Considerants zeitlich früheres *Manifest* anlehnt bzw. dies sogar «plagiiert». Es stimmt, dass starke Ähnlichkeiten bestehen zwischen Considerants sozioökonomischer Analyse, die sich auf die polarisierte Zwei-Klassen-Gesellschaft und die Verelendung der Lohnarbeiter konzentrierte, und der Behandlung ähnlicher Themen in den ersten beiden Abschnitten des *Kommunistischen Manifests.* Doch in den 1840er Jahren gehörten diese Argumente zu einer von vielen Sozialisten geteilten Sichtweise und man wäre nicht geneigt gewesen, diese Behauptungen als Plagiat einer spezifischen Quelle zu betrachten. Diese Frage wird erörtert in R. V. Davidson, «Reform versus Revolution: Victor Considerant and *The Communist Manifesto*», in: F. L. Bender (Hrsg..), *The Communist Manifesto*, Colorado 1988, S. 94–103.
1848 war Considerant Mitglied der Assemblée Nationale und der Luxembourg-Kommission. 1849 ging er ins Exil und gründete mit anderen eine fourieristische Gemeinde bei Dallas, Texas. Nachdem Napo-

Feuerbach war hier von besonderer Bedeutung, da seine Schriften Marx' Ernüchterung bezüglich der *politischen* Emanzipation Nahrung gaben und seinen Bruch mit Hegel entscheidend beeinflussten.[155] Menschliche Emanzipation war keine Frage der politischen Form, sondern eine der sozialen Verhältnisse. Anfang 1844 pries Marx Feuerbachs «große Tat (...) die Gründung des *wahren Materialismus* und der *reellen Wissenschaft*», denn Feuerbach habe «das gesellschaftliche Verhältniß ‹des Menschen zum Menschen› (...) zum Grundprincip der Theorie» gemacht.[156] Die Befreiung sollte nicht nur den Geist umfassen, wie die Hegelianer es versprochen hatten, sondern den ganzen Menschen; und der Mensch war zuallererst ein «sinnliches» Wesen. Feuerbach war es auch, von dem Marx die Vorstellung übernahm, dass der hegelianische Idealismus nur «umgekehrt» oder «rückgängig gemacht» werden müsse, um wahr zu werden, eine Metapher, auf die er 1873 wieder zurückkam, als er im Nachwort zu seinem Hauptwerk, *Das Kapital*, auf Hegel einging.[157]

leon III. ihm die Rückkehr gestattet hatte, ließ er sich im Quartier Latin nieder, wo er bis zu seinem Tod im Jahr 1893 lebte.

155 Ludwig Feuerbach war der Sohn eines berühmten Juristen und Kant-Anhängers. Er selbst fühlte sich zunächst zum romantischen Rationalismus hingezogen, wurde dann Hegelianer und studierte schließlich ab 1824 bei Hegel in Berlin. Selbst zu dieser Zeit bekundete er Zweifel an der Hegel'schen Versöhnung von Philosophie und Religion, so in seiner ersten anonymen Veröffentlichung von 1830, *Gedanken über Tod und Unsterblichkeit (Sämtliche Werke,* Bd. 11, hrsg. v. M. Sass, 13 Bände, Stuttgart 1964). In den 1830er Jahren lehrte er als Privatdozent an der Universität Erlangen, doch die stark fundamentalistische, pietistische Atmosphäre der Universität machte eine permanente Anstellung unwahrscheinlich. Eine Heirat mit einer vermögenden Frau im Jahr 1837 erlaubte es ihm schließlich, seine universitäre Stelle aufzugeben und dauerhaft als Privatgelehrter zu leben.

156 K. Marx, «Ökonomisch-philosophische Manuskripte. Heft III», MEGA, Abt. I, Bd. 2, S. 400.

157 «Sie steht bei ihm auf dem Kopf. Man muß sie umstülpen, um den rationellen Kern in der mystischen Hülle zu entdecken.» K. Marx, *Das Kapital.* Erster Band, Hamburg 1872, MEGA, Abt. II, Bd. 6, S. 709.

Feuerbach, ein weiterer ehemaliger Schüler Hegels, war der gefeierte Autor von *Das Wesen des Christentums* (1841), das bald nach seiner Veröffentlichung von Marion Evans, besser bekannt als die spätere Schriftstellerin George Eliot, ins Englische übersetzt wurde. Stärker aber begeisterte Marx ein Aufsatz Feuerbachs von 1842 mit dem Titel «Vorläufige Thesen zur Reform der Philosophie». Hier weitete Feuerbach seine Kritik des Christentums auf Hegel aus und deutete eine Verbindung zwischen der junghegelianischen Religionskritik und dem Feldzug der französischen Sozialisten gegen den «Egoismus» an.[158]

In *Das Wesen des Christentums* vertrat Feuerbach die Auffassung, dass Religion eine entfremdete Form des menschlichen Gefühls sei. Der Mensch war in die Lage versetzt worden, seine Gefühle durch eine imaginäre Identifikation mit dem Göttlichen zu einem Gegenstand des Denkens zu machen. Die Gefühle wurden auf ein äußeres Sein projiziert, das von den Beschränkungen der individuellen Existenz befreit war. Tatsächlich verlieh der Mensch Gott eine Eigenschaft, die sein eigenes Wesen als Gattung bestimmte. Die Beziehung zwischen Subjekt und Objekt hatte sich damit umgekehrt; von nun an schien es nicht mehr, als habe der Mensch Gott, sondern als habe Gott den Menschen geschaffen.

Durch diese Entfremdung von dem, was Feuerbach das «Gattungswesen» des Menschen nannte, wurde der wesentlich «gemeinschaftliche» Charakter der menschlichen Gattung durch das Christentum in eine partikulare Einheit eines jeden Individuums mit einem äußeren personenhaften Wesen verwandelt. Die Religion war daher für den Individualismus der modernen Gesellschaft verantwortlich. Zwischen dem Individuum und der Universalität der Gattung befand sich nun ein externer Vermittler. Das «Du» der ursprünglichen Gattungseinheit des «Ich und Du» war von Jesus usurpiert worden.

158 L. Feuerbach, «Vorläufige Thesen zur Reform der Philosophie», Werke Bd. 9, Berlin 1970, S. 247.

In den «Vorläufigen Thesen zur Reform der Philosophie» wurde diese Kritik auf Hegel ausgedehnt. Die Inkarnation des «absoluten Geistes» in der Geschichte setze eine außermenschliche Perspektive voraus, die keine natürliche Grundlage habe. Die Hegelianische Philosophie sei deshalb einfach eine Erweiterung der christlichen Theologie. Mit dieser teile sie die von Feuerbach als «Abstraktion» bezeichnete Methode. So wie das Christentum den Menschen ursprünglich von seinen Gefühlen entfremdet habe, so habe Hegel den Menschen von seinem Denken entfremdet.

> Abstrahieren heißt das *Wesen* der Natur *außer die Natur*, das *Wesen* des Menschen *außer den Menschen*, das *Wesen* des Denkens *außer den Denkakt* setzen. Die Hegelsche Philosophie hat den Menschen *sich selbst entfremdet*, indem ihr ganzes System auf diesen Abstraktionsakten beruht.[159]

Feuerbachs Ausgangspunkt war nicht der «absolute Geist», sondern die Menschennatur. Der Mensch war immer noch die Verkörperung von Vernunft und Freiheit, doch nur, weil er/sie zuallererst ein «sinnliches Wesen» war. So wie das Denken seinen Anfang im Wirklichen nehme, so gehe dem Denken das Leiden voraus. Dies bedeute, dass der Mensch nicht in der rein aktiven und selbstgenügsamen Rolle aufgehe, die Hegel dem «Geist» zuwies. Die Menschennatur sei sowohl aktiv als auch passiv. Als Naturwesen brauche der Mensch zum Leben Mittel, die außerhalb seiner selbst existieren, vor allem die elementare Gattungsbeziehung, die Liebe. «Das wesentlichste Sinnenobjekt », schrieb Feuerbach, ist «der *Mensch selbst.*» Weil der Mensch Naturwesen, ein Wesen mit Bedürfnissen sei, sei er ein «Gemeinschaftswesen». Das Handeln der anderen Menschen mache ihm seine eigene Menschlichkeit, seine Eigenschaft eines «Gattungswesens» bewusst. «Das *Wesen* des Menschen ist nur in der Gemeinschaft, in der *Einheit des Menschen mit dem Menschen*».[160]

159 L. Feuerbach, «Vorläufige Thesen», S. 247.
160 L. Feuerbach, «Grundsätze der Philosophie der Zukunft», Werke Bd. 9, Berlin 1970, S. 339.

Feuerbach zufolge war es die Aufgabe der «wahren Philosophie», «das Unendliche in das Endliche zu setzen». So kann Gott oder der «absolute Geist» durch den Menschen ersetzt werden, ohne dass der Mensch den Zugang zum Unendlichen und Universellen verliert. Feuerbach glaubte, dass jeder Gegenstand des menschlichen Bewusstseins ein Ausdruck seines Seins sei. Da das Universelle und das Unendliche Objekte des menschlichen Denkens seien (beispielsweise in der Religion), ist auch das Wesen des Menschen als Gattung universell und unendlich. Religion ist daher nicht unwahr, sondern fehlgeleitet. Das wahre Unendliche ist kein äußerlicher Gott, sondern «der Mensch» als «Gattungswesen». Das «Absolute» verschwindet nicht, sondern wird nun in den Menschen selbst verlagert. Sobald der Mensch sich seines menschlichen «Wesens» bewusst werde, würde er die Grenzen seiner individuellen Endlichkeit hinter sich lassen.

Marx nutzte Feuerbachs Religionskritik, um Hegels Behauptung, dass der moderne Staat eine politische Gemeinschaft sei, anzugreifen. Feuerbach zufolge wurden im Christentum und im Denken Hegels die Eigenschaften des Menschen – sei es die Vernunft, seien es seine Gefühle – aus dem Menschen herausverlagert und einem fremden oder nichtexistenten Wesen zugeschrieben, nämlich Gott oder dem «absoluten Geist». In der Folge wurden sie dem Menschen wieder zurückgegeben, doch nur am Ende eines langen Prozesses oder in einer unvollkommenen Form: «Sie [Hegels Philosophie] identifiziert zwar wieder, was sie trennt, aber nur auf eine selbst wieder *trennbare, mittelbare* Weise.»[161]

Der Begriff der «Vermittlung» war von zentraler Bedeutung für Hegels Behauptung in der *Philosophie des Rechts*, dass der moderne Staat die Verkörperung des ethischen Lebens sei und mithin dem Leben entspreche, das Platon und Aristoteles der antiken Polis zugeschrieben hatten. Der einzige Unterschied war, dass die Identität von einzelnem und allgemeinem Willen im modernen Staat nicht länger «unmittelbar» war. «In den alten Staaten war der subjektive

161 L. Feuerbach, Vorläufige Thesen, S. 247.

Zweck mit dem Wollen des Staates schlechthin eins», schrieb Hegel, «in den modernen Zeiten dagegen fordern wir eine eigene Ansicht, ein eigenes Wollen und Gewissen».[162] Anders ausgedrückt, folgte auf die Antike, in der (um mit Aristoteles zu sprechen) die Polis dem Individuum vorausging, der Aufstieg dessen, was Hegel als «subjektive Besonderheit» bezeichnete. Die in der Polis herrschende *unmittelbare* Einheit von Universellem und Individuellem wurde aufgelöst. An ihre Stelle trat sowohl im christlichen Konzept der Seele als auch in der rechtlichen Konzeption der Person der Begriff von einem Individuum, dessen Subjektivität der Staat nicht umfasste. Die *Philosophie des Rechts* sollte zeigen, dass der moderne Staat eine höhere Form der politischen Gemeinschaft war, welche dieses Merkmal der Moderne in sich einzubegreifen vermochte.

Die Entwicklung einer modernen Tauschwirtschaft war ebenfalls wichtig für Hegels Unterscheidung zwischen dem antiken und dem modernen Staat. Aristoteles hatte den Gegensatz von Polis und Oikos, von Politik und Haushalt, zur Grundlage seiner *Politik* gemacht. Wirtschaftliche Tätigkeiten waren entweder im Kontext des Haushalts oder von Sklaven betrieben worden. Doch diese Zweiteilung war nun unzureichend. In der Moderne hatten sich die meisten Berufe in einer Sphäre herausgebildet, die nicht länger die der Familie war und deren Dynamik Adam Smith und andere Nationalökonomen beschrieben hatten. Um dieser neuen Sphäre explizit Rechnung zu tragen, führte Hegel den neuen Begriff der «bürgerlichen Gesellschaft» ein.[163]

Doch der Grund für diese neue Terminologie lag nicht allein in der wirtschaftlichen Entwicklung. Sie sollte auch Hegels These unterstreichen, dass der moderne Staat das Äquivalent der antiken politischen Gemeinschaft war und nicht nur, wie moderne Theoretiker des Gesellschaftsvertrags meinten, ein Mittel zu einem individuellen Zweck. Die «bürgerliche Gesellschaft» beinhaltete für Hegel die Justiz und den Schutz des Eigentums und der Person,

162 Hegel, *Grundlinien der Philosophie des Rechts*, § 261, S. 410.
163 Siehe *Grundlinien der Philosophie des Rechts*, § 189–256, S. 407.

also letztlich das, was die meisten Autoren des siebzehnten und achtzehnten Jahrhunderts unter dem Staat verstanden hatten. Von Hobbes bis Kant waren diese Denker – die Hegel als die «moderne Schule des Naturrechts» bezeichnete – von den Interessen des Individuums ausgegangen, die die Grundlage eines Vertrags bildeten, der den Staat begründete. Dies hieß, dass der Staat eine «provisorische» Entität geworden war, ein bloßes Mittel zu individuellen Zwecken. Für Hegel dagegen war der Staat als Verkörperung von Vernunft und Freiheit ein Zweck an sich. Er könne sowohl als politische Gemeinschaft fungieren als auch den Ansprüchen der modernen Subjektivität gerecht werden – mögen diese nun aus der vom protestantischen Christentum propagierten Freiheit des individuellen Urteils oder aus der Freiheit, die in der Marktgesellschaft herrschenden Einzelinteressen zu verfolgen, abgeleitet werden.[164]

An die Stelle der Unmittelbarkeit des antiken Staates trat nun «das höhere Prinzip der neueren Zeit» mit einem Begriff des «Selbst», bei dem zwischen dem Allgemeinen und dem Besonderen vermittelt wurde. In der *Philosophie des Rechts* wies Hegel diese Aufgabe der Vermittlung einer Reihe von Institutionen zu, in erster Linie den Korporationen, den repräsentativen ständischen Versammlungen und der Bürokratie. Mit Hilfe dieser vermittelnden Institutionen konnten die Einzelinteressen der bürgerlichen Gesellschaft im Allgemeininteresse des Staates aufgehoben werden.

Angeregt von Feuerbach, verneinte Marx sowohl die Authentizität dieser vermittelnden Institutionen als auch die Idee der Vermittlung selbst. Hegels Staat sei keine «Ganzheit», sondern ein «Dualismus». Die bürgerliche Gesellschaft und der politische Staat seien wie zwei feindliche Armeen; «der Staatsbürger und der Bürger, das Mitglied der bürgerlichen Gesellschaft (…) muß also eine *wesentliche Diremtion* mit sich selbst vornehmen». In der Antike

164 Siehe *Grundlinien der Philosophie des Rechts*, § 258, 260, S. 399–404, 406 f.

sei die *res publica* «der wahre einzige Inhalt des Lebens und Wollens ihrer Bürger» gewesen, doch nun hätten sich das «Eigenthum, der Vertrag, die Ehe, die bürgerliche Gesellschaft» zu «*besondre*[n] Daseinsweisen» des privaten Individuums «neben dem *politischen* Staat» entwickelt. Der moderne Staat sei «eine Accomodation zwischen dem politischen und dem unpolitischen Staat».[165]

Um diesen Konflikt zwischen dem «politischen» und dem «unpolitischen» Staat zu erklären, griff Marx auf Proudhons Analyse in *Was ist das Eigentum?* zurück. Proudhon hatte die Auffassung vertreten, dass die elementare Rolle, die dem Privateigentum im neuen nachrevolutionären Recht Frankreichs, dem Code Napoléon, zukam, nicht mit den von der Französischen Revolution proklamierten Zielen der Freiheit, Gleichheit und Brüderlichkeit zu vereinbaren war.[166] Aus einer Feuerbachschen Perspektive war das Privateigentum verantwortlich für die Unterordnung der Interessen der Allgemeinheit unter die Interessen Einzelner in dem «gesellschaftliche[n] Verhältnis *des Menschen zum Menschen*». Dies war die «sociale Wahrheit», die, wie Marx hoffte, die Kämpfe um die repräsentative Demokratie und das allgemeine Wahlrecht, die gegenwärtig den «politische[n] Staat (...) in all seinen *modernen* Formen» umgaben, an den Tag bringen würden. «Denn diese Frage drückt nur auf politische Weise den Unterschied von der Herrschaft des Menschen und der Herrschaft des Privateigentums aus.»[167]

Es war das Privateigentum, das Hegels Thesen zum modernen Staat in Frage stellte. Selbst 1842, als Marx über die Debatten des Rheinischen Landtags berichtete, hatte er die Unfähigkeit der Abgeordneten, ihre kleinlichen Privatinteressen zurückzustellen, scharf verurteilt. Damals war das Ziel seiner Kritik der preußische «christliche Staat». Nun galt sein Blick etwas Allgemeinerem und Systematischerem. Der moderne Staat als solcher war ein Geschöpf

165 K. Marx «Zur Kritik der Hegelschen Rechtsphilosophie», MEGA, Abt. I, Bd. 2, S. 86, 34, 31 f.
166 Proudhon, *Was ist das Eigentum?*, S. 29–33.
167 K. Marx, «Ein Briefwechsel von 1843», MEGA, Abt. I, Bd. 2, S. 487 f.

des Privateigentums, was alle Thesen Hegels über die Funktion der Vermittlung als hohl erscheinen ließ. Das Privateigentum war nicht einfach eine Säule der Verfassung – es war *die* Verfassung. Staatsbürgerschaft war ein Attribut des Privateigentums. Mit dem Prinzip des Erstgeburtsrecht, das für den Monarchen und die Aristokratie galt, verletzte das Privateigentum das Prinzip der Familie am «höchsten Punkt» der Verfassung. Der Staat als «das spirituelle Wesen der Gesellschaft» war «gegenüber den anderen Privatzwecken» zum Privateigentum der Bürokratie geworden. Die Mitglieder der Ständeversammlung bildeten keine Synthese von Staat und bürgerlicher Gesellschaft, da sie als Sprachrohre privater Interessen der «*gesetzte Widerspruch* des Staates und der bürgerlichen Gesellschaft im Staate» waren. Kurzum, der Staat war nicht, wie Hegel behauptete, die höchste Wirklichkeit des sozialen Seins, sondern ein Kompromiss zwischen den Rechten des Bürgers und den Rechten des Privatmanns.[168]

Diese Aufspaltung zwischen Staat und bürgerlicher Gesellschaft entsprach der Form, die auch in Feuerbachs Darstellung des Christentums zu finden war. Wenn die Religion «das Inhaltsverzeichniß von den theoretischen Kämpfen der Menschheit» war, so «war es der *politische Staat* von ihren practischen.» So wie «Christus der Mittler» war, «dem der Mensch seine ganze Göttlichkeit (…) aufbürdet», so war der Staat «der Mittler zwischen dem Menschen und der Freiheit des Menschen». In derselben Weise, wie sich das christliche Jenseits neben der «Trennung des Menschen von seinem Gemeinwesen» entwickelte, bildete sich die «Abstraktion» des Staates heraus. Die politische Verfassung hatte eine unwirkliche Allgemeinheit geschaffen. Sie fungierte nun als die «*Religion* des Volkslebens», als «Idealismus des Staats» ging sie einher mit dem «Materialismus der bürgerlichen Gesellschaft».[169]

168 K. Marx, «Verhandlungen des Rheinischen Landtags, MEGA, Abt. I, Bd. 1, S. 121–170, 199–237; K. Marx, «Zur Kritik der Hegelschen Rechtsphilosophie», MEGA, Abt. I, Bd. 2, S. 34, 51 f., 71.

169 «Ein Briefwechsel von 1843», Marx an Ruge, Mai 1843, S. 488; K. Marx. «Zur Judenfrage», MEGA, Abt. I, Bd. 2, S. 141–162, hier 147, 150, 161.

Die Ursprünge dieser Trennung ließen sich auf die Französische Revolution zurückverfolgen, als die politische Revolution «alle Stände, Corporationen, Innungen, Privilegien» zerstörte und damit den «politischen Charakter der bürgerlichen Gesellschaft» aufhob. Der «politische Geist» wurde von seiner «Vermischung mit dem bürgerlichen Leben» befreit und als die «Sphäre des Gemeinwesens (...) in idealer Unabhängigkeit von jenen besondern Elementen des bürgerlichen Lebens» begründet. Gleichzeitig jedoch schüttelte man alle Beschränkungen, die den «egoistischen Geist der bürgerlichen Gesellschaft gefesselt hielten», ab.[170] Marx übernahm diese Lesart der modernen französischen Geschichte entweder direkt aus den Schriften Louis Blancs oder indirekt aus den Berichten, die Moses Hess aus Paris schickte. Blanc vertrat die Auffassung, dass die Franzosen nach dem Sturz der Jakobiner ihre neue Gesellschaft nach dem Bild der «Bourgeoisie» geformt hätten. Dem Vorbild Englands folgend, hätten sie eine Gesellschaft etabliert, die auf Egoismus und Wettbewerb, auf dem «Krieg aller gegen alle» beruhe.[171] Marx' Version dieser Interpretation konzentrierte sich auf die berühmte *Erklärung der Menschen- und Bürgerrechte*, die zu Beginn der Französischen Revolution verkündet wurde. Diese Erklärung beruhte nicht auf der «Verbindung des Menschen mit dem Menschen, sondern vielmehr auf der Absonderung des Menschen von dem Menschen.» Die «politische Gemeinschaft» wurde «zum bloßen Mittel für die Erhaltung dieser sogenannten Menschenrechte herabgesetzt.» So wurde de facto der «citoyen zum Diener des egoistischen homme erklärt». Ebenso war die «praktische Nutzanwendung des Menschenrechtes der Freiheit (...) das Menschenrecht des *Privateigentums*». Daher wurde «nicht der Mensch als citoyen, sondern der Mensch als bourgeois für den *eigentlichen* und *wahren* Menschen genommen».[172]

170 Ebd., S. 161.

171 Siehe Blanc, *Organisation*, S. 10 und passim; siehe auch D. Gregory, «Karl Marx's and Friedrich Engels' Knowledge of French Socialism in 1842–43», in: *Historical Reflections* 10 (1983), S. 169–173.

172 K. Marx, «Zur Judenfrage», MEGA, Abt. I, Bd. 2, S. 141–69, hier 157–159.

Marx ging es wie Feuerbach darum, Hegels Vermittlungen vollständig zu beseitigen und zur Unmittelbarkeit zurückzukehren. Feuerbach zufolge bestand der große Fehler von Hegels Philosophie darin, dass ihr «unmittelbare Einheit, unmittelbare Gewissheit, unmittelbare Wahrheit» fehlte. Anstelle des Hegelschen Prozesses von Spaltung, Vermittlung und Wiedervereinigung bedurfte es einer Philosophie des Menschen als einem unmittelbaren Ganzen.

Diese Vorstellung lag auch der von Marx formulierten Alternative zum Staat Hegels zugrunde: der «Demokratie» als das «aufgelöste Räthsel aller Verfassungen». Wobei mit «Demokratie» nicht die auf dem allgemeinen Wahlrecht beruhende moderne repräsentative Republik gemeint war. Diese wäre nur eine weitere Version des diskreditierten «politischen Staates» gewesen, während «in der wahren Demokratie der *politische Staat untergehe*». Diese Idee hatte man ursprünglich mit den Anhängern Saint-Simons verbunden, die der Auffassung gewesen waren, dass in der zukünftigen organischen Ordnung die Regierung der Menschen durch eine Verwaltung der Dinge ersetzt werden würde. Marx erweiterte dies um ein Feuerbachsches Element: In dieser Gesellschaft wäre auch der Unterschied zwischen Staat und bürgerlicher Gesellschaft aufgehoben. Mit der Abschaffung der vermittelnden Institutionen würde die Verfassung auf den «wirklichen Grund, den *wirklichen Menschen*, das *wirkliche Volk*» zurückgeführt. Die Spaltung zwischen dem politischen und dem unpolitischen Menschen wäre so überwunden.[173]

Nur durch die Rückkehr des Menschen zu sich selbst ließen sich die ansonsten unlösbaren Probleme des modernen repräsentativen Staates lösen. Wo Universalität eine natürliche und individuelle Habe sei, würde sich die Frage nach der Beziehung zwischen dem einzelnen Willen und dem allgemeinen Willen nicht mehr stellen. Die Frage, «ob die bürgerliche Gesellschaft so Theil an der gesetzgebenden Gewalt nehmen soll, daß sie *entweder* durch *Abgeord-*

173 K. Marx, «Zur Kritik der Hegelschen Rechtsphilosophie», MEGA, Abt. I, Bd. 2, S. 31 f.

nete eintritt oder so, daß ‹Alle einzeln› unmittelbar Theil nehmen» wurde als «eine Frage innerhalb (…) des *abstrakten politischen Staats*» abgetan. Es ging nicht darum, ob sich eine, viele oder alle Individualitäten beteiligen sollten – das Problem war die Individualität selbst. Mit dem Ende der Trennung von bürgerlicher Gesellschaft und politischem Staat würde auch das Problem der Individualität verschwinden. In einer Demokratie wäre «Allheit» die «wesentliche, geistige, wirkliche Qualität des Einzelnen». Das Wesen einer «besonderen Persönlichkeit» wäre «ihre sociale Qualität». «Staatsgeschäfte» wären «nichts als Daseins- und Wirkungsweisen der socialen Qualitäten des Menschen». Die gesetzgebende Gewalt wäre «Repräsentation» nur

> «in dem Sinne, wie *jede* Funktion repräsentativ ist (…) wie jede bestimmte sociale Thätigkeit als Gattungsthätigkeit nur die Gattung, d. h. eine Bestimmung meines eignen Wesens repräsentirt, wie jeder Mensch der Repräsentant des anderen ist».[174]

Marx' Hegelkritik blieb unvollendet. Die politischen Implikationen seines neuen Ansatzes beschrieb er jedoch in zwei Aufsätzen, die zu Beginn des Jahres 1844 in der ersten und einzigen Ausgabe der *Deutsch-Französischen Jahrbücher* erschienen. Es ging Marx hier insbesondere darum zu zeigen, inwieweit sich sein Ansatz vom «Kritizismus» unterschied – der Position, die man mit seinem alten Mentor Bruno Bauer identifizierte.

Der erste Aufsatz, eine Replik auf Bauers «Die Judenfrage», gab Marx die Gelegenheit, die Hypothesen zu kritisieren, die der Auseinandersetzung zwischen dem «Kritizismus» und dem «christlichen Staat» zugrunde lagen. Wie Hegel hatte Bauer zwischen Judentum und Christentum als zwei aufeinanderfolgenden Stufen in der Entwicklung des religiösen Bewusstseins unterschieden. Er kam daher zu dem Schluss, dass Juden, anders als Christen, auf dem

174 K. Marx, «Zur Kritik der Hegelschen Rechtsphilosophie», S. 126, 22, 129.

Weg zur Emanzipation zwei Schritte vollziehen müssten: Erst müssten sie sich vom Judentum lossagen, um dann der höheren religiösen Form, dem Christentum, abzuschwören.[175]

175 Diese von Marx formulierte These hatte Bauer selbst so nicht vertreten. Er argumentierte vielmehr, dass Verfechter der Emanzipation zwar das Christentum zwingen wollten, sich der «Kritik» zu unterwerfen, vom Judentum für seine Emanzipation aber nichts Vergleichbares als Gegenleistung verlangten. Der allgemeine Tenor seines Aufsatzes besagte, dass Juden nicht dafür gelobt werden sollten, dass sie an ihrem Glauben festhielten, sondern dass sie Verantwortung übernehmen sollten für ihre Entscheidung, ihre eigene separate Identität zu bewahren. Dies führte Bauer auf einen «Mangel an geschichtlicher Entwicklungsfähigkeit» zurück, welche im «orientalischen Wesen» des jüdischen Volkes begründet sei, denn «dieses stationäre Volkswesen» sei im «Orient (...) zu Hause». Siehe B. Bauer, *Zur Judenfrage*, Braunschweig 1843, S. 11.
Während das traditionelle Christentum den Juden die Schuld an der Kreuzigung Jesu gab und ihnen vorwarf, die Göttlichkeit des Messias nicht anzuerkennen, hatte die Aufklärung, weitgehend unbeabsichtigt, einen anderen Vorwurf aufgebracht. Das Problem war gegen Ende des siebzehnten Jahrhunderts als Reaktion auf die Notwendigkeit entstanden, einem aufgeklärten Publikum die moralischen Defizite und Anomalien des Alten Testaments zu erklären. Besonders einflussreich war die von John Locke in *The Reasonableness of Christianity* (1695) vorgeschlagene Lösung. Locke schlug vor, die Offenbarung nicht als eine von der Bibel überlieferte, ein für alle Mal feststehende Reihe von Ereignissen zu betrachten, sondern als einen fortwährenden, sich geschichtlich entwickelnden Prozess. Daraus ergab sich die Schlussfolgerung, dass die Form, in der sich Gott offenbarte, dem moralischen und kulturellen Stadium entsprach, den die Menschheit erreicht hatte. Dieses Argument wurde von Lessing in seiner *Erziehung des Menschengeschlechts* (1777) weiter ausgearbeitet. Deren erste These lautete: «Erziehung ist Offenbarung, die dem einzeln Menschen geschieht: und Offenbarung ist Erziehung, die dem Menschengeschlechte geschehen ist, und noch geschieht.» Diese Position, die zu einem zentralen Bestandteil des Hegel'schen Idealismus wurde, lief darauf hinaus, das Judentum als Ausdruck einer primitiven Stufe der Entwicklung des Geistes zu begreifen. In Hegels Philosophie der Geschichte wurde die Religion Judäas zusammen mit der Persiens und Ägyptens als Teil der «orientalischen Welt» behan-

Anstelle von Bauers «theologischem» Ansatz schlug Marx eine «soziale» Unterscheidung zwischen Christentum und Judentum vor, die er weitgehend aus einem unveröffentlichten Aufsatz von Moses Hess übernahm. Hess hatte seinen Aufsatz «Über das Geldwesen», in dem er versuchte, Feuerbachs Humanismus und den französischen Sozialismus miteinander zu verbinden, als Beitrag für die *Jahrbücher* verfasst. Er trug entscheidend dazu bei, dass sich Marx zum ersten Mal veranlasst fühlte, wirtschaftliche Fragen zu thematisieren. Hess vertrat die Auffassung, dass die Menschheit gegenwärtig in einer «verkehrte[n] Welt» lebte. Die «Theorie und Logik» dieser Welt speiste sich aus dem Christentum, während Geld seine «Praxis» definierte. Sowohl das Christentum als auch die Erklärung der Menschenrechte von 1789 betrachteten das Wesen des Menschen als das eines isolierten Individuums. Die Tätigkeit der Gattung wurde nicht den Individuen zugeschrieben, aus denen sie sich zusammensetzte. Stattdessen wurde Gott als Gattungswesen aufgefasst, das außerhalb dieser Individuen existierte. Im praktischen Leben war das Geld das Äquivalent dieses umgekehrten Gottes, eines materialisierten christlichen Gottes, der den Menschen seiner sozialen Bindungen beraubte. In der «moderne[n], christliche[n] *Krämerwelt*» repräsentierte Geld den Rahmen des Gattungslebens außerhalb des Individuums. In der Antike hatten Judentum und Sklaverei eine vergleichbare Rolle eingenommen. Das Geld war zum entäußerten Vermögen des Menschen geworden, zum Tauschmittel für die Lebenstätigkeit des Menschen, zum Produkt der einander entfremdeten Menschen, die ihre Freiheit ge-

delt. Bauers Position, die die Emanzipation der Juden implizit davon abhängig machte, ob die Juden sich diese verdient hatten, konnte sich allerdings nicht auf Lessing oder Hegel berufen. Sie war zudem widersprüchlich. Einerseits griff er die Juden wegen ihres hartnäckigen Widerstands gegen die geschichtliche Entwicklung an, andererseits hielt er sie gleichzeitig für entwicklungsunfähig, da der Mensch «im Orient aber (…) noch nicht gewußt [hat], daß er frei und vernünftig (…) ist, sondern seine höchste und wesentlichste Aufgabe in der Vollziehung verstand- und grundloser Zeremonieen gesetzt [hat]». B. Bauer, *Die Judenfrage*, S. 119.

gen die Befriedigung ihrer individuellen Bedürfnisse eintauschten.[176]

Marx erweiterte die Argumentation von Hess und setzte das Judentum mit dem «praktischen Bedürfnis», dem «Egoismus» und der bürgerlichen Gesellschaft gleich. Der Gott des «praktischen Bedürfnisses» sei das Geld, welches als der «eifrige Gott Israels» alle anderen Götter zerstöre. Es beraube die Welt und die Arbeit des Menschen allen «eigenthümlichen Wertes». «Das Geld ist das dem Menschen entfremdete Wesen seiner Arbeit und seines Daseins (...) Der Gott der Juden hat sich verweltlicht.» Doch durch das Judentum allein könne die bürgerliche Gesellschaft ihren «Höhepunkt» nicht erreichen. Dies könne nur das Christentum vollbringen, «welches *alle* nationalen, natürlichen, sittlichen, theoretischen Verhältnisse dem Menschen *äußerlich*» mache und die menschliche Welt «in eine Welt atomischer, feindlich sich gegenüberstehender Individuen» auflöse. Die «Judenfrage» zu lösen, bedeutete für Marx daher das *soziale* Element, welches diese erst möglich machte, zu beseitigen. Nur die Emanzipation vom Geld und vom «Schacher» würde den Juden als eine außerhalb der Gemeinschaft stehende Kategorie «unmöglich» machen.[177]

176 Moses Hess, «Über das Geldwesen», in: Mönke (Hrsg.), *Moses Hess*, S. 331–345, hier 334.

177 K. Marx, «Zur Judenfrage (II)», MEGA, Abt. I, Bd. 2, S. 166–168. Diese judenfeindliche Haltung, die von vielen Sozialisten der 1840er Jahre geteilt wurde, speiste sich aus vielen verschiedenen Quellen. Erstens griffen jene, die, wie Bauer, die Religionen der Gegenwart als Haupthindernis für die Republik oder die Entstehung sozialer Harmonie betrachteten, das Judentum als einen statischen, archaischen oder partikularistischen Glauben an (ein Bild, das vor allem auf Levitikus zurückging). Zweitens wurden Juden von alters her mit (realen oder imaginierten) Wucherpraktiken in Verbindung gebracht. Diese Verbindung wurde in den Jahren zwischen 1815 und 1848, einer Zeit der wirtschaftlichen Verdrängung, der Arbeitslosigkeit und der Spekulationskrisen, wieder in den Vordergrund gerückt. Verschärft wurde dies aber durch den von Fourier und Proudhon in Frankreich geäußerten Verdacht, dass sich das Ausmaß von Pauperismus und Verschuldung durch die Emanzipation der Juden während der Fran-

In seinem anderen Beitrag für die Zeitschrift, einer «Einleitung» zu seiner Kritik von Hegels Rechtsphilosophie, erklärte Marx, dass die Kritik der Religion nun abgeschlossen sei. Wenn man nicht beim Bewusstsein, sondern bei Feuerbachs Beziehung des Menschen zum Menschen als Grundlage der Gesellschaft ansetze, dann könne man sehen, dass die Religion nicht «der *Grund*, sondern nur noch (…) das *Phänomen* der weltlichen Beschränktheit» sei. Was die Religion offenbare, sei die Existenz eines «Mangels», was bedeute, dass der Kampf gegen die Religion ein Kampf gegen die Welt sei, deren «geistiges *Aroma*» die Religion ist.[178]

Bauer liege daher falsch, so Marx, wenn er glaube, dass die Religion mit der Beseitigung des «christlichen Staates» verschwinden würde, denn «die Emanzipation des Staats von der Religion» sei «nicht die Emanzipation des wirklichen Menschen von der Religion». Die Religion sei «zum Geist der bürgerlichen Gesellschaft (…), der Sphäre des Egoismus, des bellum omnium contra omnes» geworden. Die «politische Emanzipation» spalte den Menschen. Sie mache ihn einerseits zu einem egoistischen unabhängigen Individuum, andererseits zu einem Bürger oder einer juristischen Person.

zösischen Revolution verschlimmert habe. Häufig wurde die finanzielle Macht der Juden beklagt, obwohl ihre Emanzipation nach wie vor unvollendet blieb. Sowohl Marx als auch Bauer betonten die vermeintliche Diskrepanz zwischen der Macht des Juden als Kapitalisten und seiner untergeordneten Stellung als Bürger.
Obwohl man den Bruch zwischen Marx und Bauer zumeist auf ihren Dissens bezüglich der Judenfrage datiert hat, war ihre Beziehung damit nicht vollständig beendet. Während des Winters 1855/56 lebte Bruno in Highgate bei seinem Bruder Edgar und hatte während dieser Zeit anscheinend regelmäßigen Kontakt zu Marx. Trotz ihrer politischen Differenzen, vor allem in Hinblick auf Russland (Marx glaubte später, er werde von Russland bezahlt), scheint Marx eine für ihn ungewöhnlich nachsichtige Einstellung zu seinem alten Lehrer gehabt zu haben: Er empfand ihn als absurd eitel, aber «[s]onst ein vergnüglicher alter Herr». Siehe Marx an Engels, 18. Januar 1856, MEGA, Abt. III, Bd. 7, S. 226 und auch Marx an Engels, 12. Februar 1856, ebd., S. 233.

178 K. Marx, «Zur Kritik der Hegelschen Rechtsphilosophie. Einleitung», S. 170; K. Marx, «Zur Judenfrage», MEGA Abt. I, Bd. 2, S. 147.

Doch der Bürger sei der Diener des egoistischen Individuums. Die politische Gemeinschaft werde «zum bloßen Mittel für die Erhaltung dieser sogenannten Menschenrechte herabgesetzt». Das Beispiel der Vereinigten Staaten, wo die Religion trotz der Trennung von Kirche und Staat gedeihe, zeige, dass Religionsfreiheit ganz und gar nicht identisch sei mit Freiheit von der Religion. Nicht «politische Emanzipation», sondern «menschliche Emanzipation» sei zu fordern – ein Zustand, in dem

> der wirkliche individuelle Mensch den abstrakten Staatsbürger in sich zurücknimmt und als individueller Mensch in seinem empirischen Leben, in seiner individuellen Arbeit, in seinen individuellen Verhältnissen, *Gattungswesen* geworden ist[179]

In seiner «Einleitung» setzte Marx sich auch mit der Frage auseinander, auf welche Weise in Deutschland ein Wandel herbeigeführt werden könne. Die Annahme, dass «Kritik» an sich schon zu einer Transformation des Staates führen würde, hatte sich als falsch erwiesen. In Marx' Worten: «Die Waffe der Kritik kann allerdings die Kritik der Waffen nicht ersetzen, die materielle Gewalt muß gestürzt werden durch materielle Gewalt.» Auch mit einer bloß «politischen» Revolution war nicht zu rechnen. In Deutschland gab es keine Klasse, die die Funktion des Dritten Standes hätte einnehmen können. Hier war daher die «universelle Emanzipation» die «*conditio sine qua* non jeder partiellen», und diese könne nicht auf politischem Wege erreicht werden.[180]

Die Schriften der französischen Sozialisten bestärkten Marx in seinem Gefühl der Ernüchterung hinsichtlich des deutschen Bürgertums. Weder Proudhon noch Blanc glaubten, dass die politische Demokratie das Los der Arbeiter verbessern würde. Nur eine soziale Revolution könne den Menschen wieder zu seinem wahren We-

179 K. Marx, «Zur Judenfrage», S. 162.
180 K. Marx, «Zur Kritik der Hegelschen Rechtsphilosophie. Einleitung», S. 177, 181.

sen zurückführen. Marx zeigte sich auch von den Schriften des ehemaligen Saint-Simonisten Pierre Leroux beeindruckt. Leroux war Redakteur des *Globe* und ein enger Weggefährte George Sands. Wie Blanc betonte Leroux den Egoismus und die Habgier der bürgerlichen Herrschaft und erklärte, das kommende Zeitalter werde das der Emanzipation des «Proletariats» sein. Selbst diejenigen, die sich wie der führende Fourierist Victor Considerant für eine friedliche und harmonische Lösung der sozialen Frage einsetzten, warnten, dass die neue industrielle Ordnung eine andere Form der Leibeigenschaft sei und dass der Mechanisierung, Überproduktion und wachsenden Arbeitslosigkeit Einhalt geboten werden müsse, wenn man die Arbeiter nicht in eine gewaltsame Revolution drängen wolle.[181]

Was Deutschland nun brauche, sei kein politischer Wandel, sondern eine «menschliche» Transformation, die eine Klasse außerhalb und unter der existierenden Gesellschaft schaffen müsse – eine Klasse, «welche nur noch auf den menschlichen Titel provozieren kann». «Radikal sein ist die Sache an der Wurzel fassen. Die Wurzel für den Menschen ist aber der Mensch selbst.» Der Begriff «radikal» leitet sich aus «radix», dem lateinischen Wort für Wurzel, ab – notwendig sei also eine «Klasse mit radikalen Ketten» … «eine Sphäre endlich, welche sich nicht emanzipieren kann, ohne (…) alle übrigen Sphären der Gesellschaft zu emanzipieren». Eine solche Klasse sei das Proletariat, das aus der industriellen Entwicklung und der «Auflösung der Gesellschaft» hervorging. Sie war «der völlige Verlust des Menschen» und die «Auflösung der bisherigen Weltordnung».[182] Marx erklärte,

> [w]enn das Proletariat die Negation des Privateigentums verlangt, so erhebt es nur zum Prinzip der Gesellschaft, was die Gesellschaft zu seinem Prinzip erhoben hat, was in ihm als negatives Resultat der Gesellschaft schon ohne sein Zutun verkörpert ist.

181 Zu Marx' Lektüren französischer Sozialisten in den Jahren 1842–43 siehe D. Gregory, «Karl Marx' and Friedrich Engels' Knowledge of French Socialism in 1842–1843», in: *Historical Reflections* 10 (1983), S. 143–93.

182 K. Marx, «Zur Kritik der Hegelschen Rechtsphilosophie. Einleitung», S. 181 f.

Marx scheint aufgrund seiner Lektüre Lorenz von Steins und der französischen Sozialisten einfach davon ausgegangen zu sein, dass die Proletarier einer rohen Form des Kommunismus anhingen, die sich aus Babeufs «Verschwörung der Gleichen» ableitete. Doch Hinweise auf ihre gegenwärtigen Ansichten waren unerheblich. Es ging nicht darum, «was dieser oder jener Proletarier oder selbst das ganze Proletariat als Ziel sich einstweilen *vorstellt.*» Wie Marx später erklärte, ging es vielmehr «darum, *was es ist* und was es diesem *Sein* gemäß geschichtlich zu tun gezwungen sein wird».[183]

Zunächst jedoch glaubte Marx nicht daran, dass das Proletariat alleine handeln könne. Es würde des Funkens der Philosophie bedürfen. Deutschlands revolutionäre Vergangenheit – die Reformation – sei theoretisch gewesen; nun sei Feuerbach der neue Luther. «Wie damals der *Mönch*, so ist es jetzt der *Philosoph*, in dessen Hirn die Revolution beginnt.» Feuerbach hatte die Bedingungen des Bündnisses in seinen «Vorläufigen Thesen» dargelegt.

> Der wahre, der *mit dem Leben, dem Menschen identische* Philosoph muß *gallo-germanischen* Geblütes sein. (…) wir [müssen] die Mutter zur Französin, den Vater zum Deutschen machen. Das Herz – das weibliche Prinzip, der *Sinn* für das Endliche, der Sitz des Materialismus – ist *französisch gesinnt*; der *Kopf* – das männliche Prinzip, der Sitz des Idealismus – *deutsch*.[184]

Genau dies war die ursprüngliche Idee hinter der Gründung der *Deutsch-Französischen Jahrbücher* im Mai 1843. In seinem veröffentlichten Briefwechsel mit Ruge schrieb Marx, dass sich die Zeitschrift an die «leidende Menschheit, die denkt», und die «denkende Menschheit, die unterdrückt wird», wendet. Zu Beginn des Jahres 1844 wurde die Rolle der Leidenden und des Herzens dann dem Proletariat zugewiesen. Revolutionen, so hieß es, bedürfen eines «passiven Elements, einer materiellen Grundlage».

183 K. Marx und F. Engels, *Die heilige Familie*, MEW, Bd. 2, S. 38.
184 K. Marx, «Zur Kritik der Hegelschen Rechtsphilosophie. Einleitung», S. 177; Feuerbach, *Vorläufige Thesen*, Leipzig 1846, S. 259.

Wie die Philosophie im Proletariat ihre *materiellen*, so findet das Proletariat in der Philosophie seine *geistigen* Waffen und sobald der Blitz des Gedankens gründlich in diesen naiven Volksboden eingeschlagen ist, wird sich die Emancipation der *Deutschen* zu *Menschen* vollziehn. (...) Der *Kopf* dieser Emancipation ist die *Philosophie*, ihr *Herz* das *Proletariat*.[185]

9. Politische Ökonomie und «Die wahre Naturgeschichte des Menschen»

In Paris begann Marx Anfang 1844 mit der Arbeit an einem Projekt, das ihn, wie sich herausstellen sollte, ein Leben lang beschäftigen würde: der Kritik der politischen Ökonomie. In drei unvollendeten und unveröffentlichten Manuskripten, die meist als «Ökonomisch-Philosophische Manuskripte» oder «Pariser Manuskripte» bezeichnet werden, legte er die erste Fassung seiner Kritik dar. «Kritik der politischen Ökonomie»[186] war auch der Untertitel seines 1867 veröffentlichten Hauptwerks, *Das Kapital.*

Was veranlasste Marx, seine Aufmerksamkeit auf die politische Ökonomie zu richten? In dem Vorwort von 1859 zu seinem Buch *Zur Kritik der politischen Ökonomie,* welches den ersten Teil dieser Kritik enthielt, berichtete Marx von dem Umständen, die ihn zu diesem Projekt geführt hatten. Zunächst hatte er Jurisprudenz studiert, welche er allerdings als «untergeordnete Disziplin neben Philosophie und Geschichte» betrieben hatte. Während seiner Zeit als Re-

185 K. Marx, «Ein Briefwechsel von 1843», Marx an Ruge, Mai 1843, S. 479; K. Marx, «Zur Kritik der Hegelschen Rechtsphilosophie. Einleitung», S. 182 f. Es ist nicht klar, ob das deutsche oder das französische Proletariat diese Rolle übernehmen sollte Im letzten Satz von Marx' Einleitung heißt es: «Wenn alle innern Bedingungen erfüllt sind, wird der *deutsche Auferstehungstag* verkündet werden durch das *Schmettern des gallischen Hahns.*»

186 Die Disziplin der politischen Ökonomie (englisch «political economy») wurde im deutschen Sprachraum im neunzehnten Jahrhundert auch «Nationalökonomie» genannt. Im Folgenden wird jeweils der Begriff gewählt, der in der zitierten Quelle verwendet wird (Anm. d. Übers.).

dakteur der *Rheinischen Zeitung* in den Jahren 1842/43 war seine Aufmerksamkeit zum ersten Mal auf das Problem der «materiellen Interessen» gelenkt worden. Seine Unsicherheit und «Verlegenheit» angesichts der «ökonomischen Fragen» reichten vom Problem des Freihandels bis zur Lage der Mosel-Bauern. Aus ähnlichen Gründen hatte er sich auch dagegen gesträubt, sich an den in der deutschen Presse ausgetragenen Diskussionen über die jeweiligen Vorzüge der verschiedenen aus Frankreich kommenden Theorien des Sozialismus und Kommunismus zu beteiligen. Marx war wenig später von seinem Posten zurückgetreten, da er nicht bereit gewesen war, die Haltung seiner Zeitung zu ändern, um sie vor der Schließung zu bewahren; dies hatte ihm die Gelegenheit gegeben, diese Fragen systematischer zu überdenken. Deshalb hatte er begonnen, Hegels *Philosophie des Rechts* einer erneuten kritischen Lektüre zu unterziehen.

Im Ergebnis war er zu dem Schluss gekommen, dass «Rechtsverhältnisse wie Staatsformen weder aus sich selbst» begriffen werden können; noch könne man sie als verschiedene Formen «der sogenannten allgemeinen Entwicklung des Geistes verstehen». Stattdessen liege ihr Ursprung in «den materiellen Lebensverhältnissen (...), deren Gesamtheit Hegel nach dem Vorgang der Engländer und Franzosen des 18. Jahrhunderts unter dem Namen ‹bürgerliche Gesellschaft› zusammenfaßt». Deshalb sei die politische Ökonomie ins Zentrum der Untersuchung gerückt, denn in ihr konnte man «die Anatomie der bürgerlichen Gesellschaft» finden.[187]

Mit der Erfindung des «Marxismus» in den letzten Jahrzehnten des neunzehnten Jahrhunderts erhielten dieser autobiographische Rückblick und die ihn begleitende Zusammenfassung des theoretischen Ansatzes einen kanonischen Status als Gründungsdokument der Wissenschaft des «historischen Materialismus».[188] Doch ob-

187 K. Marx, «Zur Kritik der politischen Ökonomie. Vorwort» (Januar 1859), MEW, Bd. 13, S. 7–11.

188 Vgl. beispielsweise das bedeutende Werk von G. A. Cohen, *Karl Marx's Theory of History. A Defense*, Oxford 1978. Das Buch setzt an mit einem langen Zitat aus dem Vorwort von 1859, und der Autor erklärt seine Absicht, «einen altmodischen historischen Materialismus» zu

gleich diese Darstellung wohl weitgehend der Wahrheit entspricht, sollte sie aufgrund ihrer knappen Form und ihrer vorsichtigen Ausdrucksweise dennoch nicht unbesehen übernommen werden. Geschrieben wurde das Vorwort für ein Buch, das in Preußen zu einer Zeit anhaltender Repressionen erscheinen sollte. Dementsprechend wählte Marx eine Form, die geeignet war, nicht die Aufmerksamkeit des Zensors zu erwecken, und präsentierte seine Arbeit in der Form einer unparteiischen wissenschaftlichen Untersuchung und sein Leben als das eines Gelehrten, der «begierig» die Gelegenheit ergriff, sich «von der öffentlichen Bühne in die Studierstube zurückzuziehn».[189]

Doch ebenso wichtig war das, was nicht gesagt wurde. So fand sich kein direkter Bezug zu dem politischen Rahmen, in dem Marx seine Ideen entwickelt hatte, und auch der Zusammenhang zwischen politischer Ökonomie und Marx' Theorie des Kommunismus wurde nicht erwähnt.[190] Doch hatte Marx bei seiner Ankunft in Paris zu Be-

verteidigen, «dessen bedeutungsvollste Darlegung», so pflichtet er Eric Hobsbawm bei, «das Vorwort zur *Kritik der politischen Ökonomie*» ist.

189 K. Marx, «Vorwort zur Kritik der politischen Ökonomie», MEW, Bd. 13, S. 8.

190 Dass Marx die Wissenschaft betonte und die Bedeutung der Politik herunterspielte, war eine bewusst gewählte Strategie. In einem Brief an Joseph Weydemeyer umriss Marx den Inhalt des Buches und schrieb: «Du begreifst die *politischen* Gründe, die mich bewogen, mit dem 3^t Kapitel über ‹das Kapital› zurückzuhalten, bis ich wieder Fuß gefaßt habe (...) Ich hoffe unserer Partei einen wissenschaftlichen Sieg zu erringen.» (K. Marx an J. Weydemeyer, 1. Februar 1859, MEGA, Abt. III, Bd. 9, S. 294 f.). Offensichtlich hatte Engels bei seiner ersten Lektüre des Manuskripts enttäuscht reagiert. «Das Studium Deines abstract des ersten halben Heftes hat mich sehr beschäftigt, it is a very abstract abstract indeed [es ist in der Tat sehr abstrakt]». Er hoffe, dass der «abstract dialectische Ton dieser Epitome (...) in der Ausarbeitung» verschwinde. (F. Engels an K. Marx, 9. April 1858, MEGA, Abt. III, Bd. 9, S. 126). Marx rechtfertigte seine Vorgehensweise einige Monate später, indem er darauf verwies, dass «da (...) das Ganze exceedingly ernst und wissenschaftlich aussieht, (...) ich die Canaille [zwinge] später

ginn des Jahres 1844 seine «Studien im Gebiet der politischen Ökonomie» nicht mit der Absicht begonnen, eine Wissenschaft der Geschichte zu entwickeln; es war ihm vielmehr darum gegangen, die versteckten Grundlagen des Kommunismus aufzudecken. Seine Annahme, dass diese Grundlagen mittels einer «Kritik der politischen Ökonomie» herausgearbeitet werden könnten, kann zum großen Teil auf zwei Aufsätze von Hess bzw. Engels zurückgeführt werden, die Marx für die *Deutsch-Französischen Jahrbücher* zusammengestellt hatte und die einen signifikanten Einfluss auf ihn ausübten.

Hess war der erste gewesen, der sich bei seinen Überlegungen auf das Problem der Produktion konzentriert hatte. Feuerbachs Beschreibung der Menschen als Gemeinschaftswesen ging kaum über eine unspezifische Vorstellung von sozialer Einheit und einem Ethos der Freundschaft oder der geschlechtlichen Liebe hinaus. Hess' Aufsatz über das Geld hingegen hatte einen handfesteren und praktischeren Fokus. Leben wurde hier definiert als «Austausch von productiver Lebensthätigkeit» durch das «*Zusammenwirken verschiedener Individualitäten*». Durch diesen «Gattungsact» gelangten Individuen zur «Vollendung». Wenn zwischenmenschliche Beziehungen gegenwärtig nicht vom Prinzip der Kooperation bestimmt waren, so lag dies daran, dass die Menschen in einer «verkehrte[n] Welt» lebten. Die Geschichte der Schöpfung bewies, dass die «Liebe» dem «Egoismus» überlegen war, denn der Instinkt, die Gattung als Ganze zu vermehren, war immer stärker als der Instinkt der Selbsterhaltung. Wird das «Individuum zum *Zweck* erhoben, die Gattung zum Mittel herabgewürdigt», so stellt dies daher eine «*Umkehrung*» des menschlichen und natürlichen Lebens dar. In dieser «*verkehrten* Welt» setze der «egoistische» Mensch seine Gattungskräfte ein, um seine individuellen Bedürfnisse zu befriedigen.

Doch die Menschheit befand sich nun fast am Ende des letzten Abschnitts der Naturgeschichte des Menschen, die vom brutalen Kampf isolierter Individuen beherrscht gewesen war. Die Naturge-

meine Ansichten vom Capital rather seriously zu nehmen.» (K. Marx an F. Engels, 13.–15. Januar 1859, MEGA, Abt. III, Bd. 9, S. 275).

walten waren nun weniger feindlich. Der Mensch wusste, wie er sie für seine Ziele nutzbar machen konnte. Die gegenwärtige ökonomische Misere kündete ebenfalls auf augenfällige Weise von einer bevorstehenden neuen Epoche. Denn wie das Beispiel Englands zeigte, war Not nun nicht mehr ein Produkt des Mangels, sondern des Überflusses an Gütern.[191]

Hess' Versuch, den deutschen Humanismus mit dem französischen Sozialismus zu verbinden, war eine Pionierleistung. Sein Aufsatz schlug eine Brücke zwischen beiden, indem er die Aufmerksamkeit vom Bewusstsein auf die Praxis verlagerte. Marx übernahm das *«produktive Leben»* oder das, was er «bewußte Lebensthätigkeit» nannte, als seinen neuen Ausgangspunkt. Diese Definition des «Gattungsleben» als *«produktive[s] Leben»* ermöglichte die Idee der in der Arbeit begründeten Entfremdung. «Religiöse Entfremdung als solche», schrieb Marx, «geht nur in dem Gebiet *des Bewußtseins* des menschlichen innern vor, aber die ökonomische Entfremdung ist die des *wirklichen Lebens* – ihre Aufhebung umfaßt daher beide Seiten.»[192]

Engels' Aufsatz «Umrisse zu einer Kritik der Nationalökonomie» war nicht weniger bedeutend. Engels zeigte hier präzise auf, dass die Nationalökonomie der überragende theoretische Ausdruck dieser entfremdeten Welt war. Sein Hauptargument war, dass die Nationalökonomie das Privateigentum voraussetzte und seine Existenz dabei nie in Frage stellte. Nationalökonomie als eine «aus dem gegenseitigen Neid und der Habgier der Kaufleute entstandene (...) Bereicherungswissenschaft» war im Wesentlichen «die Entwicklung der Gesetze des Privateigentums». Doch wie in der Politik niemand daran dachte, «die Voraussetzungen des Staates an und für sich zu prüfen», so ließ es sich «die Ökonomie (...) nicht einfallen, nach der *Berechtigung des Privateigentums* zu fragen». Engels konfrontierte die Nationalökonomie mit einigen Kritikpunkten,

191 M. Hess, «Über das Geldwesen», in: Mönke (Hrsg.), *Moses Hess*, S. 330–334.

192 K. Marx, «Ökonomisch-philosophische Manuskripte von 1844», MEGA, Abt. I, Bd. 2, S. 323–438, hier 369, 390.

die er von den Owenisten in Manchester übernahm. Sein Ansatz ermöglichte es Marx, sich nicht nur mit dem Problem des Geldes, sondern auch mit dem Handel, dem Wert, der Grundrente und den «unnatürlichen Spaltungen» von Arbeit und «aufgespeicherte[r] Arbeit» bzw. Kapital auseinanderzusetzen. Die Folge war, dass das «Arbeitsprodukt» der «Lohnarbeit» gegenüberstand in einer «Spaltung der Menschheit in Kapitalisten und Arbeiter, einer Spaltung, die alle Tage schärfer und schärfer ausgebildet wird».[193]

Marx' Darstellung zufolge hielt die politische Ökonomie fälschlicherweise eine Welt, in der der Mensch sich von seinen wesentlichen menschlichen Eigenschaften entfremdet hatte, für die wirkliche Welt des Menschen. In der bürgerlichen Gesellschaft, wo jedes Individuum als «ein Ganzes von Bedürfnissen» erschien und die Individuen sich «wechselseitig zum Mittel» wurden, traten diese Eigenschaften nur in einer fremden Gestalt auf. Die Verhaltensmuster, die die Ökonomen beobachteten und zu Gesetzen erklärten, waren das Ergebnis eines Prozesses der Entfremdung. Marx behauptete nicht, dass diese Beobachtungen ungenau seien, und formulierte insofern keine spezifische ökonomische Kritik. Die Mängel der politischen Ökonomie beträfen nicht bestimmte Punkte, sondern seien grundsätzlicher Natur. Von Anfang an habe die politische Ökonomie die Beziehung zwischen Mensch und Mensch als eine Beziehung zwischen Eigentümer und Eigentümer behandelt. Ihr Vorgehen beruhe auf der Annahme, dass das Privateigentum ein natürliches Attribut des Menschen sei bzw. eine bloße Konsequenz des «Hangs zum Austausch und des wechselseitigen Verschacherns der Produkte», wie ihn Adam Smith beschrieben hatte. Aus diesem Grund sei die politische Ökonomie unfähig, zwischen «dem produktiven Leben des Menschen» und «dieser ganzen Entfremdung mit dem *Geld*system» zu unterscheiden. Die Aufgabe der Kritik bestehe nun darin, das tatsächliche Wesen des Gattungsmenschen offenzulegen, der unter dieser verkehrten Welt

193 F. Engels, «Umrisse zu einer Kritik der Nationalökonomie», MEGA, Abt. I, Bd. 3, S. 467 ff.

begraben lag, und den entfremdeten Diskurs der politischen Ökonomie in eine wahrhaft *menschliche* Sprache zu übersetzen.[194]

Marx' Vorgehensweise ähnelte in mancher Hinsicht Fouriers Kritik der «Zivilisation», in der authentische menschliche Leidenschaften nur in einer verzerrten und sozialfeindlichen Form Ausdruck fanden. So lag für Marx «der Sinn des Privateigentums abgesehen von der Entfremdung» im «*Dasein* der *wesentlichen Gegenstände* für den Menschen». Der Tausch oder Tauschhandel wurde definiert als «der gesellschaftliche, der Gattungsakt (...) innerhalb des *Privateigenthums*» und war daher der «*entäusserte* Gattungsakt», «das Gegentheil des *gesellschaftlichen* Verhältnisses». Die Arbeitsteilung wurde «der nationalökonomische Ausdruck von der *Gesellschaftlichkeit der Arbeit* innerhalb der Entfremdung». Geld war «das entäußerte *Vermögen* der *Menschheit*». In einer «menschlichen» Welt dagegen wäre die generelle Verzerrung und Vertauschung aller menschlichen und natürlichen Eigenschaften unmöglich. Dort könne man

> Liebe nur gegen Liebe austauschen ... Jedes deiner Verhältnisse zum Menschen – und zu der Natur – muß eine *bestimmte*, dem Gegenstand deines Willens entsprechende *Äußerung* deines *wirklichen individuellen* Lebens sein.[195]

Untermauert wurde dieser Prozess durch die Entfremdung des Menschen von seiner wesentlichsten Eigenschaft: dem Produzieren. Es sei die «bewußte Lebenstätigkeit», die Tatsache, dass der Mensch seine Tätigkeit zum «Gegenstand seines Wollens und seines Bewußt-

194 K. Marx, «Ökonomisch-philosophische Manuskripte», MEGA, Abt. I, Bd. 2, S. 429, 363 f.; K. Marx, «Historisch-ökonomische Studien (Pariser Hefte). James Mill: Éléments d'économie politique», MEGA, Abt. IV, Bd. 2, S. 428–472, hier 452 f.

195 K. Marx, «Ökonomisch-philosophische Manuskripte», S. 434 f., 429, 437 f.; K. Marx, «Historisch-ökonomische Studien (Pariser Hefte). James Mill: Éléments d'économie politique», S. 454. Zu Fouriers Kritik der Zivilisation siehe C. Fourier, *Theorie der vier Bewegungen und der allgemeinen Bestimmungen*, hrsg. v. Theodor W. Adorno, eingeleitet v. Elisabeth Lenk, Frankfurt am Main 1966.

seins» mache, die ihn vom Tier unterscheide. Er sei selbst dann produzierend tätig, wenn er «frei vom physischen Bedürfniß» sei. Er besitze die Fähigkeit, «nach dem Maß jeder species zu produzieren (…) und überall das inhärente Maß dem Gegenstand anzulegen». Deswegen forme er Objekte «nach den Gesetzen der Schönheit». Diese Form des Produzierens sei sein «werktätiges Gattungsleben».[196]

«Entfremdete Arbeit» kehrte diese «Beziehung» um. Je bedeutender die Entwicklung des Privateigentums und der Arbeitsteilung, desto mehr fiel die Arbeit des Produzenten «in die Categorie einer *Erwerbsarbeit*, bis sie endlich nur mehr diese Bedeutung» hatte. Im Gegensatz zum Zynismus der Nationalökonomen, die der Entfremdung des Arbeiters keinerlei Beachtung schenkten, ging Marx aus von einem «nationalökonomischen, gegenwärtigen Faktum (…) der Arbeiter wird umso ärmer, je mehr Reichthum er producirt». Dieses «Faktum», so Marx, bedeute, «daß der Arbeiter zum *Produkt seiner Arbeit* als einem *fremden* Gegenstand sich verhält».[197]

Die Entfremdung betreffe nicht nur das Produkt der Arbeit, sondern auch die Verrichtung der Arbeit selbst. Die Tätigkeit des Arbeiters sei «eine fremde (…) Thätigkeit», die nicht ihm gehöre, eine «Selbstentfremdung». Das «*Wesen*» des Menschen werde zu einem bloßen «Mittel für seine *Existenz*». Das «Gattungsleben» werde «Mittel des individuellen Lebens». Arbeit sei nicht länger die Befriedigung eines Bedürfnisses, sondern «nur ein Mittel, um die Bedürfnisse außer ihr zu befriedigen» – tierische Bedürfnisse, die der Erhaltung des individuellen physischen Lebens dienten. So fühle der Mensch sich «freithätig» allein in seinen «thierischen Funktionen». Was tierisch war, wurde menschlich, und was menschlich war, tierisch.

Schließlich bedeute entfremdete Arbeit nicht nur die Entfremdung des Menschen von seiner Gattung, sondern auch die Entfremdung des Menschen vom Menschen. «Das *fremde* Wesen, dem die

196 K. Marx, «Ökonomisch-philosophische Manuskripte», S. 369 f.

197 K. Marx, «Historisch-ökonomische Studien (Pariser Hefte). James Mill: Éléments d'économie politique», S. 455; K. Marx, «Ökonomisch-Philosophische Manuskripte», S. 364 f.

Arbeit und das Product der Arbeit gehört (...), kann nur der *Mensch* selbst sein.» Jede Selbstentfremdung des Menschen manifestiere sich in seiner Beziehung zu anderen Menschen. Seine Arbeit gehöre einem Anderen und sei daher unfrei. Durch sie erzeuge «der Arbeiter das Verhältniß eines der Arbeit fremden und ausser ihr stehenden Menschen zu dieser Arbeit», und dieser Mensch sei der Kapitalist.[198]

In den drei oder vier Jahrzehnten nach der Wiederentdeckung und -veröffentlichung dieser Manuskripte im Jahr 1932 wurde diese Erweiterung des Begriffs der Entfremdung von einer ganzen Reihe philosophisch gebildeter Sozialisten, Humanisten und radikaler Christen zu einem Meisterwerk erklärt. Ihre Erstveröffentlichung fiel in eine Zeit, als das T-Modell von Ford, das Fließband und Charlie Chaplins *Modern Times* die Zukunft zu symbolisieren schienen. Man glaubte so, die Manuskripte hätten eine tiefgreifende und grundlegende Wahrheit über das Wesen der Arbeit im modernen Kapitalismus aufgedeckt. In Ländern wie Frankreich, wo der Kommunismus im Begriff war, die herrschende Kraft der politischen Linken zu werden, erlangten die Manuskripte auch eine unmittelbarere politische Relevanz. Denn mit Ausnahme einer kleinen Minderheit assoziierte man den Marxismus gemeinhin mit dem Kommunismus und einer rückhaltlosen Unterstützung der Sowjetunion. Marx hatte man gemeinsam mit Lenin zur überragenden Ikone der surrealen Verbindung von überbordendem Utopismus und atemberaubender Brutalität erklärt, die Stalinismus genannt wurde. Es war daher nicht überraschend, dass Kritiker in den sozialistischen Parteien des Westens diese Manuskripte als vor langer Zeit verlorengegangene Beweise für einen anderen Marx ansahen – einen Marx, der fähig war, ein nuancierteres, humaneres oder gar tragischeres Verständnis des Menschen zu formulieren.

Diese Assoziierung des «jungen» Marx mit einer Reihe radikal aus dem Zusammenhang gerissener Bestrebungen des zwanzigsten Jahrhunderts verdunkelte aber zum großen Teil das, was

198 K. Marx, «Ökonomisch-philosophische Manuskripte», S. 371, 369, 367, 371 f.

Marx selbst mit diesen Manuskripten erreichen wollte. Doch ist es nicht schwierig, dies zu rekonstruieren. Sein Ziel war es, eine kohärente Theorie des Kommunismus, einer «menschlichen» Welt jenseits von Staat, Privateigentum und Religion auszuarbeiten, eine Theorie, die versuchte, Feuerbachs Humanismus mit der Attacke der französischen Sozialisten auf das Privateigentum zu kombinieren. Aus dieser Perspektive betrachtet, schuf Marx mit seiner Erweiterung des Begriffs der Entfremdung jedoch mindestens genauso viele Probleme, wie er dadurch löste.

Die Schwierigkeiten tauchten auf, sobald man die Frage stellte, warum der Mensch sich entfremdet hatte und wie diese Entfremdung überwunden werden könne. Wenn entfremdete Arbeit einfach auf das Privateigentum zurückzuführen wäre, dann würde die Übersetzung ökonomischer in menschliche Kategorien ihren Sinn verlieren, und die geistige Deformation, die die Entfremdung darstellt, würde kaum mehr bedeuten als eine weitere Variante der Auswirkungen von Betrug und Zwang. Marx' Ansatz wäre dann nicht mehr zu unterscheiden von dem jener französischen Kommunisten, die sich, wie die Anhänger Cabets oder Babeufs, für das «*positive Gemeinwesen*» einsetzten, oder dem von Sozialisten wie Proudhon, die für Lohngleichheit eintraten.

Marx war entschlossen, dies zu vermeiden. Sein Ziel war die

> *positive* Aufhebung des *Privateigenthums* als *menschlicher Selbstentfremdung* und darum als wirkliche *Aneignung* des *menschlichen* Wesens durch und für d[en] Menschen.

Diese «Rückkehr des Menschen» zu seinem «*menschliche[n]*, d. h. *gesellschaftliche[n]* Dasein» würde bedeuten, dass Bedürfnisse und Genüsse ihre «*egoistische* Natur» sowie die Natur ihre «blose *Nützlichkeit*» verlieren würden und dass die gegenwärtige «einfache Entfremdung» «aller physischen und geistigen Sinne» im «Sinn des *Habens*» der «vollständige[n] Emancipation aller menschlichen Sinne und Eigenschaften» weichen würde.[199]

199 K. Marx, «Ökonomisch-philosophische Manuskripte», S. 389 f., 392 f.

Das Privateigentum als eine Form der menschlichen Selbstentfremdung aufzuheben, war ganz klar ein Versuch, die «entfremdete Arbeit» in einem Feuerbachschen Sinne zu bestimmen, und folgte aus Marx' These, dass «die Kritik der Religion» die «Voraussetzung aller Kritik» war. Dies bedeutete, dass das Privateigentum nicht die Ursache, sondern die Folge entfremdeter Arbeit war. Es verhielt sich hier ähnlich wie mit der Religion, wo die Götter ursprünglich nicht Ursache, sondern Wirkung der Unordnung im Denken des Menschen waren. Entfremdete Arbeit war daher das Produkt «des äusserlichen Verhältnisses des Arbeiters zu der Natur und zu sich selbst».[200]

Doch im weiteren Verlauf seiner Argumentation scheint Marx realisiert zu haben, dass die entfremdete Arbeit nicht in streng Feuerbachschen Begriffen beschrieben werden konnte. Feuerbachs Interesse galt einem psychologischen Prozess. Das religiöse Bewusstsein war für ihn das Ergebnis einer geistigen Deformation, die eine Sequenz von Spaltung, Entfremdung und Wiedergewinnung beinhaltete, nicht unähnlich den später von Freud aufgedeckten psychischen Mechanismen. Die von der Christusfigur angebotene Vermittlung war zwar ihrer Wirkung nach real, existierte jedoch nur in der Imagination. Die Anliegen, die Feuerbachs Lösung bestimmten, waren ebenfalls in der Psyche zu verorten. Seiner «Methode der reformatorischen Kritik» zufolge

> dürfen [wir] nur immer das *Prädikat* zum *Subjekt* (...) machen – also die spekulative Philosophie nur *umkehren*, so haben wir die unverhüllte, die pure, blanke Wahrheit.

Ein solches Verfahren ergab nur dann einen Sinn, wenn Religion eine psychische Krankheit war, denn dann wäre eine Emanzipation vom religiösen Bewusstsein gleichbedeutend mit einer Emanzipation von der Religion selbst.[201]

200 K. Marx, «Zur Kritik der Hegelschen Rechtsphilosophie. Einleitung», MEGA, Abt. I, Bd. 2, S. 170; Marx, «Ökonomisch-philosophische Manuskripte», S. 372.

201 L. Feuerbach, «Vorläufige Thesen zur Reform der Philosophie», S. 244.

Doch entfremdete Arbeit und Privateigentum waren nicht einfach Formen des Bewusstseins. Sie bildeten auch die Grundlage einer sich entwickelnden historischen und institutionellen Realität, in der die Vermittlung durch den Arbeitgeber oder Meister – im Unterschied zu der Vermittlung durch Gott oder Christus – ganz und gar nicht imaginär war. Über diese institutionellen Formen der Vermittlung im «wirklichen Leben» hatte Feuerbach nichts zu sagen, und er interessierte sich auch nicht für die Frage des Privateigentums. Seine Kritik der Vermittlung war ein Teil seiner Kritik der psychologischen Prozesse, die im Christentum und in der Hegelschen Philosophie am Werk waren. Auch seine Forderung, die künstliche Abfolge von Spaltung, Entfremdung und vermittelter Wiedervereinigung zu beseitigen, ergab sich aus seinem Eintreten für die ursprüngliche Ganzheit und Unmittelbarkeit des Menschen und der Aufforderung, diesen verlorengegangenen Attributen wieder zu ihrem Recht zu verhelfen. Sobald diese Position zum Ausgangspunkt eines historischen Arguments gemacht wurde, wurde deutlich, dass dieses Bestehen auf der Unmittelbarkeit der sozialen Attribute des Menschen einherging mit einem ausgesprochen antihistorischen Begriff des unverbildeten natürlichen Menschen, der von Anfang an mit allen Eigenschaften ausgestattet war, die der deutsche Idealismus auf einen komplexen Prozess der Erfahrung, Kultur oder Geschichte zurückführte. Es war, kurzum, nicht möglich, die Rolle, die in Feuerbachs rein psychologischem Narrativ der Vermittlung zugeschrieben wurde, in der Geschichte der «Tätigkeit» oder des «wirklichen Lebens» einfach zu reproduzieren, ohne dabei die meisten grundlegenden Annahmen der junghegelianischen Bewegung kurzzuschließen.

Dieses Problem hatte sich 1843 nicht gestellt. Marx hatte damals Feuerbachs «Methode der reformatorischen Kritik» angewandt und war mit dem Ergebnis nicht unzufrieden gewesen. Mit seiner Forderung nach der Abschaffung der Trennung von Staat und bürgerlicher Gesellschaft und der Beseitigung aller Hegelschen vermittelnden Institutionen hatte er dem repräsentativen Regierungssystem und der modernen Politik eine gründliche Absage erteilt. Doch konnte das moderne Wirtschaftssystem nicht ebenso entschieden zurückgewiesen werden. Marx hatte von Anfang an den «rohen» gleichmacherischen Kommunismus emphatisch verurteilt, «der nicht über das Privateigenthum hinaus, sondern noch nicht einmal bei demselben angelangt ist». Sein Ziel war nicht nur «die (...) vollständige Rückkehr des Menschen», sondern eine Rückkehr «innerhalb des ganzen Reichthums der bisherigen Entwicklung». Aus diesem Grund konnte er Adam Smiths Sichtweise, dass Tauschwirtschaft und Arbeitsteilung der Motor des wirtschaftlichen Fortschritts waren, nicht ignorieren.

Doch bedeutete dies, dass selbst für den Fall, dass das «menschliche Leben» nun auf die «Aufhebung des Privateigenthums» angewiesen war, es in der Vergangenheit dennoch «zu seiner Verwirklichung des *Privateigenthums* bedurfte». Entfremdung war, mit anderen Worten, kein gänzlich negatives Phänomen, sondern war irgendwie «im Wesen der menschlichen Entwicklung begründet».

Solche Überlegungen mussten Marx wieder einmal zu Hegel zurückführen. Denn Hegels erstes Opus magnum, die *Phänomenologie des Geistes* von 1807, schien genau das bereitzuhalten, was jetzt gebraucht wurde: eine transhistorische Verbindung von Geschichte und Psychologie, in der eine Form von Entfremdung eine positive und notwendige Rolle spielt. «Das Grosse an der Hegelschen *Phänomenologie*», schrieb Marx, sei, dass sie

> die Selbsterzeugung d[es] Menschen als einen Proceß faßt, die Vergegenständlichung als Entgegenständlichung, als Entäusserung und als Aufhebung dieser Entäusserung.[202]

Eine der Hauptquellen für Hegels Idee war Fichtes «absolutes Ich», das die Welt der Erscheinung in einem Prozess der Entäußerung produzierte.[203] Hegels Gesamtkonzeption zufolge entäußerte der

202 G. W. F. Hegel, *Phänomenologie des Geistes*, Frankfurt am Main 1986; K. Marx, «Ökonomisch-Philosophische Manuskripte», S. 388 f., 433, 374, 404.

203 J. G. Fichte (1762–1814) war einer der radikalsten Anhänger Kants. Er entwickelte die Idee des «absoluten Ichs» in seiner *Wissenschaftslehre* (1794). Fichte war es hier unter anderem darum gegangen, ein Problem

Geist sich in die Natur, um dann erneut, durch die menschliche Geschichte, sich selbst im Anderen zu erkennen. Indem er diesen Weg des Geistes durch die menschliche Erfahrung nachzeichnete, behauptete Marx, dass die *Phänomenologie* das Wesen der Arbeit erfasst hatte, indem sie den Menschen «als Resultat seiner *eignen Arbeit*» begriff.

Ausgehend von Hess' Konzept einer Menschheit, die sich gemeinsam der «produktiven Lebenstätigkeit» hingibt, versuchte Marx, Hegels Entwicklungsschemata mit Hilfe von Begriffen zu

der Erkenntnistheorie zu überwinden, das sich mit der Kant'schen Philosophie gestellt hatte. Kant hatte die traditionelle Metaphysik zerstört, indem er bestritt, dass es außerhalb der möglichen Erfahrung Gegenstände des Wissens geben könne. Doch seine eigene Konzeption empirischen Wissens setzte eine Interaktion voraus zwischen der Sinnlichkeit in der Welt der Erfahrung und dem Verstand, der jenseits der Welt der Erfahrung lag und der die von den Sinnen empfangenen Phänomene klassifizierte und organisierte. Daraus ergab sich folgendes Problem: Wenn die Begriffe des Verstandes der Welt der Erfahrung vorausgingen und ihr nicht angehörten, wie konnte man dann wissen, dass sie auf die Erfahrung angewendet werden können? In der *Wissenschaftslehre* vertrat Fichte die Auffassung, dass es nur einen Weg gebe, die Kluft zwischen Sinnlichkeit und Verstand, zwischen dem erkennenden Subjekt und dem zu erkennenden Objekt zu überwinden: Man musste bei einer Idee des Selbstwissens oder der Identität von Subjekt und Objekt ansetzen. Das einzige Sein, für das sämtliches Wissen Selbstwissen sein könne, wäre ein sogenanntes «absolutes Ich», ein gottähnliches Konstrukt, das seine Objekte im Akt der Erkenntnis schuf. Der Status dieses «absoluten Ichs» war der einer «regulativen Idee», einer rationalen Norm, der sich die menschliche Praxis möglichst annähern sollte. Das «absolute Ich» stand nicht nur für ein Wissensideal, sondern war auch das Ziel moralischen Strebens. Denn es personifizierte die moralische Autonomie, das Handeln im Einklang mit den Gesetzen der Vernunft, das Kants moralisches Gesetz vorschrieb. Zu Fichtes «absolutem Ich» siehe F. C. Beiser, *Enlightenment, Revolution, Romanticism. The Genesis of Modern German Political Thought, 1790–1800*, Cambridge (Mass.) 1992, S. 57–84; zu Fichtes Bedeutung für Marx' Begriff der Entfremdung siehe N. Lobkovicz, *Theory and Practice: History of a Concept from Aristotle to Marx*, Notre Dame 1967, S. 300–304.

überarbeiten, die dem Lebensverlauf des Menschen als «sinnlichem Wesen» gerecht werden konnten. Im Anschluss an Feuerbach betonte er erneut, dass der Mensch ein natürliches Wesen sei, «ein *leidendes*, bedingtes und beschränktes Wesen». Dies bedeute, dass «die *Gegenstände* seiner Triebe (…) ausser ihm, als von ihm unabhängige *Gegenstände*» existierten. Der Fehler des Hegelschen «Geistes», wiederholte Marx, bestehe darin, dass ein «Wesen, welches seine Natur nicht außer sich hat, (…) kein *natürliches* Wesen» sei und nicht teilnehme «am Wesen der Natur».[204]

Doch Marx gab sich nicht damit zufrieden, den Menschen einfach in eine Schöpfung seiner Umwelt zu verwandeln. Denn eine solche Haltung wäre, wie er in der *Heiligen Familie* – einer weiteren Polemik gegen Bruno Bauer, die später im selben Jahr entstand – feststellte, vom Sozialismus Owens und der ganzen englisch-französischen, auf Locke zurückgehenden «materialistischen» Tradition nicht zu unterscheiden. Stattdessen war er entschlossen, die dem Menschen als Träger des Geistes in Hegels spekulativem System zugeschriebene transformative Kraft nicht nur beizubehalten, sondern noch darüber hinauszugehen:

> [D]er Mensch ist nicht nur Naturwesen, sondern er ist *menschliches* Naturwesen; d. h. für sich selbst seiendes Wesen, darum *Gattungswesen*, als welches er sich sowohl in seinem Sein als in seinem Wissen bestätigen und bethätigen muß.[205]

Der Ursprung des Menschen als «*menschliches* Naturwesen» sei die Geschichte. Wie Gott schaffe der Mensch sich als *menschliches* Wesen selbst. Die Geschichte sei «als Entstehungsakt mit Bewußtsein [ein] sich aufhebender Entstehungsakt». Die Geschichte sei der Prozess der Vermenschlichung der Natur durch die «bewußte Lebenstätigkeit» des Menschen. Durch das «praktische Erzeugen ei-

204 K. Marx, «Ökonomisch-philosphische Manuskripte», S. 404 f., 408.
205 K. Marx und F. Engels, *Die Heilige Familie*, MEW, Bd. 2, S. 138 f.; K. Marx, «Ökonomisch-philosophische Manuskripte», S. 409.

ner *gegenständlichen Welt*, die *Bearbeitung* der unorganischen Natur» beweise der Mensch sich als ein «bewußte[s] (...) Gattungswesen». Mit Hilfe dieses Mittels könne der Mensch sich zu sich selbst «als einem *universellen*, darum freien Wesen» verhalten, und dies manifestiere sich in der «Universalität, die die ganze Natur zu seinem *unorganischen* Körper macht». Dadurch erscheine die Natur als «sein Werk», die Industrie als «das *aufgeschlagne* Buch der *menschlichen Wesenskräfte*» und der Gegenstand der Arbeit als die «*Vergegenständlichung des Gattungslebens des Menschen*». Der Mensch sei daher in der Lage, sich selbst «in einer von ihm geschaffnen Welt» zu sehen.[206]

Auch die Geschichte sei ein Prozess der Vermenschlichung des Menschen selbst durch die Erweiterung und Verwandlung seiner Bedürfnisse.

> Damit der «*Mensch*» zum Gegenstand des *sinnlichen* Bewußtseins und das Bedürfniß des «Menschen als Menschen» zum Bedürfniß werde, dazu ist die ganze Geschichte die Vorbereitungs- [und] Entwicklungsgeschichte.

So sei die «Bildung der 5 Sinne» die «Arbeit der ganzen bisherigen Weltgeschichte». Aus diesem Grund seien die «*menschlichen* Gegenstände» nicht «Naturgegenstände, wie sie sich unmittelbar bieten». Die Geschichte sei die Entwicklung des Menschen zum Gattungswesen. So sei die Geschichte selbst «die wahre Naturgeschichte des Menschen».[207] Wie Montesquieu und Fourier glaubte Marx, dass die Lage der Frauen der beste Maßstab der Vermenschlichung sei. Die Beziehung zwischen Mann und Frau zeige «in[wie]weit das *Bedürfniß* des Menschen zum *menschlichen* Bedürfniß (...) geworden ist».[208]

206 K. Marx, «Ökonomisch-philosophische Manuskripte», S. 409, 369, 368, 395, 370.

207 K. Marx, «Ökonomisch-philosophische Manuskripte», S. 396, 394, 409.

208 Seit der «Politik» des Aristoteles war es üblich, die bürgerliche und die

Doch wenn die angeborene Gattungsgeselligkeit des Menschen (sein Schicksal als soziales Wesen) der Motor der Geschichte war, dann konnte diese ihr Ziel nur erreichen, nachdem sie das Tal der Entfremdung durchschritten hatte.

> «Das *wirkliche, thätige* Verhalten des Menschen zu sich als Gattungswesen oder die Bethätigung seiner als eines wirklichen Gattungswesens, d. h. als menschlichen Wesens, ist nur möglich dadurch, daß er wirklich alle seine *Gattungskräfte* – was wieder nur durch das Gesamtwirken d[es] Menschen möglich ist, nur als Resultat der Geschichte – herausschafft, sich zu ihnen als Gegenständen verhält, was zunächst wieder nur in der Form der Entfremdung möglich ist.»[209]

Im Anschluss an Engels hatte Marx die Beziehung zwischen politischer Ökonomie und Privateigentum als Ausgangspunkt gewählt. Wenn Kapital «das Privateigentum an den Produkten fremder Arbeit» war und die Gesetze der politischen Ökonomie sich aus dem «Wesen des Privateigentums» ergaben, dann hieß dies, dass die Bewegung des Privateigentums «die *sinnliche* Offenbarung von der Bewegung aller bisherigen Production» war. Auch sei «leicht einzusehn», dass

> in der Bewegung des *Privateigenthums*, eben d[er] Oekonomie, die ganze revolutionäre Bewegung sowohl ihre empirische als theoretische Basis findet.

zivile Gesellschaft parallel zueinander zu betrachten. Im achtzehnten Jahrhundert wurde die Lage der Frauen vielfach im Sinne eines historischen Übergangs von der Sklaverei zur Freiheit, sowohl im Haushalt als auch in der Gesellschaft, beschrieben, und die zeitgenössische Welt wurde an diesen Kriterien gemessen. Dies war auch der Rahmen, in dem sich Montesquieu in *Vom Geist der Gesetze* bewegte. Dort hieß es: «alles ist aufs engst miteinander verknüpft: Der Despotismus des Herrschers geht naturgemäß mit der Knechtschaft der Frauen (...) Hand in Hand.» Montesquieu, Vom *Geist der Gesetze*, Tübingen 1992, Buch 19, Kapitel 15, S. 422. Siehe auch S. Tomaselli, «The Enlightenment Debate on Women», *History Workshop* 20 (1985), S. 101–25. Zu Fouriers Position siehe C. Fourier, *The Theory of the Four Movements*, hrsg. v. G. Stedman Jones und I. Patterson, Cambridge 1996, S. xiii–xiv.

209 K. Marx, «Ökonomisch-philosophische Manuskripte», S. 405.

Von der bestimmenden Rolle des Privateigentums zeuge auch die Tatsache, dass «Religion, Familie, Staat, Recht, Moral, Wissenschaft, Kunst etc. (...) nur *besondre* Weisen der Produktion» seien und «unter ihr allgemeines Gesetz» fielen.[210]

Doch das Privateigentum sei nicht die Wurzel des Problems. Eine Untersuchung der «*Bewegung des Privateigenthums*» in der politischen Ökonomie habe gezeigt, dass das Privateigentum vielmehr der «materielle sinnliche Ausdruck des *entfremdeten menschlichen* Lebens» sei, das «Produkt der entfremdeten Arbeit», das Mittel, mit dem die Arbeit sich von sich selbst entfremde. Dies sei der Grund, warum die

> Emancipation der Gesellschaft vom Privateigenthum etc, von der Knechtschaft, in der *politischen* Form der *Arbeiteremancipation* sich ausspricht (...) weil in ihrer Emancipation die allgemein menschliche enthalten ist (...), weil die ganze menschliche Knechtschaft in dem Verhältniß des Arbeiters zur Production involviert ist.[211]

Dieses «Geheimnis» (dass das Privateigentum das Produkt entfremdeter Arbeit war) werde erst auf dem «Culminationspunkt der Entwicklung des Privateigenthums» offenbar. Es könne erst offen zutage treten, nachdem das Privateigentum die vollständige Herrschaft über den Menschen errungen habe und eine «weltgeschichtliche Macht» geworden sei, nachdem aller Reichtum industrieller Reichtum und das Fabriksystem «das ausgebildete Wesen der Industrie» geworden seien. «[A]lle menschliche Thätigkeit» sei «Arbeit, also Industrie, sich selbst entfremdete Thätigkeit» geworden. Doch habe sich kein «entwickeltes Verhältnis des Widerspruchs», kein «energisches, zur Auflösung treibendes Verhältnis» entwickelt, bis der Gegensatz von Eigentum und Eigentumslosigkeit nicht zum Gegensatz von Arbeit und Kapital geworden sei.[212]

210 K. Marx, «Ökonomisch-philosophische Manuskripte», S. 389 f.

211 K. Marx, «Ökonomisch-philosophische Manuskripte», S. 372, 389, 373 f.

212 K. Marx, «Ökonomisch-philosophische Manuskripte», S. 373, 386.

Nachdem das Privateigentum einmal zur «weltgeschichtlichen Macht» geworden sei, bedeute jedes neue Produkt «eine neue *Potenz* des wechselseitigen Betrugs und der wechselseitigen Ausplünderung». Das Verlangen nach Geld werde zum einzigen Bedürfnis, das das ökonomische System hervorbringe, und die Bedürftigkeit nehme mit der wachsenden Macht des Geldes immer weiter zu. Alles werde auf sein «*quantitatives* Wesen» reduziert. «*Maaßlosigkeit* und *Unmässigkeit*» würden «sein wahres Maaß». Das Privateigentum wisse «das rohe Bedürfniß nicht zum *menschlichen* Bedürfniß zu machen». So werde die mit ihm vollzogene Erweiterung der Produkte und Bedürfnisse «zum *erfinderischen* und stets *calculirenden* Sklaven unmenschlicher, raffinirter, unnatürlicher und *eingebildeter* Gelüste». Die Entfremdung habe einerseits zu einer Verfeinerung der Bedürfnisse, andererseits zu «rohe[r] Barbarei» geführt. Sogar das Bedürfnis nach frischer Luft höre auf, ein Bedürfnis des Arbeiters zu sein. Der Mensch kehre zurück zur «Höhlenwohnung (…), aber zu ihr unter einer entfremdeten, feindseligen Gestalt». Die rohesten Produktionsmethoden, wie die Tretmühle römischer Sklaven, kämen wieder. Der Ire kenne kein anderes Bedürfnis mehr als das nach der «Lumpenkartoffel», und England und Frankreich hätten «schon in jeder Industriestadt ein *kleines* Irland». Die Nationalökonomie, eine Spiegelung der Bedürfnisse der «empirischen Geschäftsleute» in Form eines «wissenschaftliche[n] Geständnis[ses]», legitimiere diesen Prozess, indem sie «das Bedürfnis des Arbeiters auf den nothwendigsten und jämmerlichsten Unterhalt des physischen Lebens und seine Thätigkeit auf die abstrakteste mechanische Bewegung reduziert».[213]

Doch indem das Privateigentum «de[n] größten Teil[] der Menschheit auf die abstrakte Arbeit» reduzierte, habe es eine Klasse, das Proletariat, hervorgebracht.

> Das Proletariat ist (…) als Proletariat gezwungen, sich selbst und damit seinen bedingenden Gegensatz, der es zum Proletariat macht, das Privateigentum, aufzuheben. (…) Das Privateigentum treibt allerdings sich selbst in seiner nationalökonomischen Bewegung zu seiner eignen

213 K. Marx, «Ökonomisch-philosophische Manuskripte», S. 419 f.

> Auflösung fort, aber nur durch eine von ihm unabhängige, bewußtlose (…) Entwicklung (…) Das Proletariat vollzieht [so] das Urteil, welches das Privateigentum durch die Erzeugung des Proletariats über sich selbst verhängt.[214]

Doch obwohl der Kommunismus «die nothwendige Gestalt und das Energische Princip der nächsten Zukunft» sei, sei er nicht als solcher «das Ziel der menschlichen Entwicklung». Der Kommunismus sei die Aufhebung des Privateigentums, «die Negation der Negation», so wie der Atheismus die «*Negation des Gottes*» war. Das «aufgelöste Räthsel der Geschichte» sei der «Sozialismus» oder das, was Marx andernorts verwirrenderweise als Kommunismus als «Humanismus» oder «Naturalismus» bezeichnete. «Er ist *positives*, nicht mehr durch die Aufhebung der Religion vermitteltes *Selbstbewußtsein* d[es] Menschen» oder die «positive Aufhebung des Privateigenthums (…) und darum (…) wirkliche Aneignung des menschlichen Wesens durch und für den Menschen».[215]

Auf den ersten Seiten der *Manuskripte* schalt Marx den «Kritizismus» (Bauer und seine Anhänger), der nicht mit seinem Ausgangspunkt – «der *hegel'schen Dialektik* und Philosophie überhaupt» – abgerechnet hatte. Im dritten Manuskript unternahm Marx daher selbst den Versuch einer Bewertung, indem er sich mit der *Phänomenologie* auseinandersetzte. Er kritisierte Hegel, weil dieser Entitäten wie Reichtum und staatliche Macht nur als «Gedankenwesen» und *menschliche* Tätigkeit – «die von der Geschichte erzeugte Natur» – nur als Produkt eines «abstrakten Geistes» betrachtete. Schließlich warf er Hegel vor, die «Wiederaneignung des (…) gegenständlichen Wesens des Menschen» als Aufhebung der «Gegenständlichkeit» als solcher anzusehen.[216]

Doch diese Art Kritik zeigte lediglich wie groß die ideelle Kluft war, die sich zwischen Hegels Philosophie und der seltsam hybri-

214 K. Marx und F. Engels, *Die Heilige Familie*, MEW, Bd. 2, S. 37.
215 K. Marx Marx, «Ökonomisch-philosophische Manuskripte», S. 398 f., 389.
216 K. Marx Marx, «Ökonomisch-philosophische Manuskripte», S. 326, 403 ff.

den Form aufgetan hatte, die aus der Verbindung von Sozialismus und Junghegelianismus hervorging. Hegel hatte über verschiedene Formen des Bewusstseins geschrieben und dabei gezeigt, wie die Mängel der einen Form zu einer neuen Form in der «Bewegung des Bewußtseins» führten. Wissen wurde nicht als eine individuelle, sondern als eine interpersonale Schöpfung betrachtet und von den verschiedenen Formen praktischer Aktivität nicht klar unterschieden. Aus diesem Grund ergab es wenig Sinn, dass Marx Hegel beschuldigte, verschiedene Tätigkeitsformen als «dem *menschlichen* Wesen entfremdete Wesen» oder den Aufstieg des Wissens als Produkt eines «abstrakten Geistes» zu betrachten.[217]

Angreifbarer als die metaphysische Prämisse war der teleologische Prozess, der den Geist zum absoluten Wissen führte. Doch der Prozess, den Marx in seiner Alternative evozierte, war kaum weniger zweckgerichtet als jener, der bei Hegel zu finden war, und auch in Bezug auf seine spezielle Konzeption narrativer Sequenz war er seiner Herkunft, dem protestantischen Denken, ähnlich stark verpflichtet. Denn indem er den Begriff der Entfremdung in Form von Entäußerung als einen Rahmen verwendete, in dem die Mitglieder des Proletariats – stellvertretend für die Menschheit als Ganze – in die unmenschlichsten Extreme der Erniedrigung gezwungen werden und doch gleichzeitig das Versprechen letztendlicher Emanzipation in sich tragen, nahm Marx (sicherlich unbewusst) einen Großteil des Dramas wieder auf, das der ursprünglich lutherischen Interpretation Christi eigen war. Die theologische Bedeutung des Begriffs «entäußern» leitet sich aus Luthers Übersetzung des Paulus-Briefs an die Philipper (2:6–9) ab: Jesus,

> der in göttlicher Gestalt war, hielt es nicht für einen Raub, Gott gleich zu sein, sondern entäußerte sich selbst und nahm Knechtsgestalt an, ward den Menschen gleich und der Erscheinung nach als Mensch erkannt. Er erniedrigte sich selbst und war gehorsam bis zum Tode, ja zum Tode am Kreuz. Darum hat ihn auch Gott erhöht und hat ihm den Namen gegeben, der über alle Namen ist.

217 K. Marx, «Ökonomisch-philosophische Manuskripte», S. 402 ff.

Marx entwickelte eine Variante derselben Idee, als er die schiere Entfremdung «aller physischen und geistigen Sinne» im «Sinn des *Habens*» beschrieb. «Auf diese absolute Armuth mußte das menschliche Wesen reduziert werden, damit es seinen innern Reichthum aus sich herausgebäre.»[218]

Die wirkliche Kluft war nicht die zwischen Marx' «wahrem Materialismus» und Hegels «nichtgegenständlichen Wesen». Dieser Konflikt verdeckte vielmehr die Sicht auf eine grundlegende Differenz der Intentionen. So neuartig die Rolle des «absoluten Geistes» und so erhaben die Rolle des Menschen als sein Träger auch sein mochte – das Ziel der Hegelschen Philosophie war Teil einer bis auf Aristoteles zurückgehenden Tradition, die den Platz des Menschen in der Welt verstehen und mit Hilfe dieses Verständnisses dazu beitragen wollte, dass der Mensch sich in der Welt zu Hause fühlte. Kraft seines Wissens hatte der Mensch Zugang zum Absoluten, und nur dadurch, dass er Zugang zum absoluten Wissen hatte, konnte er am Unendlichen teilhaben. Das Ziel der «Objektivität», mit dem Marx sich so schwertat, ergibt Sinn, sobald klar wird, dass die Identität von Subjekt und Objekt am Ende der *Phänomenologie* im Rahmen des absoluten Wissens zu verstehen ist. Es ging um die Erkenntnis, dass Personen und Dinge allesamt Teil einer einzigen Subjekt gewordenen Substanz waren, deren sprachgewandte Stimme der Mensch war, insofern er am absoluten Wissen teilhatte. Hegels Absolutes war von Beginn an eine einzige unendliche Substanz, der der Mensch, zunächst als unbewusster Träger ihrer Subjektivität, immer schon angehörte. Der «Aufstieg zum Wissen» war eine Reise durch verschiedene Stufen und Figuren des Denkens, bis zum höchsten Bewusstsein dieses Faktums.

Marx' Alternative war ein Versuch, Feuerbachs unwahrscheinlichere Behauptung zu beweisen, dass das Unendliche aus dem Endlichen in Form einer historischen Transformation vom Menschen

218 K. Marx, «Ökonomisch-philosophische Manuskripte», S. 392 f; zum lutherischen Hintergrund des Begriffs der Entäußerung siehe G. M. M. Cottier, *L'Athéisme du Jeune Marx*, Paris 1969.

als natürlichem Wesen zum Menschen als einem natürlichen *menschlichen* Wesen abgeleitet werden könne. Marx ging sogar noch weiter, indem er dieses Argument vom Denken auf das Handeln ausweitete. Weil Hegel der Meinung war, dass die Fähigkeiten des Menschen als Handelndem in der Welt nicht unendlich sind, dass die Schicksalsfälle des Einzelnen nicht antizipiert werden können und dass die Kontingenzen des wirtschaftlichen Lebens eingehegt, aber nicht beseitigt werden können, war sein Begriff der politischen Gemeinschaft nicht darauf ausgerichtet, das alltägliche Leben der bürgerlichen Gesellschaft in seiner Gesamtheit zu umfassen.

Marx hingegen legte der Bestimmung des Menschen keine vergleichbaren Grenzen auf. Sein erster Einwand gegen die Nationalökonomie lautete, dass das «wahre Gesetz der Nationalökonomie (...) der Zufall [ist], aus dessen Bewegung wir, die Wissenschaftlichen, einige Momente willkührlich in der Form von Gesetzen fixiren». Dieser Konzeption zufolge folgte auf die Abschaffung des Privateigentums die «vollständige Emancipation aller menschlichen Sinne und Eigenschaften». Auf der höheren Stufe des Kommunismus würden dann sämtliche Gegenstände als Objektivierungen des Menschen erkannt. Alle seine Organe und Sinne nähmen eine unmittelbare gesellschaftliche Form an. Für den «*gesellschaftlichen* Menschen» besitze die Natur ein «*menschliche[s]* Wesen»; «denn erst hier ist sie für ihn da als *Band* mit dem *Menschen*». Die Emanzipation wäre nicht allein eine Sache des «Wissens», sondern auch des «Seins». Denn «[d]er Mensch eignet sich sein allseitiges Wesen auf eine allseitige Art an, also als ein totaler Mensch».[219]

In diesen Manuskripten und in der kurz danach verfassten *Heiligen Familie* wurden viele wesentliche Argumente der Marxschen Theorie zum ersten Mal ausformuliert. Es ist nicht schwierig, in der Gegenüberstellung der «wahren Naturgeschichte des Menschen» und den Auswirkungen des Privateigentums und der entfremdeten

219 K. Marx, «Historisch-ökonomische Studien (Pariser Hefte). James Mill: Éléments d'économie politique», S. 447; Marx, «Ökonomisch-philosophische Manuskripte», S. 393, 390, 392.

Arbeit eine noch unausgereifte Version dessen zu erkennen, was Marx 1859 wissenschaftlicher und mehr im Jargon der Ökonomie als Beziehung zwischen Produktionsverhältnissen und Produktivkräften charakterisierte.[220] In den Manuskripten von 1844 war die Rolle des Philosophen als Anstifter bereits fast völlig verschwunden. Die Revolte des Proletariats wurde als Folge der selbstdestruktiven Tendenz des Privateigentums in seinem letzten Stadium beschrieben. Danach blieb die Verbindung zwischen dem Kommunismus und der revolutionären Abschaffung des Privateigentums durch das Proletariat konstant, genau wie die Beschreibung der Nationalökonomie als das wissenschaftliche Glaubensbekenntnis des Kapitalisten. Die beiden Stufen des Kommunismus oder Sozialismus – erst die Abschaffung des Privateigentums, dann die «vollständige (...) Rückkehr des Menschen für sich» – verwiesen ebenfalls auf eine analoge Unterscheidung in der «Kritik des Gothaer Programms» von 1875.[221] Die Liste ließe sich fortsetzen ...

War dies also die im *Manifest* zu findende Theorie der Geschichte und der Konzeption des politischen Handelns? Nicht ganz. Denn die Merkmale, die später als besonders charakteristisch für den Marxismus oder die «materialistische Geschichtsauffassung» gelten sollten, kamen erst nach einer weiteren Auseinandersetzung mit der Clique der Junghegelianer auf; dieses Mal war der Anlass die Veröffentlichung von Max Stirners *Der Einzige und sein Eigentum* gegen Ende des Jahres 1844.

10. Der Einfluss Stirners

Max Stirner war Lehrer an einer Berliner Mädchenschule. Zwischen 1841 und 1843 war er einer der «Freien». Dabei handelte es sich um einen losen bohemienhaften Zirkel von radikal atheisti-

220 K. Marx, «Vorwort zur Kritik der politischen Ökonomie», MEW, Bd. 42, S. 15–45.

221 K. Marx, «Kritik des Gothaer Programms», MEGA, Abt. I, Bd. 25, S. 22.

schen Junghegelianern, die Marx während seiner Zeit als Redakteur der *Rheinischen Zeitung* im Jahr 1842 zu dessen Ärger antireligiöse Schmähschriften schickten. Stirners Teilnahme an den Treffen der «Freien» wurde in einer Zeichnung des jungen Friedrich Engels festgehalten, der zu dieser Zeit selbst Mitglied des Zirkels war. 1844 jedoch hatte Stirner eine eigene Position entwickelt, die sich von den Positionen Bauers und Feuerbachs deutlich unterschied.

Stirners Buch zielte vor allem auf den neuen Humanismus Feuerbachs. Insbesondere bestritt er Feuerbachs Behauptung, die Kritik der Religion vollendet zu haben. Für Feuerbach bestand das Wesen der Religion in der Trennung menschlicher Eigenschaften («Prädikate») von den menschlichen Individuen («Subjekte») sowie in der Verschiebung dieser Prädikate in eine andere Welt, wo sie neu zusammengesetzt wurden, um ein fiktives «Subjekt», Gott oder den «Geist», zu bilden. Durch eine Zurückgewinnung dieser entfremdeten Eigenschaften für den Menschen bzw. durch eine Umkehrung von «Subjekt» und «Prädikat» glaubte Feuerbach, dem Prozess religiöser Entfremdung ein Ende zu setzen. Doch trug dies nicht dazu bei, wie Stirner anmerkte, die ihr zugrundeliegende Struktur des religiösen Bewusstseins aufzulösen. Denn die dem Göttlichen zugeschriebenen Eigenschaften wurden nicht den menschlichen Individuen zurückgegeben, sondern lediglich einem weiteren ideellen Konstrukt, dem «Wesen des Menschen», der (menschlichen) Gattung, dem «Gattungswesen» oder «dem Menschen».[222] Ebenso wurde Gott als menschliches «Wesen» über die einfachen Menschen als ihr Richter und Ziel, als ihr «Beruf» gestellt. So war Feuerbachs «Mensch» bloß eine Erweiterung des protestantischen Gottes, dessen Macht sich aus «dieser Zerrissenheit des Menschen in ‹Naturtrieb› und ‹Gewissen› (innerer Pöbel und innere Polizei)» ableitete.[223]

Marx war nicht nur in diesen Angriff auf den Feuerbachschen Ansatz eingeschlossen, sondern identifizierte sich an einem be-

222 M. Stirner, *Der Einzige und sein Eigentum*, Freiburg 2009, S. 68.
223 Ebd., S. 97.

stimmten Punkt sogar explizit mit der Forderung, das «ich» müsse ein «wirkliches Gattungswesen» werden.[224] Stirner kommentierte diese Forderung wie folgt:

> Die *menschliche Religion* ist nur die letzte Metamorphose der christlichen Religion (...) weil [sie] mein Wesen von Mir trennt und über Mich stellt ... «den Menschen» in demselben Maße erhöht, wie irgendeine andere Religion ihren Gott oder Götzen (...) aus dem Meinigen (...) ein Fremdes, nämlich ein «Wesen» macht (...) kurz, weil er Mich unter den Menschen stellt und Mir dadurch einen «Beruf» schafft.

Marx sah sich von diesem Angriff in zweierlei Hinsicht direkt bedroht. Erstens war da die Verlegenheit, mit Feuerbachs Religiosität in Verbindung gebracht zu werden. Diese wurde noch dadurch verstärkt, dass Feuerbach zugab, seinen eigenen Begriff der «Gattung» von Strauss abgeleitet zu haben, der das Wort als dynamischen Ersatz für die Stellung Christi im traditionellen Christentum eingeführt hatte. Doch auf einer noch grundsätzlicheren Ebene forderte Stirner die ganze normative Grundlage junghegelianischer Politik heraus. Die Junghegelianer hatten die Unerträglichkeit des gegenwärtigen Zustands vorausgesetzt, waren davon ausgegangen, dass sie sich an einem historischen Wendepunkt befanden, und hatten daher mit Freude der Aussicht auf eine unmittelbar bevorstehende Erlösung entgegengesehen. Marx hatte ihre Haltung 1843 klar auf den Punkt gebracht.

> Die Kritik der Religion endet mit der Lehre, *daß der Mensch das höchste Wesen für den Menschen sei*, also *mit dem kategorischen Imperativ, alle Verhältnisse umzuwerfen*, in denen der Mensch ein erniedrigtes, ein geknechtetes, ein verlassenes, ein verächtliches Wesen ist.[225]

Indem Stirner nicht Gott und den Menschen, sondern den Menschen und das Individuum einander gegenüberstellte und die quasi-

224 Ebd., S. 182.
225 K. Marx, «Zur Kritik der Hegelschen Rechtsphilosophie. Einleitung», MEGA, Abt.I, Bd. 2, S. 170–184.

religiöse Grundlage eines solchen Imperativs enthüllte, höhlte er de facto diese Rhetorik aus. Stirners Argumentation machte deutlich, dass sich, sobald man der neochristlichen Ethik des Humanismus entkam, die von den Junghegelianern beschworene Krisenstimmung weitgehend verflüchtigte. So kam Stirner zu dem Schluss:

> Dem Christen ist die Weltgeschichte das Höhere, weil sie die Geschichte Christi oder «des Menschen» ist; dem Egoisten hat nur *seine* Geschichte Wert, weil er nur *sich* entwickeln will, nicht die Menschheits-Idee, nicht den Plan Gottes, nicht die Absichten der Vorsehung, nicht die Freiheit u. dgl. Er sieht sich nicht für ein Werkzeug der Idee oder ein Gefäß Gottes an, er erkennt keinen Beruf an, er wähnt nicht, zur Fortentwicklung der Menschheit dazu sein und sein Scherflein dazu beitragen zu müssen, sondern er lebt sich aus, unbesorgt darum, wie gut oder schlecht die Menschheit dabei fahre.[226]

Angesichts von Stirners Herausforderung vollzog Marx eine drastische Änderung seiner Haltung. Noch spät, zu Beginn des Jahres 1845, hatte er in einer Reihe von Notizen unter dem Titel «ad Feuerbach» (später bekannt als «Thesen über Feuerbach») als Haupteinwand gegen dessen «kontemplativen Materialismus» geltend gemacht, dass diesem ein Begriff der «Sinnlichkeit» als «sinnlich-menschliche Tätigkeit, Praxis» fehlte und hatte seine Einwände mit der Aufforderung abgerundet: «[D]ie Philosophen haben die Welt nur verschieden interpretiert, es kömmt drauf an, sie zu verändern.»[227] Danach verschwand nicht nur dieses normative und voluntaristische Thema; auch jede Vorstellung davon, dass Ideen eine innovative und unabhängige Rolle in der Geschichte spielen könnten, wurde abrupt aufgegeben. In der «Deutschen Ideologie», die zwischen 1845 und 1847 geschrieben wurde, erklärten Marx und Engels:

226 M. Stirner, *Der Einzige und sein Eigentum*, S. 368 f.
227 K. Marx, «Thesen über Feuerbach», MEW, Bd. 3, S. 5.

> Der Kommunismus ist für uns nicht ein *Zustand*, der hergestellt werden soll, ein Ideal, wonach die Wirklichkeit sich zu richten haben [wird]. Wir nennen Kommunismus die wirkliche Bewegung, welche den jetzigen Zustand aufhebt.[228]

Im *Manifest* wurden die Kommunisten als diejenigen definiert, die den «Gang» der «proletarischen Bewegung» verstehen. «Sie sind nur allgemeine Ausdrücke tatsächlicher Verhältnisse eines existierenden Klassenkampfes.» Noch allgemeiner wurde in der «Deutschen Ideologie» erklärt:

228 K. Marx und F. Engels, «Die deutsche Ideologie», MEW, Bd. 3, S. 35. Doch auch in dieser Hinsicht scheint sich Marx' Position von der Engels'schen zu unterscheiden. Nach seiner Replik auf Stirner setzte Marx alles daran, sich nicht mehr zum Problem der Religion im Allgemeinen oder zum Christentum im Besonderen äußern zu müssen. Anders dagegen Engels, der in einem späten Brief an Kautsky (28. Juli 1894) schrieb, dass er sich seit 1841 durchgängig für die Debatte über die Ursprünge des Christentums interessiert habe. In dieser Debatte sah Engels auf Strauss' Position herab und betrachtete den Erfolg von Renans *Das Leben Jesu* (1863) als den eines Plagiators. Er blieb ein nicht unkritischer, aber dennoch im Allgemeinen enthusiastischer Bewunderer Bauers. Nach dessen Tod im Jahr 1882 würdigte Engels ihn in einem Nachruf, in dem es hieß, dass Bauer die chronologische Reihenfolge der Evangelien bewiesen und die Bedeutung der Ideen Philos und Senecas für die Begründung des Christentums gezeigt habe, auch wenn es ihm nicht gelungen sei, historisch überzeugend zu erklären, wann und warum diese Ideen eingeführt wurden. 1883 verfasste Engels eine Interpretation des Buchs der Offenbarung, dem ältesten Teil des Neuen Testaments, wobei seine Position auf die Vorlesungen Ferdinand Benarys zurückging, die er 1841 in Berlin besucht hatte. 1894 schließlich schrieb er einen gehaltvollen Aufsatz «Zur Geschichte des Urchristentums», in dem er sich erneut auf Bauer stützte. Der Aufsatz setzte ein mit der Feststellung: «Die Geschichte des Urchristentums bietet merkwürdige Berührungspunkte mit der modernen Arbeiterbewegung» – ein Vergleich, dem Marx sorgsam aus dem Weg gegangen war. Siehe F. Engels, «Bruno Bauer und das Urchristentum» (1882), MEGA, Abt. I, Bd. 25, S. 299–306; F. Engels, «The Book of Revelation» (1883), MEGA, Abt. I, Bd. 30, S. 8–13; F. Engels, «Zur Geschichte des Urchristentums» (1894), MEGA, Abt. I, Bd. 32, S. 277–299.

> Moral, Religion, Metaphysik und sonstige Ideologie und die ihnen entsprechenden Bewußtseinsformen behalten hiermit nicht länger den Schein der Selbstständigkeit. Sie haben keine Geschichte, sie haben keine Entwicklung.[229]

Um die Herausforderung Stirners abzuwehren, griff Marx bildlich gesprochen auf eine Massenvernichtungswaffe zurück; entsprechend groß war der Kollateralschaden. Da er der Verbindung mit einer moralisierenden und quasireligiösen Form des Humanismus nicht entgehen konnte, bestand seine Lösung darin, *sämtlichen* Ideen jegliche autonome Rolle abzusprechen. So konnte ein Ziel, das als «kategorischer Imperativ» oder als Vollendung der «Religionskritik» begonnen hatte, aufrechterhalten und gleichzeitig jede Verbindung zwischen Sozialismus und Ethik brutal geleugnet werden.[230] Eine raffinierte, aber unaufrichtige Lösung. In späteren Jahren unternahmen Marx und Engels Versuche, sich von den unliebsamen Implikationen dieses Konstrukts zu distanzieren,[231] während ihre Anhänger die unsinnige Aufgabe auf sich nehmen

229 K. Marx und F. Engels, «Die deutsche Ideologie», MEW, Bd. 3, S. 26 f.

230 «Die Kritik der Religion endet mit der Lehre, daß der Mensch das höchste Wesen für den Menschen sei, also mit dem kategorischen Imperativ, alle Verhältnisse umzuwerfen, in denen der Mensch ein erniedrigtes, ein gekechtetes, ein verlassenes Wesen ist …» K. Marx, «Zur Kritik der Hegelschen Rechtsphilosophie. Einleitung», MEGA, Abt. I, Bd. 2, S. 170–184.

231 Siehe z. B. den Versuch Engels' in einem Brief der 1890er Jahre, die um die Zeit der «Deutschen Ideologie» herum vertretene Position zu relativieren: «Nach materialistischer Geschichtsauffassung ist das in letzter Instanz bestimmende Moment in der Geschichte die Produktion und Reproduktion des wirklichen Lebens. Mehr hat weder Marx noch ich je behauptet (…) Daß von den Jüngeren zuweilen mehr Gewicht auf die ökonomische Seite gelegt wird, haben Marx und ich teilweise selbst verschulden müssen. Wir hatten, den Gegnern gegenüber, das von diesen geleugnete Hauptprinzip zu betonen, und da war nicht immer Zeit, Ort und Gelegenheit, die übrigen an der Wechselwirkung beteiligten Momente zu ihrem Recht kommen zu lassen.» F. Engels an J. Bloch, 21./22. September 1890, MEW, Bd. 37, S. 463, 465.

mussten, zu erklären, wie eine voluntaristische Bewegung in einem ökonomisch determinierten historischen Prozess Platz finden kann.

11. Kommunismus

Wenn Marx Stirners Angriff nicht als allzu verheerend empfand, dann lag dies daran, dass er bereits im Laufe des Jahres 1844 begonnen hatte, einen alternativen Weg zum Kommunismus auszuarbeiten. Wie noch deutlich werden wird, war diese Theorie kaum weniger spekulativ und mit Sicherheit reduktionistischer als die Position, die er in den Manuskripten von 1844 skizziert hatte. Doch war sie vor allem deswegen attraktiv, weil sie einen Ausweg aufzeigte aus der Abhängigkeit von den psychologischen Frömmigkeiten der Feuerbachschen Anthropologie und allgemeiner noch aus jeder sichtbaren Verbindung mit dem neochristlichen Moralismus, der für den deutschen und französischen Sozialismus jener Zeit charakteristisch war. Die neue Position wurde in der unveröffentlichten «Deutschen Ideologie» skizziert, die Marx gemeinsam mit Engels in Brüssel zwischen 1845 und 1847 verfasste. Diese neue Theorie baute auf drei sich überschneidenden Betätigungsfeldern auf, die sich ergeben hatten, nachdem Marx 1843 die hegelianische Form des politischen Rationalismus aufgegeben hatte. Diese Felder waren die politische Ökonomie, die Geschichte des Rechts und des Eigentums und die Debatte über den Kommunismus.

a) Der Beitrag von Adam Smith

Als erstes ersetzte Marx, als Reaktion auf seine Lektüre von *Der Wohlstand der Nationen*, den nach wie vor recht abstrakten Gegensatz von «entfremdeter Arbeit» und dem «Gattungswesen» des Menschen durch Adam Smiths Konzeption der Entwicklung der Arbeitsteilung.

Smith begann mit einer Beschreibung der «18 verschiedene[n] Arbeitsgänge», die zehn Männer ausführen mussten, um eine Nadel herzustellen. Smith schätzte, dass diese Männer dank der Unterteilung der Arbeitsschritte 48 000 Nadeln pro Tag oder 4 800 pro Person herstellen konnten. Wäre jede Nadel einzeln hergestellt worden, hätte man Smith zufolge kaum 20 Nadeln produzieren können, «vielleicht sogar keine einzige Nadel am Tag». Ausgehend von diesem Beispiel behauptete Smith, dass sobald

> die Teilung der Arbeit in einem Gewerbe möglich ist, (...) sie zu einer entsprechenden Steigerung ihrer Produktivität [führt] (...) [dass hierin] der Grund zu suchen sein [dürfte], daß es überhaupt zu verschiednen Berufen und Gewerben kam (...) [und dass] die Spezialisierung gewöhnlich in Ländern am weitesten fortgeschritten [ist], die wirtschaftlich am höchsten entwickelt sind.

Die Arbeitsteilung war gemäß Smith ursprünglich nicht das Ergebnis menschlicher Weisheit oder Voraussicht, sondern entstand vielmehr

> zwangsläufig, wenn auch langsam und schrittweise, aus einer natürlichen Neigung des Menschen, zu handeln und Dinge gegeneinander auszutauschen.

Das Motiv für diesen Hang zum Austausch war nicht Nächstenliebe, sondern Eigenliebe. «Nicht vom Wohlwollen des Metzgers, Brauers und Bäckers erwarten wir das, was wir zum Essen brauchen, sondern davon, daß sie ihre eigenen Interessen wahrnehmen.» Da die Arbeitsteilung letztlich das Ergebnis der «Fähigkeit zum Tauschen» war, folgte daraus, dass die Arbeitsteilung immer durch «die Marktgröße» begrenzt wurde. Mit anderen Worten: Der materielle Fortschritt der Menschen hatte sich im Gleichschritt mit dem Wachstum des Marktes entwickelt.[232]

232 Dieses Argument findet sich in A. Smith (1723–1790), siehe A. Smith, *Der Wohlstand der Nationen. Eine Untersuchung seiner Natur und seiner Ursachen*, München 1974, S. 10, 16f., 19. Zur Rezeption Adam Smiths in Deutschland, siehe E. Rothschild, «Smithianismus and Enlightenment in nineteenth-century Europe», Vortrag gehal-

Anders als das recht statische Konzept der entfremdeten Arbeit konnte die Arbeitsteilung zum dynamischen Kern einer Theorie der sozialen und historischen Entwicklung werden und dabei eine antagonistische Verbindung mit dem eingehen, was Marx 1844 als die «wahre Naturgeschichte des Menschen» bezeichnet hatte. In der «Deutschen Ideologie» wurde diese «wahre Naturgeschichte» nun neu als die Entwicklung der menschlichen «Produktivkräfte» beschrieben. Die «Stufe» der Arbeitsteilung wurde nun abhängig gemacht von der jeweiligen Entwicklung der Produktivkräfte: «Jede neue Produktivkraft (...) hat eine neue Ausbildung der Teilung der Arbeit zur Folge.»[233]

Es war das Wachstum der Produktivkräfte, das für die Einführung der Arbeitsteilung in die menschliche Geschichte verantwortlich war. Sie war eine Folge der gesteigerten Produktivität, der Entwicklung der Bedürfnisse und des Bevölkerungswachstums.[234]

ten im Rahmen der Leverhulme-Thyssen Konferenz zur historischen politischen Ökonomie im 19. Jahrhundert (Okt. 1998), Centre for History and Economics, King's College, Cambridge, sowie allgemeiner E. Rothschild, *Economic Sentiments: Adam Smith, Condorcet and the Enlightenment*, Cambridge (Mass.) 2001.

233 K. Marx und F. Engels, «Die deutsche Ideologie», MEW, Bd. 3, S. 22.

234 Die Idee, dass es zwischen der Entwicklung der Bedürfnisse und der Entwicklung der verschiedenen Formen der Produktion oder Subsistenzweisen eine Verbindung gab, war keine Erfindung von Marx oder Smith. Sie ging ursprünglich auf die Naturrechtstheorien des Eigentums des siebzehnten Jahrhunderts zurück, beginnend mit Grotius' *Über das Recht des Kriegs und des Friedens* von 1625. In den Schriften Samuel Pufendorfs, besonders in *De officio hominis*, wurde dieser Ansatz weiter verfeinert. In dieser Form wurde er später unter dem Namen «Vier-Stadien-Theorie der Geschichte» bekannt, derzufolge die menschliche Gesellschaft als eine von Jägern und Sammlern begonnen hatte, die sich dann über Viehzucht und Ackerbau zum letzten Stadium, dem Handel, entwickelt hatte. Diese Theorie kam durch eine von Jean Barbeyrac edierte englische Übersetzung der vierten Auflage dieses Werks nach Schottland und wurde von Smith in seinen Vorlesungen zur Jurisprudenz weiterentwickelt. Zumindest anfänglich betrachtete Smith seine Arbeit als eine Weiterführung der Naturrechtstheorie. Siehe D. Forbes, «Natural Law and the Scottish

Ursprünglich eine Erweiterung der «naturwüchsigen Teilung der Arbeit in der Familie und der Trennung der Gesellschaft in einzelne, einander entgegengesetzte Familien», setzte die Arbeitsteilung die «Verteilung, und zwar die ungleiche, sowohl quantitative wie qualitative Verteilung der Arbeit und ihrer Produkte (...), also das Eigentum» voraus. Daraus ergab sich das Bedürfnis, den «Widerspruch zwischen dem Interesse des einzelnen Individuums oder der einzelnen Familie und dem gemeinschaftlichen Interesse» zu regeln, was seinerseits zur Folge hatte, dass «dies gemeinschaftliche Interesse» «als *Staat* eine selbständige Gestaltung» annahm und eine «illusorische Gemeinschaftlichkeit» wurde. Die Arbeitsteilung war – wie die entfremdete Arbeit – ihrem Wesen nach unfreiwillig.

> [S]olange die Menschen sich in der naturwüchsigen Gesellschaft befinden (...) solange die Tätigkeit also nicht freiwillig, sondern naturwüchsig geteilt ist, [wird] die eigne Tat des Menschen ihm zu einer fremden, gegenüberstehenden Macht (...), die ihn unterjocht, statt daß er sie beherrscht.

Tatsächlich verkörperte die Arbeitsteilung in einem globalen historischen Maßstab den Aspekt von Hegels Porträt der bürgerlichen Gesellschaft, der als erster Marx' Widerspruch provoziert hatte: die Preisgabe des alltäglichen gesellschaftlichen Lebens des modernen Menschen an den Zufall. Aufgrund der Arbeitsteilung, schrieb Marx, sei das Verhältnis von Angebot und Nachfrage ein Verhältnis, das

Enlightenment», in: R. H. Campbell und A. S. Skinner (Hrsg.), *The Origins and Nature of Scottish Enlightenment*, Edinburgh 1982, S. 186–204; J. Moore und M. Silverthorne, «Gershom Carmichael and the natural jurisprudence tradition in eighteenth-century Scotland», in: I. Hont und M. Ignatieff (Hrsg.), *Wealth and Virtue: The Shaping of Political Economy in the Scottish Enlightenment*, Cambridge 1983, S. 73–88; I. Hont, «The Language of Sociability and Commerce: Samuel Pufendorf and the Theoretical Foundations of the ‹Four-Stages Theory›», in: A. Pagden (Hrsg.), *The Languages of Political Theory in Early Modern Europe*, Cambridge 1987, S. 253–276.

gleich dem antiken Schicksal über der Erde schwebt und mit unsichtbarer Hand Glück und Unglück an die Menschen verteilt, Reiche stiftet und Reiche zertrümmert, Völker entstehen und verschwinden macht.

Doch mit der Abschaffung des Privateigentums, mit der kommunistischen Lenkung der Produktion und der Aufhebung der «Fremdheit, mit der sich die Menschen zu ihrem eigenen Produkt verhalten», würde die Macht von Angebot und Nachfrage «sich in Nichts» auflösen und die Menschen würden «den Austausch, die Produktion, die Weise ihres gegenseitigen Verhaltens wieder in ihre Gewalt bekommen».[235]

b) Die Geschichte des Rechts und des Eigentums

Doch so sehr Smiths Bild der Arbeitsteilung auch geeignet war, den widersprüchlichen Charakter des Wachstums von Reichtum und Produktivität in der Geschichte der Menschen zu beleuchten, so fand sich in *Der Wohlstand der Nationen* doch kein Hinweis auf ein in der Zukunft liegendes Stadium jenseits der Marktgesellschaft, das alleine zum Ende des Privateigentums oder zur Überwindung der Arbeitsteilung führen würde. An diesem Punkt konnte Marx sich nun einem weiteren Literaturkorpus zuwenden, mit dem er in gewisser Weise schon seit seinen ersten Jahren als Student der Rechtswissenschaften vertraut war – der im 19. Jahrhundert geführten europäischen Debatte über das Wesen und die Geschichte des Eigentums.

Von Anfang an, seit der berühmten Abschaffung der Feudalrechte in Frankreich in der Nacht des 4. August 1789, war die Eigentumsfrage für die Debatte über die Legitimität und Bedeutung der Französischen Revolution zentral. Die «Erklärung der Menschen- und Bürgerrechte» hatte das Recht auf Eigentum neben dem

235 K. Marx und F. Engels, «Die deutsche Ideologie», MEW, Bd. 3, S. 32 f, 35.

Recht auf Freiheit, Sicherheit und Widerstand gegen Unterdrückung als eines der «natürlichen und unantastbaren Menschenrechte» genannt; es war ein «unverletzliches und geheiligtes Recht». Doch bereits 1790 wurde dem Versuch, das Eigentum «unverletzlich» zu machen, Widerstand von denjenigen entgegengebracht, die für eine paritätische Verteilung des Bodens eintraten. Die Radikalen beriefen sich auf das klassische Präzedens der «Ackergesetze», eine Reihe gesetzgeberischer Maßnahmen der Römischen Republik, die insbesondere mit dem Brüderpaar der Gracchen assoziiert wurden. Aus diesem Grund nahm auch François Noel Babeuf, der gemeinhin als Urvater des modernen revolutionären Kommunismus gilt, im Mai 1793 den Namen Gracchus an. Auf der Grundlage der Bestimmungen dieser *leges agrariae* hatte der antike Staat eine Höchstgrenze für die Größe der einem einzelnen Bürger gehörenden Ländereien festgelegt und das, was darüber hinausging, an die Besitzlosen verteilt. Befürworter solcher Maßnahmen konnten auf eine gewichtige und respektable Ahnenreihe verweisen. Zahlreiche republikanische Denker, von Macchiavelli bis Harrington, Montesquieu und Mably, hatten diese Praxis als ein Symbol für die Bereitschaft der Republik gepriesen, das Privateigentum zu begrenzen und, wenn nötig, Land der Reichen an die Armen umzuverteilen, um so den Staat zu stärken. Die Frage wurde schließlich so heikel, dass der Konvent am 18. März 1793 beschloss, die Todesstrafe gegen jene zu verhängen, die sich für die «Ackergesetze» aussprachen.[236]

Mit der Niederlage der Radikalen und der Stabilisierung des Staates nahm das Privateigentum als Fundament der neuen Ordnung eine dauerhafte rechtliche und institutionelle Form an. In einem weiteren Rekurs auf ein klassisches Präzedens, diesmal nicht der Republik, sondern des Römischen Reiches, schlüpfte Napoleon in das Gewand eines modernen «Justinian» und erließ ein neues

236 Siehe Rose, *Gracchus Babeuf*, S. 131–138. Zum babouvistischen Verständnis der Ackergesetze als einem Katalysator des gewandelten deutschen Verständnisses der römischen Geschichte vgl. die Ausführungen unten.

Gesetzeswerk, das die neuen Menschenrechte kodifizierte: den *Code Napoléon* von 1804.[237] Um dessen Beständigkeit zu sichern, untersagte Napoleon sogar Kommentare zu dem neuen Regelwerk. Doch inhaltlich bestätigte der Code nur einen Großteil der Bestimmungen des römischen Rechts, besonders dort, wo es um das Eigentum ging. Solange gegen die «Gesetze und Regeln» nicht verstoßen wurde, war Eigentum das «unbeschränkte Recht zur Nutzung und Verfügung über die Dinge». Dies war mehr oder weniger eine Transkription des römischen *ius utendi et abutendi*, des Rechts, eine Sache in den Grenzen des Rechts zu gebrauchen oder zu missbrauchen.

Um diese Konzeption von Eigentum als einem «natürlichen Recht» herum konstruierten französische Juristen eine stilisierte Geschichte, in der «Eigentum» das Fundament der Zivilisation und «Besitz» ihr Vorspiel war. Eigentum begann mit dem Prinzip der Erstinbesitznahme, konnte außerdem durch Arbeit begründet werden und erfuhr dann theoretische Anerkennung durch das Gesetz. Eine solche Sichtweise der Geschichte konnte auch ohne allzu viele Schwierigkeiten die Konzeptionen der *conjectural historians* (mutmaßenden Historiker) des achtzehnten Jahrhunderts – Smith, Turgot und andere – integrieren, die die Geschichte der Gesellschaft in vier Phasen unterteilten: Jagd, Viehzucht, Ackerbau und Handel. In einem der maßgeblichsten Kommentare des Code, der nach dem Sturz Napoleons erschien, schrieb Charles Toullier, dass sich das natürliche Recht der Erstinbesitznahme mit dem Fortschritt der Landwirtschaft verstetigte und schließlich in «volles Eigentum»

237 Justinian war zwischen 527 und 656 n. Chr. Kaiser des Oströmischen Reiches. Während seiner langjährigen Herrschaft wurde das römische Recht kodifiziert (im *Codex vetus* und den «Fünfzig Entscheidungen»). Gleichzeitig wurde eine verbindliche Zusammenfassung der umfangreichen Literatur juristischer Kommentare der späten klassischen Periode erstellt (die Digesten oder Pandekten). Schließlich wurde ein einführendes Handbuch für Studenten kompiliert, dem ebenfalls Gesetzeskraft zukam (die Institutionen). Das Römische Recht, das die Grundlage der Gesetzbücher Westeuropas werden sollte, entsprach dem von Justinian kodifizierten.

überging. In vielen juristischen Kommentaren dieser Zeit wurde die Auffassung zur Norm, dass sich in der Geschichte der Übergang von «Besitz» als Tatsache zum Eigentum als «Gesetz» vollzog.[238]

Nach der Schlacht von Waterloo waren dies nicht einfach akademische Angelegenheiten. Mit der Rückkehr der Bourbonen wurden Fragen bezüglich des Status des während der Revolution akquirierten Landes, gepaart mit der lautstark vorgetragenen Forderung der zurückgekehrten Emigranten nach der Restitution ihres Besitzes und dem Verlangen der kolonialen Plantagenbesitzer nach neuen Sklaven zu den dringendsten politischen Problemen in den Jahren, die zur Revolution von 1830 führten.[239] Aus diesem Grund waren die entschiedensten Befürworter der neuen Sichtweise des «absoluten Eigentums» zumeist liberale Unterstützer der Errungenschaften von 1789. Zusammen mit dem Prinzip der bürgerlichen Gleichheit und der konstitutionellen Regierung als Grundlage der modernen Zivilisation bildete das Privateigentum die Säule der Argumentation derjenigen, die die Julimonarchie zwischen 1830 und 1848 verteidigten. Aus einem ähnlichen Geist heraus hatte auch Hegel in seiner *Philosophie des Rechts* eine philosophische Begründung des Privateigentums vorgelegt, der zufolge es der Natur einen subjektiven Willen auferlegt und dadurch die Individualität begründet.[240]

Angesichts der Tatsache, dass weite Teile Ost- und Zentraleuropas zu dieser Zeit noch die Institution des ländlichen Frondienstes kannten und verglichen mit dem Gewirr von besonderen Privile-

238 C. B. M. Toullier (und J. B. Duvergier), *Le Droit Civil Français suivant L'Ordre du Code,* 6. Auflage, Paris o. J., § 64–71, S. 26 ff.; D. R. Kelley and B. G. Smith, «What was property? Legal dimensions of the social question in France (1789–1848)», in: *Proceedings of the American Philosophical Society*, 128:3 (1984), S. 200–230.

239 Zur Frage der Restauration in Frankreich siehe G. de Bertier de Sauvigny, *La Restauration*, Paris 1955; zur Sklaverei in Frankreich und seinen Kolonien siehe R. Blackburn, *The Overthrow of Colonial Slavery 1776–1848*, London 1988, Kap. xii.

240 Hegel, *Grundlinien der Philosophie des Rechts*, § 44–46.

gien und Pachtverhältnissen, das mit der feudalen Welt von vor 1789 verbunden war, erschien die Begründung des «absoluten» Eigentums überzeugend. Gleichzeitig wies die Debatte globale Dimensionen auf. Im Zuge der Freilassung der Sklaven in den Kolonien durch das revolutionäre Frankreich und der Ächtung des Sklavenhandels durch Großbritannien gewann die Kontroverse über die Sklaverei in den USA und in Großbritannien sowie in Frankreich in den Jahrzehnten nach den Napoleonischen Kriegen an Intensität. In Großbritannien stellten die radikalen Anhänger von Thomas Spence den aristokratischen Landbesitz in Frage. In einer zur selben Zeit geführten frühen Debatte um die durch Arbeit begründeten Ansprüche unterschied Thomas Hodgskin zwischen einem «natürlichen» Recht auf Eigentum, das durch Arbeit begründet wurde, und einem «künstlichen» Recht, das aus den gesetzgeberischen Privilegien einer landbesitzenden Klasse resultierte, deren Position auf Eroberung und Usurpation zurückging. Auch in Russland, wo sich in den 1820er Jahren eine Oppositionsbewegung formierte, rückte die Frage der Leibeigenschaft in den Mittelpunkt der Reformagenda.[241]

Es kann daher nicht überraschen, dass bis in die 1830er Jahre hinein die Hauptgegner dieser neuen Welt des absoluten Eigentums und der Verkündung «aufgeklärter» und einheitlicher Gesetzbücher, die die bürgerliche Gleichheit und «absolutes» Privateigentum kodifizierten, Konservative waren. Die wohl intellektuell anspruchsvollste Form dieser konservativen Reaktion wurde von der

241 In Frankreich wurde der Versuch unternommen, zwischen legitim erworbenem Besitz einerseits und auf Zwang oder Betrug beruhendem Besitz wie Sklaverei oder Leibeigenschaft andererseits zu unterscheiden. Auf dieser Grundlage wurde die im Römischen Recht verankerte Basis des Code Napoléon verurteilt, da dieses die Sklaverei duldete. Siehe Charles Comte, *Traité de la Propriété*, 2 Bde., Paris 1834; zu Hodgskin und Spence siehe G. Stedman Jones, «Rethinking Chartism», in: *Languages of Class*, Cambridge 1983, S. 134–157; zu den Anfängen der russischen Debatte über die Leibeigenschaft siehe F. Venturi, *The Roots of Revolution: A History of the Populist and Socialist Movements in Nineteenth-Century Russia*, London 1960, Kap. 1–3.

deutschen Historischen Rechtsschule formuliert. Ihr Ausgangspunkt war dabei der von Burke beschriebene Zusammenhang zwischen der Revolution und den Exzessen einer abstrakten Vernunft; in ihrer Kritik stützte sie sich auf Herders Betonung der Bedeutung von Sprache, Sitte und Kultur und machte von gänzlich neuen Maßstäben archivarischer Forschung Gebrauch. Gegen Ende der Napoleonischen Kriege erlangte die Schule europaweite Berühmtheit, als Friedrich Carl von Savigny[242] ihren Argumenten gegen

242 Friedrich Carl von Savigny (1779–1861) war der erklärte Kopf der Historischen Rechtsschule. Sein Opus magnum war eine sechsbändige *Geschichte des Römischen Rechts im Mittelalter*, die 1815 erschien. Savigny, der einer aristokratischen Familie entstammte, wählte den ungewöhnlichen Weg einer Gelehrtenlaufbahn und wurde an der neuen Berliner Universität zum Professor berufen. Er blieb bis zur Mitte des Jahrhunderts eine bedeutende Persönlichkeit in konservativen und Regierungskreisen und war zwischen 1842 und 1848 preußischer Justizminister.
Sein berühmtestes Werk, *Vom Beruf unserer Zeit für Gesetzgebung und Rechtswissenschaft*, war ein Manifest, das sich gegen den abstrakten liberalen Individualismus richtete, der als charakteristisch für die Aufklärung des späten achtzehnten Jahrhunderts beschrieben wurde. Savignys Alternativentwurf zufolge war jedes Individuum notwendig das Mitglied einer Familie, eines Volkes, eines Staates, so wie jede Epoche einer Nation die Fortsetzung und Entwicklung aller vergangenen Zeitalter darstellte. Deswegen sei die Geschichte nicht bloß eine Quelle von Beispielen, sondern der einzige Weg, der zur «wahren Erkenntnis unsers eigenen Zustands» führe. Siehe F.C. von Savigny, *Vom Beruf unserer Zeit für Gesetzgebung und Rechtswissenschaft*, Heidelberg 1814.
Man vergleiche Savignys Kritik der liberalen rationalistischen Jurisprudenz von 1814 mit der Kritik, die Joseph de Maistre im Jahr 1797 gegen das revolutionäre Frankreich vorgebracht hatte: «Die Verfassung von 1795 ist, wie ihre Vorgängerinnen, für den *Menschen* bestimmt. Nun aber gibt es auf Erden keinen Menschen schlechthin. Ich habe in meinem Leben Franzosen, Italiener, Russen usw. gesehen. Dank Montesquieu weiß ich sogar, daß man Perser sein kann. Einen Menschen, aber erkläre ich, nie im Leben gesehen zu haben, er müßte denn ohne mein Wissen vorhanden sein.» (Joseph de Maistre, *Betrachtungen über Frankreich*, Berlin 1924, S. 72).

eine rationale Kodifikation und insbesondere gegen die Ausarbeitung eines einheitlichen Gesetzbuches im Deutschen Bund kraftvoll Ausdruck verlieh. Einige Mitglieder der deutschen Historischen Rechtsschule standen der «Romantischen Schule» nahe, die das spätmittelalterliche und vorabsolutistische Deutsche Reich idealisierte. Sie glaubten, dass die Gelehrsamkeit von Professoren und ihre «fachkundigen Rechtskenntnisse» einem allmählichen, friedlichen und nichtpolitischen Übergang vom Feudalismus zur Bauernbefreiung den Weg bereiten könnten. Savignys Manifest war eine Replik auf den liberalen Heidelberger Reformjuristen A. F. J. Thibaut, der sich für den Entwurf eines allgemeinen deutschen Gesetzbuches ausgesprochen und es abgelehnt hatte, das Wohlergehen des deutschen Volkes Gelehrten anzuvertrauen. Doch ebenso bedeutend war Savignys Kritik an der Qualifizierung des Privateigentums als transhistorisches Naturrecht.[243]

Die geistigen Ursprünge der Historischen Rechtsschule lagen in der Zeit vor der Französischen Revolution. Die Schule entstand in den 1780er Jahren in Göttingen, dem intellektuellen Zentrum des englandnahen, da zur britischen Krone gehörenden Kurfürstentums Hannover, und war zunächst eine Reaktion gegen die stilisierte Form der Quasigeschichte, die in Vorlesungen zum Römischen Recht zu Illustrationszwecken angeführt wurde. Tatsächlich wurde das zu dieser Zeit gängige Handbuch von Heineccius (1719) noch in Frankreich zur Zeit der Abfassung des Napoleonischen Gesetzbuchs benutzt. Der Gründer der Schule, Gustav Hugo, begann mit einer Übersetzung und einem Kommentar des Kapitels über die Geschichte des Römischen Rechts aus Edward Gibbons *Geschichte des Verfalls und Untergangs des Römischen Reiches*, das kurz zuvor erschienen war. Während Heineccius und andere maßgebende Kommentatoren von einem unveränderlichen Korpus von Gesetzen ausgegangen waren, zeigte Gibbon, dass das Recht sich dem Wandel der römischen Gesellschaft angepasst hatte und dass

243 Vgl. J. Q. Whitman, *The Legacy of Roman Law in the German Romantic Era: Historical Vision and Legal Change*, Princeton 1994, Kap. 4.

sich hinter den scheinbar apodiktischen juristischen Formulierungen konfligierende Argumente ausmachen ließen.[244]

Die frühzeitige Veröffentlichung von Savignys erstem Werk, *Vom Recht des Besitzes*, im Jahr 1803 war für die spätere Eigentumsdebatte von größter Bedeutung. Dieses auf einer detaillierten und kenntnisreichen Untersuchung des Römischen Rechts basierende Werk behauptete, dass «Besitz» keine Vorform des Eigentums, sondern eine distinkte juristische Form mit einer eigenen, ganz separaten Geschichte sei.[245] Savignys Entdeckungen wurden ihrerseits erheblich gestärkt durch die bahnbrechenden Schriften seines Freundes Barthold Niebuhr in Berlin, dessen Studien zur Geschichte der Römischen Republik erstmals in den Jahren 1810/11

244 E. Gibbon, *Geschichte des Verfalls und Untergangs des Römischen Reiches*, Heidelberg 1805, Kap. 44; zur Geschichte der deutschen Historischen Rechtsschule siehe P. Stein, *Legal Evolution, The Story of an Idea*, Cambridge 1980, Kap. 3; Whitman, *The Legacy of Roman Law*, Kap. 2 und 3; siehe auch H. Kantorowicz, «Savigny and the Historical School of Law», in: *Law Quarterly Review*, Juli 1937, S. 326-343.

245 In den letzten zwanzig Jahren des achtzehnten Jahrhunderts wurde der Status feudaler Verpflichtungen von Juristen zunehmend kontrovers diskutiert. Gewohnheitsrechtliche Verpflichtungen wurden zunehmend vor Gericht angezweifelt. Thibaut vertrat im Jahr 1802 die Auffassung, dass das Römische Recht des Besitzes die Behauptung von Feudalherren nicht stütze, derzufolge die zu ihrem Landbesitz gehörenden Grundstücke durch das Recht der «Ersitzung» begründet waren. Solche Rechte konnten zwar durch «Verjährung» (d. h. eine längere Zeit des Nichtgebrauches) eingebüßt, aber nicht erworben werden, da die Römer keine Feudalrechte kannten. Savignys Buch wurde als Antwort auf Thibaut geschrieben. Er stimmte mit Thibaut überein, dass Feudalrechte durch Verjährung eingebüßt werden konnten, argumentierte aber, dass das grundlegende Prinzip des römischen Besitzrechtes, wenn man es auf die deutschen Umstände übertrug, tatsächlich eine juristische und konstitutionelle Basis etablierte, die sowohl für Besitzrechte als auch für die verfassungsmäßigen Rechte galt, derer die Feudalherren sich bemächtigt hatten. Siehe Whitman, *The Legacy of Roman Law*, S. 181–184; M. H. Hoffheimer, *Eduard Gans and the Hegelian Philosophy of Law*, Dordrecht 1995, S. 45.

der Öffentlichkeit zugänglich gemacht wurden. Von besonderer Bedeutung war Niebuhrs Pionierarbeit zum *ager publicus*, dem Land, das einem besiegten Volk genommen wurde. Niebuhr konnte zeigen, dass dies in der Geschichte der Römischen Republik die meiste Zeit hindurch nicht als Privatbesitz betrachtet wurde. Juristisch gesehen, gehörte es dem Staat, der es für den Gebrauch aller römischen Bürger in gemeinsamem Besitz hielt; ihr jeweiliger Anteil durfte eine bestimmte Größe nicht überschreiten. Dies bedeutete, dass der Versuch der Gracchen, die «Ackergesetze» durchzusetzen, kein Akt «des willkürlichen Eingreifens in das Eigenthum Anderer» war, vielmehr wollten sie öffentliches Land zurückholen, das sich die Patrizier unter Missachtung des licinischen Gesetzes angeeignet hatten.[246]

246 Siehe B. G. Niebuhr, *Vorträge über römische Geschichte, an der Universität zu Bonn gehalten*, 3 Bände, Berlin 1846–48, Bd. 1, S. 252–276; Bd. 2, S. 268–278. B. G. Niebuhr (1776–1831), Beamter, Diplomat und Historiker, zog 1806 nach Berlin, wo er an der Bauernbefreiung durch ein königliches Edikt im Jahr 1807 mitwirkte. Dem römischen Agrarrecht hatte er sich ursprünglich in der Absicht zugewandt, Babeufs Sicht des «Ackergesetzes» zu widerlegen. Niebuhr wollte zeigen, dass die Römer sich nie auf Ackergesetze berufen hatten, um privaten Landbesitz in Frage zu stellen. Seine Interpretation des *ager publicus* wurde auch von James Grant, einem Steuerexperten der East India Company, inspiriert, den er während eines Aufenthalts in Schottland im Jahr 1798 kennengelernt hatte. In Indien, so glaubte man, besaß der Staat das Land, während die Bauern ein vererbbares Recht zur Nutzung des Landes hatten, wofür sie eine festgesetzte Summe bezahlten. Diese Summe wurde von einem Staatsbeamten, dem Zamindar, eingetrieben. In Bengalen und anderswo hatten die Engländer allerdings die Erfahrung gemacht, dass die Zamindar de facto als Eigentümer des Dorflandes betrachtet wurden. Niebuhr glaubte, dass die römischen Patrizier wie die Zamindar ihre Kontrollfunktion ausgenutzt hatten, um öffentliches Land in eine dauerhafte und erbliche Form von Besitz zu verwandeln.

In seinem Buch *Das Recht des Besitzes* hatte Savigny die juristische Unterscheidung zwischen Eigentum und Besitz betont, ohne aber den Ursprung dieser Unterscheidung erklären zu können. Niebuhr hatte anfangs den Unterschied im Römischen Recht zwi-

Diese Forschungen zeigten nicht nur, dass es keine zielgerichtete Entwicklung von der Erstinbesitznahme über den Besitz hin zum Privateigentum gab, sondern untermauerten auch Savignys Standpunkt, dass Besitz sowohl eine Tatsache als auch ein Gesetz sei und juristisch und historisch nichts mit dem Privateigentum zu tun habe. In seinem späteren Werk *Vorträge über römische Geschichte* zeigte Niebuhr, wie die früheste politische Organisation in Rom auf den «*gentes*» – Stämmen oder Geschlechtern – basierte und dass Eigentum gemeinsam, auf einer Stammesbasis besessen wurde. Später wurde das Land zum Eigentum des Staates. Wer daran teilhaben wollte, musste das Bürgerrecht besitzen.[247]

Gleichzeitig beleuchteten die Werke Hugos und Pfisters zu den frühen germanischen Gesellschaften den Kontrast zwischen der Antike, wo Staatsbürgerschaft und Landzugang sich auf die Stadt konzentrierten, und den neuen Formen politischer und sozialer Organisation, die nach den germanischen Invasionen entstanden, in denen Gesetz und Eigentum Angelegenheiten von Personenverbänden waren, die sich über ein weites Territorium verteilten. Doch auch in diesen germanischen Gesellschaften war das Recht auf Landbenutzung weiterhin abhängig von der Zugehörigkeit zu einer Gemeinschaft und der Bereitschaft, Waffen zu tragen.[248]

schen dem Besitz von privatem Land und der dauerhaften und vererbbaren Besiedlung von öffentlichem Land nicht nachvollziehen können. Die beiden Gelehrten fügten ihre Einsichten im Jahr 1810 in Berlin zusammen und erklärten nicht nur, dass das Gesetz des Besitzes die beste Erklärung für die erbliche Gewalt über das *ager publicus* darstellte, sondern auch, dass die erbliche Gewalt über das *ager publicus* das früheste Beispiel und vermutlich das Modell für das Gesetz des Besitzes war. Siehe A. Momigliano, «Niebuhr and the Agrarian Problems of Rome», in: A. Momigliano (Hrsg.), «New Paths of Classicism in the Nineteenth Century», in: *History and Theory*, 21:4, Beiheft 21, 1982, S. 3–15.

247 B. G. Niebuhr, *Vorträge über römische Geschichte*, Bd. 1, S. 160–181.

248 G. Hugo, *Lehrbuch eines civilistischen Cursus*, 5 Bände, Berlin 1832; J. C. Pfister, *Geschichte der Teutschen*, Hamburg 1829. Marx' Verwendung dieser Quellen wurde dokumentiert in N. Levine, «The

In Niebuhrs *Vorträgen über römische Geschichte* und seinen allgemeineren und stärker komparativ angelegten *Vorträgen über alte Geschichte*, die ebenfalls in Bonn im Winter 1829/30 gehalten wurden, wurde die historische Existenz von drei verschiedenen Formen von Eigentum vor der Entstehung der modernen Marktgesellschaft – die orientalische, die stammesförmige und die klassische – detailliert erörtert; die vierte (die feudale) wurde an zahlreichen Stellen zum Vergleich angeführt.

In seiner Erörterung der «orientalischen» Form folgte Niebuhr früheren Debatten über den orientalischen Despotismus und betonte, dass der Landesherr hier der wahre Eigentümer des Grund und Bodens und der Bauer ein bloßer Pächter war, der einen bestimmten Anteil der Produkte des von ihm bestellten Bodens an den Grundherrn abführte. Gleichzeitig aber löste er diese Theorie aus ihrer engen «asiatischen» Perspektive; so hieß es in den *Vorträgen*: «Dies Verhältnis, das große Ähnlichkeit mit dem Besitz von *ager publicus* bei den Römern hat, finden wir bei den Indern, Persern, bei den Karthagern, also auch bei den Phöniciern.»[249]

Was die Formen des Stammeseigentums betraf, betonte Niebuhr ihre zentrale politische Bedeutung in der frühen römischen Geschichte, unterstrich aber wiederum ihre Ähnlichkeit mit anderen frühen Formen politischer Organisation.[250] Er schrieb:

German Historical School of Law and the Origins of Historical Materialism», in: *Journal of the History of Ideas*, Juli–Sept. 1987, S. 431–451.

249 B. G. Niebuhr, *Vorträge über alte Geschichte, an der Universität zu Bonn gehalten*, Bd. 1, Berlin 1847, S. 118 f.

250 Über das frühe Rom hieß es: «Daher wird der Staat in eine Anzahl Associationen getheilt, deren jede wieder aus mehreren Familien bestand. Diese Associationen hatten unter sich ihre Versammlungen, Erbschafts- und andere Rechte, Gerichte und besonders Heiligthümer. Wer dazu gehörte, vererbte das auf seine Kinder, und wo er sich auch außer oder in dem Staate aufhielt, gehörte er immer zu dieser Association. Wer hingegen der Geburt nach nicht dazu gehörte, konnte nur ausnahmsweise hineinkommen, wenn jene Association ihn erkannte. (...) Eine solche Association ist ein *Geschlecht*, keineswegs

> Ich nehme als Postulat, daß bei den Römern die Eintheilung der Nation in gentes war, die den gene [γένη] der Griechen und den Geschlechtern unserer Vorfahren entsprechen.[251]

Selbst wo er die Besonderheiten des römischen sogenannten «agrarischen Rechts» behandelte, verortete Niebuhr diese Institution in einer breiteren komparativen Perspektive:

> Der allgemeine Begriff der italischen Völker war, daß sich Land und Bürgerrecht unzertrennlich entsprechen; daß alles Eigenthum des Bodens von dem Staat ausgeht. Der Boden ist nur der Träger auf dem die schon vorhergebrachte Bürgerschaft ruht. (...) Die römischen Staatsformen haben fast immer eine Analogie in den griechischen Verfassungen, das bürgerliche Recht auch oft, in dem *ius agrarium* sind die Römer aber ganz eigenthümlich. Der griechische Staat eroberte und gründete Colonien, aber die *possessio agri publici* ist ihnen fremd.[252]

Wo man zuvor das Privateigentum als ein Naturrecht betrachtet hatte oder sich die Welt als eine von Anbeginn an natürlicherweise von vermeintlich uneingeschränkten Eigentümern bewohnte vorgestellt hatte, hatte die deutsche Historische Rechtsschule eine neue Vergangenheit entdeckt, in der die meiste Zeit hindurch ein Großteil der Menschheit in Gesellschaften gelebt hatte, in denen der Landbesitz gemeinschaftlich und an bestimmte Bedingungen geknüpft war.

unser *Familie*, wobei Ursprung von einer gemeinschaftlichen Wurzel statt findet.» (Niebuhr, *Vorträge über römische Geschichte*, Band 1, S. 160).

251 Ebd., S. 161.

252 B. G. Niebuhr, *Vorträge über römische Geschichte*, Band 1, S. 254 f. Zum «feudalen» System machte Niebuhr nur einige verstreute Bemerkungen. Er vertrat z. B. die Auffassung, dass der italienische Begriff – dass alles Eigentum nur vom Staate ausging – «große Aehnlichkeit mit den Feudalbegriffen» aufweist: «[N]ach dem strengen Feudalrecht gibt es gar kein Land, was nicht einen Lehnsoberen hat, alle Feuda gehen von dem Fürsten als dem Oberlehnsherrn aus und dann folgen die Afterlehne.» (Ebd., S. 254).

Es sollte nun klar sein, warum Marx' frühe juristische Ausbildung von Bedeutung war. Marx hatte 1836/37 als Student der Rechtswissenschaft Savignys Vorlesungen über die *Pandekten* besucht und aus einem Brief an seinen Vater aus dem Jahr 1837 geht hervor, dass er Savignys *Recht des Besitzes* gelesen hatte.[253] Es scheint ebenfalls gesichert zu sein, dass er mit der 1839 öffentlich gewordenen Kontroverse zwischen Savigny und dem hegelianischen Professor der Rechtswissenschaften Eduard Gans vertraut war, bei der es eben um die Beziehung zwischen Besitz und Recht ging. Die Feindschaft zwischen Savigny und Gans ging zwar tief, wurde aber nicht offen ausgetragen. So wie in Frankreich nach 1815 die Zensur dazu geführt hatte, dass politische Debatten in scheinbar akademische Auseinandersetzungen über rivalisierende Sichtweisen der Nationalgeschichte verlagert wurden, so wurden in Deutschland rechtsgeschichtliche Argumente zu einem Ersatz für direkte Stellungnahmen zu politischen Fragen. Grundlegende politische Gegensätze wurden so in Auseinandersetzungen über Kodifizierung, Besitz und den Charakter des römischen Rechts übersetzt.

Gans war im Anschluss an Thibaut der Meinung, dass das Studium des Rechts seine Validität aus seiner Kohärenz als System von Beziehungen und Verpflichtungen ableite. Das römische Recht sei deswegen so attraktiv, weil es sich bei ihm um einen Korpus substanzieller juristischer Doktrin handele, dessen Universalität sich im Laufe der Zeit und über verschiedene Kulturen hinweg herausgebildet habe und unabhängig von den lokalen Eigenheiten politischer Macht sei. Sein unvollendetes großes Werk über das Erbrecht verfolgte das Ziel, eine systematische und universelle Ordnung in das Chaos lokaler Rechtsprechung zu bringen, das willkürlich die bestehenden Mächte begünstigte. Die Kodifizierung würde die Universalität des Gesetzes untermauern und die Rolle der Ermessensentscheidungen, für die sich eine konservative Professorenelite stark machte, marginalisieren.

253 K. Marx an H. Marx, 10.–11. November 1837, MEGA, Abt. III, Bd. 1, S. 16.

In seinem letzten Buch *Über die Grundlage des Besitzes* (1839), das ein direkter Angriff auf Savigny war, verglich Gans die Entdeckung der Historischen Rechtsschule, dass die Wurzeln des deutschen Rechts in den gelebten Bräuchen und Traditionen oder in den Besonderheiten der spätmittelalterlichen Praxis lagen, mit den Detailfragen der rabbinischen Gelehrsamkeit. Gans griff insbesondere Savignys Behauptung an, dass sich das Recht des Besitzes aus «dem Factum» des Besitzes ergeben habe. Gans zufolge handelte es sich hier um eine Verwechslung von natürlicher und juristischer Tatsache. «Der Besitz ist kein blosses Factum, und entsteht nicht als *Recht*, durch den Umweg des *Unrechts*.» Die juristischen Besitzrechte entwickelten sich nicht aus tatsächlichem Besitz, denn juristische Rechte könnten nicht aus Beziehungen abgeleitet werden, die rein natürlich seien. Juristisch gesehen, könne ein Recht (Besitz) nicht auf einem Unrecht (widerrechtliche Verfügung) beruhen. Anders gesagt, setze Besitz Besitzrechte voraus und sei kein bloßes Ausüben von Herrschaft über eine Sache.[254]

254 Eduard Gans (1798–1839) kam aus einer wohlhabenden jüdischen Familie, war ein Student und Schüler Thibauts in Heidelberg und später ein Professorenkollege, Anhänger und Freund Hegels in Berlin. Gans' Laufbahn war eng verwoben mit dem bewegten Prozess der jüdischen Emanzipation in Preußen vor 1848. 1812 hatte ein Regierungsedikt Juden den Zugang zu universitären Anstellungen ermöglicht. In der Folge wurde der Status der Juden zu einem wichtigen Streitpunkt im Konflikt zwischen konservativ-romantischen und liberal-rationalen Vorstellungen von der Nation. Nachdem er sich bereits als Student der Rechte in Göttingen (einer Hochburg der Historischen Rechtsschule) gezwungen sah, seine Familie gegen antisemitische Angriffe zu verteidigen, zog Gans nach Heidelberg, wo Thibaut (und später Hegel) Juden öffentlich verteidigten. Als Antwort auf die zunehmend konservative Wende nach den Karlsbader Beschlüssen von 1819 gründeten Gans und andere den Verein für Cultur und Wissenschaft der Juden, dessen Ziel es war, das Judentum mit einem universellen Begriff von Wissenschaft und Kultur in Einklang zu bringen.
1822 bewarb er sich für eine Professur der Rechte an der Berliner Universität. Der König reagierte darauf, indem er erklärte, dass Juden für solche Posten nun nicht mehr in Frage kämen. 1825 konvertierte

Es überrascht kaum, dass ein junger Mann, der sich in jenen Jahren mit dem «Gegensatz des Wirklichen und Sollenden» beschäftigte und darauf erpicht war, das Recht mit Universalität und Vernunft zu identifizieren, Savignys konservative Spielart des Historismus nicht sonderlich attraktiv fand. In einem Artikel, den Marx 1842 für die *Rheinische Zeitung* über die Historische Rechtsschule schrieb, beschuldigte er Hugo, sich einer «*liederliche[n] Frivolität*» hinzugeben, und befasste sich ausführlich mit dessen Auffassung von Sklaverei als einer bedingt zulässigen Institution und mit dessen Beharren auf der «*thierische[n]* Natur» des Menschen als dessen «*einzige[n] juristische[n] Unterscheidungsmerkmal*». In gleicher Manier erneuerte er 1843 seine Ablehnung der «Schule, welche die Niederträchtigkeit von heute durch die Niederträchtigkeit von gestern legitimirt».[255]

Hugo hatte von Beginn an die Auffassung vertreten, dass das Recht ein Teil der Geschichte und kein Zweig der angewandten Ethik sei. Doch erst seit Anfang der 1840er Jahre fand diese Kritik, die man so lange mit der Rechten assoziiert hatte, auch bei der Linken Widerhall. Nach 1830 hatte sich besonders im Frankreich der Julimonarchie, aber auch in England, wenn man es mit den Augen von Charles Dickens und Thomas Carlyle betrachtete, eine sichtbare Kluft aufgetan zwischen der Gesellschaft, wie sie von Juristen definiert wurde, und den materiellen Realitäten des sozialen Lebens, wie sie die Mehrheit der Bevölkerung in der Erfahrung wahrnahm.

er zum Christentum, 1826 wurde er nach Berlin berufen und wurde zu Hegels engstem Gefährten. Savigny, der ebenfalls Professor an der Juristischen Fakultät war, setzte sich während der 1820er Jahre dafür ein, die Emanzipation der Juden rückgängig zu machen, und versuchte mit Nachdruck, Gans' Berufung zu verhindern. Siehe Hoffheimer, *Eduard Gans*, S. 41–46 und passim.

255 K. Marx an H. Marx, 10./11. November 1837, MEGA, Abt. III, Bd. 1, S. 10; K. Marx, «Das philosophische Manifest der Historischen Rechtsschule», MEGA, Abt. I, Bd. 1, S. 191–198, hier 193 f.; K. Marx, «Zur Kritik der Hegelschen Rechtsphilosophie. Einleitung», MEGA, Abt. I, Bd. 2, S. 172.

Proudhons schockierender Ausspruch, dass Eigentum Diebstahl sei, folgte aus seiner Entdeckung, dass Eigentum «unmöglich» sei, weil es behauptete, etwas aus dem Nichts zu erschaffen. Er bestätigte mit anderen Worten die These Savignys und seiner Anhänger, dass, historisch gesehen, das Recht aus dem Faktum abgeleitet wurde. Ähnlich hatte Marx' sorgfältig prüfende Lektüre der *Philosophie des Rechts* ergeben, dass sogar Hegel bereit war, sich zu einem kruden Positivismus herabzulassen, der die «Physis» (d. h. die Geburt) pries und ihr vor der «Vernunft» den Vorzug gab, wenn er dadurch die Monarchie und das Erstgeburtsrecht verteidigen konnte.[256]

Sobald er daher zu der Überzeugung gelangt war, dass «das Recht ebensowenig eine eigene Geschichte hat wie die Religion», konnte Marx damit beginnen, die Bedeutung der Forschungen der Historischen Rechtsschule zu würdigen, insofern sie ihm einen Ausgangspunkt boten für seinen eigenen Versuch, eine Theorie der Gesellschaft jenseits des Privateigentums und der Arbeitsteilung zu entwickeln. Der historische Sachverhalt, den diese Schule aufgedeckt hatte, deutete nicht darauf hin, dass die Geschichte der Eigentumsformen mit der Marktgesellschaft oder der Begründung des Privateigentums als universales Menschenrecht notwendigerweise zu Ende sei. Was Marx 1859 als die «moderne bürgerliche Form» des Eigentums bezeichnete, war lediglich die letzte in einer Abfolge von Eigentumsformen, die die historische Entwicklung der Produktivkräfte begleitet hatte.[257]

In der «Deutschen Ideologie» lehnte sich Marx sehr stark an das an, was Niebuhr über das «Stammeseigentum» und das «antike Gemeinde- und Staatseigentum» geschrieben hatte. Ebenso berief er sich in seiner Darstellung des «feudale[n] oder ständische[n] Eigentums» und in seiner Gegenüberstellung der Antike und der germani-

256 Proudhon, *Was ist das Eigentum?*, S. 120; K. Marx, «Zur Kritik der Hegelschen Rechtsphilosophie», MEGA, Abt. I, Bd. 2, S. 34. Marx kritisierte die *Philosophie des Rechts*, § 280.

257 K. Marx und F. Engels, «Die deutsche Ideologie», MEW, Bd. 3, S. 63; K. Marx, «Zur Kritik der politischen Ökonomie. Vorwort», MEW, Bd. 3, S. 9.

schen Heerverfassung des Mittelalters direkt auf Hugo und Pfister.[258] Doch anders als diese, die die verschiedenen Arten von Eigentum primär als Formen der politischen oder militärischen Organisation betrachteten, verknüpfte Marx sie mit den fortschreitenden Entwicklungsstufen der Arbeitsteilung oder sah sie, wie er vierzehn Jahre später in seinem berühmten Vorwort von 1859 zur *Kritik der Politischen Ökonomie* formulieren sollte, als «progressive Epochen der ökonomischen Gesellschaftsformation».[259]

258 K. Marx und F. Engels, «Die deutsche Ideologie», MEW, Bd. 3, S. 22 f.

259 K. Marx, «Zur Kritik der politischen Ökonomie. Vorwort», MEW, Bd. 13, S. 9. Die im «Vorwort» aufgelisteten Formen waren leicht abgewandelt. Marx nannte hier «asiatische, antike, feudale und modern bürgerliche Produktionsweisen».
Erstmals herausgestellt wurde Marx' durchgehendes Interesse an antiken und vorkapitalistischen Formen des Eigentums in einer Sammlung von Passagen, die hauptsächlich den Ökonomischen Manuskripten von 1857/58 entnommen waren (die sogenannten *Grundrisse*); diese Sammlung wurde herausgegeben und mit einer Einleitung versehen von Eric Hobsbawm. Siehe K. Marx, *Precapitalist Economic Formations*, hrsg. v. Eric Hobsbawm, London 1964. Die Beweise, die Hobsbawm zusammentrug, finden sich nun auch in den Gesammelten Werken. Siehe K. Marx, «Formen, die der kapitalistischen Produktion vorhergehen», in: «Grundrisse», MEGA, Abt. II, Bd. 1.1 S. 387–417. Siehe auch Marx' Brief an Engels, 25. März 1868. MEW, Bd. 32, S. 51–53.
In der marxistischen Tradition wurde kaum ein Versuch unternommen, Marx' Interesse an dem vorkapitalistischen Gesellschaften mit seiner Theorie des Kommunismus zu verbinden. Stattdessen behandelte man die Manuskripte als Beweise für die stringenten und gelehrten Verfahren, die Marx' Ausarbeitung der materialistischen Wissenschaft gekennzeichnet hätten. Auch hielt man es unter doktrinären Gesichtspunkten für wichtig, Marx' Bezugnahme auf die politisch inakzeptable «asiatische Produktionsweise» zu minimieren.
Hat man dieses Interesse aber einmal von Marx' Theorie des Kommunismus entkoppelt, erscheint Marx' kontinuierliches Festhalten daran unverständlich. Marx selbst gab diesbezüglich einen Hinweis in einem Brief an Engels. Zur Beschäftigung mit vorkapitalistischen Formen nach 1789 merkte Marx 1868 an, dass auf die erste romantische und «mittelaltrig[e]» Reaktion auf die Revolution eine zweite gefolgt war,

c) Die zeitgenössische Diskussion über den Kommunismus

Der dritte Literaturkorpus, auf den sich Marx bei der Entwicklung seiner Theorie stützte, war natürlich die zeitgenössische Diskussion über den Kommunismus selbst oder genauer gesagt – zumindest in Frankreich – über die «Gemeinschaft». Doch bevor wir uns den dort erörterten Fragen zuwenden, müssen wir uns der vorgetäuschten Debatte zuwenden, die im dritten Abschnitt des *Manifests* unter der Überschrift «Sozialistische und kommunistische Literatur» beschrieben wird.

Der in diesem Abschnitt gewählte methodische Ansatz gab den Tonfall vor, in dem zahlreiche Polemiken in der späteren marxistischen Tradition ausgetragen wurden. Die Strategie der namentlichen Nennung und Bloßstellung von Gegnern, indem man ihnen Etiketten anheftete, mit denen ihre soziale Identität öffentlich gemacht wurde, stellte sich als besonders ansteckend heraus. Von nun an wurden Auseinandersetzungen zunehmend nicht mehr zwischen Individuen oder gar Ideen ausgetragen, sondern zwischen Klassen und Gesellschaftsgruppen und ihren Bannerträgern – «orthodoxen Marxisten», «Anarchisten», «Reformisten», «Possibilisten» und «Revisionisten»; oder im zwanzigsten Jahrhundert in noch schrilleren Begriffen, «Renegaten», «Lakaien» und «Stiefelleckern». Diese Zuschreibungen waren von Anfang an willkürlich

die darin bestanden hatte, «über das Mittelalter hinaus in die Urzeit jeden Volks zu sehn». Diese korrespondiere mit der «sozialistischen Richtung, obgleich jene Gelehrten keine Ahnung haben, daß sie damit zusammenhängen». Siehe Marx an Engels, 25. März 1868, MEW, Bd. 32, S. 51.

Engels' zweite Notiz zur englischen Ausgabe des *Manifests* von 1888 ist ein Hinweis auf Marx' und Engels' Überzeugung, dass ihr Ansatz bezüglich der Geschichte des Eigentums durch spätere Forschungsarbeiten bestätigt wurde, vor allem durch die von Maurer und Morgan. Siehe MEW, Bd. 4, S. 578–582. Siehe auch Engels' Aufsatz «Der Ursprung der Familie, des Privateigentums und des Staates. Im Anschluß zu Lewis H. Morgans Forschungen» (1884), MEGA, Abt. 1, Bd. 29, S. 1–114.

und wandelbar. In dieser kommunistischen Wiederaufführung der mittelalterlichen Moralität wechselte Proudhon sein Kostüm in drei Jahren drei Mal. Im ersten Akt trat er auf als Autor des «wissenschaftliche[n] Manifest[s] des französischen Proletariats»; im zweiten als Held des «Ideal[s] des Kleinbürgers»; und im Schlussakt als archetypischer Sprecher des «konservative[n] oder Bourgeoissozialismus». Diese Verwandlung war umso bemerkenswerter, als sein Text in den letzten beiden Akten identisch war.[260]

Ebenso dauerhaft und kaum weniger irreführend war die Wirkung, die diese Polemik auf das spätere Verständnis der intellektuellen Entwicklung des Sozialismus ausübte. Durch die hier praktizierte Alchemie wurden die Details der sektiererischen Differenz in einem breiten historischen Narrativ neu arrangiert, in dem die Positionen früherer Mentoren oder Verbündeter – Owenisten, Fourieristen, Saint-Simonisten, Sismondi, Considerant, Proudhon, Feuerbach und Hess – als überholte Meinungen wieder auftauchten; ihre Ansichten wurden im Zuge des Vorwärtsmarschs des neu erfundenen Protagonisten bzw. Subjekts des Dramas, des «Proletariats», notgedrungen verworfen. Doch das «Proletariat» war in dieser Geschichte nur vordergründig Subjekt. Es fungierte als eine recht dichte Nebelwand, hinter der sich eine etwas verhüllte und selektive Form intellektueller und politischer Autobiographie verbarg.

Die Fragen, um die es bei der Debatte über den Kommunismus während der Mitte der 1840er Jahre wirklich ging, wurden im *Manifest* kaum erwähnt. Insbesondere ist es unmöglich, die wichtige Rolle Proudhons zu erkennen, der die Suche nach einer modernen sozialen Form, die Freiheit und Gemeinschaft vereinte, überhaupt erst initiiert hatte. Ein möglicher Grund für die Tatsache, dass Marx sich nach 1845/46 nur auf eine irritierte und wendige Weise auf

260 K. Marx und F. Engels, *Die heilige Familie*, MEW, Bd. 2, S. 43; K. Marx, «Das Elend der Philosophie», MEW, Bd. 4, S. 488; K. Marx und F. Engels, *Das Kommunistische Manifest*; die beiden letzten Bezeichnungen beziehen sich auf Proudhons *Philosophie de la Misère* (Philosopie des Elends).

Proudhon bezog, war das beklemmende Bewusstsein, wie viel er Proudhon zu verdanken hatte – sowohl als er nach 1842 eine rationalistische Konzeption des Rechts aufgab als auch bezüglich der Entwicklung seiner ursprünglichen Auffassung vom Kommunismus.

In *Was ist das Eigentum*? hatte Proudhon nicht nur das Eigentum verurteilt, sondern auch die «Gemeinschaft» (communauté), aufgrund des «eiserne[n] Joch[s], in das [sie] den Willen spannt, die moralische Tortur, womit [sie] das Gewissen einzwängt, die Schlaffheit, wohinein [sie] die Gesellschaft versenkt». Auch hatte er die Missstände der Gemeinschaft auf die anhaltende Herrschaft des Privateigentums zurückgeführt. Mit Blick auf die Jesuiten Paraguays und die Babouvisten schrieb er, «die reflektierte Negation des Eigentums begreift man unter dem direkten Einfluß des Eigentumsvorurteils», und kam zu dem Schluss, dass sich «im Hintergrunde aller kommunistischen Theorien (…) das Eigentum wieder[findet]». Die Lösung war eine «dritte Gesellschaftsform»; «die Synthese der Gemeinschaft [communauté] und des Eigentums, wollen wir Freiheit nennen». Diese Form würde die mit dem Eigentum assoziierte Freiheit und die mit der Gemeinschaft assoziierte Harmonie miteinander vereinen.[261]

261 Proudhon, *Was ist das Eigentum?*, S. 209 f., 227. Irreführenderweise übersetzen sowohl Benjamin Tucker in der Übersetzung von 1890 als auch Kelley und Smith in ihrer Übersetzung von 1994 [sowie auch A. F. Cohn in der deutschen Übersetzung von 1896. Anm. d. Übers.] «communauté» mit «communism» [bzw. «Kommunismus»]. Dadurch geht ein Teil der von Proudhon intendierten Bedeutung verloren, die genauso sehr auf den klassischen, christlichen oder frühmodernen Begriff der «Gütergemeinschaft» (*communio bonorum*) wie auf zeitgenössische Bewegungen zielt. Proudhon benutzte in seiner ersten *Mémoire* nie einen anderen Begriff als «communauté». Daher habe ich mich für den Begriff «Gemeinschaft» entschieden und die Übersetzung entsprechend geändert. Marx verwendet, wahrscheinlich im Anschluss an Stein, von Anfang an den Begriff Kommunismus. Siehe «Ein Briefwechsel von 1843» (Marx an Ruge, September 1843), in: *Deutsch-Französische Jahrbücher*, Paris 1844 (Neudruck Leipzig 1973), S. 126.

Die unmittelbare Wirkung, die Proudhon auf Marx hatte, wurde in dessen Beiträgen für die *Rheinische Zeitung* sichtbar. So klang seine Lehre deutlich an, als Marx 1842 die einseitige Fokussierung auf die Bauern in der Frage des Holzdiebstahls beklagte: «[W]enn jede Verletzung des Eigenthums ohne Unterschied, ohne nähere Bestimmung Diebstahl ist, wäre nicht alles Privateigenthum Diebstahl?» Zu Beginn des darauffolgenden Jahres schien er Proudhons Forderung nach Lohngleichheit zu unterstützen. Einige Monate später war es seine Lektüre von *Was ist das Eigentum?*, die es ihm ermöglichte, darauf zu bestehen, dass Kommunismus nicht gleichbedeutend sei mit der Abschaffung des Privateigentums. Als er 1844 die existierenden Formen des Kommunismus abtat, folgte Marx wiederum eng Proudhons Text. Wie dieser glaubte Marx, dass ein auf «Neid» und «Nivellirungssucht» basierender Kommunismus, da er «die *Persönlichkeit* d[es] Menschen überall» negiere, «nur der consequente Ausdruck des Privateigenthums» sei. Es war ebenfalls ein Argument Proudhons, das Marx dazu veranlasste, sich unzweideutig gegen jeden Begriff des Kommunismus als einer positiven Gütergemeinschaft zu wenden. Dieser «rohe Communismus» sei nur eine weitere «Erscheinungsform von der Niedertracht des Privateigenthums, das sich als das positive Gemeinwesen setzen will».[262]

Doch wenn Marx den Kommunismus als «positive Gemeinschaft» ablehnte, welche andere Art von Kommunismus konnte es dann geben? Hier hat Proudhon möglicherweise erneut Marx unwissentlich dazu angeregt, die Möglichkeiten eines anderen Begriffs des Kommunismus auszuloten. Denn in *Was ist das Eigentum?* bezieht sich Proudhon mehrmals auf den Begriff des Kommunis-

262 K. Marx, «Debatten über das Holzdiebstahlsgesetz», MEGA, Abt. I, Bd. 1, S. 199–236, hier 203; K. Marx, «Red. Notiz über Proudhon zu einer Korrespondenz aus Berlin über Steuern», *Rheinische Zeitung*, 7. Januar 1843; siehe auch Gregory, «*Marx's and Engels' Knowledge of French Socialism*», S. 162 f.; Ein Briefwechsel von 1843 (Marx an Ruge, Sept. 1843), MEGA, Abt. 1, Bd. 2, S. 487; K. Marx, «Ökonomisch-philosophische Manuskripte», S. 387 f.

mus als «negative Gemeinschaft». Diese «Assoziation in einfacher Weise» war «ein notwendiges Ziel, die erste Staffel der Geselligkeit». Für den Menschen war sie «die erste Phase der Civilisation».

> In diesem Zustande der Gesellschaft, den die Rechtsgelehrten negative Gemeinschaft genannt haben, nähert sich der Mensch dem Menschen, teilt mit ihm die Früchte der Erde, die Milch und das Fleisch der Tiere.

Poudhon brachte diese Vorstellung mit Hugo Grotius, dem Begründer des modernen Naturrechts im siebzehnten Jahrhundert, in Verbindung.

> Ursprünglich waren alle Sachen gemeinsam und ungeteilt; sie waren das Erbteil Aller... Grotius erzählt uns, wie diese Gemeinschaft der Urzeit durch Ehrgeiz und Habsucht endigte, wie auf das goldene Zeitalter das eiserne folgte etc. Das Eigentum hätte somit seinen Ursprung zuerst im Krieg und der Eroberung, dann in Verträgen und Übereinkünften.[263]

263 Proudhon, *Was ist das Eigentum?*, S. 208, 38. Grotius selbst verwendete den Begriff «negative Gemeinschaft» nicht. Er wurde vierzig Jahre später von seinem Anhänger Samuel Pufendorf als Ausarbeitung und Formalisierung von Grotius' Darstellung eingeführt.
Die Idee, den aus dem siebzehnten Jahrhundert stammenden Naturrechtsbegriff der «negativen Gemeinschaft» mit den Begriffen «Gemeinschaft» oder «Kommunismus» aus dem neunzehnten Jahrhundert zu verbinden, geht zu bedeutenden Teilen auf die bestechende Argumentation von Istvan Hont zurück. Siehe I. Hont, «Negative Community: the Natural Law Heritage from Pufendorf to Marx», Workshop im John M. Olin Program in the History of Political Culture, Universität Chicago, 1989. Besonders wertvoll ist seine klare Unterscheidung zwischen einem auf Bedürfnissen basierenden Diskurs und einem auf Rechten basierenden Diskurs. Hier soll argumentiert werden, dass sich die Argumente zwar strukturell ähneln, die Verbindungen zwischen ihnen aber wahrscheinlich indirekt waren. Siehe auch Hont, «The Language of Sociability and Commerce», in: Pagden (Hrsg.), *The Languages of Political Theory*, S. 253–276; O. v. Gierke, *Das deutsche Genossenschaftsrecht, Bd. 4: Die Staats- und Korporationslehre der Neuzeit*, Berlin 1913.
Grotius' Darstellung dieser ersten Epoche der Menschen findet sich in H. Grotius, *De Jure Belli ac Pacis* (Vom Gesetz des Kriegs und

Proudhon selbst jedoch legte auf diese Idee keinen großen Wert. «[W]as ist das für eine Art zu arbeiten», so sein Vorwurf an Grotius, «daß er den Ursprung eines ‹natürlichen› Rechtes anderswo als in der Natur sucht?» Proudhon warf die Frage auf:

> Warum die Gleichheit der Bedingungen, die anfangs in der Natur existierte, in der Folge ein außer der Natur befindlicher Zustand geworden sein soll. Wie soll eine solche Entartung vor sich gegangen sein?

Proudhon stand der «Gemeinschaft, gleichviel ob (...) einer positiven oder negativen», skeptisch gegenüber. Er assoziierte die «negative Gemeinschaft» mit einem «spontane[n]» und «instinktive[n]» Stadium der Menschheit, in dem der Mensch noch nicht zu «produzieren» begonnen hatte. In dieser Phase wich die negative der positiven Gemeinschaft und das logische Denkvermögen lehrte den Menschen, dass, wenn die Gleichheit eine notwendige Voraussetzung der Gesellschaft war, die Gemeinschaft die ursprüngliche Form der Sklaverei war.

Anders als die Juristen, die glaubten, dass Eigentum und politische Autorität zusammengehörten, war Proudhon der Ansicht, dass «das Königtum von der Erschaffung des Menschen her» datierte; es habe «zu den Zeiten der negativen Gemeinschaft» bestanden. Sein Bild, insofern es überhaupt historisch war, entsprach eher dem der radikalen *philosophes* wie Condorcet oder der *idéologues* als dem der politischen Ökonomen oder der schottischen *conjectural historians*.

Friedens), 1625, Buch 2, Kap. 2, § 1–11; Pufendorfs Definition der «negativen Gemeinschaft» findet sich in S. Pufendorf, *De Jure naturae et gentium* (Über das Natur- und Völkerrecht), 1672, Buch 4, Kap. 4, § 2. Siehe auch die deutschen Übersetzungen: Hugo Grotius, *Drei Bücher vom Recht des Krieges und des Friedens*, Tübingen 1950; S. Pufendorf, *Acht Bücher vom Natur- und Völkerrecht*, Frankfurt am Main 1711 (eine moderne deutsche Übersetzung liegt nicht vor).

> Der Mensch hat nur eine beständige und unveränderliche Natur: er folgt ihr aus Instinkt, er weicht infolge Reflektion von ihr ab, und kehrt durch die Vernunft zu ihr zurück.

Wenn die historische Entwicklung ein Prinzip Hoffnung beinhaltete, so war dies nicht in einer Abfolge von Subsistenzweisen zu suchen, wie sie die Naturrechtler und *conjectural historians* beschrieben, sondern in der Ausweitung des Wissens und der Wissenschaft, die den Menschen schließlich von der Unterdrückung durch das Eigentum und die politische Autorität befreien würde.

Seinem deutschen Bewunderer Karl Grün zufolge hatte die Besiedlung des Landes auf eine grobe und unwissenschaftliche Weise ursprünglich ein Gleichheitsprinzip vorausgesetzt, und selbst die Vererbung wurde als Mittel gerechtfertigt, die Ansprüche der Krieger zu sichern, deren Verteidigung der Bauern sie davon abgehalten hatte, selbst den Boden zu bestellen. Doch anstatt das Gesetz an die sozialen Bedürfnisse anzupassen, waren die Juristen einfach von der «Thatsache» des Landbesitzes ausgegangen, wie sie sie unter unzivilisierten Völkern vorgefunden hatten, und hatten sie in Eigentumsformen umgewandelt. Die Französische Revolution hatte an dieser Situation nichts geändert, da sie in der Souveränität des Volkes und nicht in der Souveränität des Rechts und der Vernunft begründet war. Die Menschen hatten sich nach wie vor an der Praxis des Ancien Régime und des Römischen Rechts orientiert, daher rührte die gegenwärtige Teilung in Arme und Reiche. Doch die Politik würde zu einer Wissenschaft werden, und «das Amt des Gesetzgebers» würde auf die «methodische Erforschung der Wahrheit» reduziert werden. Proudhon hoffte, dass das Zusammenspiel von «Gemeinschaft» und «Eigentum» vielleicht in «Freiheit», die «dritte Gesellschaftsform», münden würde, assoziierte diese Synthese aber gewiss nicht mit Vorstellungen von einer «negativen Gemeinschaft».[264]

264 Proudhon, *Was ist das Eigentum?*, S. 39, 52, 221, 223–236; K. Grün, *Die soziale Bewegung in Frankreich und Belgien. Briefe und Studien*, Darmstadt 1845, S. 416–423. Proudhon war vorsichtig, was den Begriff der Gemeinschaft betraf und wollte nicht mit ihm in Verbindung ge-

Die «negative Gemeinschaft» war ursprünglich als Antwort auf die Frage nach dem Ursprung des Privateigentums und der Rechte entwickelt worden. Die im siebzehnten Jahrhundert formulierten Argumente zum Ursprung des Eigentums nahmen die Genesis und die scholastische Tradition als Ausgangspunkt, denenzufolge Gott den Menschen die Erde zur gemeinsamen Benutzung geschenkt hatte. Das Ziel von Grotius und seinen Nachfolgern lautete, zwischen zwei Positionen des siebzehnten Jahrhunderts einen Weg zu finden: Einerseits waren da jene, die wie die Levellers behaupteten, dass dieses Geschenk bedeute, dass das Land für immer gemeinsam benutzt werden solle und dass Privateigentum daher illegitim sei; andererseits gab es jene, die wie der royalistische Staatstheoretiker Robert Filmer die Auffassung vertraten, dass Gott Adam die Erde übergeben habe – einem Menschen und seinen rechtmäßigen Erben – und dass es daher von Anbeginn an Privatbesitz gegeben habe.

Im Gegensatz zu diesen beiden unverrückbaren und inkompatiblen Auffassungen des Naturrechts konstruierten Grotius, Pufen-

bracht werden. In einem Brief an Marx vom 17. Mai 1843 argumentierte er, dass er die Theorie des Eigentums nicht gegen das Eigentum selbst wenden würde, um eine Gemeinschaft wie bei den Deutschen herbeizuführen, sondern dass er sich stattdessen für den Augenblick darauf beschränken würde, an Freiheit und Gerechtigkeit zu appellieren. Siehe groupe Fresnes-Antony de la Fédération anarchiste (Hrsg.), *P. J. Proudhon, Philosophie de la Misère, K. Marx Misère de la Philosophie, Textes Intégraux*, Les Imprimeurs Libres, Paris, Bd. 3, S. 327. Proudhons Notizen zeigen, dass er im Januar 1840 Grotius' *De jure belli ac pacis* in Teilen las und mit Notizen versah. Er selbst schätzte, dass er nicht mehr als etwa ein Sechstel von Grotius' Abhandlung gelesen hatte, da der Rest zu weit von seinem Thema entfernt war. Siehe P. Hauptmann, *Pierre-Joseph Proudhon, Sa Vie et Sa Pensée (1809–1849)*, Paris 1982, S. 249. Eine Lektüre Pufendorfs ist nicht überliefert. In *Was ist das Eigentum?* bezieht sich Proudhon auf den «Zustande der Gesellschaft, den die Rechtsgelehrten *negative* Gemeinschaft genannt haben» (S. 208), und viele andere Texte, die er konsultierte, enthielten Zusammenfassungen dieses Konzepts. Siehe beispielsweise Toullier, *Le Droit Civil Français*, Bd. 2, § 64, S. 26; oder siehe die Kritik an diesem Konzept in Comte, *Traité de la Propriété*, S. 356–359.

dorf und (auf eine andere Weise) Locke Entwicklungsschemata, die den Wandel erklären konnten, der zwischen dem ursprünglichen göttlichen Geschenk der Welt als gemeinsamer Besitz und der Gegenwart mit ihrer Vorherrschaft des Privateigentums stattgefunden hatte.[265] Geschenk Gottes bedeutete weder, dass die ersten Menschen eine «positive Gemeinschaft» praktizierten, noch, dass sie in einem späteren Zeitalter Eigentümerrechte besaßen. Was Pufendorf als «negative Gemeinschaft» bezeichnen sollte, war eine passendere Bezeichnung für dieses erste Zeitalter der Menschheit, in dem der Mensch über die Erde streifte, wie er jetzt noch über die Meere streifte, und in seiner Unschuld *gar keinen* Begriff von Eigentum hatte, weder von privatem noch von gemeinschaftlichem.[266]

Der Naturrechtstheorie zufolge galt in dieser urzeitlichen Epoche der Geschichte der Menschheit die Hauptsorge des Menschen der direkten und individuellen Befriedigung seiner Bedürfnisse. Die vorherrschende Beziehung war die zwischen Person und Sache; Beziehungen zwischen Personen waren relativ unwichtig. Bei der Befriedigung der Bedürfnisse – die archetypische Tätigkeit war das Sammeln von Eicheln und anderer Früchte im großen Urwald der Frühzeit – war der Mensch im Allgemeinen nicht auf andere

265 Inwieweit Lockes Theorie auch unter diese Konzeption der ersten Phasen der Menschheit als einer «negativen Gemeinschaft» subsumiert werden kann, ist dagegen nicht eindeutig auszumachen. Siehe James Tully, *A Discourse on Property: John Locke and his Adversaries*, Cambridge 1980.

266 Grotius' Theorie des primitiven Kommunismus bzw. der negativen Gemeinschaft war ursprünglich ein Nebenprodukt des Versuchs, für die Niederländer ein Recht zu schaffen, das ihnen freie Fahrt auf dem Meer sowie das Jagen und Sammeln seiner Produkte erlauben würde (*Mare Liberum*, 1609). Grotius verglich dieses Recht mit der ursprünglichen Möglichkeit der Menschheit, über die Erde zu streifen, um ihre Früchte zu sammeln, wilde Tiere zu jagen oder Herden grasen zu lassen, bevor eine wachsende Bevölkerung und eine aufkommende Ressourcenknappheit zu einer Teilung des Landes führten, zunächst zwischen Völkern und dann zwischen Familien. (R. Tuck, *Natural Rights Theories: Their Origins and Development*, Cambridge 1979, Kap. 3).

angewiesen, und es gab keine korrelierende Pflicht, anderen bei der Befriedigung ihrer individuellen Bedürfnisse zu helfen. Es gab daher keine Rechte und kein Eigentum. Denn Rechte und Eigentum bezögen sich auf Beziehungen zwischen Personen. Rechte implizierten korrelative Pflichten anderer, sie nicht zu verletzen, und Eigentum impliziere eine Übereinkunft der anderen, solches Eigentum zu achten. Im ersten Zeitalter der Menschheit gab es für beides keine Notwendigkeit. Der Mensch ernährte sich, indem er jagte und sammelte, Vieh hielt oder rudimentäre Formen der Landwirtschaft betrieb. Es gab wenig soziale Interaktion, nur gelegentliche Kooperation, und es gab – was das Wichtigste war – eine Fülle von Ressourcen im Verhältnis zu den Bedürfnissen des Menschen.

Rechte wurden erst notwendig, als die Bedürfnisse größer wurden und die Bevölkerung wuchs. In dieser Phase bedurfte die Bedürfnisbefriedigung mehr und mehr der Kooperation und einer beginnenden Arbeitsteilung. Formen von Knappheit entstanden, und da die Bedürfnisse immer vielfältiger wurden, fing man an, mehr Konsumgegenstände gesellschaftlich zu produzieren. Dies bedeutete, dass jedem Mitwirkenden im Produktionsprozess ein angemessener Teil des Produkts zugewiesen werden musste. Dies wiederum machte die Bildung eines Staates notwendig, der als institutioneller Wächter der Rechte aller Beteiligten fungierte und der Gier und Verletzungen von Eigentum und Person begrenzen konnte.[267]

Doch wie auch immer sich die Bausteine, die Marx' Theorie inspirierten, auch genau zusammengesetzt haben mögen – was auffällt, ist das Ausmaß, in dem sein Bild des Kommunismus, wenngleich kurz und schematisch, die herausragenden Charakteristiken dieses Naturrechtsansatzes reproduzierte: seine Gegenüberstellung von Rechten und Bedürfnissen, seine Verknüpfung des Kommunismus mit einem Menschen, der «reich an Bedürfnissen» ist, seine Identi-

267 Zur Bedeutung der sogenannten «Korrelativitätsthese» für die Unterscheidung eines neuen und strikter definierten begrifflichen Vokabulars der Rechte von einem einfacheren und ursprünglicheren Vokabular der Bedürfnisse siehe Hont, «Negative Community», S. 24–29; Tuck, *Natural Rights*, S. 159 f.

fizierung von Rechten mit der Zuteilung potenziell umkämpfter Ressourcen in einer von Mangel geprägten Umwelt und seine Assoziierung der Rechte und Gerechtigkeit mit dem politischen Staat. Marx wies durchweg alle Theorien des Kommunismus zurück, die auf Rechten basierten. Rechte, Gerechtigkeit und der Staat seien eins. Beim Kommunismus dagegen gehe es nicht um die «Regierung der Menschen», sondern um die «Verwaltung der Dinge». Der Kommunismus oder Sozialismus stehe für eine Gesellschaft, in der die «Selbstbetätigung» der Individuen auf die Bedürfnisbefriedigung ziele. Dass Marx an dieser Sichtweise festhielt, geht aus seiner «Kritik des Gothaer Programms» von 1875 hervor. Hier beschwor er erneut eine «höhere Phase der kommunistischen Gesellschaft».

> [E]rst dann kann der enge bürgerliche Rechtshorizont ganz überschritten werden und die Gesellschaft auf ihre Fahne schreiben: Jeder nach seinen Fähigkeiten, Jedem nach seinen Bedürfnissen![268]

Wir wissen nicht, ob Marx die naturrechtliche Konzeption des primitiven Kommunismus bewusst gebrauchte. Abgesehen von Proudhon gab es zahlreiche andere Kanäle, über die er auf einen solchen Ansatz hätte aufmerksam werden können.[269] Eine Mög-

268 K. Marx, «Kritik des Gothaer Programms», MEGA, Abt. I, Bd. 25, S. 3–25, hier 15.

269 Obwohl viele von Marx' Notizbüchern aus der Zeit von 1840–48 überliefert sind, kann man sie nicht als umfassende Dokumentation seiner Lektüren betrachten. Um nur einige Beispiele zu nennen: Aus den 1844er Manuskripten geht hervor, dass Marx das Werk des französischen christlichen Sozialisten Constantin Pecqueur gelesen oder zumindest eingesehen hatte; dies ist in seinen Notizbüchern allerdings nicht dokumentiert. Ebenso deuten viele seiner Schriften darauf hin, dass er mit den Werken der Saint-Simonisten und Fouriers vertraut war. Doch auch davon findet sich keine Spur in seinen Notizbüchern. Auch wusste er von den Schriften Charles Comtes, dessen *Traité de la Propriété* die Idee der negativen Gemeinschaft explizit erwähnt. Doch ist nicht klar, ob er diese selbst oder nur über sie las,

lichkeit waren die Schriften der Rechtsgelehrten. Die deutsche rechtswissenschaftliche Tradition des achtzehnten Jahrhunderts stützte sich nicht mehr auf die von den Naturrechtlern des siebzehnten Jahrhunderts entworfene «mutmaßliche Geschichte».[270] Doch das Wissen um diese Tradition verschwand nicht einfach, sondern wurde gewissermaßen in eingefrorener Form konserviert. So bezogen sich beispielsweise sowohl Heineccius als auch der deutsche rationalistische Philosoph Christian Wolff auf die Theorie der «negativen Gemeinschaft».[271]

und auch hier helfen die Notizbücher nicht weiter. Ebenso bezog sich Marx in seiner Kritik an Karl Grün auf das Werk des französischen Juristen und Savigny-Enthusiasten Eugène Lerminier, dokumentierte diese Lektüre aber nicht. Der Archivkatalog des Internationalen Instituts für Sozialgeschichte in Amsterdam verzeichnet 309 Notizbücher für die Zeit zwischen 1840 und 1848. Für Marx' Bezugnahme auf Pecquer siehe K. Marx, «Ökonomisch-philosophische Manuskripte (erste Wiedergabe)» (1844), MEGA, Abt. I, Bd. 2, S. 189–208, 208–216. Zu Marx' Erörterungen der Saint-Simonisten und Fouriers siehe K. Marx, *Kritik der bürgerlichen Ökonomie Neues Manuskript von K. Marx und F. Engels über Friedrich List*, Berlin 1972; K. Marx, «Karl Grün: Die soziale Bewegung in Frankreich und Belgien (Darmstadt 1845) oder Die Geschichtsschreibung des wahren Sozialismus», Kap. 4 der Deutschen Ideologie, MEW, Bd. 3, S. 480–502; für die Erwähnung Lerminiers siehe ebd., S. 476. Zu Marx' Bezugnahmen auf Charles Comte siehe insbesondere K. Marx und F. Engels, *Die Heilige Familie*, MEW, Bd. 2, S. 5–223.

270 Siehe Stein, *Legal Evolution*, S. 51. Das offenkundige Fehlen einer historischen Dimension in der Lehre des römischen Rechts, das die deutsche Historische Rechtsschule verurteilte, oder die von Proudhon in Frankreich herausgearbeitete Bedeutungslosigkeit und Abstraktheit der naturrechtlichen Begründungen des Privateigentums waren namentlich das Resultat von Entwicklungen des achtzehnten Jahrhunderts. Hier ist besonders die Fokussierung auf ein apriorisches juristisches und politisches Denken zu nennen, das in Deutschland sowohl von Thomasius als auch von Wolff aus unterschiedlichen Gründen gefördert wurde, sowie die bewusst antihistorische Interpretation von Recht und Gesetz im revolutionären Frankreich.

271 C. Wolff, *Jus naturae methodo scientifica pertractatum*, Frankfurt 1764, Teil 2, § 104; J. G. Heineccius, *De Jure Naturae*, Buch 1, § 233.

Eine weitere offensichtliche Verbindungslinie zwischen den Entwicklungstheorien des neunzehnten Jahrhunderts und den Naturrechtsdebatten des siebzehnten Jahrhunderts war die schottische Aufklärung des achtzehnten Jahrhunderts. Eine außerordentliche Galerie von Schriftstellern und Denkern, darunter David Hume, Adam Smith, Adam Ferguson, Henry Home (Lord Kames), William Robertson und John Millar, hatte zur Ausarbeitung der «Vier-Stadien-Theorie» der gesellschaftlichen Entwicklung beigetragen. Dieses für die damalige Zeit charakteristische Thema geht wohl auf das frühe achtzehnte Jahrhundert zurück, als eine Ausgabe Pufendorfs an schottischen Universitäten zum maßgebenden Lehrbuch der Moralphilosophie wurde.[272] Versuche, eine direkte Verbindung zwischen dem jungen Marx und der *conjectural history* der Schotten herzustellen, waren bisher aber nicht von Erfolg gekrönt. Die sichtbarsten Hinweise, dass Adam Smith sich für die «Vier-Stadien-Theorie» der Geschichte und das Naturrecht interessierte, finden sich in seinen unveröffentlichten «Vorlesungen zur Jurisprudenz». In *Der Wohlstand der Nationen*, einem von Marx gründlich studierten Buch, wurden diese Fragen nicht direkt thematisiert. Marx erwähnte an einer Stelle Adam Fergusons *Versuch über die Geschichte der bürgerlichen Gesellschaft*, allerdings erst 1847, als die Konturen seiner Theorie bereits feststanden.[273]

Natürlich ist es möglich, dass diese Suche nach einem verbindenden Glied in die Irre führt, dass es sich dabei um einen Versuch handelt, ein nicht existierendes Problem zu lösen. Die Namen Grotius und Pufendorf sind heute eher unbekannt. Doch in den 1840er Jah-

272 Hierbei handelte es sich um Gershom Carmichaels Ausgabe von 1718 von Pufendorfs *De Officio Hominis et Civis juxta Legem Naturalem*. Es gibt eine moderne Übersetzung dieses Buchs: S. Pufendorf, *Über die Pflicht des Menschen und des Bürgers nach dem Gesetz der Natur*, Frankfurt am Main 1994. Zur Bedeutung von Carmichaels Ausgabe im Schottland des achtzehnten Jahrhunderts siehe Moore und Silverthorne, «Gershom Carmichael», in: Hont und Ignatieff (Hrsg.), *Wealth and Virtue*, S. 73–88.

273 K. Marx, «Das Elend der Philosophie», MEW, Bd. 3, S. 375.

ren erfreuten sie sich in den gebildeten Schichten Europas großer Bekanntheit, besonders bei jenen, die auch nur ansatzweise mit der Jurisprudenz vertraut waren. Könnte Marx diese Autoritäten daher nicht einfach selbst gelesen haben? Diese Möglichkeit können wir nicht ausschließen. Doch selbst wenn er dies im Laufe seines Jurastudiums getan haben sollte, erscheint es unwahrscheinlich, dass sie ihn direkt zu seiner Theorie angeregt haben. In den 1830er und 1840er Jahren waren die Theorien der Rechtsgelehrten des siebzehnten Jahrhunderts mehr als hundert Jahre alt, und wer sich auf diese Autoritäten berief, tat dies meist rhetorisch oder zur Ausschmückung.[274] Es ist unwahrscheinlich, dass Marx sich mit einer zu diesem Zeitpunkt altmodisch und akademisch gewordenen Tradition der Rechtsgelehrsamkeit eingehend auseinandergesetzt hat; und erst recht hätte er sie nicht auf so eine verblüffende Art und Weise eingesetzt. Wahrscheinlicher ist, dass Marx die für diese Tradition charakteristischen Akzente indirekt wieder zur Geltung gebracht hat. Die ursprünglich aus dem Naturrecht abgeleiteten Theorien erreichten ihn, mit anderen Worten, nicht in ihrer ursprünglichen Form, sondern verändert, als unterbrochene Stränge eines Erbes, das sich in einer Reihe politischer und sozialer Debatten verstreut fand, die von der Französischen Revolution und ihren Nachwirkungen ausgelöst wurden.

Der Gebrauch eines dynamischen und entwicklungsgeschichtlichen Bedürfnisbegriffs in der politischen Ökonomie war ein deutliches Beispiel für das indirekte Erbe des naturrechtlichen Ansatzes. In diesem Fall hat Marx mit Sicherheit die ihm zugrundeliegende

274 Siehe beispielsweise den Führer der Chartisten, Bronterre O'Brien: «Lest Paine, Locke, Puffendorf und eine Reihe anderer und sie werden Euch sagen, dass die Arbeit das einzig echte Eigentum ist», in: *True Scotsman,* 6. Juli 1839; oder Etienne Cabet: «Auch Samuel v. Puffendorf, (...) Universitätsprofessor des Naturrechts (...) [anerkennt] in seinem ‹Natur- und Völkerrecht› eine ursprüngliche Naturgleichheit, Brüderlichkeit, Gütergemeinschaft, die allerdings durch Teilung in Privatbesitztum sich verwandelt habe, und schließt dahin, daß die gegenwärtige Ungleichheit ein rechtswidriger Zustand sei, der in den Uebergriffen der Reichen wie in der Feigheit der Armen seine Quelle habe.» (Cabet, *Ikarien*, S. 415).

Konzeption der Entwicklung der menschlichen Bedürfnisse, die die *conjectural history* stützte, durch eine aufmerksame Lektüre des Abschnitts über das «System der Bedürfnisse» in Hegels *Philosophie des Rechts* aufgenommen[275] – auch wenn er mit den Rechtsgelehrten oder den Schotten nicht direkt in Verbindung gekommen ist. Hier lag auch einer der Unterschiede zwischen Proudhon und Marx. Proudhon hatte Grotius und andere Rechtsgelehrte gelesen und begonnen, sich mit den Nationalökonomen auseinanderzusetzen. Doch der hervorstechendste praktische Vorschlag, der mit seiner «dritten Gesellschaftsform» verbunden war – die Lohngleichheit –, war eher das Ergebnis seiner Beschäftigung mit Forderungen nach Gerechtigkeit als mit der Befriedigung von Bedürfnissen. Aus Marx' Perspektive hatte Proudhon «die nationalökonomische Entfremdung *innerhalb* der nationalökonomischen Entfremdung» aufgehoben.[276] Der Aspekt der Theorie, der für Marx der entscheidenste war, spielte bei Proudhon keine Rolle. Weil dieser das Ende der politischen Autorität eher mit dem geistigen denn mit dem ökonomischen Fortschritt in Verbindung brachte, interessierte er sich nicht für den Überfluss oder dafür, wie dieser mit der Befriedigung eines jeden gemäß seiner Bedürfnisse zusammenhing.

Der Gebrauch eines historischen Begriffs des Eigentums und des Staates war ein weiteres Beispiel für den indirekten Einfluss des naturrechtlichen Ansatzes. Die erste Form des Sozialismus, die Marx ursprünglich als Jugendlicher durch seinen zukünftigen Schwiegervater Ludwig von Westphalen kennengelernt hatte, war die Saint-Simons.[277] Saint-Simon und seine Anhänger arbeiteten spätestens

275 *Grundlinien der Philosophie des Rechts*, § 189–208. Dieser erste Abschnitt des Begriffs der «bürgerlichen Gesellschaft» stützte sich stark auf Hegels detaillierte Lektüre von Smiths *Wohlstand der Nationen* und Sir James Steuarts *Inquiry into the Principles of Political Economy* (1767) in Frankfurt gegen Ende der 1790er Jahre.

276 K. Marx und F. Engels, *Die heilige Familie*, MEW, Bd. 2, S. 44.

277 W. Blumenberg, *Karl Marx in Selbstzeugnissen und Bilddokumenten*, Reinbek bei Hamburg 1962, S. 19.

seit 1817 mit einem historisch-relativen Begriff des Eigentums. Die spätere *Lehre Saint-Simons* fasste ihre Sichtweise zusammen, indem sie festhielt, dass «dieses bedeutsame Wort *Eigentum* (...) zu allen Epochen der Geschichte verschiedenes dargestellt [hat]». Darüber hinaus stellte Saint-Simon selbst keine Verbindung zwischen seinen Vorstellungen von einer sozialen und politischen Reorganisation und den Konzeptionen der positiven Gemeinschaft her, und er berief sich nicht auf Naturrechte. Sein Verständnis der modernen Gesellschaft und Ökonomie basierte zu großen Teilen auf dem Nationalökonomen Jean-Baptiste Say, dem wichtigsten französischen Anhänger Adam Smiths. Wie andere seiner Generation in den 1810er und 1820er Jahren machte Saint-Simon die Gegenüberstellung der antiken Angewiesenheit auf Kriege, Eroberungen und Plünderungen und der modernen, durch Frieden und industriellen Fortschritt erlangten Unabhängigkeit zum Ausgangspunkt seiner Theorie.[278] Wie die Naturrechtler und die schottischen *conjectural historians* betrachteten Saint-Simon und seine Anhänger den Staat als ein historisches Produkt. Doch in der friedlichen und fleißigen Welt der assoziierten Produzenten würde das Bedürfnis nach einem Staat schwinden. Die Regierung über Menschen würde einer Verwaltung von Dingen weichen.[279]

278 *Die Lehre Saint-Simons*, S. 135. Zu Saint-Simons Abhängigkeit von Say, siehe J.-B. Say, «De l'indépendance née chez les modernes des progrès de l'industrie», in: *Traité d'Economie politique*, 5. Auflage, Paris 1826, Band 2, S. 295–301; die Anhänger Says glaubten, dass mit der Französischen Revolution der auf «Zwang und Betrug» basierende Staat gestürzt worden sei (in dem im Ancien Régime die unproduktive Aristokratie und der Klerus ein privilegierte Position hatten) und dass an seiner Stelle eine auf «Industrie» oder Arbeit basierende Gesellschaft entstanden sei.

279 So umschrieb Engels später das, was Saint-Simon geschrieben hatte: «Ueberführung der politischen Regierung über Menschen in eine Verwaltung von Dingen (...) Der Staat wird nicht ‹abgeschafft›, *er stirbt ab.*» F. Engels, «Anti-Dühring», MEGA, Abt. I, Bd. 27, S. 428, 445. Die ursprüngliche Formulierung findet sich im «Catéchisme des Industriels», den Saint-Simon zusammen mit Auguste Comte ver-

Wie verhielt es sich dann mit dem Konzept des Kommunismus selbst? In dem im siebzehnten Jahrhundert formulierten ursprünglichen Konzept des primitiven Kommunismus war die Abwesenheit von Eigentum, Rechten und dem Staat als eine Konsequenz aus dem urzeitlichen Zustand des Überflusses im Verhältnis zu den menschlichen Bedürfnissen betrachtet worden. Auch hier war die Verbindung, so es sie überhaupt gab, eine indirekte. Marx' Phantasie wurde von der Idee, den Kommunismus mit dem Überfluss gleichzusetzen, nicht deswegen angeregt, weil er mit der Debatte des siebzehnten Jahrhunderts vertraut war, sondern weil die Frage nach 1789 wieder aufgetaucht war. Inspiriert durch den ungestümen Optimismus der frühen Jahre der Revolution, hatten Godwin in England und Condorcet in Frankreich die Möglichkeit einer auf dem Überfluss basierenden Gesellschaft thematisiert; und Malthus hatte als Antwort auf solch radikale Spekulationen 1798 erstmals sein Bevölkerungsgesetz vorgestellt.[280]

Doch die Frage des Überflusses verschwand damit nicht, sondern wurde einer der Ausgangspunkte der neuen «Wissenschaft» des «utopischen Sozialismus» zu Beginn des neunzehnten Jahrhunderts. In England war nicht nur Robert Owen ein Schüler Godwins, sondern die Frage, ob ein Zustand des Überflusses möglich sei, blieb auch ein zentrales Thema des owenistischen Sozialismus, insbesondere seit Malthus' Angriff auf Owen in der Ausgabe von 1817 seiner *Abhandlung über das Bevölkerungsgesetz*. In Frankreich schrieb Fourier von einer neuen Art der Wirtschaftskrisen,

fasste: «Die menschliche Rasse ist durch ihre Organisation dazu bestimmt, in Gesellschaft zu leben. Sie war zunächst dazu berufen, unter einem staatlichen Regime zu leben. Sie ist dazu bestimmt worden, von dem staatlichen oder militärischem Regime zum administrativen oder industriellen überzugehen, sobald die positiven Wissenschaften und die Industrie hinreichend Fortschritte erzielt haben.» (*Oeuvres de Claude-Henri de Saint-Simon*, Band 4 (1er Cahier), Paris 1966, S. 87).

280 Siehe W. Godwin, *Politische Gerechtigkeit*, Freiburg 2004; Marquis de Condorcet, *Entwurf eines historischen Gemähldes der Fortschritte des menschlichen Geistes*, Tübingen 1796; T. R. Malthus, *Eine Abhandlung über das Bevölkerungsgesetz*, Jena 1905.

welche er «crises pléthoriques» nannte. Diese «plethorischen Krisen» waren keine Folge des Mangels, sondern der Überproduktion. Thomas Carlyle legte während der wirtschaftlichen Depression von 1842/43 eine wortgewaltige Ausarbeitung dieses Themas vor, als er in *Vergangenheit und Gegenwart* ein England der «goldene[n] Mauern und volle[n] Scheuern» heraufbeschwor, in dem «[m]itten in der übergroßen Fülle (...) das Volk zugrunde [geht]».[281]

Dieses Bild des Elends inmitten von Überfluss wurde wiederum von Engels in seinen «Umrissen zu einer Kritik der Nationalökonomie» aufgegriffen, einem Aufsatz, der wesentlich auf der Kritik des owenistischen Dozenten John Watts beruhte.[282] Kurze Zeit später machte Marx ebenfalls mit dem Fortschritt der modernen Industrie in England Bekanntschaft, als er im Sommer 1844 Engels in Paris traf und seine Zusammenarbeit mit ihm begann. Danach konnte diese Sicht des Überflusses in den Mittelpunkt einer Theorie gestellt werden, die das unmittelbar bevorstehende Ende des Privateigentums und die Rückkehr des Menschen zu sich selbst zum Gegenstand hatte.

Schließlich ist es wichtig, daran zu erinnern, dass, selbst abgesehen von den Worten des Buchs Genesis, man die Rechtsgelehrten nicht gelesen haben musste, um zu wissen, dass der primitive Kommunismus mit dem Überfluss assoziiert wurde. Vielmehr bearbeiteten die Rechtsgelehrten und nach ihnen Marx ein Thema neu, das seit der Antike wohlbekannt war und gegen Ende der Napoleonischen Kriege erneut ins Feld geführt wurde. 1814 verkündete Saint-Simon in seinem Vorschlag für eine *Neuordnung der europäischen Gesellschaft*, dass

> die Einbildungskraft der Dichter das Goldene Zeitalter in die Wiege der Menschheit legte, in das Unwissen und die Rohheit der Frühzeit. Eher sollte man die Eisenzeit dorthin verbannen. Das Goldene Zeitalter der Menschheit liegt nicht hinter uns, sondern vor uns.[283]

281 Th. Carlyle, *Vergangenheit und Gegenwart*, Leipzig 1903, S. 7.
282 Siehe Claeys, *Machinery, Money and the Millenium*, S. 166–179.
283 C. H. de Saint-Simon (mit Augustin Thierry, «seinem Schüler»), *De la Reorganisation de la Société Européenne, Oeuvres de Saint-Simon*, Bd. 1, Paris 1966, S. 248.

Die gebildeten Stände Europas assoziierten im frühen neunzehnten Jahrhundert mit dem «Goldenen Zeitalter» nicht einfach eine vage und unspezifische Vorstellung von guten Zeiten. Vielmehr bezog sich dieser Begriff auf bestimmte Werke der antiken Dichtung, vor allem auf die Hesiods, Vergils und Ovids. Am berühmtesten war das erste Buch von Ovids *Metamorphosen*, seit hunderten von Jahren «eines der beliebtesten Schulbücher in Westeuropa».[284] Das letzte Wort über die Quellen von Marx' Kommunismus sollten wir daher Ovid überlassen:

> Ein goldnes Geschlecht wurde zuerst erschaffen, das ohne Beschützer aus eigenem Trieb und ohne Gesetz die Treue und Redlichkeit übte. Strafe und Furcht waren fern, man las noch keine drohenden Worte auf ehernen Tafeln, und keine um Gnade flehende Menge bebte vor dem Angesicht ihres Richters: Ohne Richter waren sie sicher. Noch war nicht, in den Bergen gefällt, die Fichte in die klaren Wogen hinabgestiegen, um eine fremde Welt zu besuchen. Keine Küsten kannten die Sterblichen – außer der, die sie selbst bewohnten. Noch schlossen keine tiefen Gräben die Städte ein, weder gerade Trompeten noch krumme Hörner formte man aus Erz, es gab keine Helme, keine Schwerter. Ohne daß es eines Krieges bedurft hätte, lebten die Völker sorglos in friedlicher Muße.
> Frei von Zwang, von keiner Hacke berührt, von keiner Pflugschar verwundet, gab von sich aus alles die Erde. Die Menschen waren zufrieden mit Speisen, die ohne jemands Zutun wuchsen und sammelten Früchte des Erdbeerbaums, Knickbeeren in den Bergen, Kornelkirschen, Brombeeren, die an dornigen Sträuchern hängen, und Eicheln, die von Jupiters breitschattigem Baum befallen waren. Ewiger Frühling herrschte, und linder Westwind fächelte mit lauen Lüften die Blumen, die niemand gepflanzt hatte.
> Bald trug ungepflügt die Erde auch Früchte des Feldes, und ohne je einer Ruhepause zu bedürfen, wurde die Flur gelb von schweren Ähren. Schon flossen Ströme von Milche, schon Ströme von Nektar dahin, und von den grünen Steineichen träufelte goldener Honig.[285]

284 F. E. Manuel und F. P. Manuel, *Utopian Thought in the Western World*, Oxford 1979, S. 74.

285 Publius Ovidius Naso, *Metamorphosen, erstes Buch – die Weltalter*, hrsg. u. übers. v. Gerhard Fink, Düsseldorf/Zürich 2004, S. 15.

12. Schluss

Daher können wir nun die Frage beantworten, die am Anfang dieser Einführung gestellt wurde: Warum räumte das *Manifest* einer Lobrede auf die Errungenschaften der Bourgeoisie so großen Raum ein? Die Antwort lautet, weil die Bourgeoisie dabei war, die Welt an die Schwelle einer neuen Epoche relativen Überflusses zu führen, in der man Rechte, Gerechtigkeit, Arbeit, Privateigentum und den politischen Staat hinter sich lassen könnte und in der die Welt sich nun erneut für jede Form menschlicher Tätigkeit öffnen würde, wie einst in Vorzeiten. Was Engels 1844 für England beschrieben hatte, war nicht, wie Hess und Engels selbst zunächst geglaubt hatten, eine soziale Krise, die nur diesem Land eigen war – so wie die Politik den Franzosen und die Philosophie den Deutschen eigen war. Vielmehr kündete sie von einer unmittelbar bevorstehenden Transformation der Menschheit.

Diese Aussicht wurde am vollständigsten in der «Deutschen Ideologie» ausformuliert. Der Kommunismus wäre nur möglich «als die Tat der herrschenden Völker ‹auf einmal› und gleichzeitig». Er würde «die universelle Entwicklung der Produktivkraft und den mit ihr zusammenhängenden Weltverkehr» voraussetzen. Diese Bedingungen waren nun dabei, erfüllt zu werden. Das Wachstum einer im großen Maßstab operierenden Industrie und Maschinerie habe «die dritte Periode des Privateigentums seit dem Mittelalter» eingeläutet. Es habe zum ersten Mal «Weltgeschichte» geschrieben, die Naturwissenschaft dem Kapital unterworfen, der Arbeitsteilung «den letzten Schein der Naturwüchsigkeit» genommen und «alle naturwüchsigen Verhältnisse in Geldverhältnisse» aufgelöst. Es habe die modernen industriellen Großstädte geschaffen, den Sieg der Stadt über das Land vollendet und eine Masse an Produktivkräften produziert, für die das Privateigentum «eine Fessel» geworden sei. Die auf dem «automatische[n] System» basierende Großindustrie habe «überall dieselben Verhältnisse zwischen den Klassen der Gesellschaft» geschaffen und dadurch «die Besonderheit der einzelnen Nationalitäten» zerstört.[286]

Es war nicht weiter notwendig, sich über die angeborene Geselligkeit des Feuerbachschen Menschen Gedanken zu machen, denn «die Existenz revolutionärer Gedanken in einer bestimmten Epoche» setze «bereits die Existenz einer revolutionären Klasse» voraus. Kommunismus würde «die Verwandlung der Arbeit in Selbstbetätigung» bedeuten. Er würde den Staat als «illusorische Gemeinschaft», die sich den Individuen gegenüber, aus denen sie sich zusammensetzte, immer verselbstständigte, durch eine «wirkliche Gemeinschaft» ersetzen, in der «die Individuen in ihrer und durch ihre Assoziation zugleich ihre Freiheit» erlangten.[287]

Damit wären in aller Kürze die Bestandteile des Marxschen Begriffs des Kommunismus in den Jahren vor der Niederschrift des *Manifests* benannt: erstens eine apokalyptische Lesart von Smiths Theorie der Arbeitsteilung, in der die fortschreitende Entwicklung der Marktgesellschaft in die Selbstzerstörung umschlug; zweitens die Annahme, dass die moderne bürgerliche Form des Privateigentums wie die von der Historischen Rechtsschule diskutierten früheren Formen des Eigentums vergänglich war; sowie drittens die Annahme, dass die moderne Industrie und «das automatische System» dabei waren, ein neues Zeitalter des Überflusses im Verhältnis zu den menschlichen Bedürfnissen zu schaffen, das mit der Urzeit der Menschheit vergleichbar, wenn auch unendlich viel reicher war.

Was zunächst so kohärent und logisch zwingend erschien, begann später auseinanderzufallen. Möglicherweise hat Marx sein Hauptwerk, *Das Kapital*, deshalb nicht vollendet, weil die Theorie zu implodieren drohte. Zuerst musste er in den «Grundrissen» von 1857 zugeben, dass die «Selbstbetätigung» der «vergesellschafteten Produzenten» die «*nothwendige* Arbeit» nicht überflüssig machte,

286 K. Marx und F. Engels, «Die deutsche Ideologie», MEW, Bd. 3, S. 35, 59 f.

287 K. Marx und F. Engels, «Die deutsche Ideologie», MEW, Bd. 3, S. 47, 68, 74.

dass es also weiterhin unvermeidliche und unfreiwillige Arbeit geben würde, die erledigt werden musste, wenn die Sozialwirtschaft sich reproduzieren wollte. In der «Deutschen Ideologie» hatte Marx behauptet, dass die «Arbeit» (erzwungene, nicht spontane Arbeit oder Lohnarbeit) von der Selbsttätigkeit abgelöst werden würde.[288] In einer berühmten Passage beschwor er eine

> kommunistische[n] Gesellschaft, wo jeder nicht einen ausschließlichen Kreis der Tätigkeit hat, sondern sich in jedem beliebigen Zweige ausbilden kann, die Gesellschaft die allgemeine Produktion regelt und mir eben dadurch möglich macht, heute dies, morgen jenes zu tun, morgens zu jagen, nachmittags zu fischen, abends Viehzucht zu treiben, nach dem Essen zu kritisieren, wie ich gerade Lust habe, ohne je Jäger, Fischer, Hirt oder Kritiker zu werden.[289]

Mitte der 1850er Jahre jedoch war Marx zu der Erkenntnis gelangt, dass selbst dann, wenn viele niedere Arbeiten von Maschinen ausgeführt werden könnten, Arbeit der nichtspontanen und unerfreulichen Sorte in der einen oder anderen Form weiterhin notwendig sein würde. In den *Grundrissen* schrieb Marx, nachdem er Fouriers «grisettenmäßig naiv[e]» Sicht verspottet und angemerkt hatte, «[w]ie wenig Proudhon die Sache verstanden hat»,

> daß die zur Fristung der absoluten Bedürfnisse nothwendige Arbeitszeit freie Zeit läßt (verschieden auf den verschiednen Stufen der Entwicklung der Productivkräfte) (...) Das Verhältniß [die Unterteilung des Produkts in Notwendiges und Überschüssiges] selbst aufzuheben ist der Zweck; so daß (...) die materielle Production jedem Menschen Surpluszeit zu andrer Thätigkeit läßt.

Es war anzunehmen, dass die «zur Fristung der absoluten Bedürfnisse nothwendige Arbeitszeit» zugeteilt werden müsse und dass dies die Wiedereinführung von Prinzipien des Rechts und der «Re-

288 Siehe K. Marx und F. Engels, «Die deutsche Ideologie», MEW, Bd. 3, S. 68.

289 K. Marx und F. Engels, «Die deutsche Ideologie», MEW, Bd. 3, S. 33.

gierung der Menschen» erforderlich machen würde.[290] Ein solches Zugeständnis vertrug sich schlecht mit einem Absterben des Staates; und es bedeutete, dass alle Probleme des Regierens, der Gerechtigkeit und der Rechte, von denen Marx glaubte, sie Mitte der 1840er Jahre entsorgt zu haben, nun lautstark darauf zu bestehen schienen, durch die Hintertür wieder hereingelassen zu werden.

Auch in anderen Bereichen hatte eine genauere Betrachtung des Zusammenhangs zwischen der Entwicklung der menschlichen Bedürfnisse und der Möglichkeit einer fortgeschrittenen, nicht marktbasierten Form des Kommunismus ergeben, dass die simplen Annahmen der Jahre vor 1848 unhaltbar waren. Marx' Gleichsetzung des Kommunismus mit der Möglichkeit *unmittelbarer* Beziehungen, ob zwischen Mensch und Mensch oder zwischen Mensch und Ding, die in der Zeit seiner intensiven Begeisterung für Feuerbach so evident erschien, verschwand zwar nicht, präsentierte sich aber in seiner Formulierung des Begriffs des Gebrauchswertes in den 1850er Jahren in einem neuem Gewand. Wenn Marx' Theorie zutreffend sein sollte, war es wichtig zu zeigen, dass der Kapitalismus nicht mehr als eine ökonomische *Form* und lediglich einer bestimmten Entwicklungsstufe angemessen war in der «wahren Naturgeschichte der Menschen». In dem veröffentlichten Band des *Kapitals* wurde der Begriff des «Gebrauchswertes» als eine direkte und authentische Charakterisierung des sich unter den Handelspraktiken des Marktes verbergenden menschlichen Bedürfnisses dargestellt, als entscheidendes Indiz für das Vorhandensein dieser «wahren Naturgeschichte» und als Schlüssel zur Demonstration ihrer ultimativen Macht in Zeiten der Wirtschaftskrise.

Auch für Marx' Theorie des Kommunismus war der «Gebrauchswert» von zentraler Bedeutung. In der Gesellschaft der Zukunft würde es keine Vermittlung durch den Markt mehr geben. Bedürfnisse würden direkt durch den Reichtum befriedigt werden;

290 K. Marx, «Grundrisse der Kritik der politischen Ökonomie», MEGA, Abt. II, Bd. 1.2, S. 499 f.

damit wäre die «Naturbeziehung zwischen Menschen und Gegenständen» wieder hergestellt. Der Gebrauchswert verwies auf den Nützlichkeitscharakter der Dinge in ihrer natürlichen Besonderheit und erlaubte es, den Reichtum auf eine nichtökonomische Weise zu betrachten, ohne sich dabei auf den Markt zu beziehen – Reichtum als die Summe von nützlichen Gegenständen oder menschlichen Fähigkeiten und als direkter Ausdruck des menschlichen Bedürfnisses. Um eine auf dem Gebrauchswert basierende Gesellschaft durchzusetzen, musste der Markt abgeschafft werden. Der Sozialismus oder Kommunismus würde den Markt durch einen rationalen Plan ersetzen, den die assoziierten Produzenten ausarbeiten sollten. Bedürfnisse würden direkt befriedigt und die qualitativen Unterschiede zwischen den Individuen nach dem Prinzip «jeder nach seinen Fähigkeiten, jedem nach seinen Bedürfnissen» wiederhergestellt.

Der Markt musste abgeschafft werden, weil er das verkörperte, was Marx in seiner Kritik der bürgerlichen Gesellschaft zuerst am anstößigsten fand – die Unterwerfung des modernen Menschen unter den Zufall. Durch die Generalisierung der Marktbeziehungen hatte die Wirtschaft sich der sozialen oder politischen Kontrolle entzogen. Die moderne bürgerliche Gesellschaft hatte einen entfesselten Frankenstein geschaffen, mit dem Ergebnis, dass «der Produktionsprozeß die Menschen, der Mensch noch nicht den Produktionsprozeß bemeistert». Innerhalb der Marktbeziehungen waren Produktion wie Bedürfnisbefriedigung atomisiert. Der Markt hatte keinen Blick für die qualitativen Differenzen zwischen den Individuen. Alle wurden mit demselben Maßstab gemessen. Schließlich schien der Markt, was vielleicht das schlimmste von allem war, das zweckgerichtete menschliche Handeln zu verhöhnen. Produzenten und Händler, die nicht mehr den Zwängen althergebrachter Bräuche oder der Autorität der Tradition unterlagen, mussten sich selbst ausrechnen, wie der Markt das, was sie anboten, aufnehmen würde. Doch der Markt korrigierte Asymmetrien im Verhältnis von Produktion und Bedürfnisbefriedigung stets nur retrospektiv – oder auch gar nicht, wenn das Bedürfnis nicht mit dem übereinstimmte, was der Markt als wirkliche Nachfrage anerkannte.

Für die Sozialisten war es einfach, die Ungerechtigkeiten des Marktes zu verurteilen; für Marx allerdings stellte dies ein Problem dar. Seine Variante des Kommunismus war von der Dynamik der modernen Tauschwirtschaft und ihrer Fähigkeit ausgegangen, die Bedürfnisse des gesamten Menschen zu befriedigen. Wenn man nun mit der Abschaffung des Marktes das Medium beseitigte, durch das Bedürfnisse und Ressourcen miteinander in Einklang gebracht wurden, so wurde damit das zentrale dynamische Merkmal dieser Wirtschaftsweise beseitigt; und in dieser Frage half auch Marx' Theorie der Geschichte kaum weiter. Denn ganz gleich, ob die 1859 erwähnte Abfolge von Wirtschaftsformen nun wirklich aufeinander folgende Stufen in der Entwicklung der menschlichen Produktivkräfte repräsentierte oder nicht, so stach doch die enorme Differenz zwischen der kapitalistischen Produktionsweise und den anderen, nichtkapitalistischen Produktionsweisen ins Auge.

Marx' Untersuchungen zeigten, dass in allen vorkapitalistischen Gesellschaften die Harmonisierung von Ressourcen und Bedürfnissen nicht durch den Markt, sondern von anderen Kräften besorgt wurde: von gewohnheitsmäßigen Normen, altehrwürdigen Traditionen und politischen oder religiösen Institutionen. In solchen Gesellschaften waren die Institutionen, die die Produktion regulierten und organisierten, zumeist auch für die Organisation aller anderen Aspekte des Lebens verantwortlich. Diese Institutionen regulierten die Produktion, um eine traditionelle, vorgegebene Reihe von Bedürfnissen zu befriedigen.

Der Kapitalismus war die erste Form, die sich aus diesem rigiden und stark regulierten Rahmen befreit hatte. Nur in einem generalisierten System der Warenproduktion und des Warentauschs, das den Kauf und Verkauf der Fähigkeit zu arbeiten selbst («Arbeitskraft») miteinschloss, war es möglich, dass sich das «Ökonomische» von den anderen Lebenssphären separierte. Es war diese generelle Befreiung von den vielen Formen vorkapitalistischen institutionellen Zwangs, die die enorme Überlegenheit des Kapitalismus bei der Beförderung des menschlichen Produktivitätsfortschritts erklärte. Denn nur der Kapitalismus hatte eine Art eingebautes Interesse an der kontinuierlichen Entwicklung und Verbreitung neuer Bedürfnisse.

Der Rekurs auf den Gebrauchswert drohte nicht nur, die modernistische Haltung, von der Marx zunächst ausgegangen war, in Frage zu stellen, vielmehr unterminierten auch die Begriffe, derer er sich dabei bediente, seine ursprüngliche Position noch weiter. Der «Gebrauchswert», so erklärte Marx mit Nachdruck, war Ausdruck der «Naturbeziehung zwischen Menschen und Gegenständen». Der Gebrauchswert der Gegenstände existiere unabhängig vom Markt oder jeder anderen speziellen sozialen Form, da er sich auf «natürliche Bedürfnisse» beziehe. Im Gegensatz zur Grenzenlosigkeit des Tauschwerts gebe die Welt des Gebrauchswerts eine «natürliche Grenze» vor.

Tatsächlich wies die Sprache, in der Marx die Rückkehr zum Gebrauchswert in der kommunistischen Gesellschaft pries, eine problematische Ähnlichkeit zu den Formulierungen auf, in denen er an die Vorzüge der vorkapitalistischen Gesellschaften erinnerte. Marx schrieb über «die ursprüngliche Einheit zwischen Arbeiter und Arbeitsbedingungen» innerhalb eines «naturwüchsige[n] Kommunismus». Die hier praktizierte Arbeitsteilung und die Produktionsmethoden seien «natürlich». «Jeder Einzelne» verhalte sich hier «nur als Glied, als member [sic] dieses Gemeinwesens» unter «natürlichen und göttlichen Voraussetzungen». Anders als in der modernen Wirtschaft, die vom Streben nach Reichtum beherrscht werde, erscheine in diesen Ökonomien, die auf die direkte Befriedigung des Gebrauchswertes ausgerichtet seien, der «Mensch (…) als Zweck der Produktion».

Es scheint unwahrscheinlich, dass Marx sich der Implikationen eines Rekurses auf eine normative Sprache des Natürlichen nicht bewusst war. Doch ob es sich dabei um eine intellektuelle Entgleisung handelte oder ob hier eine von Anfang an in seinem Denken vorhandene Zweideutigkeit wieder auftauchte, ist schwer auszumachen. Fest steht jedoch, dass sich etwas änderte. In den Schriften der 1840er Jahre wurden die Gesellschaften des Altertums ohne Pathos erwähnt. Auch gab es keine so stark ausgeprägte Unterscheidung zwischen «natürlichen» und anderen Bedürfnissen. Was den Menschen vom Tier unterschied, war seine Fähigkeit, *neue* Bedürfnisse zu schaffen, und diese Fähigkeit gelangte in der modernen bürgerlichen Gesellschaft am vollkommensten zum Ausdruck. Indem er zwischen «natürlichen» und anderen Bedürfnissen unterschied, lief Marx Gefahr, das, was am Kapitalismus am neuartigsten und wertvollsten war, zu untergraben. Man konnte sich schwer vorstellen, dass sich die Produktivkräfte auch nach der Abschaffung des Marktes mit derselben Geschwindigkeit weiterentwickeln würden. Vorkapitalistische Systeme beruhten auf der unbewussten Annahme, dass Bedürfnisse unveränderlich waren. Wenn man diese Annahme aufhob, wurde damit auch der Sinn des Gebrauchswerts in Frage gestellt. Wenn Marx bis zuletzt an dem Konzept des Gebrauchswertes, das er im ersten und einzig vollendeten Band des *Kapitals* entwickelt hatte, festgehalten hätte, wäre er Gefahr gelaufen, den Kapitalismus durch eine vormarktwirtschaftliche Form zu ersetzen.[291]

In den Tagen der Zuversicht des Jahres 1847 hatte Marx Proudhon verspottet: Er wolle «die richtigen Proportionen früherer Jahrhunderte mit den Produktionsmitteln unserer Zeit, und dann ist man Reaktionär und Utopist in einem».[292] Doch Aussagen der 1850er und 1860er Jahre deuten darauf hin, dass Marx in dieselbe Falle gelaufen war und sich nicht aus ihr befreien konnte. Die Folgen dieses Scheiterns waren mitnichten rein akademischer Natur, denn es war die Masse der Marxschen Schriften, der veröffentlichten wie unveröffentlichten, mit deren Hilfe die Kommunisten des 20. Jahrhunderts versuchten, den Kommunismus Wirklichkeit wer-

291 Die theoretischen Schwierigkeiten, die Marx' Versuch, eine Form des Kapitalismus jenseits des Marktes zu entwickeln, mit sich brachte, wurden am konsequentesten von osteuropäischen Reform- bzw. Oppositionsgruppen zwischen den 1960er und 1980er Jahren untersucht. Für die ungarische Literatur siehe insbesondere G. Bence, J. Kis, G. Markus, *Wie ist eine kritische Wirtschaftslehre möglich?*, Samisdat-Vertrieb, 1971. Die in dieser Position enthaltenen Punkte bezüglich Marx' Versuch, im *Kapital* eine Theorie des Gebrauchswerts zu entwickeln, wurden von Istvan Hont aufgenommen und ausgearbeitet. Siehe I. Hont, *The Antonomies of the Concept of Use Value in Marx's Capital, Working Papers in Political Economy and Society,* King's College Research Centre, 1983.

292 K. Marx, «Das Elend der Philosophie», MEW, Bd. 4, S. 97.

den zu lassen – mit nicht ganz unvorhersehbaren Resultaten. So bemerkte der sozialistische Ökonom Michael Kalecki (der voller Enthusiasmus nach Polen zurückgekehrt war, nachdem man dort den Kommunismus eingeführt hatte) in seiner Antwort auf die Frage eines Journalisten zu Polens Übergang vom Kapitalismus zum Sozialismus: «Ja, wir haben den Kapitalismus erfolgreich abgeschafft; nun müssen wir nur noch den Feudalismus abschaffen.»[293]

Dass Marx daran scheiterte, eine Theorie des modernen Kommunismus zu entwickeln, erklärt vielleicht auch die Tatsache, dass er während der letzten fünfzehn Jahre seines Lebens nicht versuchte, das *Kapital* zu vollenden, sondern es vorzog, sich in einem intensiven Studium antiker, kommunaler und vorkapitalistischer Formen, angefangen bei den Prärien Nordamerikas bis hin zu den Dörfern der russischen Steppe, zu vergraben. Vielleicht hoffte er, dass diese Dörfer und Stämme das Geheimnis eines anderen und zuverlässigeren Weges zur postkapitalistischen Gesellschaft bargen.[294]

Während der Abfassung des *Manifests* waren solche Probleme noch nicht vorhersehbar. Im Jahr 1848 stellten sich die Dinge einfacher dar. Sobald man die «so gewaltige[n] Produktions- und Verkehrsmittel», die die moderne Bourgeoisie «hervorgezaubert» hatte, unter menschliche Kontrolle gebracht hatte, würde «eine Assoziation» entstehen, «in der die freie Entwicklung eines jeden die Bedingung für die freie Entwicklung aller» wäre. Tragischerweise sollte dieses auf tönernen Füßen stehende und, wie sich herausstellte, nicht einlösbare Versprechen, das unter der Flut von Worten zum «Aufbau» des Sozialismus und der «Diktatur des Proletariats» praktisch vergessen wurde, die Grundlage bilden, auf der der Kommunismus des 20. Jahrhunderts auf eine so brutale und selbstgerechte Weise seinen imaginären Weg zur Emanzipation der Menschheit fortschritt.

293 Zitiert in Amartya Sen, *Development as Freedom*, Oxford 1999, S. 114.

294 Zum Wandel von Marx' Position in der Zeit nach 1870 siehe H. Wada, «Marx and Revolutionary Russia», in: T. Shanin (Hrsg.), *The Late Marx and the Russian Road*, London 1983, S. 40–75; D. R. Kelley, «The Science of Anthropology: an Essay on the very old Marx», in: *Journal of the History of Ideas*, 45. (1984), S. 245–262.

Teil II

Karl Marx und Friedrich Engels
Manifest der Kommunistischen Partei*

* Der hier abgedruckte Text folgt der letzten von Engels besorgten Ausgabe von 1890. Die verschiedenen Varianten werden nicht wiedergegeben. Vgl. dafür MEW, Bd. 4, S. 459–493.

Vorwort zur deutschen Ausgabe von 1872[1]

Der Bund der Kommunisten, eine internationale Arbeiterverbindung, die unter den damaligen Verhältnissen selbstredend nur eine geheime sein konnte, beauftragte auf dem in London im November 1847 abgehaltenen Kongresse die Unterzeichneten mit der Abfassung eines für die Öffentlichkeit bestimmten, ausführlichen theoretischen und praktischen Parteiprogramms. So entstand das nachfolgende »Manifest«, dessen Manuskript wenige Wochen vor der Februarrevolution nach London zum Druck wanderte.[2] Zuerst deutsch veröffentlicht, ist es in dieser Sprache in Deutschland, England und Amerika in mindestens zwölf verschiedenen Ausgaben abgedruckt worden. Englisch erschien es zuerst 1850 in London im «Red Republican», übersetzt von Miß Helen Macfarlane, und 1871 in wenigstens drei verschiedenen Übersetzungen in Amerika. Französisch zuerst in Paris kurz vor der Juni-Insurrektion 1848, neuerdings in «Le Socialiste» von New York.[3] Eine neue Übersetzung wird vorbereitet. Polnisch in London kurz nach seiner ersten deutschen Herausgabe. Russisch in Genf in den sechziger Jahren. Ins Dänische wurde es ebenfalls bald nach seinem Erscheinen übersetzt.

Wie sehr sich auch die Verhältnisse in den letzten fünfundzwanzig Jahren geändert haben, die in diesem »Manifest« entwickelten allgemeinen Grundsätze behalten im ganzen und großen auch heute noch ihre volle Richtigkeit. Einzelnes wäre hier und da zu bessern. Die praktische Anwendung dieser Grundsätze, erklärt das «Manifest» selbst, wird überall und jederzeit von den geschichtlich vorliegenden Umständen abhängen, und es wird deshalb durchaus kein besonderes Gewicht auf die am Ende von Abschnitt II vorgeschlagenen revolutionären Maßregeln gelegt. Dieser Passus würde heute in vieler Beziehung anders lauten. Gegenüber der immensen Fortentwicklung der großen Industrie in den letzten fünfundzwanzig Jahren und der mit ihr fortschreitenden Parteiorganisation der Arbeiterklasse, gegenüber den praktischen Erfahrungen, zuerst der Februarrevolution und noch weit mehr der Pariser Kommune, wo das Proletariat zum erstenmal zwei Monate lang die politische Gewalt innehatte, ist heute dies Programm stellenweise veraltet.[4] Namentlich hat die Kommune den Beweis geliefert, daß «die Arbeiterklasse nicht die fertige Staatsmaschine einfach in Besitz nehmen und sie für ihre eignen Zwecke in Bewegung setzen kann». (Siehe «Der Bürgerkrieg in Frankreich. Adresse des Generalraths der Internationalen Arbeiter-Association», deutsche Ausgabe, S. 19, wo dies weiterentwickelt ist.) Ferner ist selbstredend, daß die Kritik der sozialistischen Literatur für heute lückenhaft ist, weil sie nur bis 1847 reicht; ebenso daß die Bemerkungen über die Stellung der Kommunisten zu den verschiedenen Oppositionsparteien (Abschnitt IV), wenn in den Grundzügen auch heute noch richtig, doch in ihrer Ausführung heute schon deswegen veraltet sind, weil die politische Lage sich total umgestaltet und die geschichtliche Entwicklung die meisten der dort aufgezählten Parteien aus der Welt geschafft hat.

Indes, das »Manifest« ist ein geschichtliches Dokument, an dem zu ändern wir uns nicht mehr das Recht zuschreiben. Eine spätere Ausgabe erscheint vielleicht begleitet von einer den Abstand von 1847 bis jetzt überbrückenden Einleitung; der vorliegende Abdruck kam uns zu unerwartet, um uns Zeit dafür zu lassen.

London, 24. Juni 1872

Karl Marx
Friedrich Engels

Vorrede zur russischen Ausgabe von 1882[5]

Die erste russische Ausgabe des «Manifestes der Kommunistischen Partei», übersetzt von Bakunin, erschien anfangs der sechziger Jahre in der Druckerei des «Kolokol».[6] Der Westen konnte damals in ihr (der *russischen* Ausgabe des «Manifestes») nur ein literarisches Kuriosum sehn. Solche Auffassung wäre heute unmöglich.

Welch beschränktes Gebiet damals (Dezember 1847) die proletarische Bewegung noch einnahm, zeigt am klarsten das Schlußkapitel des «Manifests»: Stellung der Kommunisten zu den verschiedenen Oppositionsparteien in den verschiedenen Ländern. Hier fehlen nämlich grad – Rußland und die Vereinigten Staaten. Es war die Zeit, wo Rußland die letzte große Reserve der europäischen Gesamtreaktion bildete; wo die Vereinigten Staaten die proletarische Überkraft Europas durch Einwanderung absorbierten. Beide Länder versorgten Europa mit Rohprodukten und waren zugleich Absatzmärkte seiner Industrieerzeugnisse. Beide Länder waren damals also, in dieser oder jener Weise, Säulen der bestehenden europäischen Ordnung.

Wie ganz anders heute! Grade die europäische Einwanderung befähigte Nordamerika zu einer riesigen Ackerbauproduktion, deren Konkurrenz das europäische Grundeigentum – großes wie kleines – in seinen Grundfesten erschüttert.[7] Sie erlaubte zudem den Vereinigten Staaten, ihre ungeheuren industriellen Hülfsquellen mit einer Energie und auf einer Stufenleiter auszubeuten, die das bisherige industrielle Monopol Westeuropas und namentlich Englands binnen kurzem brechen muß. Beide Umstände wirken revolutionär auf Amerika selbst zurück. Das kleinere und mittlere Grundeigentum der Farmers, die Basis der ganzen politischen Verfassung, erliegt nach und nach der Konkurrenz der Riesenfarms; in den Industriebezirken entwickelt sich gleichzeitig zum erstenmal ein massenhaftes Proletariat und eine fabelhafte Konzentration der Kapitalien.

Und nun Rußland! Während der Revolution von 1848/49 fanden nicht nur die europäischen Fürsten, auch die europäischen

Bourgeois in der russischen Einmischung die einzige Rettung vor dem eben erst erwachenden Proletariat. Der Zar wurde als Chef der europäischen Reaktion proklamiert. Heute ist er Kriegsgefangner der Revolution in Gatschina, und Rußland bildet die Vorhut der revolutionären Aktion von Europa.[8]

Das «Kommunistische Manifest» hatte zur Aufgabe, die unvermeidlich bevorstehende Auflösung des modernen bürgerlichen Eigentums zu proklamieren. In Rußland aber finden wir, gegenüber rasch aufblühendem kapitalistischen Schwindel und sich eben erst entwickelndem bürgerlichen Grundeigentum, die größere Hälfte des Bodens im Gemeinbesitz der Bauern. Es fragt sich nun: Kann die russische Obschtschina, eine wenn auch stark untergrabene Form des uralten Gemeinbesitzes am Boden, unmittelbar in die höhere des kommunistischen Gemeinbesitzes übergehn?[9] Oder muß sie umgekehrt vorher denselben Auflösungsprozeß durchlaufen, der die geschichtliche Entwicklung des Westens ausmacht?

Die einzige Antwort hierauf, die heutzutage möglich, ist die: Wird die russische Revolution das Signal einer proletarischen Revolution im Westen, so daß beide einander ergänzen, so kann das jetzige russische Gemeineigentum am Boden zum Ausgangspunkt einer kommunistischen Entwicklung dienen.[10]

London, 21. Januar 1882

Karl Marx
F. Engels

Vorwort zur deutschen Ausgabe von 1883

Das Vorwort zur gegenwärtigen Ausgabe muß ich leider allein unterschreiben.[11] Marx, der Mann, dem die gesamte Arbeiterklasse Europas und Amerikas mehr verdankt als irgendeinem andern – Marx ruht auf dem Friedhof zu Highgate, und über sein Grab wächst bereits das erste Gras. Seit seinem Tode kann von einer Umarbeitung oder Ergänzung des «Manifestes» erst recht keine Rede mehr sein. Für um so nötiger halte ich es, hier nochmals das Folgende ausdrücklich festzustellen.

Der durchgehende Grundgedanke des «Manifestes»: daß die ökonomische Produktion und die aus ihr mit Notwendigkeit folgende gesellschaftliche Gliederung einer jeden Geschichtsepoche die Grundlage bildet für die politische und intellektuelle Geschichte dieser Epoche; daß demgemäß (seit Auflösung des uralten Gemeinbesitzes an Grund und Boden) die ganze Geschichte eine Geschichte von Klassenkämpfen gewesen ist, Kämpfen zwischen ausgebeuteten und ausbeutenden, beherrschten und herrschenden Klassen auf verschiedenen Stufen der gesellschaftlichen Entwicklung; daß dieser Kampf aber jetzt eine Stufe erreicht hat, wo die ausgebeutete und unterdrückte Klasse (das Proletariat) sich nicht mehr von der sie ausbeutenden und unterdrückenden Klasse (der Bourgeoisie) befreien kann, ohne zugleich die ganze Gesellschaft für immer von Ausbeutung, Unterdrückung und Klassenkämpfen zu befreien – dieser Grundgedanke gehört einzig und ausschließlich Marx an.* Ich habe das schon oft ausgesprochen;

* «Diesem Gedanken», sage ich in der Vorrede zur englischen Übersetzung, «der nach meiner Ansicht berufen ist, für die Geschichtswissenschaft denselben Fortschritt zu begründen, den Darwins Theorie für die Naturwissenschaft begründet hat – diesem Gedanken hatten wir beide uns schon mehrere Jahre vor 1845 allmählich genähert. Wieweit ich selbständig mich in dieser Richtung voranbewegt, zeigt meine ‹Lage der arbeitenden Klasse in England›. Als ich aber im Frühjahr 1845 Marx in Brüssel wiedertraf, hatte er ihn fertig ausgearbeitet und legte ihn mir vor in fast

es ist aber gerade jetzt nötig, daß es auch vor dem «Manifest» selbst steht.

London, 28. Juni 1883 *F. Engels*

ebenso klaren Worten wie die, worin ich ihn oben zusammengefaßt.» *[Anmerkung von Engels zur deutschen Ausgabe von 1890.]*

Vorrede zur englischen Ausgabe von 1888

Das «Manifest» wurde als Plattform des Bundes der Kommunisten veröffentlicht, einer anfangs ausschließlich deutschen, später internationalen Arbeiterassoziation, die unter den politischen Verhältnissen des europäischen Kontinents vor 1848 unvermeidlich eine Geheimorganisation war. Auf dem Kongreß des Bundes, der im November 1847 in London stattfand, wurden Marx und Engels beauftragt, die Veröffentlichung eines vollständigen theoretischen und praktischen Parteiprogramms in die Wege zu leiten. In deutscher Sprache abgefaßt, wurde das Manuskript im Januar 1848, wenige Wochen vor der französischen Revolution vom 24. Februar, nach London zum Druck geschickt. Eine französische Übersetzung wurde kurz vor der Juni-Insurrektion von 1848 in Paris herausgebracht. Die erste englische Übersetzung, von Miß Helen Macfarlane besorgt, erschien 1850 in George Julian Harneys «Red Republican» in London. Auch eine dänische und eine polnische Ausgabe wurden veröffentlicht.

Die Niederschlagung der Pariser Juni-Insurrektion von 1848 – dieser ersten großen Schlacht zwischen Proletariat und Bourgeoisie – drängte die sozialen und politischen Bestrebungen der Arbeiterklasse Europas zeitweilig wieder in den Hintergrund. Seitdem spielte sich der Kampf um die Vormachtstellung wieder, wie in der Zeit vor der Februarrevolution, allein zwischen verschiedenen Gruppen der besitzenden Klasse ab; die Arbeiterklasse wurde beschränkt auf einen Kampf um politische Ellbogenfreiheit und auf die Position eines äußersten linken Flügels der radikalen Bourgeoisie. Wo selbständige proletarische Bewegungen fortfuhren, Lebenszeichen von sich zu geben, wurden sie erbarmungslos niedergeschlagen. So spürte die preußische Polizei das Zentralkomitee des Bundes der Kommunisten auf, das damals seinen Sitz in Köln hatte. Die Mitglieder wurden verhaftet und nach 18monatiger Haft im Oktober 1852 vor Gericht gestellt. Dieser berühmte «Kölner Kommunistenprozeß» dauerte vom 4. Oktober bis 12. November; sieben von den Gefangenen wurden zu Festungshaft für die Dauer von drei bis sechs Jahren verurteilt. Sofort nach dem Urteilsspruch wurde der Bund durch die noch verbliebenen Mitglieder formell aufgelöst. Was das «Manifest» anbelangt, so schien es von da an verdammt zu sein, der Vergessenheit anheimzufallen.

Als die europäische Arbeiterklasse wieder genügend Kraft zu einem neuen Angriff auf die herrschende Klasse gesammelt hatte, entstand die Internationale Arbeiter-Assoziation. Aber diese Assoziation, die ausdrücklich zu dem Zwecke gegründet wurde, das gesamte kampfgewillte Proletariat Europas und Amerikas zu einer einzigen Körperschaft zusammenzuschweißen, konnte die im «Manifest» niedergelegten Grundsätze nicht sofort proklamieren. Die Internationale mußte ein Programm haben, breit genug, um für die englischen Trade Unions, für die französischen, belgischen, italienischen und spanischen Anhänger Proudhons und für die Lassalleaner* in Deutschland annehmbar zu sein.[12] Marx, der dieses Programm zur Zufriedenheit aller Parteien abfaßte, hatte volles Vertrauen zur intellektuellen Entwicklung der Arbeiterklasse, einer Entwicklung, wie sie aus der vereinigten Aktion und der gemeinschaftlichen Diskussion notwendig hervorgehn mußte. Die Ereignisse und Wechselfälle im Kampf gegen das Kapital, die Niederlagen noch mehr als die Siege, konnten nicht verfehlen, den Menschen die Unzulänglichkeit ihrer diversen Lieblings-Quacksalbereien zum Bewußtsein zu bringen und den Weg zu vollkommenerer Einsicht in die wirklichen Voraussetzungen der Emanzipation der Arbeiterklasse zu bahnen. Und Marx hatte recht. Als im Jahre 1874 die Internationale zerfiel, ließ sie die Arbeiter schon in einem ganz anderen Zustand zurück, als sie sie bei ihrer Gründung im Jahre 1864 vorgefunden hatte.[13] Der Proudhonismus in Frankreich, der Lassalleanismus in Deutschland waren im Absterben, und auch die

* Lassalle persönlich bekannte sich uns gegenüber stets als Schüler von Marx und stand als solcher auf dem Boden des «Manifestes». Jedoch ging er in seiner öffentlichen Agitation in den Jahren 1862–1864 über die Forderung nach Produktivgenossenschaften mit Staatskredit nicht hinaus.

konservativen englischen Trade Unions näherten sich, obgleich sie in ihrer Mehrheit die Verbindung mit der Internationale schon längst gelöst hatten, allmählich dem Punkt, wo ihr Präsident im vergangenen Jahre in Swansea in ihrem Namen erklären konnte: «Der kontinentale Sozialismus hat seine Schrecken für uns verloren.» In der Tat: Die Grundsätze des «Manifestes» hatten unter den Arbeitern aller Länder erhebliche Fortschritte gemacht.

Auf diese Weise trat das «Manifest» selbst wieder in den Vordergrund. Der deutsche Text war seit 1850 in der Schweiz, in England und in Amerika mehrmals neu gedruckt worden. Im Jahre 1872 wurde es ins Englische übersetzt, und zwar in New York, wo die Übersetzung in «Woodhull & Claflin's Weekly» veröffentlicht wurde. Auf Grund dieser englischen Fassung wurde in «Le Socialiste» in New York auch eine französische angefertigt. Seitdem sind in Amerika noch mindestens zwei englische Übersetzungen, mehr oder minder entstellt, herausgebracht worden, von denen eine in England nachgedruckt wurde. Die von Bakunin besorgte erste russische Übersetzung wurde etwa um das Jahr 1863 in der Druckerei von Herzens «Kolokol» in Genf herausgegeben, eine zweite, gleichfalls in Genf, von der heldenhaften Vera Sassulitsch, 1882. Eine neue dänische Ausgabe findet sich in der «Socialdemokratisk Bibliothek», Kopenhagen 1885; eine neue französische Übersetzung in «Le Socialiste», Paris 1886. Nach dieser letzteren wurde eine spanische Übersetzung vorbereitet und 1886 in Madrid veröffentlicht. Die Zahl der deutschen Nachdrucke läßt sich nicht genau angeben, im ganzen waren es mindestens zwölf. Eine Übertragung ins Armenische, die vor einigen Monaten in Konstantinopel herauskommen sollte, erblickte nicht das Licht der Welt, weil, wie man mir mitteilte, der Verleger nicht den Mut hatte, ein Buch herauszubringen, auf dem der Name Marx stand, während der Übersetzer es ablehnte, es als sein eigenes Werk zu bezeichnen. Von weiteren Übersetzungen in andere Sprachen habe ich zwar gehört, sie aber nicht zu Gesicht bekommen. So spiegelt die Geschichte des »Manifestes« in hohem Maße die Geschichte der modernen Arbeiterbewegung wider; gegenwärtig ist es zweifellos das weitest verbreitete, internationalste Werk der ganzen sozialistischen Literatur, ein gemeinsames Programm, das von Millionen Arbeitern von Sibirien bis Kalifornien anerkannt wird.

Und doch hätten wir es, als es geschrieben wurde, nicht ein *sozialistisches* Manifest nennen können. Unter Sozialisten verstand man 1847 einerseits die Anhänger der verschiedenen utopistischen Systeme: die Owenisten in England, die Fourieristen in Frankreich, die beide bereits zu bloßen, allmählich aussterbenden Sekten zusammengeschrumpft waren; andererseits die mannigfaltigsten sozialen Quacksalber, die mit allerhand Flickwerk, ohne jede Gefahr für Kapital und Profit die gesellschaftlichen Mißstände aller Art zu beseitigen versprachen – in beiden Fällen Leute, die außerhalb der Arbeiterbewegung standen und eher Unterstützung bei den »gebildeten« Klassen suchten. Derjenige Teil der Arbeiterklasse, der sich von der Unzulänglichkeit bloßer politischer Umwälzungen überzeugt hatte und die Notwendigkeit einer totalen Umgestaltung der Gesellschaft forderte, dieser Teil nannte sich damals *kommunistisch*. Es war eine noch rohe, unbehauene, rein instinktive Art Kommunismus; aber er traf den Kardinalpunkt und war in der Arbeiterklasse mächtig genug, um den utopischen Kommunismus zu erzeugen, in Frankreich den von Cabet, in Deutschland den von Weitling. So war denn 1847 Sozialismus eine Bewegung der middle class, Kommunismus eine Bewegung der Arbeiterklasse. Der Sozialismus war, auf dem Kontinent wenigstens, «salonfähig»; der Kommunismus war das gerade Gegenteil. Und da wir von allem Anfang an der Meinung waren, daß «die Emanzipation der Arbeiterklasse das Werk der Arbeiterklasse selbst sein muß», so konnte kein Zweifel darüber bestehen, welchen der beiden Namen wir wählen mußten. Ja noch mehr, auch seitdem ist es uns nie in den Sinn gekommen, uns von ihm loszusagen.

Obgleich das »Manifest« unser beider gemeinsame Arbeit war, so halte ich mich doch für verpflichtet festzustellen, daß der Grundgedanke, der seinen Kern bildet, Marx angehört. Dieser Gedanke besteht darin: daß in jeder geschichtlichen Epoche die vorherrschende wirtschaftliche Produktions- und Austauschweise und die aus ihr mit Notwendigkeit folgende gesellschaftliche Gliederung die Grundlage bildet, auf der die politische und die intellektuelle

Geschichte dieser Epoche sich aufbaut und aus der allein sie erklärt werden kann; daß demgemäß die ganze Geschichte der Menschheit (seit Aufhebung der primitiven Gentilordnung mit ihrem Gemeinbesitz an Grund und Boden) eine Geschichte von Klassenkämpfen gewesen ist, Kämpfen zwischen ausbeutenden und ausgebeuteten, herrschenden und unterdrückten Klassen; daß die Geschichte dieser Klassenkämpfe eine Entwicklungsreihe darstellt, in der gegenwärtig eine Stufe erreicht ist, wo die ausgebeutete und unterdrückte Klasse – das Proletariat – ihre Befreiung vom Joch der ausbeutenden und herrschenden Klasse – der Bourgeoisie – nicht erreichen kann, ohne zugleich die ganze Gesellschaft ein für allemal von aller Ausbeutung und Unterdrückung, von allen Klassenunterschieden und Klassenkämpfen zu befreien.

Diesem Gedanken, der nach meiner Ansicht berufen ist, für die Geschichtswissenschaft denselben Fortschritt zu begründen, den Darwins Theorie für die Naturwissenschaft begründet hat – diesem Gedanken hatten wir beide uns schon mehrere Jahre vor 1845 allmählich genähert.[14] Wieweit ich selbständig mich in dieser Richtung voranbewegt, zeigt am besten meine «Lage der arbeitenden Klasse in England».* Als ich aber im Frühjahr 1845 Marx in Brüssel wiedertraf, hatte er ihn fertig ausgearbeitet und legte ihn mir vor in fast ebenso klaren Worten wie die, worin ich ihn oben zusammengefaßt.

Aus unserem gemeinsamen Vorwort zur deutschen Ausgabe von 1872 zitiere ich das Folgende:

«Wie sehr sich auch die Verhältnisse in den letzten fünfundzwanzig Jahren geändert haben, die in diesem ‹Manifest› entwickelten allgemeinen Grundsätze behalten im ganzen und großen auch heute noch ihre volle Richtigkeit. Einzelnes wäre hier und da zu bessern. Die praktische Anwendung dieser Grundsätze, erklärt das ‹Manifest› selbst, wird überall und jederzeit von den geschichtlich

* «The Condition of the Working Class in England in 1844.» By Frederick Engels. Translated by Florence K. Wischnewetzky, New York, Lovell – London, W. Reeves, 1888.

vorliegenden Umständen abhängen, und wird deshalb durchaus kein besonderes Gewicht auf die am Ende von Abschnitt II vorgeschlagenen revolutionären Maßregeln gelegt. Dieser Passus würde heute in vieler Beziehung anders lauten. Gegenüber der immensen Fortentwicklung der großen Industrie in den letzten fünfundzwanzig Jahren und der mit ihr fortschreitenden Parteiorganisation der Arbeiterklasse, gegenüber den praktischen Erfahrungen, zuerst der Februarrevolution und noch weit mehr der Pariser Kommune, wo das Proletariat zum erstenmal zwei Monate lang die politische Gewalt innehatte, ist heute dies Programm stellenweise veraltet. Namentlich hat die Kommune den Beweis geliefert, daß ‹die Arbeiterklasse nicht die fertige Staatsmaschine einfach in Besitz nehmen und sie für ihre eignen Zwecke in Bewegung setzen kann›. (Siehe ‹The Civil War in France. Address of the General Council of the International Working-men's Association›, London, Truelove, 1871, p. 15, wo dies weiterentwickelt ist.) Ferner ist selbstredend, daß die Kritik der sozialistischen Literatur für heute lückenhaft ist, weil sie nur bis 1847 reicht; ebenso daß die Bemerkungen über die Stellung der Kommunisten zu den verschiedenen Oppositionsparteien (Abschnitt IV), wenn in den Grundzügen auch heute noch richtig, doch in ihrer Ausführung heute schon deswegen veraltet sind, weil die politische Lage sich total umgestaltet und die geschichtliche Entwicklung die meisten der dort aufgezählten Parteien aus der Welt geschafft hat.

Indes, das ‹Manifest› ist ein geschichtliches Dokument, an dem zu ändern wir uns nicht mehr das Recht zuschreiben.»

Die vorliegende Übersetzung stammt von Herrn Samuel Moore, dem Übersetzer des größten Teils von Marx' «Kapital». Wir haben sie gemeinsam durchgesehen, und ich habe ein paar Fußnoten zur Erklärung geschichtlicher Anspielungen hinzugefügt.

London, 30. Januar 1888 *F. Engels*

Vorwort zur deutschen Ausgabe von 1890

Seit Vorstehendes geschrieben, ist wieder eine neue deutsche Auflage des «Manifestes» nötig geworden, und es hat sich auch allerlei mit dem «Manifest» zugetragen, das hier zu erwähnen ist.

Eine zweite russische Übersetzung – von Vera Sassulitsch – erschien 1882 in Genf; die Vorrede dazu wurde von Marx und mir verfaßt. Leider ist mir das deutsche Originalmanuskript abhanden gekommen, ich muß also aus dem Russischen zurückübersetzen, wodurch die Arbeit keineswegs gewinnt. Sie lautet*: ....

....

....

....

....

Eine neue polnische Übersetzung erschien um dieselbe Zeit in Genf: «Manifest komunistyczny».

Ferner ist eine neue dänische Übersetzung erschienen in «Socialdemokratisk Bibliothek, Kjöbenhavn 1885». Sie ist leider nicht ganz vollständig; einige wesentliche Stellen, die dem Übersetzer Schwierigkeit gemacht zu haben scheinen, sind ausgelassen und auch sonst hier und da Spuren von Flüchtigkeit zu bemerken, die um so unangenehmer auffallen, als man der Arbeit ansieht, daß der Übersetzer bei etwas mehr Sorgfalt Vorzügliches hätte leisten können.

1886 erschien eine neue französische Übersetzung in «Le Socialiste», Paris; es ist die beste bisher erschienene.

Nach ihr wurde im selben Jahr eine spanische Übertragung zuerst im Madrider «El Socialista» und dann als Broschüre veröffentlicht: «Manifiesto del Partido Communista» por Carlos Marx y F. Engels, Madrid, Administracion de «El Socialista», Hernán Cortés 8.

* Der Text des Originals findet sich auf S. 223f. Auf eine erneute Wiedergabe wird daher verzichtet.

Als Kuriosum erwähne ich noch, daß 1887 das Manuskript einer armenischen Übersetzung einem konstantinopolitanischen Verleger angeboten wurde; der gute Mann hatte jedoch nicht den Mut, etwas zu drucken, worauf der Name Marx stand, und meinte, der Übersetzer solle sich lieber selbst als Verfasser nennen, was dieser jedoch ablehnte.

Nachdem bald die eine, bald die andere der mehr oder minder unrichtigen amerikanischen Übersetzungen mehrfach in England wieder abgedruckt worden, erschien endlich eine authentische Übersetzung im Jahre 1888. Sie ist von meinem Freund Samuel Moore und vor dem Druck von uns beiden nochmals zusammen durchgesehn. Der Titel ist: «Manifesto of the Communist Party», by Karl Marx and Frederick Engels. Authorized English Translation, edited and annotated by Frederick Engels, 1888. London, William Reeves, 185 Fleet St. E. C. Einige der Anmerkungen dieser Ausgabe habe ich in die gegenwärtige herübergenommen.

Das «Manifest» hat einen eignen Lebenslauf gehabt. Im Augenblick seines Erscheinens von der damals noch wenig zahlreichen Vorhut des wissenschaftlichen Sozialismus enthusiastisch begrüßt (wie die in der ersten Vorrede angeführten Übersetzungen beweisen), wurde es bald in den Hintergrund gedrängt durch die mit der Niederlage der Pariser Arbeiter im Juni 1848 beginnende Reaktion und schließlich «von Rechts wegen» in Acht und Bann erklärt durch die Verurteilung der Kölner Kommunisten, November 1852. Mit dem Verschwinden der, von der Februarrevolution datierenden Arbeiterbewegung von der öffentlichen Bühne trat auch das «Manifest» in den Hintergrund.

Als die europäische Arbeiterklasse sich wieder hinreichend gestärkt hatte zu einem neuen Anlauf gegen die Macht der herrschenden Klassen, entstand die Internationale Arbeiter-Assoziation. Sie hatte zum Zweck, die gesamte streitbare Arbeiterschaft Europas und Amerikas zu *einem* großen Heereskörper zu verschmelzen. Sie konnte daher nicht *ausgehn* von den im «Manifest» niedergelegten Grundsätzen. Sie mußte ein Programm haben, das den englischen Trade Unions, den französischen, belgischen, italienischen und spanischen Proudhonisten und den deutschen Lassalleanern* die Tür nicht verschloß. Dies Programm – die Erwägungsgründe zu den Statuten der Internationale – wurde von Marx mit einer selbst von Bakunin und den Anarchisten anerkannten Meisterschaft entworfen. Für den schließlichen Sieg der im «Manifest» aufgestellten Sätze verließ sich Marx einzig und allein auf die intellektuelle Entwicklung der Arbeiterklasse, wie sie aus der vereinigten Aktion und der Diskussion notwendig hervorgehn mußte. Die Ereignisse und Wechselfälle im Kampf gegen das Kapital, die Niederlagen noch mehr als die Erfolge, konnten nicht umhin, den Kämpfenden die Unzulänglichkeit ihrer bisherigen Allerweltsheilmittel klarzulegen und ihre Köpfe empfänglicher zu machen für eine gründliche Einsicht in die wahren Bedingungen der Arbeiteremanzipation. Und Marx hatte recht. Die Arbeiterklasse von 1874, bei der Auflösung der Internationale, war eine ganz andre, als die von 1864, bei ihrer Gründung, gewesen war. Der Proudhonismus in den romanischen Ländern, der spezifische Lassalleanismus in Deutschland waren am Aussterben, und selbst die damaligen stockkonservativen englischen Trade Unions gingen allmählich dem Punkt entgegen, wo 1887 der Präsident ihres Kongresses in Swansea in ihrem Namen sagen konnte: «Der kontinentale Sozialismus hat seine Schrecken für uns verloren.» Der kontinentale Sozialismus, der war aber schon 1887 fast nur noch die Theorie, die im «Manifest» verkündet wird. Und so spiegelt die Geschichte des «Manifests» bis zu einem gewissen Grade die Geschichte der modernen Arbeiterbewegung seit 1848 wider. Gegenwärtig ist es unzweifelhaft das weitest verbreitete, das internationalste Produkt der gesamten sozialistischen Literatur, das gemeinsame Programm vieler Millionen von Arbeitern aller Länder von Sibirien bis Kalifornien.

* Lassalle bekannte sich persönlich, uns gegenüber, stets als »Schüler« von Marx und stand als solcher selbstredend auf dem Boden des »Manifests«. Anders mit denjenigen seiner Anhänger, die nicht über seine Forderung von Produktivgenossenschaften mit Staatskredit hinausgingen und die ganze Arbeiterklasse einteilten in Staatshülfler und Selbsthülfler.

Und doch, als es erschien, hätten wir es nicht ein *sozialistisches* Manifest nennen dürfen. Unter Sozialisten verstand man 1847 zweierlei Art von Leuten. Einerseits die Anhänger der verschiedenen utopistischen Systeme, speziell die Owenisten in England und die Fourieristen in Frankreich, die beide schon damals zu bloßen, allmählich aussterbenden Sekten zusammengeschrumpft waren. Andrerseits die mannigfaltigsten sozialen Quacksalber, die mit ihren verschiedenen Allerweltsheilmitteln und mit jeder Art von Flickarbeit die gesellschaftlichen Mißstände beseitigen wollten, ohne dem Kapital und dem Profit im geringsten wehe zu tun. In beiden Fällen: Leute, die außerhalb der Arbeiterbewegung standen und die vielmehr Unterstützung suchten bei den «gebildeten» Klassen. Derjenige Teil der Arbeiter dagegen, der, von der Unzulänglichkeit bloßer politischer Umwälzungen überzeugt, eine gründliche Umgestaltung der Gesellschaft forderte, der Teil nannte sich damals *kommunistisch.* Es war ein nur im Rauhen gearbeiteter, nur instinktiver, manchmal etwas roher Kommunismus; aber er war mächtig genug, um zwei Systeme des utopischen Kommunismus zu erzeugen, in Frankreich den «ikarischen» Cabets, in Deutschland den von Weitling. Sozialismus bedeutete 1847 eine Bourgeoisbewegung, Kommunismus eine Arbeiterbewegung. Der Sozialismus war, auf dem Kontinent wenigstens, salonfähig, der Kommunismus war das grade Gegenteil. Und da wir schon damals sehr entschieden der Ansicht waren, daß «die Emanzipation der Arbeiter das Werk der Arbeiterklasse selbst sein muß», so konnten wir keinen Augenblick im Zweifel sein, welchen der beiden Namen zu wählen. Auch seitdem ist es uns nie eingefallen, ihn zurückzuweisen.

«Proletarier aller Länder, vereinigt euch!» Nur wenige Stimmen antworteten, als wir diese Worte in die Welt hinausriefen, vor nunmehr 42 Jahren, am Vorabend der ersten Pariser Revolution, worin das Proletariat mit eignen Ansprüchen hervortrat. Aber am 28. September 1864 vereinigten sich Proletarier der meisten westeuropäischen Länder zur Internationalen Arbeiter-Assoziation glorreichen Angedenkens. Die Internationale selbst lebte allerdings nur neun Jahre. Aber daß der von ihr gegründete ewige Bund der Proletarier aller Länder noch lebt, und kräftiger lebt als je, dafür gibt es keinen bessern Zeugen als grade den heutigen Tag. Denn heute, wo ich diese Zeilen schreibe, hält das europäische und amerikanische Proletariat Heerschau über seine zum erstenmal mobil gemachten Streitkräfte, mobil gemacht als *ein* Heer, unter *einer* Fahne und für *ein* nächstes Ziel: den schon vom Genfer Kongreß der Internationale 1866 und wiederum vom Pariser Arbeiterkongreß 1889 proklamierten, gesetzlich festzustellenden, achtstündigen Normalarbeitstag.[15] Und das Schauspiel des heutigen Tages wird den Kapitalisten und Grundherren aller Länder die Augen darüber öffnen, daß heute die Proletarier aller Länder in der Tat vereinigt sind.

Stände nur Marx noch neben mir, dies mit eignen Augen zu sehn!

London, am 1. Mai 1890 *F. Engels*

Vorwort zur polnischen Ausgabe von 1892

Die Tatsache, daß eine neue polnische Ausgabe des »Kommunistischen Manifests« notwendig geworden, gibt zu verschiedenen Betrachtungen Anlaß.

Zuerst ist bemerkenswert, daß das «Manifest» neuerdings gewissermaßen zu einem Gradmesser geworden ist für die Entwicklung der großen Industrie auf dem europäischen Kontinent. In dem Maß, wie in einem Lande die große Industrie sich ausdehnt, in dem Maß wächst auch unter den Arbeitern desselben Landes das Verlangen nach Aufklärung über ihre Stellung als Arbeiterklasse gegenüber den besitzenden Klassen, breitet sich unter ihnen die sozialistische Bewegung aus und steigt die Nachfrage nach dem «Manifest». So daß nicht nur der Stand der Arbeiterbewegung, sondern auch der Entwicklungsgrad der großen Industrie in jedem Land mit ziemlicher Genauigkeit abgemessen werden kann an der Zahl der in der Landessprache verbreiteten Exemplare des «Manifestes».

Hiernach bezeichnet die neue polnische Ausgabe einen entschiedenen Fortschritt der polnischen Industrie. Und daß dieser Fortschritt, seit der vor zehn Jahren erschienenen letzten Ausgabe, in Wirklichkeit stattgefunden hat, darüber kann kein Zweifel sein. Russisch-Polen, Kongreß-Polen, ist der große Industriebezirk des Russischen Reichs geworden. Während die russische Großindustrie sporadisch zerstreut ist – ein Stück am Finnischen Meerbusen, ein Stück im Zentrum (Moskau und Wladimir), ein drittes am Schwarzen und Asowschen Meer, noch andre anderswo zersprengt –, ist die polnische auf verhältnismäßig kleinem Raum zusammengedrängt und genießt die aus dieser Konzentration entspringenden Vorteile und Nachteile. Die Vorteile erkannten die konkurrierenden russischen Fabrikanten an, als sie Schutzzölle gegen Polen verlangten, trotz ihres sehnlichen Wunsches, die Polen in Russen zu verwandeln. Die Nachteile – für die polnischen Fabrikanten und für die russische Regierung – zeigen sich in der rapiden Verbreitung sozialistischer Ideen unter den polnischen Arbeitern und in der steigenden Nachfrage nach dem «Manifest».

Die rasche Entwicklung der polnischen Industrie, die der russischen über den Kopf gewachsen, ist aber ihrerseits ein neuer Beweis für die unverwüstliche Lebenskraft des polnischen Volks und eine neue Garantie seiner bevorstehenden nationalen Wiederherstellung. Die Wiederherstellung eines unabhängigen starken Polens ist aber eine Sache, die nicht nur die Polen, sondern die uns alle angeht. Ein aufrichtiges internationales Zusammenwirken der europäischen Nationen ist nur möglich, wenn jede dieser Nationen im eignen Hause vollkommen autonom ist. Die Revolution von 1848, die, unter proletarischer Fahne, proletarische Kämpfer schließlich nur die Arbeit der Bourgeoisie tun ließ, setzte auch durch ihre Testamentsvollstrecker Louis Bonaparte und Bismarck die Unabhängigkeit Italiens, Deutschlands, Ungarns durch; aber Polen, das seit 1792 mehr für die Revolution getan als alle diese drei zusammen, Polen überließ man sich selbst, als es 1863 vor der zehnfachen russischen Übermacht erlag.[16] Die Unabhängigkeit Polens hat der Adel weder erhalten noch wiedererkämpfen gekonnt; der Bourgeoisie ist sie heute zum mindesten gleichgültig. Und doch ist sie eine Notwendigkeit für das harmonische Zusammenwirken der europäischen Nationen. Sie kann erkämpft werden nur vom jungen polnischen Proletariat, und in dessen Händen ist sie gut aufgehoben. Denn die Arbeiter des ganzen übrigen Europas haben die Unabhängigkeit Polens ebenso nötig wie die polnischen Arbeiter selbst.

London, 10. Februar 1892 *F. Engels*

Vorwort zur italienischen Ausgabe von 1893

Die Veröffentlichung des «Manifests der Kommunistischen Partei» fiel fast auf den Tag genau mit dem 18. März 1848 zusammen, mit den Revolutionen von Mailand und Berlin, wo sich im Zentrum des europäischen Kontinents einerseits und des Mittelländischen Meeres andrerseits zwei Nationen erhoben, die bis dahin durch territoriale Zerstückelung und inneren Hader geschwächt und daher unter Fremdherrschaft geraten waren. Während Italien dem Kaiser von Österreich unterworfen war, hatte Deutschland, wenn auch nicht so unmittelbar, das nicht minder schwere Joch des Zaren aller Reußen zu tragen. Die Auswirkungen des 18. März 1848 befreiten Italien und Deutschland von dieser Schmach; wenn beide großen Nationen in der Zeit von 1848 bis 1871 wiederhergestellt und gewissermaßen sich selbst wiedergegeben wurden, so geschah dies, wie Karl Marx sagte, deshalb, weil dieselben Leute, die die Revolution von 1848 niederwarfen, dann wider Willen zu ihren Testamentsvollstreckern wurden.

Die Revolution war damals überall das Werk der Arbeiterklasse; die Arbeiterklasse war es, die die Barrikaden errichtete und ihr Leben in die Schanze schlug. Nur die Arbeiter von Paris hatten, als sie die Regierung stürzten, die ausgesprochene Absicht, das Bourgeoisregime zu stürzen. Doch so sehr sie sich auch des unvermeidlichen Antagonismus bewußt waren, der zwischen ihrer eigenen Klasse und der Bourgeoisie bestand, hatte weder der wirtschaftliche Fortschritt des Landes noch die geistige Entwicklung der französischen Arbeitermassen jenen Grad erreicht, der eine Umgestaltung der Gesellschaft ermöglicht hätte. Die Früchte der Revolution wurden daher letzten Endes von der Kapitalistenklasse eingeheimst. In den anderen Ländern, in Italien, Deutschland, Österreich, Ungarn, taten die Arbeiter von Anfang an nichts anderes, als die Bourgeoisie an die Macht zu bringen. Aber in keinem Lande ist die Herrschaft der Bourgeoisie ohne nationale Unabhängigkeit möglich. Die Revolution von 1848 mußte somit die Einheit und Unabhängigkeit derjenigen Nationen nach sich ziehen, denen es bis dahin daran gebrach: Italien, Deutschland, Ungarn; Polen wird zu seiner Zeit nachfolgen.

Wenn also die Revolution von 1848 keine sozialistische Revolution war, so ebnete sie dieser doch den Weg, bereitete für sie den Boden vor. Mit der Entwicklung der großen Industrie in allen Ländern hat das Bourgeoisregime in den letzten 45 Jahren allenthalben ein zahlreiches, festgefügtes und starkes Proletariat hervorgebracht, hat es, um einen Ausdruck des «Manifests» zu gebrauchen, seine eignen Totengräber produziert. Ohne Wiederherstellung der Unabhängigkeit und Einheit jeder europäischen Nation hätte sich weder die internationale Vereinigung des Proletariats noch ein ruhiges, verständiges Zusammenwirken dieser Nationen zur Erreichung gemeinsamer Ziele vollziehen können. Man stelle sich einmal ein gemeinsames internationales Vorgehen der italienischen, ungarischen, deutschen, polnischen, russischen Arbeiter unter den politischen Verhältnissen der Zeit vor 1848 vor!

Die Schlachten von 1848 waren also nicht vergebens, nicht vergebens auch die 45 Jahre, die uns von jener revolutionären Etappe trennen. Die Früchte kommen zur Reife, und ich wünschte nur, daß die Veröffentlichung dieser italienischen Übersetzung des «Manifests» ein gutes Vorzeichen für den Sieg des italienischen Proletariats werde, so wie die Veröffentlichung des Originals es für die internationale Revolution war.

Das «Manifest» läßt der revolutionären Rolle, die der Kapitalismus in der Vergangenheit gespielt hat, volle Gerechtigkeit widerfahren. Die erste kapitalistische Nation war Italien. Der Ausgang des feudalen Mittelalters und der Anbruch des modernen kapitalistischen Zeitalters sind durch eine große Gestalt gekennzeichnet – durch den Italiener Dante, der zugleich der letzte Dichter des Mittelalters und der erste Dichter der Neuzeit war. Heute bricht, wie um 1300, ein neues geschichtliches Zeitalter an. Wird uns Italien den neuen Dante schenken, der die Geburtsstunde des proletarischen Zeitalters verkündet?

London, 1. Februar 1893 *Friedrich Engels*

Manifest der Kommunistischen Partei

Ein Gespenst geht um in Europa – das Gespenst des Kommunismus. Alle Mächte des alten Europa haben sich zu einer heiligen Hetzjagd gegen dies Gespenst verbündet, der Papst und der Zar, Metternich und Guizot, französische Radikale und deutsche Polizisten.[17]

Wo ist die Oppositionspartei, die nicht von ihren regierenden Gegnern als kommunistisch verschrien worden wäre, wo die Oppositionspartei, die den fortgeschritteneren Oppositionsleuten sowohl wie ihren reaktionären Gegnern den brandmarkenden Vorwurf des Kommunismus nicht zurückgeschleudert hätte?

Zweierlei geht aus dieser Tatsache hervor.

Der Kommunismus wird bereits von allen europäischen Mächten als eine Macht anerkannt.

Es ist hohe Zeit, daß die Kommunisten ihre Anschauungsweise, ihre Zwecke, ihre Tendenzen vor der ganzen Welt offen darlegen und den Märchen vom Gespenst des Kommunismus ein Manifest der Partei selbst entgegenstellen.

Zu diesem Zweck haben sich Kommunisten der verschiedensten Nationalität in London versammelt und das folgende Manifest entworfen, das in englischer, französischer, deutscher, italienischer, flämischer und dänischer Sprache veröffentlicht wird.

I. Bourgeois und Proletarier *

Die Geschichte aller bisherigen Gesellschaft** ist die Geschichte von Klassenkämpfen.[18]

* Unter Bourgeoisie wird die Klasse der modernen Kapitalisten verstanden, die Besitzer der gesellschaftlichen Produktionsmittel sind und Lohnarbeit ausnutzen. Unter Proletariat die Klasse der modernen Lohnarbeiter, die, da sie keine eigenen Produktionsmittel besitzen, darauf angewiesen sind, ihre Arbeitskraft zu verkaufen, um leben zu können. *[Anmerkung von Engels zur englischen Ausgabe von 1888.]*

** Das heißt, genau gesprochen, die *schriftlich* überlieferte Geschichte. 1847 war die Vorgeschichte der Gesellschaft, die gesellschaftliche

Freier und Sklave, Patrizier und Plebejer, Baron und Leibeigener, Zunftbürger und Gesell, kurz, Unterdrücker und Unterdrückte standen in stetem Gegensatz zueinander, führten einen ununterbrochenen, bald versteckten, bald offenen Kampf, einen Kampf, der jedesmal mit einer revolutionären Umgestaltung der ganzen Gesellschaft endete oder mit dem gemeinsamen Untergang der kämpfenden Klassen.

In den früheren Epochen der Geschichte finden wir fast überall eine vollständige Gliederung der Gesellschaft in verschiedene Stände, eine mannigfaltige Abstufung der gesellschaftlichen Stellungen. Im alten Rom haben wir Patrizier, Ritter, Plebejer, Sklaven; im Mittelalter Feudalherren, Vasallen, Zunftbürger, Gesellen, Leibeigene, und noch dazu in fast jeder dieser Klassen wieder besondere Abstufungen.

Die aus dem Untergange der feudalen Gesellschaft hervorgegangene moderne bürgerliche Gesellschaft hat die Klassengegensätze nicht aufgehoben. Sie hat nur neue Klassen, neue Bedingungen der Unterdrückung, neue Gestaltungen des Kampfes an die Stelle der alten gesetzt.

Unsere Epoche, die Epoche der Bourgeoisie, zeichnet sich jedoch dadurch aus, daß sie die Klassengegensätze vereinfacht hat.

Organisation, die aller niedergeschriebenen Geschichte vorausging, noch so gut wie unbekannt. Seitdem hat Haxthausen das Gemeineigentum am Boden in Rußland entdeckt, Maurer hat es nachgewiesen als die gesellschaftliche Grundlage, wovon alle deutschen Stämme geschichtlich ausgingen, und allmählich fand man, daß Dorfgemeinden mit gemeinsamem Bodenbesitz die Urform der Gesellschaft waren von Indien bis Irland. Schließlich wurde die innere Organisation dieser urwüchsigen kommunistischen Gesellschaft in ihrer typischen Form bloßgelegt durch Morgans krönende Entdeckung der wahren Natur der Gens und ihrer Stellung im Stamm. Mit der Auflösung dieser ursprünglichen Gemeinwesen beginnt die Spaltung der Gesellschaft in besondre und schließlich einander entgegengesetzte Klassen. *[Anmerkung von Engels zur englischen Ausgabe von 1888 und zur deutschen Ausgabe von 1890.]* Ich habe versucht, diesen Auflösungsprozeß in «Der Ursprung der Familie, des Privateigenthums und des Staats» zu verfolgen; zweite Auflage, Stuttgart 1886. *[Anmerkung von Engels zur englischen Ausgabe von 1888.]*

Die ganze Gesellschaft spaltet sich mehr und mehr in zwei große feindliche Lager, in zwei große, einander direkt gegenüberstehende Klassen: Bourgeoisie und Proletariat.[19]

Aus den Leibeigenen des Mittelalters gingen die Pfahlbürger der ersten Städte hervor; aus dieser Pfahlbürgerschaft entwickelten sich die ersten Elemente der Bourgeoisie.

Die Entdeckung Amerikas, die Umschiffung Afrikas schufen der aufkommenden Bourgeoisie ein neues Terrain. Der ostindische und chinesische Markt, die Kolonisierung von Amerika, der Austausch mit den Kolonien, die Vermehrung der Tauschmittel und der Waren überhaupt gaben dem Handel, der Schiffahrt, der Industrie einen nie gekannten Aufschwung und damit dem revolutionären Element in der zerfallenden feudalen Gesellschaft eine rasche Entwicklung.

Die bisherige feudale oder zünftige Betriebsweise der Industrie reichte nicht mehr aus für den mit den neuen Märkten anwachsenden Bedarf. Die Manufaktur trat an ihre Stelle. Die Zunftmeister wurden verdrängt durch den industriellen Mittelstand; die Teilung der Arbeit zwischen den verschiedenen Korporationen verschwand vor der Teilung der Arbeit in der einzelnen Werkstatt selbst.

Aber immer wuchsen die Märkte, immer stieg der Bedarf. Auch die Manufaktur reichte nicht mehr aus. Da revolutionierte der Dampf und die Maschinerie die industrielle Produktion. An die Stelle der Manufaktur trat die moderne große Industrie, an die Stelle des industriellen Mittelstandes traten die industriellen Millionäre, die Chefs ganzer industrieller Armeen, die modernen Bourgeois.

Die große Industrie hat den Weltmarkt hergestellt, den die Entdeckung Amerikas vorbereitete. Der Weltmarkt hat dem Handel, der Schiffahrt, den Landkommunikationen eine unermeßliche Entwicklung gegeben. Diese hat wieder auf die Ausdehnung der Industrie zurückgewirkt, und in demselben Maße, worin Industrie, Handel, Schiffahrt, Eisenbahnen sich ausdehnten, in demselben Maße entwickelte sich die Bourgeoisie, vermehrte sie ihre Kapitalien, drängte sie alle vom Mittelalter her überlieferten Klassen in den Hintergrund.

Wir sehen also, wie die moderne Bourgeoisie selbst das Produkt eines langen Entwicklungsganges, einer Reihe von Umwälzungen in der Produktions- und Verkehrsweise ist.

Jede dieser Entwicklungsstufen der Bourgeoisie war begleitet von einem entsprechenden politischen Fortschritt. Unterdrückter Stand unter der Herrschaft der Feudalherren, bewaffnete und sich selbst verwaltende Assoziation in der Kommune,* hier unabhängige städtische Republik, dort dritter steuerpflichtiger Stand der Monarchie, dann zur Zeit der Manufaktur Gegengewicht gegen den Adel in der ständischen oder in der absoluten Monarchie, Hauptgrundlage der großen Monarchien überhaupt, erkämpfte sie sich endlich seit der Herstellung der großen Industrie und des Weltmarktes im modernen Repräsentativstaat die ausschließliche politische Herrschaft. Die moderne Staatsgewalt ist nur ein Ausschuß, der die gemeinschaftlichen Geschäfte der ganzen Bourgeoisklasse verwaltet.[20]

Die Bourgeoisie hat in der Geschichte eine höchst revolutionäre Rolle gespielt.

Die Bourgeoisie, wo sie zur Herrschaft gekommen, hat alle feudalen, patriarchalischen, idyllischen Verhältnisse zerstört. Sie hat die buntscheckigen Feudalbande, die den Menschen an seinen natürlichen Vorgesetzten knüpften, unbarmherzig zerrissen und kein anderes Band zwischen Mensch und Mensch übriggelassen, als das nackte Interesse, als die gefühllose «bare Zahlung».[21] Sie hat die heiligen Schauer der frommen Schwärmerei, der ritterlichen Begeisterung, der spießbürgerlichen Wehmut in dem eiskalten Wasser egoistischer Berechnung ertränkt. Sie hat die persönliche Würde in den Tauschwert aufgelöst und an die Stelle der zahllosen verbrief-

* «Kommune» nannten sich die in Frankreich entstehenden Städte, sogar bevor sie ihren feudalen Herrn und Meistern lokale Selbstverwaltung und politische Rechte als «Dritter Stand» abzuringen vermochten. Allgemein gesprochen haben wir hier als typisches Land für die ökonomische Entwicklung der Bourgeoisie England, für ihre politische Entwicklung Frankreich angeführt. *[Anmerkung von Engels zur englischen Ausgabe von 1888.]*

ten und wohlerworbenen Freiheiten die *eine* gewissenlose Handelsfreiheit gesetzt. Sie hat, mit einem Wort, an die Stelle der mit religiösen und politischen Illusionen verhüllten Ausbeutung die offene, unverschämte, direkte, dürre Ausbeutung gesetzt.

Die Bourgeoisie hat alle bisher ehrwürdigen und mit frommer Scheu betrachteten Tätigkeiten ihres Heiligenscheins entkleidet. Sie hat den Arzt, den Juristen, den Pfaffen, den Poeten, den Mann der Wissenschaft in ihre bezahlten Lohnarbeiter verwandelt.[22]

Die Bourgeoisie hat dem Familienverhältnis seinen rührend-sentimentalen Schleier abgerissen und es auf ein reines Geldverhältnis zurückgeführt.

Die Bourgeoisie hat enthüllt, wie die brutale Kraftäußerung, die die Reaktion so sehr am Mittelalter bewundert, in der trägsten Bärenhäuterei ihre passende Ergänzung fand. Erst sie hat bewiesen, was die Tätigkeit der Menschen zustande bringen kann. Sie hat ganz andere Wunderwerke vollbracht als ägyptische Pyramiden, römische Wasserleitungen und gotische Kathedralen, sie hat ganz andere Züge ausgeführt als Völkerwanderungen und Kreuzzüge.

Die Bourgeoisie kann nicht existieren, ohne die Produktionsinstrumente, also die Produktionsverhältnisse, also sämtliche gesellschaftlichen Verhältnisse fortwährend zu revolutionieren. Unveränderte Beibehaltung der alten Produktionsweise war dagegen die erste Existenzbedingung aller früheren industriellen Klassen. Die fortwährende Umwälzung der Produktion, die ununterbrochene Erschütterung aller gesellschaftlichen Zustände, die ewige Unsicherheit und Bewegung zeichnet die Bourgeoisepoche vor allen anderen aus. Alle festen eingerosteten Verhältnisse mit ihrem Gefolge von altehrwürdigen Vorstellungen und Anschauungen werden aufgelöst, alle neugebildeten veralten, ehe sie verknöchern können. Alles Ständische und Stehende verdampft, alles Heilige wird entweiht, und die Menschen sind endlich gezwungen, ihre Lebensstellung, ihre gegenseitigen Beziehungen mit nüchternen Augen anzusehen.

Das Bedürfnis nach einem stets ausgedehnteren Absatz für ihre Produkte jagt die Bourgeoisie über die ganze Erdkugel. Überall muß sie sich einnisten, überall anbauen, überall Verbindungen herstellen.

Die Bourgeoisie hat durch ihre Exploitation des Weltmarkts die Produktion und Konsumtion aller Länder kosmopolitisch gestaltet. Sie hat zum großen Bedauern der Reaktionäre den nationalen Boden der Industrie unter den Füßen weggezogen. Die uralten nationalen Industrien sind vernichtet worden und werden noch täglich vernichtet. Sie werden verdrängt durch neue Industrien, deren Einführung eine Lebensfrage für alle zivilisierten Nationen wird, durch Industrien, die nicht mehr einheimische Rohstoffe, sondern den entlegensten Zonen angehörige Rohstoffe verarbeiten und deren Fabrikate nicht nur im Lande selbst, sondern in allen Weltteilen zugleich verbraucht werden. An die Stelle der alten, durch Landeserzeugnisse befriedigten Bedürfnisse treten neue, welche die Produkte der entferntesten Länder und Klimate zu ihrer Befriedigung erheischen. An die Stelle der alten lokalen und nationalen Selbstgenügsamkeit und Abgeschlossenheit tritt ein allseitiger Verkehr, eine allseitige Abhängigkeit der Nationen voneinander. Und wie in der materiellen, so auch in der geistigen Produktion. Die geistigen Erzeugnisse der einzelnen Nationen werden Gemeingut. Die nationale Einseitigkeit und Beschränktheit wird mehr und mehr unmöglich, und aus den vielen nationalen und lokalen Literaturen bildet sich eine Weltliteratur.[23]

Die Bourgeoisie reißt durch die rasche Verbesserung aller Produktionsinstrumente, durch die unendlich erleichterten Kommunikationen alle, auch die barbarischsten Nationen in die Zivilisation. Die wohlfeilen Preise ihrer Waren sind die schwere Artillerie, mit der sie alle chinesischen Mauern in den Grund schießt, mit der sie den hartnäckigsten Fremdenhaß der Barbaren zur Kapitulation zwingt. Sie zwingt alle Nationen, die Produktionsweise der Bourgeoisie sich anzueignen, wenn sie nicht zugrunde gehen wollen; sie zwingt sie, die sogenannte Zivilisation bei sich selbst einzuführen, d. h. Bourgeois zu werden. Mit einem Wort, sie schafft sich eine Welt nach ihrem eigenen Bilde.

Die Bourgeoisie hat das Land der Herrschaft der Stadt unterworfen. Sie hat enorme Städte geschaffen, sie hat die Zahl der städtischen Bevölkerung gegenüber der ländlichen in hohem Grade vermehrt und so einen bedeutenden Teil der Bevölkerung dem

Idiotismus des Landlebens entrissen.[24] Wie sie das Land von der Stadt, hat sie die barbarischen und halbbarbarischen Länder von den zivilisierten, die Bauernvölker von den Bourgeoisvölkern, den Orient vom Okzident abhängig gemacht.

Die Bourgeoisie hebt mehr und mehr die Zersplitterung der Produktionsmittel, des Besitzes und der Bevölkerung auf. Sie hat die Bevölkerung agglomeriert, die Produktionsmittel zentralisiert und das Eigentum in wenigen Händen konzentriert. Die notwendige Folge hiervon war die politische Zentralisation. Unabhängige, fast nur verbündete Provinzen mit verschiedenen Interessen, Gesetzen, Regierungen und Zöllen wurden zusammengedrängt in *eine* Nation, *eine* Regierung, *ein* Gesetz, *ein* nationales Klasseninteresse, *eine* Douanenlinie.

Die Bourgeoisie hat in ihrer kaum hundertjährigen Klassenherrschaft massenhaftere und kolossalere Produktionskräfte geschaffen als alle vergangenen Generationen zusammen. Unterjochung der Naturkräfte, Maschinerie, Anwendung der Chemie auf Industrie und Ackerbau, Dampfschiffahrt, Eisenbahnen, elektrische Telegraphen, Urbarmachung ganzer Weltteile, Schiffbarmachung der Flüsse, ganze aus dem Boden hervorgestampfte Bevölkerungen – welches frühere Jahrhundert ahnte, daß solche Produktionskräfte im Schoß der gesellschaftlichen Arbeit schlummerten.

Wir haben also gesehen: Die Produktions- und Verkehrsmittel, auf deren Grundlage sich die Bourgeoisie heranbildete, wurden in der feudalen Gesellschaft erzeugt. Auf einer gewissen Stufe der Entwicklung dieser Produktions- und Verkehrsmittel entsprachen die Verhältnisse, worin die feudale Gesellschaft produzierte und austauschte, die feudale Organisation der Agrikultur und Manufaktur, mit einem Wort die feudalen Eigentumsverhältnisse den schon entwickelten Produktivkräften nicht mehr. Sie hemmten die Produktion, statt sie zu fördern. Sie verwandelten sich in ebenso viele Fesseln. Sie mußten gesprengt werden, sie wurden gesprengt.[25]

An ihre Stelle trat die freie Konkurrenz mit der ihr angemessenen gesellschaftlichen und politischen Konstitution, mit der ökonomischen und politischen Herrschaft der Bourgeoisklasse.

Unter unsren Augen geht eine ähnliche Bewegung vor. Die bürgerlichen Produktions- und Verkehrsverhältnisse, die bürgerlichen Eigentumsverhältnisse, die moderne bürgerliche Gesellschaft, die so gewaltige Produktions- und Verkehrsmittel hervorgezaubert hat, gleicht dem Hexenmeister, der die unterirdischen Gewalten nicht mehr zu beherrschen vermag, die er heraufbeschwor. Seit Dezennien ist die Geschichte der Industrie und des Handels nur die Geschichte der Empörung der modernen Produktivkräfte gegen die modernen Produktionsverhältnisse, gegen die Eigentumsverhältnisse, welche die Lebensbedingungen der Bourgeoisie und ihrer Herrschaft sind. Es genügt, die Handelskrisen zu nennen, welche in ihrer periodischen Wiederkehr immer drohender die Existenz der ganzen bürgerlichen Gesellschaft in Frage stellen. In den Handelskrisen wird ein großer Teil nicht nur der erzeugten Produkte, sondern der bereits geschaffenen Produktivkräfte regelmäßig vernichtet. In den Krisen bricht eine gesellschaftliche Epidemie aus, welche allen früheren Epochen als ein Widersinn erschienen wäre – die Epidemie der Überproduktion.[26] Die Gesellschaft findet sich plötzlich in einen Zustand momentaner Barbarei zurückversetzt; eine Hungersnot, ein allgemeiner Vernichtungskrieg scheinen ihr alle Lebensmittel abgeschnitten zu haben; die Industrie, der Handel scheinen vernichtet, und warum? Weil sie zuviel Zivilisation, zuviel Lebensmittel, zuviel Industrie, zuviel Handel besitzt. Die Produktivkräfte, die ihr zur Verfügung stehen, dienen nicht mehr zur Beförderung der bürgerlichen Eigentumsverhältnisse; im Gegenteil, sie sind zu gewaltig für diese Verhältnisse geworden, sie werden von ihnen gehemmt; und sobald sie dies Hemmnis überwinden, bringen sie die ganze bürgerliche Gesellschaft in Unordnung, gefährden sie die Existenz des bürgerlichen Eigentums. Die bürgerlichen Verhältnisse sind zu eng geworden, um den von ihnen erzeugten Reichtum zu fassen. – Wodurch überwindet die Bourgeoisie die Krisen? Einerseits durch die erzwungene Vernichtung einer Masse von Produktivkräften; anderseits durch die Eroberung neuer Märkte und die gründlichere Ausbeutung alter Märkte. Wodurch also? Dadurch, daß sie allseitigere und gewaltigere Krisen vorbereitet und die Mittel, den Krisen vorzubeugen, vermindert.

Die Waffen, womit die Bourgeoisie den Feudalismus zu Boden geschlagen hat, richten sich jetzt gegen die Bourgeoisie selbst.

Aber die Bourgeoisie hat nicht nur die Waffen geschmiedet, die ihr den Tod bringen; sie hat auch die Männer gezeugt, die diese Waffen führen werden – die modernen Arbeiter, die *Proletarier.*

In demselben Maße, worin sich die Bourgeoisie, d. h. das Kapital, entwickelt, in demselben Maße entwickelt sich das Proletariat, die Klasse der modernen Arbeiter, die nur so lange leben, als sie Arbeit finden, und die nur so lange Arbeit finden, als ihre Arbeit das Kapital vermehrt. Diese Arbeiter, die sich stückweis verkaufen müssen, sind eine Ware wie jeder andere Handelsartikel und daher gleichmäßig allen Wechselfällen der Konkurrenz, allen Schwankungen des Marktes ausgesetzt.[27]

Die Arbeit der Proletarier hat durch die Ausdehnung der Maschinerie und die Teilung der Arbeit allen selbständigen Charakter und damit allen Reiz für die Arbeiter verloren. Er wird ein bloßes Zubehör der Maschine, von dem nur der einfachste, eintönigste, am leichtesten erlernbare Handgriff verlangt wird. Die Kosten, die der Arbeiter verursacht, beschränken sich daher fast nur auf die Lebensmittel, die er zu seinem Unterhalt und zur Fortpflanzung seiner Race bedarf. Der Preis einer Ware, also auch der Arbeit, ist aber gleich ihren Produktionskosten.[28] In demselben Maße, in dem die Widerwärtigkeit der Arbeit wächst, nimmt daher der Lohn ab. Noch mehr, in demselben Maße, wie Maschinerie und Teilung der Arbeit zunehmen, in demselben Maße nimmt auch die Masse der Arbeit zu, sei es durch Vermehrung der Arbeitsstunden, sei es durch Vermehrung der in einer gegebenen Zeit geforderten Arbeit, beschleunigten Lauf der Maschinen usw.

Die moderne Industrie hat die kleine Werkstube des patriarchalischen Meisters in die große Fabrik des industriellen Kapitalisten verwandelt. Arbeitermassen, in der Fabrik zusammengedrängt, werden soldatisch organisiert. Sie werden als gemeine Industriesoldaten unter die Aufsicht einer vollständigen Hierarchie von Unteroffizieren und Offizieren gestellt. Sie sind nicht nur Knechte der Bourgeoisklasse, des Bourgeoisstaates, sie sind täglich und stündlich geknechtet von der Maschine, von dem Aufseher und vor allem von den einzelnen fabrizierenden Bourgeois selbst. Diese Despotie ist um so kleinlicher, gehässiger, erbitternder, je offener sie den Erwerb als ihren Zweck proklamiert.

Je weniger die Handarbeit Geschicklichkeit und Kraftäußerung erheischt, d.h., je mehr die moderne Industrie sich entwickelt, desto mehr wird die Arbeit der Männer durch die der Weiber verdrängt. Geschlechts- und Altersunterschiede haben keine gesellschaftliche Geltung mehr für die Arbeiterklasse. Es gibt nur noch Arbeitsinstrumente, die je nach Alter und Geschlecht verschiedene Kosten machen.

Ist die Ausbeutung des Arbeiters durch den Fabrikanten so weit beendigt, daß er seinen Arbeitslohn bar ausgezahlt erhält, so fallen die andern Teile der Bourgeoisie über ihn her, der Hausbesitzer, der Krämer, der Pfandleiher usw.

Die bisherigen kleinen Mittelstände, die kleinen Industriellen, Kaufleute und Rentiers, die Handwerker und Bauern, alle diese Klassen fallen ins Proletariat hinab, teils dadurch, daß ihr kleines Kapital für den Betrieb der großen Industrie nicht ausreicht und der Konkurrenz mit den größeren Kapitalisten erliegt, teils dadurch, daß ihre Geschicklichkeit von neuen Produktionsweisen entwertet wird. So rekrutiert sich das Proletariat aus allen Klassen der Bevölkerung.

Das Proletariat macht verschiedene Entwicklungsstufen durch.[29] Sein Kampf gegen die Bourgeoisie beginnt mit seiner Existenz.

Im Anfang kämpfen die einzelnen Arbeiter, dann die Arbeiter einer Fabrik, dann die Arbeiter eines Arbeitszweiges an einem Ort gegen den einzelnen Bourgeois, der sie direkt ausbeutet. Sie richten ihre Angriffe nicht nur gegen die bürgerlichen Produktionsverhältnisse, sie richten sie gegen die Produktionsinstrumente selbst; sie vernichten die fremden konkurrierenden Waren, sie zerschlagen die Maschinen, sie stecken die Fabriken in Brand, sie suchen die untergegangene Stellung des mittelalterlichen Arbeiters wiederzuerringen.

Auf dieser Stufe bilden die Arbeiter eine über das ganze Land zerstreute und durch die Konkurrenz zersplitterte Masse. Massenhaftes Zusammenhalten der Arbeiter ist noch nicht die Folge ihrer eigenen Vereinigung, sondern die Folge der Vereinigung der Bourgeoisie, die zur Erreichung ihrer eigenen politischen Zwecke das ganze Proletariat in Bewegung setzen muß und es einstweilen noch kann. Auf dieser Stufe bekämpfen die Proletarier also nicht ihre Feinde, sondern die Feinde ihrer Feinde, die Reste der absoluten Monarchie, die Grundeigentümer, die nichtindustriellen Bourgeois, die Kleinbürger. Die ganze geschichtliche Bewegung ist so in den Händen der Bourgeoisie konzentriert; jeder Sieg, der so errungen wird, ist ein Sieg der Bourgeoisie.

Aber mit der Entwicklung der Industrie vermehrt sich nicht nur das Proletariat; es wird in größeren Massen zusammengedrängt, seine Kraft wächst, und es fühlt sie mehr. Die Interessen, die Lebenslagen innerhalb des Proletariats gleichen sich immer mehr aus, indem die Maschinerie mehr und mehr die Unterschiede der Arbeit verwischt und den Lohn fast überall auf ein gleich niedriges Niveau herabdrückt. Die wachsende Konkurrenz der Bourgeois unter sich und die daraus hervorgehenden Handelskrisen machen den Lohn der Arbeiter immer schwankender; die immer rascher sich entwickelnde, unaufhörliche Verbesserung der Maschinerie macht ihre ganze Lebensstellung immer unsicherer; immer mehr nehmen die Kollisionen zwischen dem einzelnen Arbeiter und dem einzelnen Bourgeois den Charakter von Kollisionen zweier Klassen an. Die Arbeiter beginnen damit, Koalitionen gegen die Bourgeois zu bilden; sie treten zusammen zur Behauptung ihres Arbeitslohns. Sie stiften selbst dauernde Assoziationen, um sich für die gelegentlichen Empörungen zu verproviantieren. Stellenweis bricht der Kampf in Emeuten aus.

Von Zeit zu Zeit siegen die Arbeiter, aber nur vorübergehend. Das eigentliche Resultat ihrer Kämpfe ist nicht der unmittelbare Erfolg, sondern die immer weiter um sich greifende Vereinigung der Arbeiter.[30] Sie wird befördert durch die wachsenden Kommunikationsmittel, die von der großen Industrie erzeugt werden und die Arbeiter der verschiedenen Lokalitäten miteinander in Verbindung setzen. Es bedarf aber bloß der Verbindung, um die vielen Lokalkämpfe von überall gleichem Charakter zu einem nationalen, zu einem Klassenkampfe zu zentralisieren. Jeder Klassenkampf ist aber ein politischer Kampf. Und die Vereinigung, zu der die Bürger des Mittelalters mit ihren Vizinalwegen Jahrhunderte bedurften, bringen die modernen Proletarier mit den Eisenbahnen in wenigen Jahren zustande.

Diese Organisation der Proletarier zur Klasse, und damit zur politischen Partei, wird jeden Augenblick wieder gesprengt durch die Konkurrenz unter den Arbeitern selbst. Aber sie ersteht immer wieder, stärker, fester, mächtiger. Sie erzwingt die Anerkennung einzelner Interessen der Arbeiter in Gesetzesform, indem sie die Spaltungen der Bourgeoisie unter sich benutzt. So die Zehnstundenbill in England.[31]

Die Kollisionen der alten Gesellschaft überhaupt fördern mannigfach den Entwicklungsgang des Proletariats. Die Bourgeoisie befindet sich in fortwährendem Kampfe: anfangs gegen die Aristokratie; später gegen die Teile der Bourgeoisie selbst, deren Interessen mit dem Fortschritt der Industrie in Widerspruch geraten; stets gegen die Bourgeoisie aller auswärtigen Länder. In allen diesen Kämpfen sieht sie sich genötigt, an das Proletariat zu appellieren, seine Hülfe in Anspruch zu nehmen und es so in die politische Bewegung hineinzureißen. Sie selbst führt also dem Proletariat ihre eigenen Bildungselemente, d. h. Waffen gegen sich selbst, zu.

Es werden ferner, wie wir sahen, durch den Fortschritt der Industrie ganze Bestandteile der herrschenden Klasse ins Proletariat hinabgeworfen oder wenigstens in ihren Lebensbedingungen bedroht. Auch sie führen dem Proletariat eine Masse Bildungselemente zu.

In Zeiten endlich, wo der Klassenkampf sich der Entscheidung nähert, nimmt der Auflösungsprozeß innerhalb der herrschenden Klasse, innerhalb der ganzen alten Gesellschaft, einen so heftigen, so grellen Charakter an, daß ein kleiner Teil der herrschenden Klasse sich von ihr lossagt und sich der revolutionären Klasse anschließt, der Klasse, welche die Zukunft in ihren Händen trägt. Wie daher früher ein Teil des Adels zur Bourgeoisie überging, so geht jetzt ein Teil der Bourgeoisie zum Proletariat über, und namentlich ein Teil der Bourgeoisideologen, welche zum theoretischen Verständnis der ganzen geschichtlichen Bewegung sich hinaufgearbeitet haben.

Von allen Klassen, welche heutzutage der Bourgeoisie gegenüberstehen, ist nur das Proletariat eine wirklich revolutionäre Klasse. Die übrigen Klassen verkommen und gehen unter mit der großen Industrie, das Proletariat ist ihr eigenstes Produkt.

Die Mittelstände, der kleine Industrielle, der kleine Kaufmann, der Handwerker, der Bauer, sie alle bekämpfen die Bourgeoisie, um ihre Existenz als Mittelstände vor dem Untergang zu sichern. Sie sind also nicht revolutionär, sondern konservativ. Noch mehr, sie sind reaktionär, sie suchen das Rad der Geschichte zurückzudrehen. Sind sie revolutionär, so sind sie es im Hinblick auf den ihnen bevorstehenden Übergang ins Proletariat, so verteidigen sie nicht ihre gegenwärtigen, sondern ihre zukünftigen Interessen, so verlassen sie ihren eigenen Standpunkt, um sich auf den des Proletariats zu stellen.

Das Lumpenproletariat, diese passive Verfaulung der untersten Schichten der alten Gesellschaft, wird durch eine proletarische Revolution stellenweise in die Bewegung hineingeschleudert, seiner ganzen Lebenslage nach wird es bereitwilliger sein, sich zu reaktionären Umtrieben erkaufen zu lassen.

Die Lebensbedingungen der alten Gesellschaft sind schon vernichtet in den Lebensbedingungen des Proletariats. Der Proletarier ist eigentumslos; sein Verhältnis zu Weib und Kindern hat nichts mehr gemein mit dem bürgerlichen Familienverhältnis; die moderne industrielle Arbeit, die moderne Unterjochung unter das Kapital, dieselbe in England wie in Frankreich, in Amerika wie in Deutschland, hat ihm allen nationalen Charakter abgestreift. Die Gesetze, die Moral, die Religion sind für ihn ebenso viele bürgerliche Vorurteile, hinter denen sich ebenso viele bürgerliche Interessen verstecken.

Alle früheren Klassen, die sich die Herrschaft eroberten, suchten ihre schon erworbene Lebensstellung zu sichern, indem sie die ganze Gesellschaft den Bedingungen ihres Erwerbs unterwarfen. Die Proletarier können sich die gesellschaftlichen Produktivkräfte nur erobern, indem sie ihre eigene bisherige Aneignungsweise und damit die ganze bisherige Aneignungsweise abschaffen. Die Proletarier haben nichts von dem ihrigen zu sichern, sie haben alle bisherige Privatsicherheiten und Privatversicherungen zu zerstören.

Alle bisherigen Bewegungen waren Bewegungen von Minoritäten oder im Interesse von Minoritäten. Die proletarische Bewegung ist die selbständige Bewegung der ungeheuren Mehrzahl im Interesse der ungeheuren Mehrzahl. Das Proletariat, die unterste Schichte der jetzigen Gesellschaft, kann sich nicht erheben, nicht aufrichten, ohne daß der ganze Überbau der Schichten, die die offizielle Gesellschaft bilden, in die Luft gesprengt wird.

Obgleich nicht dem Inhalt, ist der Form nach der Kampf des Proletariats gegen die Bourgeoisie zunächst ein nationaler. Das Proletariat eines jeden Landes muß natürlich zuerst mit seiner eigenen Bourgeoisie fertig werden.

Indem wir die allgemeinsten Phasen der Entwicklung des Proletariats zeichneten, verfolgten wir den mehr oder minder versteckten Bürgerkrieg innerhalb der bestehenden Gesellschaft bis zu dem Punkt, wo er in eine offene Revolution ausbricht und durch den gewaltsamen Sturz der Bourgeoisie das Proletariat seine Herrschaft begründet.

Alle bisherige Gesellschaft beruhte, wie wir gesehen haben, auf dem Gegensatz unterdrückender und unterdrückter Klassen. Um aber eine Klasse unterdrücken zu können, müssen ihre Bedingungen gesichert sein, innerhalb derer sie wenigstens ihre knechtische Existenz fristen kann. Der Leibeigene hat sich zum Mitglied der Kommune in der Leibeigenschaft herangearbeitet, wie der Kleinbürger zum Bourgeois unter dem Joch des feudalistischen Absolutismus. Der moderne Arbeiter dagegen, statt sich mit dem Fortschritt der Industrie zu heben, sinkt immer tiefer unter die Bedingungen seiner eigenen Klasse herab. Der Arbeiter wird zum Pauper, und der Pauperismus entwickelt sich noch schneller als Bevölkerung und Reichtum. Es tritt hiermit offen hervor, daß die Bourgeoisie unfähig ist, noch länger die herrschende Klasse der Gesellschaft zu bleiben und die Lebensbedingungen ihrer Klasse der Gesellschaft als regelndes

Gesetz aufzuzwingen. Sie ist unfähig zu herrschen, weil sie unfähig ist, ihrem Sklaven die Existenz selbst innerhalb seiner Sklaverei zu sichern, weil sie gezwungen ist, ihn in eine Lage herabsinken zu lassen, wo sie ihn ernähren muß, statt von ihm ernährt zu werden. Die Gesellschaft kann nicht mehr unter ihr leben, d. h., ihr Leben ist nicht mehr verträglich mit der Gesellschaft.[32]

Die wesentliche Bedingung für die Existenz und für die Herrschaft der Bourgeoisklasse ist die Anhäufung des Reichtums in den Händen von Privaten, die Bildung und Vermehrung des Kapitals; die Bedingung des Kapitals ist die Lohnarbeit. Die Lohnarbeit beruht ausschließlich auf der Konkurrenz der Arbeiter unter sich. Der Fortschritt der Industrie, dessen willenloser und widerstandsloser Träger die Bourgeoisie ist, setzt an die Stelle der Isolierung der Arbeiter durch die Konkurrenz ihre revolutionäre Vereinigung durch die Assoziation. Mit der Entwicklung der großen Industrie wird also unter den Füßen der Bourgeoisie die Grundlage selbst hinweggezogen, worauf sie produziert und die Produkte sich aneignet. Sie produziert vor allem ihren eigenen Totengräber. Ihr Untergang und der Sieg des Proletariats sind gleich unvermeidlich.[33]

II. Proletarier und Kommunisten

In welchem Verhältnis stehen die Kommunisten zu den Proletariern überhaupt?

Die Kommunisten sind keine besondere Partei gegenüber den andern Arbeiterparteien.

Sie haben keine von den Interessen des ganzen Proletariats getrennten Interessen.

Sie stellen keine besonderen Prinzipien auf, wonach sie die proletarische Bewegung modeln wollen.

Die Kommunisten unterscheiden sich von den übrigen proletarischen Parteien nur dadurch, daß sie einerseits in den verschiedenen nationalen Kämpfen der Proletarier die gemeinsamen, von der Nationalität unabhängigen Interessen des gesamten Proletariats hervorheben und zur Geltung bringen, andrerseits dadurch, daß sie in den verschiedenen Entwicklungsstufen, welche der Kampf zwischen Proletariat und Bourgeoisie durchläuft, stets das Interesse der Gesamtbewegung vertreten.

Die Kommunisten sind also praktisch der entschiedenste, immer weiter treibende Teil der Arbeiterparteien aller Länder; sie haben theoretisch vor der übrigen Masse des Proletariats die Einsicht in die Bedingungen, den Gang und die allgemeinen Resultate der proletarischen Bewegung voraus.

Der nächste Zweck der Kommunisten ist derselbe wie der aller übrigen proletarischen Parteien: Bildung des Proletariats zur Klasse, Sturz der Bourgeoisieherrschaft, Eroberung der politischen Macht durch das Proletariat.

Die theoretischen Sätze der Kommunisten beruhen keineswegs auf Ideen, auf Prinzipien, die von diesem oder jenem Weltverbesserer erfunden oder entdeckt sind.

Sie sind nur allgemeine Ausdrücke tatsächlicher Verhältnisse eines existierenden Klassenkampfes, einer unter unsern Augen vor sich gehenden geschichtlichen Bewegung. Die Abschaffung bisheriger Eigentumsverhältnisse ist nichts den Kommunismus eigentümlich Bezeichnendes.

Alle Eigentumsverhältnisse waren einem beständigen geschichtlichen Wechsel, einer beständigen geschichtlichen Veränderung unterworfen.

Die französische Revolution z. B. schaffte das Feudaleigentum zugunsten des bürgerlichen ab.

Was den Kommunismus auszeichnet, ist nicht die Abschaffung des Eigentums überhaupt, sondern die Abschaffung des bürgerlichen Eigentums.

Aber das moderne bürgerliche Privateigentum ist der letzte und vollendetste Ausdruck der Erzeugung und Aneignung der Produkte, die auf Klassengegensätzen, auf der Ausbeutung der einen durch die andern beruht.

In diesem Sinn können die Kommunisten ihre Theorie in dem einen Ausdruck: Aufhebung des Privateigentums, zusammenfassen.

Man hat uns Kommunisten vorgeworfen, wir wollten das persönlich erworbene, selbsterarbeitete Eigentum abschaffen; das Eigentum, welches die Grundlage aller persönlichen Freiheit, Tätigkeit und Selbständigkeit bilde.

Erarbeitetes, erworbenes, selbstverdientes Eigentum! Sprecht ihr von dem kleinbürgerlichen, kleinbäuerlichen Eigentum, welches dem bürgerlichen Eigentum vorherging? Wir brauchen es nicht abzuschaffen, die Entwicklung der Industrie hat es abgeschafft und schafft es täglich ab.

Oder sprecht ihr vom modernen bürgerlichen Privateigentum?

Schafft aber die Lohnarbeit, die Arbeit des Proletariers ihm Eigentum? Keineswegs. Sie schafft das Kapital, d. h. das Eigentum, welches die Lohnarbeit ausbeutet, welches sich nur unter der Bedingung vermehren kann, daß es neue Lohnarbeit erzeugt, um sie von neuem auszubeuten. Das Eigentum in seiner heutigen Gestalt bewegt sich in dem Gegensatz von Kapital und Lohnarbeit. Betrachten wir die beiden Seiten dieses Gegensatzes.

Kapitalist sein, heißt nicht nur eine rein persönliche, sondern eine gesellschaftliche Stellung in der Produktion einnehmen. Das Kapital ist ein gemeinschaftliches Produkt und kann nur durch eine gemeinsame Tätigkeit vieler Mitglieder, ja in letzter Instanz nur durch die gemeinsame Tätigkeit aller Mitglieder der Gesellschaft in Bewegung gesetzt werden.

Das Kapital ist also keine persönliche, es ist eine gesellschaftliche Macht.

Wenn also das Kapital in gemeinschaftliches, allen Mitgliedern der Gesellschaft angehöriges Eigentum verwandelt wird, so verwandelt sich nicht persönliches Eigentum in gesellschaftliches. Nur der gesellschaftliche Charakter des Eigentums verwandelt sich. Er verliert seinen Klassencharakter.[34]

Kommen wir zur Lohnarbeit.

Der Durchschnittspreis der Lohnarbeit ist das Minimum des Arbeitslohnes, d. h. die Summe der Lebensmittel, die notwendig sind, um den Arbeiter als Arbeiter am Leben zu erhalten. Was also der Lohnarbeiter durch seine Tätigkeit sich aneignet, reicht bloß dazu hin, um sein nacktes Leben wieder zu erzeugen. Wir wollen diese persönliche Aneignung der Arbeitsprodukte zur Wiedererzeugung des unmittelbaren Lebens keineswegs abschaffen, eine Aneignung, die keinen Reinertrag übrigläßt, der Macht über fremde Arbeit geben könnte. Wir wollen nur den elenden Charakter dieser Aneignung aufheben, worin der Arbeiter nur lebt, um das Kapital zu vermehren, nur so weit lebt, wie es das Interesse der herrschenden Klasse erheischt.

In der bürgerlichen Gesellschaft ist die lebendige Arbeit nur ein Mittel, die aufgehäufte Arbeit zu vermehren. In der kommunistischen Gesellschaft ist die aufgehäufte Arbeit nur ein Mittel, um den Lebensprozeß der Arbeiter zu erweitern, zu bereichern, zu befördern.

In der bürgerlichen Gesellschaft herrscht also die Vergangenheit über die Gegenwart, in der kommunistischen die Gegenwart über die Vergangenheit. In der bürgerlichen Gesellschaft ist das Kapital selbständig und persönlich, während das tätige Individuum unselbständig und unpersönlich ist.

Und die Aufhebung dieses Verhältnisses nennt die Bourgeoisie Aufhebung der Persönlichkeit und Freiheit! Und mit Recht. Es handelt sich allerdings um die Aufhebung der Bourgeois-Persönlichkeit, -Selbständigkeit und -Freiheit.

Unter Freiheit versteht man innerhalb der jetzigen bürgerlichen Produktionsverhältnisse den freien Handel, den freien Kauf und Verkauf.

Fällt aber der Schacher, so fällt auch der freie Schacher. Die Redensarten vom freien Schacher, wie alle übrigen Freiheitsbravaden unserer Bourgeoisie, haben überhaupt nur einen Sinn gegenüber dem gebundenen Schacher, gegenüber dem geknechteten Bürger des Mittelalters, nicht aber gegenüber der kommunistischen Aufhebung des Schachers, der bürgerlichen Produktionsverhältnisse und der Bourgeoisie selbst.

Ihr entsetzt euch darüber, daß wir das Privateigentum aufheben wollen. Aber in eurer bestehenden Gesellschaft ist das Privateigentum für neun Zehntel ihrer Mitglieder aufgehoben; es existiert gerade dadurch, daß es für neun Zehntel nicht existiert. Ihr werft uns also vor, daß wir ein Eigentum aufheben wollen, welches die Eigentumslosigkeit der ungeheuren Mehrzahl der Gesellschaft als notwendige Bedingung voraussetzt.

Ihr werft uns mit einem Wort vor, daß wir euer Eigentum aufheben wollen. Allerdings, das wollen wir.

Von dem Augenblick an, wo die Arbeit nicht mehr in Kapital, Geld, Grundrente, kurz, in eine monopolisierbare gesellschaftliche Macht verwandelt werden kann, d. h. von dem Augenblick, wo das persönliche Eigentum nicht mehr in bürgerliches umschlagen kann, von dem Augenblick an erklärt ihr, die Person sei aufgehoben.

Ihr gesteht also, daß ihr unter der Person niemanden anders versteht als den Bourgeois, den bürgerlichen Eigentümer. Und diese Person soll allerdings aufgehoben werden.

Der Kommunismus nimmt keinem die Macht, sich gesellschaftliche Produkte anzueignen, er nimmt nur die Macht, sich durch diese Aneignung fremde Arbeit zu unterjochen.

Man hat eingewendet, mit der Aufhebung des Privateigentums werde alle Tätigkeit aufhören und eine allgemeine Faulheit einreißen.

Hiernach müßte die bürgerliche Gesellschaft längst an der Trägheit zugrunde gegangen sein; denn die in ihr arbeiten, erwerben nicht, und die in ihr erwerben, arbeiten nicht. Das ganze Bedenken läuft auf die Tautologie hinaus, daß es keine Lohnarbeit mehr gibt, sobald es kein Kapital mehr gibt.

Alle Einwürfe, die gegen die kommunistische Aneignungs- und Produktionsweise der materiellen Produkte gerichtet werden, sind ebenso auf die Aneignung und Produktion der geistigen Produkte ausgedehnt worden. Wie für den Bourgeois das Aufhören des Klasseneigentums das Aufhören der Produktion selbst ist, so ist für ihn das Aufhören der Klassenbildung identisch mit dem Aufhören der Bildung überhaupt.

Die Bildung, deren Verlust er bedauert, ist für die enorme Mehrzahl die Heranbildung zur Maschine.

Aber streitet nicht mit uns, indem ihr an euren bürgerlichen Vorstellungen von Freiheit, Bildung, Recht usw. die Abschaffung des bürgerlichen Eigentums meßt. Eure Ideen selbst sind Erzeugnisse der bürgerlichen Produktions- und Eigentumsverhältnisse, wie euer Recht nur der zum Gesetz erhobene Wille eurer Klasse ist, ein Wille, dessen Inhalt gegeben ist in den materiellen Lebensbedingungen eurer Klasse.

Die interessierte Vorstellung, worin ihr eure Produktions- und Eigentumsverhältnisse aus geschichtlichen, in dem Lauf der Produktion vorübergehenden Verhältnissen in ewige Natur- und Vernunftgesetze verwandelt, teilt ihr mit allen untergegangenen herrschenden Klassen. Was ihr für das antike Eigentum begreift, was ihr für das feudale Eigentum begreift, dürft ihr nicht mehr begreifen für das bürgerliche Eigentum.

Aufhebung der Familie! Selbst die Radikalsten ereifern sich über diese schändliche Absicht der Kommunisten.

Worauf beruht die gegenwärtige, die bürgerliche Familie? Auf dem Kapital, auf dem Privaterwerb. Vollständig entwickelt existiert sie nur für die Bourgeoisie; aber sie findet ihre Ergänzung in der erzwungenen Familienlosigkeit der Proletarier und der öffentlichen Prostitution.

Die Familie der Bourgeois fällt natürlich weg mit dem Wegfallen dieser ihrer Ergänzung, und beide verschwinden mit dem Verschwinden des Kapitals.

Werft ihr uns vor, daß wir die Ausbeutung der Kinder durch ihre Eltern aufheben wollen? Wir gestehen dieses Verbrechen ein.

Aber, sagt ihr, wir heben die trautesten Verhältnisse auf, indem wir an die Stelle der häuslichen Erziehung die gesellschaftliche setzen.

Und ist nicht auch eure Erziehung durch die Gesellschaft bestimmt? Durch die gesellschaftlichen Verhältnisse, innerhalb derer ihr erzieht, durch die direktere oder indirektere Einmischung der Gesellschaft, vermittelst der Schule usw.? Die Kommunisten erfinden nicht die Einwirkung der Gesellschaft auf die Erziehung; sie verändern nur ihren Charakter, sie entreißen die Erziehung dem Einfluß der herrschenden Klasse.

Die bürgerlichen Redensarten über Familie und Erziehung, über das traute Verhältnis von Eltern und Kindern werden um so ekelhafter, je mehr infolge der großen Industrie alle Familienbande für die Proletarier zerrissen und die Kinder in einfache Handelsartikel und Arbeitsinstrumente verwandelt werden.[35]

Aber ihr Kommunisten wollt die Weibergemeinschaft einführen, schreit uns die ganze Bourgeoisie im Chor entgegen.[36]

Der Bourgeois sieht in seiner Frau ein bloßes Produktionsinstrument. Er hört, daß die Produktionsinstrumente gemeinschaftlich ausgebeutet werden sollen, und kann sich natürlich nichts anderes denken, als daß das Los der Gemeinschaftlichkeit die Weiber gleichfalls treffen wird.

Er ahnt nicht, daß es sich eben darum handelt, die Stellung der Weiber als bloßer Produktionsinstrumente aufzuheben.

Übrigens ist nichts lächerlicher als das hochmoralische Entsetzen unsrer Bourgeois über die angebliche offizielle Weibergemeinschaft der Kommunisten. Die Kommunisten brauchen die Weibergemeinschaft nicht einzuführen, sie hat fast immer existiert.

Unsre Bourgeois, nicht zufrieden damit, daß ihnen die Weiber und Töchter ihrer Proletarier zur Verfügung stehen, von der offiziellen Prostitution gar nicht zu sprechen, finden ein Hauptvergnügen darin, ihre Ehefrauen wechselseitig zu verführen.

Die bürgerliche Ehe ist in Wirklichkeit die Gemeinschaft der Ehefrauen. Man könnte höchstens den Kommunisten vorwerfen, daß sie an Stelle einer heuchlerisch versteckten eine offizielle, offenherzige Weibergemeinschaft einführen wollten. Es versteht sich übrigens von selbst, daß mit Aufhebung der jetzigen Produktionsverhältnisse auch die aus ihnen hervorgehende Weibergemeinschaft, d. h. die offizielle und nichtoffizielle Prostitution, verschwindet.[37]

Den Kommunisten ist ferner vorgeworfen worden, sie wollten das Vaterland, die Nationalität abschaffen.

Die Arbeiter haben kein Vaterland.[38] Man kann ihnen nicht nehmen, was sie nicht haben. Indem das Proletariat zunächst sich die politische Herrschaft erobern, sich zur nationalen Klasse erheben, sich selbst als Nation konstituieren muß, ist es selbst noch national, wenn auch keineswegs im Sinne der Bourgeoisie.

Die nationalen Absonderungen und Gegensätze der Völker verschwinden mehr und mehr schon mit der Entwicklung der Bourgeoisie, mit der Handelsfreiheit, dem Weltmarkt, der Gleichförmigkeit der industriellen Produktion und der ihr entsprechenden Lebensverhältnisse.

Die Herrschaft des Proletariats wird sie noch mehr verschwinden machen. Vereinigte Aktion, wenigstens der zivilisierten Länder, ist eine der ersten Bedingungen seiner Befreiung.

In dem Maße, wie die Exploitation des einen Individuums durch das andere aufgehoben wird, wird die Exploitation einer Nation durch die andere aufgehoben.

Mit dem Gegensatz der Klassen im Innern der Nation fällt die feindliche Stellung der Nationen gegeneinander.

Die Anklagen gegen den Kommunismus, die von religiösen, philosophischen und ideologischen Gesichtspunkten überhaupt erhoben werden, verdienen keine ausführlichere Erörterung.

Bedarf es tiefer Einsicht, um zu begreifen, daß mit den Lebensverhältnissen der Menschen, mit ihren gesellschaftlichen Beziehungen, mit ihrem gesellschaftlichen Dasein, auch ihre Vorstellungen, Anschauungen und Begriffe, mit einem Worte auch ihr Bewußtsein sich ändert?

Was beweist die Geschichte der Ideen anders, als daß die geistige Produktion sich mit der materiellen umgestaltet? Die herrschenden Ideen einer Zeit waren stets nur die Ideen der herrschenden Klasse.

Man spricht von Ideen, welche eine ganze Gesellschaft revolutionieren; man spricht damit nur die Tatsache aus, daß sich innerhalb der alten Gesellschaft die Elemente einer neuen gebildet haben, daß mit der Auflösung der alten Lebensverhältnisse die Auflösung der alten Ideen gleichen Schritt hält.

Als die alte Welt im Untergehen begriffen war, wurden die alten Religionen von der christlichen Religion besiegt. Als die christlichen Ideen im 18. Jahrhundert den Aufklärungsideen unterlagen, rang die feudale Gesellschaft ihren Todeskampf mit der damals revolutionären Bourgeoisie. Die Ideen der Gewissens- und Religionsfreiheit sprachen nur die Herrschaft der freien Konkurrenz auf dem Gebiete des Wissens aus.

»Aber«, wird man sagen, »religiöse, moralische, philosophische, politische, rechtliche Ideen usw. modifizierten sich allerdings im Lauf der geschichtlichen Entwicklung. Die Religion, die Moral, die Philosophie, die Politik, das Recht erhielten sich stets in diesem Wechsel.

Es gibt zudem ewige Wahrheiten, wie Freiheit, Gerechtigkeit usw., die allen gesellschaftlichen Zuständen gemeinsam sind. Der Kommunismus aber schafft die ewigen Wahrheiten ab, er schafft die Religion ab, die Moral, statt sie neu zu gestalten, er widerspricht also allen bisherigen geschichtlichen Entwicklungen.«

Worauf reduziert sich diese Anklage? Die Geschichte der ganzen bisherigen Gesellschaft bewegte sich in Klassengegensätzen, die in den verschiedenen Epochen verschieden gestaltet waren.

Welche Form sie aber auch immer angenommen, die Ausbeutung des einen Teils der Gesellschaft durch den andern ist eine allen vergangenen Jahrhunderten gemeinsame Tatsache.[39] Kein Wunder daher, daß das gesellschaftliche Bewußtsein aller Jahrhunderte, aller Mannigfaltigkeit und Verschiedenheit zum Trotz, in gewissen gemeinsamen Formen sich bewegt, in Bewußtseinsformen, die nur mit dem gänzlichen Verschwinden des Klassengegensatzes sich vollständig auflösen.

Die kommunistische Revolution ist das radikalste Brechen mit den überlieferten Eigentumsverhältnissen; kein Wunder, daß in ihrem Entwicklungsgange am radikalsten mit den überlieferten Ideen gebrochen wird.

Doch lassen wir die Einwürfe der Bourgeoisie gegen den Kommunismus.

Wir sahen schon oben, daß der erste Schritt in der Arbeiterrevolution die Erhebung des Proletariats zur herrschenden Klasse, die Erkämpfung der Demokratie ist.

Das Proletariat wird seine politische Herrschaft dazu benutzen, der Bourgeoisie nach und nach alles Kapital zu entreißen, alle Produktionsinstrumente in den Händen des Staats, d. h. des als herrschende Klasse organisierten Proletariats, zu zentralisieren und die Masse der Produktionskräfte möglichst rasch zu vermehren.[40]

Es kann dies natürlich zunächst nur geschehen vermittelst despotischer Eingriffe in das Eigentumsrecht und in die bürgerlichen Produktionsverhältnisse, durch Maßregeln also, die ökonomisch unzureichend und unhaltbar erscheinen, die aber im Lauf der Bewegung über sich selbst hinaustreiben und als Mittel zur Umwälzung der ganzen Produktionsweise unvermeidlich sind.

Diese Maßregeln werden natürlich je nach den verschiedenen Ländern verschieden sein.

Für die fortgeschrittensten Länder werden jedoch die folgenden ziemlich allgemein in Anwendung kommen können:

1. Expropriation des Grundeigentums und Verwendung der Grundrente zu Staatsausgaben.
2. Starke Progressivsteuer.
3. Abschaffung des Erbrechts.[41]
4. Konfiskation des Eigentums aller Emigranten und Rebellen.
5. Zentralisation des Kredits in den Händen des Staats durch eine Nationalbank mit Staatskapital und ausschließlichem Monopol.
6. Zentralisation des Transportwesens in den Händen des Staats.
7. Vermehrung der Nationalfabriken, Produktionsinstrumente, Urbarmachung und Verbesserung der Ländereien nach einem gemeinschaftlichen Plan.
8. Gleicher Arbeitszwang für alle, Errichtung industrieller Armeen, besonders für den Ackerbau.
9. Vereinigung des Betriebs von Ackerbau und Industrie, Hinwirken auf die allmähliche Beseitigung des Unterschieds von Stadt und Land.[42]
10. Öffentliche und unentgeltliche Erziehung aller Kinder. Beseitigung der Fabrikarbeit der Kinder in ihrer heutigen Form. Vereinigung der Erziehung mit der materiellen Produktion usw. [43]

Sind im Laufe der Entwicklung die Klassenunterschiede verschwunden und ist alle Produktion in den Händen der assoziierten Individuen konzentriert, so verliert die öffentliche Gewalt den politischen Charakter. Die politische Gewalt im eigentlichen Sinn ist die organisierte Gewalt einer Klasse zur Unterdrückung einer andern. Wenn das Proletariat im Kampfe gegen die Bourgeoisie sich notwendig zur Klasse vereint, durch eine Revolution sich zur herrschenden Klasse macht und als herrschende Klasse gewaltsam die alten Produktionsverhältnisse aufhebt, so hebt es mit diesen Produktionsverhältnissen die Existenzbedingungen des Klassengegensatzes, die Klassen überhaupt, und damit seine eigene Herrschaft als Klasse auf.

An die Stelle der alten bürgerlichen Gesellschaft mit ihren Klassen und Klassengegensätzen tritt eine Assoziation, worin die freie Entwicklung eines jeden die Bedingung für die freie Entwicklung aller ist.

III. Sozialistische und kommunistische Literatur

1. Der reaktionäre Sozialismus

a) Der feudale Sozialismus

Die französische und englische Aristokratie war ihrer geschichtlichen Stellung nach dazu berufen, Pamphlete gegen die moderne bürgerliche Gesellschaft zu schreiben. In der französischen Julirevolution von 1830, in der englischen Reformbewegung war sie noch einmal dem verhaßten Emporkömmling erlegen. Von einem ernsten politischen Kampfe konnte nicht mehr die Rede sein. Nur der literarische Kampf blieb ihr übrig. Aber auch auf dem Gebiete der Literatur waren die alten Redensarten der Restaurationszeit* unmöglich geworden. Um Sympathie zu erregen, mußte die Aristokratie scheinbar ihre Interessen aus dem Auge verlieren und nur im Interesse der exploitierten Arbeiterklasse ihren Anklageakt gegen die Bourgeoisie formulieren. Sie bereitete so die Genugtuung vor, Schmählieder auf ihren neuen Herrscher singen und mehr oder minder unheilschwangere Prophezeiungen ihm ins Ohr raunen zu dürfen.

Auf diese Art entstand der feudalistische Sozialismus, halb Klagelied, halb Pasquill, halb Rückhall der Vergangenheit, halb Dräuen der Zukunft, mitunter die Bourgeoisie ins Herz treffend durch bittres, geistreich zerreißendes Urteil, stets komisch wirkend durch

* Gemeint ist nicht die englische Restaurationszeit 1600–1689, sondern die französische Restaurationszeit 1814–1830. *[Anmerkung von Engels zur englischen Ausgabe von 1888.]*

gänzliche Unfähigkeit, den Gang der modernen Geschichte zu begreifen.

Den proletarischen Bettelsack schwenkten sie als Fahne in der Hand, um das Volk hinter sich her zu versammeln. So oft es ihnen aber folgte, erblickte es auf ihrem Hintern die alten feudalen Wappen und verlief sich mit lautem und unehrerbietigem Gelächter.[44]

Ein Teil der französischen Legitimisten und das Junge England gaben dies Schauspiel zum besten.[45]

Wenn die Feudalen beweisen, daß ihre Weise der Ausbeutung anders gestaltet war als die bürgerliche Ausbeutung, so vergessen sie nur, daß sie unter gänzlich verschiedenen und jetzt überlebten Umständen und Bedingungen ausbeuteten. Wenn sie nachweisen, daß unter ihrer Herrschaft nicht das moderne Proletariat existiert hat, so vergessen sie nur, daß eben die moderne Bourgeoisie ein notwendiger Sprößling ihrer Gesellschaftsordnung war.

Übrigens verheimlichen sie den reaktionären Charakter ihrer Kritik so wenig, daß ihre Hauptanklage gegen die Bourgeoisie eben darin besteht, unter ihrem Regime entwickle sich eine Klasse, welche die ganze alte Gesellschaftsordnung in die Luft sprengen werde.

Sie werfen der Bourgeoisie mehr noch vor, daß sie ein revolutionäres Proletariat, als daß sie überhaupt ein Proletariat erzeugt.

In der politischen Praxis nehmen sie daher an allen Gewaltmaßregeln gegen die Arbeiterklasse teil, und im gewöhnlichen Leben bequemen sie sich, allen ihren aufgeblähten Redensarten zum Trotz die goldnen Äpfel aufzulesen und Treue, Liebe, Ehre mit dem Schacher in Schafswolle, Runkelrüben und Schnaps zu vertauschen.*

* Dies bezieht sich hauptsächlich auf Deutschland, wo der Landadel und das Junkertum einen großen Teil ihrer Güter auf eigene Rechnung durch ihre Verwalter bewirtschaften lassen und daneben noch Großproduzenten von Rübenzucker und Kartoffelschnaps sind. Die reicheren englischen Aristokraten sind noch nicht soweit heruntergekommen; aber auch sie wissen, wie man das Sinken der Rente wettmachen kann durch die Hergabe ihres Namens an mehr oder weniger zweifelhafte Gründer von Aktiengesellschaften. *[Anmerkung von Engels zur englischen Ausgabe von 1888.]*

Wie der Pfaffe immer Hand in Hand ging mit dem Feudalen, so der pfäffische Sozialismus mit dem feudalistischen.

Nichts leichter, als dem christlichen Asketismus einen sozialistischen Anstrich zu geben. Hat das Christentum nicht auch gegen das Privateigentum, gegen die Ehe, gegen den Staat geeifert? Hat es nicht die Wohltätigkeit und den Bettel, das Zölibat und die Fleischesertötung, das Zellenleben und die Kirche an ihrer Stelle gepredigt? Der christliche Sozialismus ist nur das Weihwasser, womit der Pfaffe den Ärger des Aristokraten einsegnet.[46]

b) Kleinbürgerlicher Sozialismus

Die feudale Aristokratie ist nicht die einzige Klasse, welche durch die Bourgeoisie gestürzt wurde, deren Lebensbedingungen in der modernen bürgerlichen Gesellschaft verkümmerten und abstarben. Das mittelalterliche Pfahlbürgertum und der kleine Bauernstand waren die Vorläufer der modernen Bourgeoisie. In den weniger industriell und kommerziell entwickelten Ländern vegetiert diese Klasse noch fort neben der aufkommenden Bourgeoisie.

In den Ländern, wo sich die moderne Zivilisation entwickelt hat, hat sich eine neue Kleinbürgerschaft gebildet, die zwischen dem Proletariat und der Bourgeoisie schwebt und als ergänzender Teil der bürgerlichen Gesellschaft stets von neuem sich bildet, deren Mitglieder aber beständig durch die Konkurrenz ins Proletariat hinabgeschleudert werden, ja selbst mit der Entwicklung der großen Industrie einen Zeitpunkt herannahen sehen, wo sie als selbständiger Teil der modernen Gesellschaft gänzlich verschwinden und im Handel, in der Manufaktur, in der Agrikultur durch Arbeitsaufseher und Domestiken ersetzt werden.

In Ländern wie in Frankreich, wo die Bauernklasse weit mehr als die Hälfte der Bevölkerung ausmacht, war es natürlich, daß Schriftsteller, die für das Proletariat gegen die Bourgeoisie auftraten, an ihre Kritik des Bourgeoisregimes den kleinbürgerlichen und kleinbäuerlichen Maßstab anlegten und die Partei der Arbeiter vom Standpunkt des Kleinbürgertums ergriffen. Es bildete sich so der kleinbürgerliche Sozialismus. Sismondi ist das

Haupt dieser Literatur nicht nur für Frankreich, sondern auch für England.[47]

Dieser Sozialismus zergliederte höchst scharfsinnig die Widersprüche in den modernen Produktionsverhältnissen. Er enthüllte die gleisnerischen Beschönigungen der Ökonomen. Er wies unwiderleglich die zerstörenden Wirkungen der Maschinerie und der Teilung der Arbeit nach, die Konzentration der Kapitalien und des Grundbesitzes, die Überproduktion, die Krisen, den notwendigen Untergang der kleinen Bürger und Bauern, das Elend des Proletariats, die Anarchie in der Produktion, die schreienden Mißverhältnisse in der Verteilung des Reichtums, den industriellen Vernichtungskrieg der Nationen untereinander, die Auflösung der alten Sitten, der alten Familienverhältnisse, der alten Nationalitäten.

Seinem positiven Gehalte nach will jedoch dieser Sozialismus entweder die alten Produktions- und Verkehrsmittel wiederherstellen und mit ihnen die alten Eigentumsverhältnisse und die alte Gesellschaft, oder er will die modernen Produktions- und Verkehrsmittel in den Rahmen der alten Eigentumsverhältnisse, die von ihnen gesprengt wurden, gesprengt werden mußten, gewaltsam wieder einsperren. In beiden Fällen ist er reaktionär und utopistisch zugleich.

Zunftwesen in der Manufaktur und patriarchalische Wirtschaft auf dem Lande, das sind seine letzten Worte.

In ihrer weiteren Entwicklung hat sich diese Richtung in einen feigen Katzenjammer verlaufen.

c) Der deutsche oder der «wahre» Sozialismus

Die sozialistische und kommunistische Literatur Frankreichs, die unter dem Druck einer herrschenden Bourgeoisie entstand und der literarische Ausdruck des Kampfes gegen diese Herrschaft ist, wurde nach Deutschland eingeführt zu einer Zeit, wo die Bourgeoisie soeben ihren Kampf gegen den feudalen Absolutismus begann.

Deutsche Philosophen, Halbphilosophen und Schöngeister bemächtigten sich gierig dieser Literatur und vergaßen nur, daß bei der Einwanderung jener Schriften aus Frankreich die französischen Lebensverhältnisse nicht gleichzeitig nach Deutschland eingewandert waren. Den deutschen Verhältnissen gegenüber verlor die französische Literatur alle unmittelbar praktische Bedeutung und nahm ein rein literarisches Aussehen an. Als müßige Spekulation über die Verwirklichung des menschlichen Wesens mußte sie erscheinen. So hatten für die deutschen Philosophen des 18. Jahrhunderts die Forderungen der ersten französischen Revolution nur den Sinn, Forderungen der »praktischen Vernunft« im allgemeinen zu sein, und die Willensäußerungen der revolutionären französischen Bourgeoisie bedeuteten in ihren Augen die Gesetze des reinen Willens, des Willens, wie er sein muß, des wahrhaft menschlichen Willens.[48]

Die ausschließliche Arbeit der deutschen Literaten bestand darin, die neuen französischen Ideen mit ihrem alten philosophischen Gewissen in Einklang zu setzen oder vielmehr von ihrem philosophischen Standpunkt aus die französischen Ideen sich anzueignen.

Diese Aneignung geschah in derselben Weise, wodurch man sich überhaupt eine fremde Sprache aneignet, durch die Übersetzung.

Es ist bekannt, wie die Mönche Manuskripte, worauf die klassischen Werke der alten Heidenzeit verzeichnet waren, mit abgeschmackten katholischen Heiligengeschichten überschrieben. Die deutschen Literaten gingen umgekehrt mit der profanen französischen Literatur um. Sie schrieben ihren philosophischen Unsinn hinter das französische Original. Z. B. hinter die französische Kritik der Geldverhältnisse schrieben sie »Entäußerung des menschlichen Wesens«, hinter die französische Kritik des Bourgeoisstaates schrieben sie »Aufhebung der Herrschaft des abstrakt Allgemeinen« usw.

Die Unterschiebung dieser philosophischen Redensarten unter die französischen Entwicklungen tauften sie »Philosophie der Tat«, »wahrer Sozialismus«, »deutsche Wissenschaft des Sozialismus«, »philosophische Begründung des Sozialismus« usw.[49]

Die französische sozialistisch-kommunistische Literatur wurde so förmlich entmannt. Und da sie in der Hand des Deutschen aufhörte, den Kampf einer Klasse gegen die andere auszudrücken, so war der Deutsche sich bewußt, die »französische Einseitigkeit« überwunden, statt wahrer Bedürfnisse das Bedürfnis der Wahrheit und statt der Interessen des Proletariers die Interessen des menschlichen Wesens, des Menschen überhaupt vertreten zu haben, des Menschen, der keiner Klasse, der überhaupt nicht der Wirklichkeit, der nur dem Dunsthimmel der philosophischen Phantasie angehört.

Dieser deutsche Sozialismus, der seine unbeholfenen Schulübungen so ernst und feierlich nahm und so marktschreierisch ausposaunte, verlor indes nach und nach seine pedantische Unschuld.

Der Kampf der deutschen, namentlich der preußischen Bourgeoisie gegen die Feudalen und das absolute Königtum, mit einem Wort, die liberale Bewegung wurde ernsthafter.

Dem »wahren« Sozialismus war so erwünschte Gelegenheit geboten, der politischen Bewegung die sozialistischen Forderungen gegenüberzustellen, die überlieferten Anatheme gegen den Liberalismus, gegen den Repräsentativstaat, gegen die bürgerliche Konkurrenz, bürgerliche Preßfreiheit, bürgerliches Recht, bürgerliche Freiheit und Gleichheit zu schleudern und der Volksmasse vorzupredigen, wie sie bei dieser bürgerlichen Bewegung nichts zu gewinnen, vielmehr *alles* zu verlieren habe. Der deutsche Sozialismus vergaß rechtzeitig, daß die französische Kritik, deren geistloses Echo er war, die moderne bürgerliche Gesellschaft mit den entsprechenden materiellen Lebensbedingungen und der angemessenen politischen Konstitution voraussetzt, lauter Voraussetzungen, um deren Erkämpfung es sich erst in Deutschland handelte.

Er diente den deutschen absoluten Regierungen mit ihrem Gefolge von Pfaffen, Schulmeistern, Krautjunkern und Bürokraten als erwünschte Vogelscheuche gegen die drohend aufstrebende Bourgeoisie.

Er bildete die süßliche Ergänzung zu den bittren Peitschenhieben und Flintenkugeln, womit dieselben Regierungen die deutschen Arbeiteraufstände bearbeiteten.

Ward der »wahre« Sozialismus dergestalt eine Waffe in der Hand der Regierungen gegen die deutsche Bourgeoisie, so vertrat er auch unmittelbar ein reaktionäres Interesse, das Interesse der deutschen

Pfahlbürgerschaft. In Deutschland bildet das vom 16. Jahrhundert her überlieferte und seit der Zeit in verschiedener Form hier immer neu wieder auftauchende Kleinbürgertum die eigentliche gesellschaftliche Grundlage der bestehenden Zustände.

Seine Erhaltung ist die Erhaltung der bestehenden deutschen Zustände. Von der industriellen und politischen Herrschaft der Bourgeoisie fürchtet es den sichern Untergang, einerseits infolge der Konzentration des Kapitals, anderseits durch das Aufkommen eines revolutionären Proletariats. Der «wahre» Sozialismus schien ihm beide Fliegen mit einer Klappe zu schlagen. Er verbreitete sich wie eine Epidemie.

Das Gewand, gewirkt aus spekulativem Spinnweb, überstickt mit schöngeistigen Redeblumen, durchtränkt von liebesschwülem Gemütstau, dies überschwengliche Gewand, worin die deutschen Sozialisten ihre paar knöchernen »ewigen Wahrheiten« einhüllten, vermehrte nur den Absatz ihrer Ware bei diesem Publikum.

Seinerseits erkannte der deutsche Sozialismus immer mehr seinen Beruf, der hochtrabende Vertreter dieser Pfahlbürgerschaft zu sein.

Er proklamierte die deutsche Nation als die normale Nation und den deutschen Spießbürger als den Normalmenschen. Er gab jeder Niedertracht desselben einen verborgenen, höheren, sozialistischen Sinn, worin sie ihr Gegenteil bedeutete. Er zog die letzte Konsequenz, indem er direkt gegen die «rohdestruktive» Richtung des Kommunismus auftrat und seine unparteiische Erhabenheit über alle Klassenkämpfe verkündigte. Mit sehr wenigen Ausnahmen gehört alles, was in Deutschland von angeblich sozialistischen und kommunistischen Schriften zirkuliert, in den Bereich dieser schmutzigen, entnervenden Literatur.*

* Der Revolutionssturm von 1848 hat diese gesamte schäbige Richtung weggefegt und ihren Trägern die Lust benommen, noch weiter in Sozialismus zu machen. Hauptvertreter und klassischer Typus dieser Richtung ist Herr Karl Grün. *[Anmerkung von Engels zur deutschen Ausgabe von 1890.]*

2. Der konservative oder Bourgeoissozialismus

Ein Teil der Bourgeoisie wünscht den *sozialen Mißständen* abzuhelfen, um den Bestand der bürgerlichen Gesellschaft zu sichern.

Es gehören hierher: Ökonomisten, Philanthropen, Humanitäre, Verbesserer der Lage der arbeitenden Klassen, Wohltätigkeitsorganisierer, Abschaffer der Tierquälerei, Mäßigkeitsvereinsstifter, Winkelreformer der buntscheckigsten Art. Und auch zu ganzen Systemen ist dieser Bourgeoissozialismus ausgearbeitet worden.

Als Beispiel führen wir Proudhons «Philosophie de la misère» an.[50]

Die sozialistischen Bourgeois wollen die Lebensbedingungen der modernen Gesellschaft ohne die notwendig daraus hervorgehenden Kämpfe und Gefahren. Sie wollen die bestehende Gesellschaft mit Abzug der sie revolutionierenden und sie auflösenden Elemente. Sie wollen die Bourgeoisie ohne das Proletariat. Die Bourgeoisie stellt sich die Welt, worin sie herrscht, natürlich als die beste Welt vor. Der Bourgeoissozialismus arbeitet diese tröstliche Vorstellung zu einem halben oder ganzen System aus. Wenn er das Proletariat auffordert, seine Systeme zu verwirklichen und in das neue Jerusalem einzugehen, so verlangt er im Grunde nur, daß es in der jetzigen Gesellschaft stehenbleibe, aber seine gehässigen Vorstellungen von derselben abstreife.

Eine zweite, weniger systematische, mehr praktische Form d[ies]es Sozialismus suchte der Arbeiterklasse jede revolutionäre Bewegung zu verleiden durch den Nachweis, wie nicht diese oder jene politische Veränderung, sondern nur eine Veränderung der materiellen Lebensverhältnisse, der ökonomischen Verhältnisse ihr von Nutzen sein könne. Unter Veränderung der materiellen Lebensverhältnisse versteht dieser Sozialismus aber keineswegs Abschaffung der bürgerlichen Produktionsverhältnisse, die nur auf revolutionärem Wege möglich ist, sondern administrative Verbesserungen, die auf dem Boden dieser Produktionsverhältnisse vor sich gehen, also an dem Verhältnis von Kapital und Lohnarbeit nichts ändern, sondern im besten Fall der Bourgeoisie die Kosten ihrer Herrschaft vermindern und ihren Staatshaushalt vereinfachen.

Seinen entsprechenden Ausdruck erreicht der Bourgeoissozialismus erst da, wo er zur bloßen rednerischen Figur wird.

Freier Handel! Im Interesse der arbeitenden Klasse: Schutzzölle! Im Interesse der arbeitenden Klasse: Zellengefängnisse! Im Interesse der arbeitenden Klasse: das ist das letzte, das einzige ernstgemeinte Wort des Bourgeoissozialismus.

Der Sozialismus der Bourgeoisie besteht eben in der Behauptung, daß die Bourgeois Bourgeois sind – im Interesse der arbeitenden Klasse.

3. Der kritisch-utopistische Sozialismus und Kommunismus

Wir reden hier nicht von der Literatur, die in allen großen modernen Revolutionen die Forderungen des Proletariats aussprach. (Schriften Babeufs usw.)[51]

Die ersten Versuche des Proletariats, in einer Zeit allgemeiner Aufregung, in der Periode des Umsturzes der feudalen Gesellschaft direkt sein eigenes Klasseninteresse durchzusetzen, scheiterten notwendig an der unentwickelten Gestalt des Proletariats selbst wie an dem Mangel der materiellen Bedingungen seiner Befreiung, die eben erst das Produkt der bürgerlichen Epoche sind. Die revolutionäre Literatur, welche diese ersten Bewegungen des Proletariats begleitete, ist dem Inhalt nach notwendig reaktionär. Sie lehrt einen allgemeinen Asketismus und eine rohe Gleichmacherei.

Die eigentlich sozialistischen und kommunistischen Systeme, die Systeme St. Simons, Fouriers, Owens usw. tauchen auf in der ersten, unentwickelten Periode des Kampfs zwischen Proletariat und Bourgeoisie, die wir oben dargestellt haben. (S[iehe] Bourgeoisie und Proletariat.)[52]

Die Erfinder dieser Systeme sehen zwar den Gegensatz der Klassen wie die Wirksamkeit der auflösenden Elemente in der herrschenden Gesellschaft selbst. Aber sie erblicken auf der Seite des

Proletariats keine geschichtliche Selbsttätigkeit, keine ihm eigentümliche politische Bewegung.

Da die Entwicklung des Klassengegensatzes gleichen Schritt hält mit der Entwicklung der Industrie, finden sie ebensowenig die materiellen Bedingungen zur Befreiung des Proletariats vor und suchen nach einer sozialen Wissenschaft, nach sozialen Gesetzen, um diese Bedingungen zu schaffen.

An die Stelle der gesellschaftlichen Tätigkeit muß ihre persönliche erfinderische Tätigkeit treten, an die Stelle der geschichtlichen Bedingungen der Befreiung phantastische, an die Stelle der allmählich vor sich gehenden Organisation des Proletariats zur Klasse eine eigens ausgeheckte Organisation der Gesellschaft. Die kommende Weltgeschichte löst sich für sie auf in die Propaganda und die praktische Ausführung ihrer Gesellschaftspläne.

Sie sind sich zwar bewußt, in ihren Plänen hauptsächlich das Interesse der arbeitenden Klasse als der leidendsten Klasse zu vertreten. Nur unter diesem Gesichtspunkt der leidendsten Klasse existiert das Proletariat für sie.[53]

Die unentwickelte Form des Klassenkampfes wie ihre eigene Lebenslage bringen es aber mit sich, daß sie weit über jenen Klassengegensatz erhaben zu sein glauben. Sie wollen die Lebenslage aller Gesellschaftsglieder, auch der bestgestellten, verbessern. Sie appellieren daher fortwährend an die ganze Gesellschaft ohne Unterschied, ja vorzugsweise an die herrschende Klasse. Man braucht ihr System ja nur zu verstehen, um es als den bestmöglichen Plan der bestmöglichen Gesellschaft anzuerkennen.

Sie verwerfen daher alle politische, namentlich alle revolutionäre Aktion, sie wollen ihr Ziel auf friedlichem Wege erreichen und versuchen, durch kleine, natürlich fehlschlagende Experimente, durch die Macht des Beispiels dem neuen gesellschaftlichen Evangelium Bahn zu brechen.

Die phantastische Schilderung der zukünftigen Gesellschaft entspringt in einer Zeit, wo das Proletariat noch höchst unentwickelt ist, also selbst noch phantastisch seine eigene Stellung auffaßt, seinem ersten ahnungsvollen Drängen nach einer allgemeinen Umgestaltung der Gesellschaft.

Die sozialistischen und kommunistischen Schriften bestehen aber auch aus kritischen Elementen. Sie greifen alle Grundlagen der bestehenden Gesellschaft an. Sie haben daher höchst wertvolles Material zur Aufklärung der Arbeiter geliefert. Ihre positiven Sätze über die zukünftige Gesellschaft, z. B. Aufhebung des Gegensatzes zwischen Stadt und Land, der Familie, des Privaterwerbs, der Lohnarbeit, die Verkündung der gesellschaftlichen Harmonie, die Verwandlung des Staats in eine bloße Verwaltung der Produktion – alle diese ihre Sätze drücken bloß das Wegfallen des Klassengegensatzes aus, der eben erst sich zu entwickeln beginnt, den sie nur noch in seiner ersten gestaltlosen Unbestimmtheit kennen. Diese Sätze selbst haben daher noch einen rein utopistischen Sinn.

Die Bedeutung des kritisch-utopistischen Sozialismus und Kommunismus steht im umgekehrten Verhältnis zur geschichtlichen Entwicklung. In demselben Maße, worin der Klassenkampf sich entwickelt und gestaltet, verliert diese phantastische Erhebung über denselben, diese phantastische Bekämpfung desselben allen praktischen Wert, alle theoretische Berechtigung. Waren daher die Urheber dieser Systeme auch in vieler Beziehung revolutionär, so bilden ihre Schüler jedesmal reaktionäre Sekten. Sie halten die alten Anschauungen der Meister fest gegenüber der geschichtlichen Fortentwicklung des Proletariats. Sie suchen daher konsequent den Klassenkampf wieder abzustumpfen und die Gegensätze zu vermitteln. Sie träumen noch immer die versuchsweise Verwirklichung ihrer gesellschaftlichen Utopien, Stiftung einzelner Phalanstere, Gründung von Home-Kolonien, Errichtung eines kleinen Ikariens* – Duodezausgabe des neuen Jerusalems –, und zum Aufbau aller dieser spanischen Schlösser müssen sie an die

* Phalanstere war die Bezeichnung für die von Charles Fourier geplanten sozialistischen Kolonien; Ikarien nannte Cabet seine Utopie und später seine kommunistische Kolonie in Amerika. *[Anmerkung von Engels zur englischen Ausgabe von 1888.]*
Home-Kolonien (Kolonien im Inland) nennt Owen seine kommunistischen Mustergesellschaften. Phalanstere war der Name der von Fourier geplanten gesellschaftlichen Paläste. Ikarien hieß das utopische Phantasieland, dessen kommunistische Einrichtungen Cabet schilderte. *[Anmerkung von Engels zur deutschen Ausgabe von 1890.]*

Philanthropie der bürgerlichen Herzen und Geldsäcke appellieren. Allmählich fallen sie in die Kategorie der oben geschilderten reaktionären oder konservativen Sozialisten und unterscheiden sich nur noch von ihnen durch mehr systematische Pedanterie, durch den fanatischen Aberglauben an die Wunderwirkungen ihrer sozialen Wissenschaft.

Sie treten daher mit Erbitterung aller politischen Bewegung der Arbeiter entgegen, die nur aus blindem Unglauben an das neue Evangelium hervorgehen konnte.

Die Owenisten in England, die Fourieristen in Frankreich reagieren dort gegen die Chartisten, hier gegen die Reformisten.[54]

IV. Stellung der Kommunisten zu den verschiedenen oppositionellen Parteien

Nach Abschnitt II versteht sich das Verhältnis der Kommunisten zu den bereits konstituierten Arbeiterparteien von selbst, also ihr Verhältnis zu den Chartisten in England und den agrarischen Reformern in Nordamerika.[55]

Sie kämpfen für die Erreichung der unmittelbar vorliegenden Zwecke und Interessen der Arbeiterklasse, aber sie vertreten in der gegenwärtigen Bewegung zugleich die Zukunft der Bewegung. In Frankreich schließen sich die Kommunisten an die sozialistisch-demokratische* Partei an gegen die konservative und radikale Bourgeoisie, ohne darum das Recht aufzugeben, sich kritisch zu den aus

* Die Partei, die damals im Parlament von Ledru-Rollin, in der Literatur von Louis Blanc und in der Tagespresse von der *»Réforme«* vertreten wurde. Der Name »Sozialdemokratie« bedeutete bei diesen ihren Erfindern eine Sektion der demokratischen oder republikanischen Partei mit mehr oder weniger sozialistischer Färbung. *[Anmerkung von Engels zur englischen Ausgabe von 1888.]*
Die damals sich sozialistisch-demokratisch nennende Partei in Frankreich war die durch Ledru-Rollin politisch und durch Louis Blanc literarisch vertretene; sie war also himmelweit verschieden von der heutigen deutschen Sozialdemokratie. *[Anmerkung von Engels zur deutschen Ausgabe von 1890.]*

der revolutionären Überlieferung herrührenden Phrasen und Illusionen zu verhalten.

In der Schweiz unterstützen sie die Radikalen, ohne zu verkennen, daß diese Partei aus widersprechenden Elementen besteht, teils aus demokratischen Sozialisten im französischen Sinn, teils aus radikalen Bourgeois.[56]

Unter den Polen unterstützen die Kommunisten die Partei, welche eine agrarische Revolution zur Bedingung der nationalen Befreiung macht, dieselbe Partei, welche die Krakauer Insurrektion von 1846 ins Leben rief.[57]

In Deutschland kämpft die Kommunistische Partei, sobald die Bourgeoisie revolutionär auftritt, gemeinsam mit der Bourgeoisie gegen die absolute Monarchie, das feudale Grundeigentum und die Kleinbürgerei.

Sie unterläßt aber keinen Augenblick, bei den Arbeitern ein möglichst klares Bewußtsein über den feindlichen Gegensatz zwischen Bourgeoisie und Proletariat herauszuarbeiten, damit die deutschen Arbeiter sogleich die gesellschaftlichen und politischen Bedingungen, welche die Bourgeoisie mit ihrer Herrschaft herbeiführen muß, als ebenso viele Waffen gegen die Bourgeoisie kehren können, damit, nach dem Sturz der reaktionären Klassen in Deutschland, sofort der Kampf gegen die Bourgeoisie selbst beginnt.

Auf Deutschland richten die Kommunisten ihre Hauptaufmerksamkeit, weil Deutschland am Vorabend einer bürgerlichen Revolution steht und weil es diese Umwälzung unter fortgeschrittneren Bedingungen der europäischen Zivilisation überhaupt, und mit einem viel weiter entwickelten Proletariat vollbringt als England im siebzehnten und Frankreich im achtzehnten Jahrhundert, die deutsche bürgerliche Revolution also nur das unmittelbare Vorspiel einer proletarischen Revolution sein kann.[58]

Mit einem Wort, die Kommunisten unterstützen überall jede revolutionäre Bewegung gegen die bestehenden gesellschaftlichen und politischen Zustände.

In allen diesen Bewegungen heben sie die Eigentumsfrage, welche mehr oder minder entwickelte Form sie auch angenommen haben möge, als die Grundfrage der Bewegung hervor.

Die Kommunisten arbeiten endlich überall an der Verbindung und Verständigung der demokratischen Parteien aller Länder.

Die Kommunisten verschmähen es, ihre Ansichten und Absichten zu verheimlichen. Sie erklären es offen, daß ihre Zwecke nur erreicht werden können durch den gewaltsamen Umsturz aller bisherigen Gesellschaftsordnung. Mögen die herrschenden Klassen vor einer kommunistischen Revolution zittern. Die Proletarier haben nichts in ihr zu verlieren als ihre Ketten. Sie haben eine Welt zu gewinnen.

Proletarier aller Länder, vereinigt euch!

Anmerkungen zum «Kommunistischen Manifest»:

1 Diese neue Ausgabe erschien unter dem Titel *Das kommunistische Manifest. Neue Ausgabe mit einem Vorwort der Verfasser*, Leipzig 1872. Zu den Umständen dieser Neuauflage siehe Kap. 2 der Einführung.

2 Die Februarrevolution in Frankreich stürzte die konstitutionelle Monarchie Louis Philippes am 24. Februar 1848. In Paris bildete sich eine provisorische Regierung mit Alphonse de Lamartine an der Spitze und kurz darauf wurde die Republik ausgerufen.

3 Der Juni-Aufstand war eine Reaktion auf die Schließung der Nationalwerkstätten (die den Arbeitslosen zu einer Beschäftigung verholfen hatten) und die Aufhebung des Schuldenmoratoriums. Barrikaden wurden hauptsächlich in den östlichen und den von Handwerkern bewohnten Vierteln errichtet. Die Machthaber erklärten die Aufständischen zu einer Gefahr für die Republik, und der Aufstand wurde unter erheblichem Blutvergießen durch den Kriegsminister Eugène Cavaignac niedergeschlagen.

4 Die Pariser Kommune war eine Allianz aus Sozialisten und Republikanern, die Paris nach der Niederlage Frankreichs im deutsch-französischen Krieg von März bis Mai 1871 regierte. In der marxistischen Tradition gedachte man ihr als eines Beispiels für eine Arbeiterregierung.

5 Dieses Vorwort zur russischen Ausgabe des *Manifests* wurde als Replik auf einen Brief des revolutionären Populisten P. L. Lawrow am 16. Januar 1882 verfasst. Marx hatte sich zwar in den 1870er Jahren intensiv mit Russland beschäftigt, war zu diesem Zeitpunkt aber niedergeschlagen und gesundheitlich angegriffen. Das Vorwort wurde daher vollständig von Engels erarbeitet und von Marx nur in einem sehr unwesentlichen Punkt korrigiert.

6 Das eigentliche Datum war 1869. Es wurde in Tschernetskis Druckerei in Genf gedruckt, wo auch Herzens *Kolokol* (Die Glocke) herausgebracht wurde.

7 Zwischen 1846 und 1879 führten die zunehmende Dampfschifffahrt, die Erschließung der Prärien durch die Eisenbahn und die Westwanderung amerikanischer Immigranten zu einem drastischen Absinken der Getreidepreise. In Großbritannien mündete der abnehmende Preis für landwirtschaftliche Erzeugnisse in eine anhaltende Depression dieses Sektors, die bis 1914 anhielt. In Deutschland reagierte man mit einer Politik des Protektionismus, die die Basis einer konservativ-nationalistischen Allianz von Junkern und Vertretern der Schwerindustrie bildete.

8 1848/49 regierte Zar Nikolaus I. Sein Nachfolger, Zar Alexander II., der 1861 die Bauern befreit hatte, fiel 1881 einem Attentat russischer

Populisten zum Opfer. Ihm folgte Zar Alexander III., der sich nach Gattschina, auf die ländliche Residenz der Zaren zurückzog, aus Angst, dass das Exekutivkomitee des «Volkswillens», der wichtigsten revolutionären populistischen Organisation, einen weiteren Anschlagsversuch unternehmen könnte.

9 Obschtschina: die Dorfgemeinschaft.

10 In der ersten Ausgabe des *Kapitals* von 1867 hatte Marx erklärt: «Dass industriell entwickeltere Land zeigt dem minder entwickelten nur das Bild der eignen Zukunft.» Auch hatte er Alexander Herzens Ansicht, die russische Dorfgemeinschaft sei einzigartig, als romantischen Panslawismus verspottet. In der ersten Auflage des *Kapital* ging Marx daher davon aus, dass Russland wie Deutschland dem Beispiel Englands folgen und sich der kapitalistischen Entwicklung und der Industrialisierung öffnen müsse. Gegen Ende des Jahres 1869 begann Marx jedoch, seine Meinung zu ändern. Er war überrascht, dass das *Kapital* in Russland den größten Erfolg erzielte und am ernsthaftesten diskutiert wurde; und auch er selbst wurde allmählich in diese Diskussion hineingezogen. Er brachte sich Russisch bei und fing an, die Debatten über die Zukunft der kapitalistischen Entwicklung und das Schicksal der Dorfgemeinschaft in den Jahrzehnten nach der Bauernbefreiung zu verfolgen. In den frühen 1870er Jahren zeigte er sich besonders von den Aufsätzen N. G. Tschernyschewskis über den gemeinschaftlichen Landbesitz beeindruckt. Tschernyschewski vertrat die Auffassung, dass «die Entwicklung bestimmter sozialer Phänomene in rückständigen Nationen aufgrund des Einflusses der entwickelten Nationen ein Übergangsstadium überspringen und direkt von einem niedrigen zu einem höheren Stadium springen kann». Konkret bedeutete dies, dass Russland aufgrund der Existenz eines weit entwickelten Westens direkt von der Dorfgemeinschaft zum Sozialismus fortschreiten konnte, ohne als Zwischenstufe eine Bourgeoisie hervorbringen zu müssen. Der revolutionäre Populismus war ein Ableger dieser Theorie. Denn nachdem die Bauern befreit waren und Russland offensichtlich im Begriff war, dem westlichen Weg zu folgen, war klar, dass die Tage der Dorfgemeinschaft gezählt waren. Man hatte daher die Wahl, entweder eine sofortige Revolution herbeizuführen, solange die Dorfgemeinschaft noch existierte (daher auch die Entscheidung für eine Strategie des Terrors und der Attentate), oder viele Jahrzehnte zu warten, bis die kapitalistische Entwicklung und die Entstehung eines industriellen Proletariats einen westlichen Weg zum Sozialismus ermöglichen würden. Die «Schwarze Umverteilung», eine Gruppe von Genfer Exilrussen, die von Plechanow und Wera Sassulitsch angeführt wurde, befürwortete die zweite Strategie und begründete dies mit Argumenten aus dem *Kapital* von 1867. Doch die Änderungen, die Marx für späte-

re Ausgaben des *Kapitals* vornahm, deuten darauf hin, dass er mit der revolutionär-populistischen Position sympathisierte und daher eher den «Volkswillen» als die «marxistische» Gruppierung um Plechanow unterstützte. Dies scheint auch zu einer impliziten Divergenz zwischen seiner Position und der von Engels geführt zu haben. Engels glaubte, dass der Übergang von der Dorfgemeinschaft zum fortgeschrittenen Kommunismus in Russland nur stattfinden könne, wenn sich im Westen eine erfolgreiche proletarische Revolution ereignete. Marx' Position scheint weniger eindeutig gewesen zu sein. In einem der (nicht abgeschickten) Entwürfe eines Briefs an Wera Sassulitsch, die ihn gebeten hatte, seine Position öffentlich darzulegen, schien er anzudeuten, dass ein Übergang von der Dorfgemeinschaft ohne eine proletarische Revolution im Westen möglich sein könnte. Es scheint also, dass die vermeintlich geteilte Position, die im Vorwort zur russischen Ausgabe von 1882 zum Ausdruck gebracht wurde, Engels' Sichtweise war. Siehe H. Wada, «Marx and Revolutionary Russia», in: Shanin (Hrsg.), *Late Marx*, S. 40–75.

11 Marx, der an einer chronischen Bronchitis und an wiederkehrenden Anfällen einer Brustfellentzündung litt, erlag am 14. März in seinem Haus in der Maitland Road Nummer 41 in London den Folgen einer Lungenblutung.

12 Ferdinand Lassalle (1825–1864) war Hegelianer und ein aktiver Unterstützer der Marxschen Position innerhalb der demokratischen Bewegung im Rheinland im Jahr 1848. 1863 gründete er den Allgemeinen Deutschen Arbeiterverein, den Vorläufer (gemeinsam mit der 1869 in Eisenach gegründeten Sozialdemokratischen Arbeiterpartei) der Sozialdemokratischen Partei Deutschlands (SPD). Lassalle wurde gemeinhin als der Begründer der deutschen Arbeiterbewegung angesehen. Er starb 1864 an den Folgen eines Duells. Lassalle respektierte Marx' Ideen, konnte aber (trotz anderweitiger Behauptungen von Engels) nicht zu seinen Anhängern gezählt werden. In den frühen 1860er Jahren bildeten die Ideen Louis Blancs zu staatlich unterstützten Kooperativen und die chartistische Wahlrechtskampagne eine unmittelbarere Inspiration für Lassalles Vorstellungen. In der Zeit zwischen 1875 und 1914 wurde die SPD zur stärksten organisierten Arbeiterpartei Europas. Ihr 1891 in Erfurt vorgestelltes Programm bezog sich auf die Ideen Marx', Lassalles und der radikalen Demokraten.

13 Zur Ersten Internationale siehe S. 27 f. der Einführung.

14 Engels bezieht sich hier auf die Theorie von Charles Darwin, die dieser in seinem Buch *On the Origin of Species by Means of Natural Selection, or the Preservation of Favoured Races in the Struggle for Life*, London 1859, darlegte (deutsche Erstausgabe: *Über die Entstehung der Arten im Thier- und Pflanzen-Reich durch natürliche Züchtung, oder Erhaltung*

der vervollkommneten Rassen im Kampfe um's Daseyn, übersetzt v. H. G. Bronn, Stuttgart 1860).

15 Der Internationale Arbeiterkongress – auf dem die zweite Internationale gegründet wurde – tagte vom 14.–18. Juli 1889 in Paris. Er verabschiedete eine Resolution, in der der 1. Mai 1890 in allen Ländern zu einem Tag der Demonstrationen und Versammlungen für die Einführung des Achtstundentages ausgerufen wurde.

16 Louis-Napoléon Bonaparte (1808–1873) war ein Neffe Napoleons I. Er wurde zum Präsidenten der Zweiten Republik in Frankreich gewählt (1848–1852) und erklärte sich dann im Rahmen eines Staatsstreichs zum Kaiser der Franzosen (1852–1870). Nach der Niederlage Frankreichs im deutsch-französischen Krieg dankte er ab.

17 Die Heilige Allianz war ein Verbund europäischer Monarchen, der am 26. September 1815 vom russischen Zaren Alexander I. und dem österreichischen Kanzler Metternich mit dem Ziel gegründet wurde, gegen den europäischen Status quo gerichtete revolutionäre Bewegungen zu unterdrücken. François Guizot (1787–1874) war ein französischer liberaler Historiker und von 1840 bis zur Februarrevolution 1848 Premierminister von Frankreich.

18 Vorstellungen vom Klassenkampf finden sich in den Werken von Aristoteles (siehe beispielsweise die *Politik*, München 1973, Buch 4, S. 142–155) und Machiavelli (siehe *Discorsi. Gedanken über Politik und Staatsführung*, Stuttgart 1977, S. 100 f.). Doch Marx' Verwendung des Begriffs stützte sich hauptsächlich auf die Arbeiten sozialistischer und liberaler Theoretiker und Historiker in Frankreich aus der Zeit zwischen 1815 und 1848. Siehe insbesondere die Gruppe um J.-B. Say – Augustin Thierry, Charles Comte, Charles Dunoyer. Charles Comte zufolge, um ein Beispiel zu nennen, war die «Geschichte der menschlichen Gattung in einem Wort enthalten, von Kämpfen, die sich aus dem Wunsch ergeben haben, die physischen Genüsse der gesamten Gattung an sich zu reißen und anderen Schmerzen derselben Art zuzufügen». (C. Comte, *Traité de Législation*, Paris 1826, Buch 11, S. 91.) Die andere Gruppe, die die Geschichte als einen Prozess des Klassenkampfes beschrieb und in dieser Hinsicht von besonderer Bedeutung war, waren die Saint-Simonisten. Die sechste Sitzung der der *Lehre Saint-Simons* war überschrieben mit «Ständige Wandlung der Ausbeutung des Menschen durch den Menschen und das Eigentumsrecht»; der Untertitel lautete «Herr und Sklave – Patrizier und Plebejer – Lehnsherr und Vasall – Müßiggänger und Arbeiter». (*Die Lehre Saint-Simons*, S. 103.) In einem Brief an Weydemeyer (5. März 1852) empfahl Marx insbesondere das Werk Thierrys, Guizots und des Engländers John Wade über die «vergangne ‹Geschichte der Klassen›» (MEGA, Abt. III, Bd. 5, S. 75).

19 Die Idee von einer «Epoche der Bourgeoisie» speiste sich nach der 1830er Revolution aus zahlreichen Quellen. Doch ein besonders energischer Vertreter der Idee war der republikanische und sozialistische Historiker und Journalist Louis Blanc. Zu Blancs Einfluss auf Marx siehe Seite 44 der Einführung.

20 Häufig wird nicht erkannt, wie wörtlich diese Idee gemeint ist. Ein Abschnitt der «Deutschen Ideologie» kann ihre Bedeutung erhellen: «Diesem modernen Privateigentum entspricht der moderne Staat, der durch die Steuern allmählich von den Privateigentümern an sich gekauft, durch das Staatsschuldenwesen ihnen vollständig verfallen und dessen Existenz in dem Steigen und Fallen der Staatspapiere auf der Börse gänzlich von dem kommerziellen Kredit abhängig geworden ist, den ihm die Privateigentümer, die Bourgeois, geben.» (K. Marx und F. Engels, «Die deutsche Ideologie», MEW, Bd. 25, S. 62). Die Idee stammte mit großer Wahrscheinlichkeit von Engels, der sich auf chartistische und radikale Quellen stützte, die ihrerseits auf die zu Beginn des achtzehnten Jahrhunderts formulierte staatsbügerlich-humanistische Kritik an der von der Whig-Partei dominierten neuen politischen Ordnung des hannoveranischen Großbritanniens zurückging. Siehe J. G. A. Pocock, *The Machiavellian Moment*, Princeton 1975; A. Hirschman, *The Passions and the Interests*, Princeton 1977; G. Stedman Jones, «Rethinking Chartism», *Languages of Class*.

21 «bare Zahlung» – hier beziehen die Autoren sich auf Thomas Carlyle. Zu Carlyles Wirkung auf Engels siehe Seit 79 und 217 der Einführung.

22 Siehe beispielsweise Adam Smiths Darstellung der Arbeit dieser Berufsgruppen als «unproduktive Arbeit». «Sie dienen dem Staat und leben von einem Teil des Ertrages, den andere Leute über das Jahr hin durch ihren Erwerbsfleiß geschaffen haben. (…) In die gleiche Gruppe muß man auch einige Berufe einreihen, die äußerst wichtig und bedeutend oder sehr anrüchig sind: Zum einen Geistliche, Rechtsanwälte, Ärzte und Schriftsteller aller Art, zum anderen Schauspieler, Clowns, Musiker, Opernsänger und Operntänzer.» (A. Smith, *Der Wohlstand der Nationen*, S. 273).

23 Der Begriff «Weltliteratur» stammte von Goethe, der den Begriff in seinen späteren Jahren zunehmend verwendete und versuchte, ihn in Teilen seines eigenen Werkes anzuwenden, beispielsweise im *West-östlichen Divan*. Siehe Prawer, *Karl Marx und die Weltliteratur*, S. 122.

24 Dass man progressive Bewegungen mit Städten und konservative Ehrerbietung mit dem Land identifizierte, war in den 1830er und 1840er Jahren in Westeuropa ein besonders ausgeprägtes Muster. Die Revolution von 1789 wurde in Frankreich von Bauernaufständen begleitet, und 1841 hatte in Südengland ein Aufstand der Landarbeiter

stattgefunden (die «Captain Swing»-Unruhen). Doch Bewegungen wie der Chartismus hatten unter der Landbevölkerung keine große Anhängerschaft, und der Radikalismus der Arbeiterschaft von Paris wurde durch die Feindseligkeit des Hinterlandes aufgewogen. Im zwanzigsten Jahrhundert, als die beständigste Unterstützung für die revolutionären Bewegungen der Dritten Welt häufig vom Land kam, sorgte dieser Satz eher für Verlegenheit.

25 Die in diesem Absatz umrissene kausale Abfolge erscheint erst einmal relativ unzweideutig. Doch im zwanzigsten Jahrhundert fingen Marx' Anhänger an, die genaue Bestimmung von «Produktionsverhältnissen» und «Produktivkräften» zu hinterfragen und zu überlegen, was es bedeutete, wenn einem Faktor gegenüber dem anderen Priorität eingeräumt wurde. Hinter dieser Auseinandersetzung über Lehrmeinungen lag ein Konflikt zwischen den alten sozialistischen und sozialdemokratischen Parteien einerseits, die auf die Zeit vor 1914 zurückgingen, und den nach leninistischen Prinzipien aufgebauten neuen kommunistischen Parteien andererseits. Die Oktoberrevolution von 1917 in Russland warf die Frage auf, ob der Sozialismus in einem rückständigen und bestenfalls halbindustrialisiertem Land, einem Land der Bauern, eingeführt werden könne. In den 1840er Jahren schien die Bedeutung des Chartismus für die Industrieregionen Großbritanniens sowie die Bedeutung der 1830er Revolution, auf die bald ein Aufstand der Lyoner Seidenarbeiter folgte, offensichtlich, und man hielt es daher für naheliegend, dass eine revolutionäre Krise von den Bereichen ausgehen würde, in denen die Produktivkräfte am weitesten entwickelt waren, also von den industrialisiertesten Regionen der Welt. Doch nach 1870, als die Klassenbeziehungen in Westeuropa friedlicher wurden, scheint Marx (aber nicht Engels) zunehmend auf die russischen Populisten und die Möglichkeit einer Revolution, die ihren Ausgang im Osten nahm, gehofft zu haben. Diese Entwicklung wurde im Oktober 1917 noch einmal verstärkt, als eine sozialistische Revolution in Russland ausgerufen wurde, ohne dass diese von einer proletarischen Revolution im Westen unterstützt wurde. Danach entwickelten die Kommunisten eine alternative Theorie der Revolution, die auf Lenins Diktum basierte, dass «eine Kette nur so stark wie ihr schwächstes Glied» ist. Dies bedeutete, dass der Kapitalismus nicht unbedingt dort zusammenbrechen würde, wo die Produktivkräfte am weitesten entwickelt waren, sondern wo die Eigentumsverhältnisse – die Produktionsverhältnisse – am widersprüchlichsten und die Gegensätze am schärfsten waren. Obwohl diese Theorie in eine emphatische Sprache der Orthodoxie gekleidet wurde, scheint es wenig Zweifel zu geben, dass dieser Ansatz den Intentionen von Marx' ursprünglicher Argumentation fundamental widersprach. Eine prägnante Erörterung der Beziehungen zwischen Produktivkräften und

Produktionsverhältnissen findet sich bei G. A. Cohen, *Karl Marx's Theory of History: A Defence*, Oxford 1978.

26 Dies waren die «plethorischen» Krisen, die von Fourier, Carlyle und Engels diskutiert wurden. Die erste anhaltende Diskussion des Zusammenhangs von Handelskrisen, moderner Industrie und Überproduktion war um 1819 herum unter Beteiligung von Malthus, Jean-Baptiste Say, Sismondi und anderen geführt worden; während der industriellen Depression von 1826/27 wurde sie wieder aufgenommen.

27 Marx' ökonomische Analyse im Manifest ist nicht völlig kohärent. Weiter hinten (Seite 267) scheint Marx einer ricardianischen Subsistenztheorie der Löhne anzuhängen. Eine solche Theorie implizierte eine (Subsistenz-)Grenze, die die Lohnentwicklung nicht unterschreiten konnte, ohne langfristig das Arbeitsangebot einzuschränken. Hier wird dagegen implizit behauptet, dass Löhne einzig in Bezug auf Angebot und Nachfrage definiert werden. Der Arbeiter verkaufte keine Ware (was er später als «Arbeitskraft» definieren sollte), sondern war selbst eine Ware, deren Wert wie der einer jeder anderen stieg und fiel. Da die Arbeitsteilung den Wettbewerb unter den Arbeitern verstärkte, nahm der Wettbewerb zu und die Löhne sanken. Auf diese Weise brachte der wirtschaftliche Fortschritt zunehmend Armut hervor.

28 Zur Zeit des *Manifests* hatte Marx seine spätere Theorie der Ausbeutung noch nicht formuliert. Seit den späten 1850er Jahren hatte Marx immer präzisiert, dass der Arbeiter nicht seine «Arbeit», sondern seine «Arbeitskraft» verkaufte. Dies wurde zum Kern seiner Theorie der Ausbeutung in Form des erzielten «Mehrwerts». Denn indem der Kapitalist soundso viele Stunden Arbeitskraft kaufte, stand es ihm frei, dem Arbeiter so viel Arbeit oder Leistung zu entziehen, wie es in dieser Zeit nur möglich war.

29 Diese Darstellung der proletarischen Entwicklung fasste weitgehend das zusammen, was Engels in seiner 1845 erschienenen Schrift *Die Lage der arbeitenden Klasse* in England geschildert hatte.

30 Marx und Engels sträubten sich dagegen zu akzeptieren, dass Arbeiter von gewerkschaftlichen Aktivitäten irgendwelche nachhaltigen *wirtschaftlichen* Gewinne zu erwarten hätten. Sie behaupteten weiterhin, dass die gewerkschaftlichen Aktivitäten einfach als Teil der «immer weiter um sich greifende[n] Vereinigung der Arbeiter» und der Transformation der Arbeiterklasse in eine politische Massenpartei betrachtet werden sollten. Gegen Ende des neunzehnten Jahrhunderts sah Karl Kautsky, der Haupttheoretiker des Marxismus der Zweiten Internationale in Zentraleuropa, einen sehr viel deutlicheren Unterschied zwischen «gewerkschaftlichem Bewusstsein» (einem geistigen Zustand, den Arbeiter spontan als Ergebnis ihrer unmittelbaren Erfahrung ausbildeten) und «politischem Bewusstsein», einer Position, die Wissen und Bildung vor-

aussetzte. Lenin wiederum benutzte diese Unterscheidung, um die Idee einer Massenpartei abzulehnen; eine solche würde politisches Engagement nur auf einem niedrigen Niveau betreiben und zum Opportunismus tendieren. Lenin glaubte, dass die aus den Imperien gezogenen Gewinne, die es Arbeitgebern und Politikern ermöglichten, die Arbeiter zu bestechen, sowie die Unfähigkeit, das gewerkschaftliche Bewusstsein zu überwinden, der Grund dafür waren, dass sich die Arbeiter Westeuropas politisch passiv verhielten und ihren Parteien und Regierungen bereitwillig in den Ersten Weltkrieg folgten. Anstelle einer Massenpartei erforderte Lenins bolschewistisches Modell eine elitäre Partei der Avantgarde, die sich aus Berufsrevolutionären zusammensetzte.

31 Das Zehnstundengesetz (*Ten Hours Bill*) regelte den Arbeitstag in Textilfabriken und erlangte 1847 Gesetzeskraft.

32 Das Ende der Herrschaft der Bourgeoisie wird in diesem Abschnitt auf so etwas wie absolute Verelendung zurückgeführt (siehe Fußnote 27, Seite 261). Weil mehr und mehr Angehörige der mittleren Klassen in das Proletariat abrutschen, wird der Wettbewerb zwischen den Proletariern stärker, und mehr und mehr von ihnen fallen der Armut anheim. Das im ersten Band des *Kapital* (1867) entworfene Bild ist nuancierter. Der Wettbewerb zwischen Lohnarbeitern und der «industriellen Reservearmee» (den Arbeitslosen) führt dazu, dass die Löhne sich um das Subsistenzniveau herum bewegen, wenn sie im Laufe eines Konjunkturzyklus angeglichen werden. Doch die Verelendung wird hier in qualitativen Begriffen beschrieben und nicht als absolut, sondern als relativ dargestellt. Siehe *Das Kapital*, Band 1, Teil 6 und 7, besonders Kap. 25.

33 Es ist möglich, dass dieses berühmte Bild der Bourgeoisie, die ihre eigenen Totengräber produziert, von Proudhon angestoßen wurde. Proudhons Bild bezog sich auf das Phänomen der Überproduktion, doch in seiner Darstellung war es der Arbeiter, der seine Selbstzerstörung vorbereitete: «Beim ersten Anzeichen der Erschöpfung füllen sich die Werkstätten, alle Welt macht sich ans Werk; dann ist der Handel im Gedeihen, und Regierung und Regierte jubeln Beifall. Aber je mehr Thätigkeit man entwickelt, desto mehr Feiertage bereitet man vor; je mehr man lacht, desto mehr wird man weinen. Unter der Regierung des Eigentums dienen die Blumen der Industrie nur dem Flechten von Totenkränzen; der Arbeiter, der arbeitet, gräbt sein Grab.» (Proudhon, *Was ist das Eigentum?*, S. 152 f.). Ich bin meinem Studenten Edward Castleton dankbar, dass er mich auf diese Passage hingewiesen hat.

34 Marx' Ansicht, dass das Kapital als eine Form des Privateigentums ein «gemeinschaftliches Produkt» und eine «gesellschaftliche Macht» darstellte, speiste sich zum Teil aus Adam Smiths Begriff des Kapitals als

«akkumulierte Arbeit» und unmittelbarer aus Proudhons Vorstellung der «Gesamtkraft». «Eine Kraft von tausend Menschen, die zwanzig Tage lang arbeiten, wird gerade so bezahlt, als die Kraft eines Einzelnen, der fünfundzwanzig Jahre lang arbeitet; aber diese Kraft von Tausend hat in zwanzig Tagen das fertig gebracht, was die Kraft eines Einzelnen mit verdoppelter Anstrengung, während einer Million Jahre nicht bewältigt hätte: ist der Handel billig? (...) [N]ein; wenn Ihr alle einzelnen Kräfte bezahlt habt, so habt Ihr doch die Gesamtkraft nicht bezahlt; folglich bleibt immer noch ein Gesamteigentumsrecht übrig, das Ihr nicht erworben habt und daher mit Unrecht genießt.» Siehe Proudhon, *Was ist das Eigentum?*, S. 94.

35 In Großbritannien wurden die Auswirkungen der Fabrikarbeit von Frauen auf Ehe und Familie von Nationalökonomen, Fabrikreformern, Chartisten, Gewerkschaftern, Evangelikalen und Feministinnen in den 1830er und 1840er Jahren breit debattiert. Auch Engels erörterte das Problem in *Die Lage der arbeitenden Klasse in England.* Engels beschrieb die Situation eines arbeitslosen Fabrikarbeiters, der sich gezwungen sah, Hausarbeit zu verrichten, während seine Frau außer Haus arbeitete: «Kann man sich einen verrückteren, unsinnigeren Zustand denken, als den in diesem Brief geschilderten? Und doch ist dieser Zustand, der den Mann entmannt und dem Weibe seine Weiblichkeit nimmt, (...) die letzte Folge unserer hochgelobten Zivilisation.» Doch Engels verband dieses Argument mit einer Kritik des ursprünglichen Familienpatriarchats, das vor dieser Transformation obwaltet hatte. «Ist die Herrschaft der Frau über den Mann, wie sie durch das Fabriksystem notwendig hervorgerufen wird, unmenschlich, so muß auch die ursprüngliche Herrschaft des Mannes über die Frau unmenschlich sein.» (F. Engels, *Die Lage der arbeitenden Klasse in England*, MEW, Bd. 2, S. 371).

36 Die Assoziation des Kommunismus mit der «Weibergemeinschaft» stammte aus dem alten Griechenland. In *Der Staat* ließ Platon Sokrates – anscheinend ohne Ironie – für ein eugenisches Programm argumentieren, in dem das Paarungsverhalten der Menschen kontrolliert und die Kinderaufzucht gemeinschaftlich geregelt würde, so dass sichergestellt sei, dass Mütter nicht in ihren staatsbürgerlichen und militärischen Funktionen behindert würden. Dann könnten Frauen gemeinsam mit Männern den Wächterstand bilden und dieselbe Erziehung und militärische Ausbildung durchlaufen wie diese. Durch die Abschaffung der Familie würden die Wächter als «die Stadt» selbst eine einzige große Familie bilden. Platon wiederholte das Argument in den *Gesetzen.* Auf ähnliche Weise argumentierten auch Diogenes von Sinope, der Begründer des Kynismus, und Zeno, der Begründer der Stoa, für die Weibergemeinschaft.

Die frühen Christen, wie beispielsweise Tertullian, sahen sich genötigt zu bestreiten, dass aus ihrem Prinzip, sich untereinander wie Brüder und Schwestern zu behandeln und alles gemeinschaftlich zu besitzen, auch die Weibergemeinschaft folgte. Diese Anschuldigung tauchten erneut während der Reformation auf und richteten sich dann mehr als ein Jahrhundert lang gegen die Wiedertäufer und andere protestantische Sekten. Angeblich gestand Thomas Münzer im Jahr 1525 unter Folterqualen, dass die Wiedertäufer der Überzeugung waren, dass alles dem gemeinsamen Besitz unterworfen werden solle; diese Anschuldigung wurde von Zwingli und anderen bald auf den Vorwurf der Weibergemeinschaft ausgeweitet (wahrscheinlich handelte es sich dabei um eine böswillige Lesart der wiedertäuferischen Praxis, ungläubige Ehepartner abzuweisen und neue eheliche Verbindungen geistiger Natur einzugehen).

Schließlich wurde diese Anschuldigung erneut gegen die Anhänger des frühen Sozialismus in den 1820er und 1830er Jahren erhoben. Fourier war die plausibelste Zielscheibe eines solchen Vorwurfs, denn seine Zivilisationskritik hatte genauso sehr die Monogamie wie die Lohnarbeit zum Ziel, und er sah mit Freude einer Zeit entgegen, in der der isolierte Haushalt durch eine erotische Korporation ersetzt werden würde. Die wichtigsten Thesen der Oweniten in Großbritannien drehten sich um die Gleichheit der Geschlechter und um eine großzügigere Scheidungsgesetzgebung. In Frankreich leiteten die Saint-Simonisten ihre Position von Olinde Rodrigues, dem engsten Jünger ihres Meisters, her, der behauptete, dass Saint-Simon auf seinem Totenbett verkündet hatte, dass «Mann und Frau das soziale Individuum konstituieren». Im Oktober 1830 verkündeten die «Väter» der saint-simonistischen Kirche, Bazard und Enfantin, dass die Saint-Simonisten «wie die Christen» forderten, dass «ein einziger Mann mit einer einzigen Frau vereint wird; aber sie fordern, dass die Gemahlin dem Gemahl gleichgestellt werde, und dass, nach der besonderen Gnade, die Gott seinem Geschlecht zuteil werden lässt, sie mit ihm verbunden sein soll in der dreifachen Funktion des Tempels, des Staates und der Familie; in der Art, dass das soziale Individuum, welches bis heute nur der Mann gewesen ist, von nun an Mann und Frau sein wird».

Nach dem Schisma in der saint-simonistischen Bewegung im November 1831 und dem Abgang von Bazard und seinen Anhängern intensivierte sich die Beschäftigung mit dem «sozialen Paar». Enfantin und vierzig männliche «Apostel» zogen sich im Frühjahr 1832 zu einem zölibatären Aufenthalt in Menilmontant zurück und begaben sich 1833 nach Konstantinopel auf der Suche nach einem weiblichen Messias, der das «höchste Paar» vervollständigen würde. Doch Enfantin betonte auch immer stärker die sexuellen Konnotationen von Saint-

Simons Lehre von der «Emanzipation des Fleisches», einschließlich der Aufteilung in «das Beständige» und «das Unbeständige» – eine scheinbare Befürwortung der sexuellen Liederlichkeit. Siehe C. Rowe und M. Schofield (Hrsg.), *The Cambridge History of Greek and Roman Political Thought*, Cambridge 2000, S. 219–224, 274–276, 424–426, 443–446, 648; B. Scribner, «Practical Utopias», in: *Comparative Studies in Society and History*, 1994, S. 743–772; (zu den Owenisten) B. Taylor, *Eve and the New Jerusalem: Socialism and Feminism in the Nineteenth Century*, London 1983; (zu den Saint-Simonisten) L. Reybaud, *Etudes sur les Réformateurs ou Socialistes Modernes*, Band I, Paris 1864, S. 106 f.

37 Die Kritik der Ehe als «legalisierte Prostitution» spielte besonders bei den Saint-Simonisten eine bedeutende Rolle. Siehe die Erklärung Bazards und Enfantins: «Die Religion Saint-Simons kommt nur, um diesem beschämenden Verkehr ein Ende zu setzen, dieser legalen Prostitution, die, im Namen der Ehe, heute oft die monströse Union von Hingabe und Egoismus, von Licht und Ignoranz, von Jugend und Verfall weiht.» (Reybaud, *Les Reformateurs*, S. 107). Die Betrachtung der Ehe als legalisierte Prostitution fand sich zuerst bei Fourier. Siehe Fourier, *Theorie der vier Bewegungen*. Doch Fouriers Kritik der Ehe war weitaus radikaler als die der Saint-Simonisten. Fourier verurteilte die Ehe, weil sie die Struktur der Leidenschaften innerhalb eines jeden Individuums missachtete, besonders den Wunsch nach Abwechslung. Der Ausgangspunkt der Saint-Simonisten war dagegen ein monolithisch kollektivistischer. Er leitete sich ab von der unmittelbar bevorstehenden Ankunft des sozialen Individuums, des Paares, das mit seinen sich gegenseitig ergänzenden Bestandteilen konventionelle Unterscheidungen zwischen weiblich und männlich verkörperte und sogar verschärfte. Engels zog es zu Fouriers Position, während Marx den Saint-Simonisten näher war, besonders in der von Pierre Leroux, dem ehemaligen saint-simonistischen Theoretiker des «Paares», formulierten Form. Zu diesen Fragen siehe B. Wilson, *Charles Fourier and the Questions of Women*, Dissertation, Universität Cambridge 2002.

38 Die Anfänge dieser Idee gehen wahrscheinlich auf Sismondi zurück, der auch das lateinische Wort «Proletariat» im neunzehnten Jahrhundert wieder in die Diskussion einführte. 1819 argumentierte er, dass es ein «Unglück» sei, «einem Menschen zur Existenz verholfen zu haben, dem man gleichzeitig sämtliche Freuden verwehrte, die dem Leben einen Wert verleihen, dem Vaterland einen Bürger gegeben zu haben, der diesem keine Zuneigung entgegenbringt und an die bestehende Ordnung sich nicht gebunden fühlt.» (Sismondi, *Nouveaux Principes*, Band 1, S. 368).

39 Der Begriff «Ausbeutung des Menschen durch den Menschen» wurde von Saint-Simon geprägt.

40 Dies war der Prozess, den Marx später als «Diktatur des Proletariats» bezeichnete. Marx schrieb 1852, dass sein eigener Beitrag darin bestand zu zeigen, dass 1) die Existenz von Klassen «an *bestimmte historische Entwicklungsphasen der Production* gebunden ist; 2) daß der Klassenkampf notwendig zur *Diktatur des Proletariats* führt; 3) daß diese Diktatur selbst nur den Uebergang zur *Aufhebung aller Klassen* und zu einer *klassenlosen Gesellschaft* bildet». (Marx an Weydemeyer, 5. März 1852, MEGA, Abt. III, Bd. 5, S. 76).

41 Dies war die zentrale politische Forderung der Saint-Simonisten gewesen.

42 In der Ausgabe von 1848 wurde dieser Punkt so formuliert: «Vereinigung des Betriebs von Ackerbau und Industrie, Hinwirken auf die allmähliche Beseitigung des Unterschieds von Stadt und Land».

43 Diese Idee wurde von Robert Owen übernommen.

44 Dieses Bild stammt aus Heines *Deutschland. Ein Wintermärchen*:

Das mahnt an das Mittelalter so schön
An Edelknechte und Knappen,
Die in dem Herzen getragen die Treu
Und auf dem Hintern ein Wappen.

Zitiert nach Prawer, *Karl Marx und die Weltliteratur*, S. 119.

45 Legitimisten wurden jene genannt, die nach der 1830er Revolution weiterhin den abgesetzten Bourbonenkönig Karl X. und dessen Nachkommen unterstützten und Louis Philippe für einen Usurpator hielten. Marx hatte insbesondere J. P. A. Vicomte de Villeneuve-Bargemont im Sinn, dessen *Histoire de l'Economie Politique* (Brüssel 1839) er in seiner Polemik gegen Proudhon zitierte. Villeneuve-Bargemont griff den ökonomischen Liberalismus nicht im Namen der Gleichheit, sondern im Namen des Katholizismus an. Siehe K. Marx, «Das Elend der Philosophie», MEW, Bd. 4, S. 139.

Das «junge England» war eine konservative literarisch-politische Gruppe, zu der unter anderen Benjamin Disraeli und Lord John Manners zählten. Sie setzten sich für den Paternalismus und für die Führungsrolle einer erneuerten Aristokratie ein. Die Gruppe wurde 1841 gegründet; sie kritisierte den liberalen Konservatismus der Regierung Robert Peels, wendete sich gegen die Aufhebung der Korngesetze und unterstützte die Bewegung für eine Begrenzung der Fabrikarbeitszeit. Die Gruppe löste sich 1848 auf.

46 Dies ist keine Anspielung auf die christliche sozialistische Bewegung. In der deutschen Ausgabe von 1848 sollte es nicht «christlich», sondern «heilig» heißen; aufgrund eines Druckfehlers allerdings hieß es dann «heutig».

47 Zu Sismondi siehe Seite 49 der Einführung.

48 «Praktische Vernunft»: eine Anspielung auf die Philosophie Immanuel

Kants. Dessen *Kritik der praktischen Vernunft* wurde 1788 veröffentlicht.

49 Der Abschnitt über den «wahren Sozialismus» war im Wesentlichen eine Zusammenfassung dessen, was Marx und Engels im zweiten Band der «Deutschen Ideologie» unter der Überschrift «Kritik des deutschen Sozialismus in seinen verschiedenen Propheten» geschrieben hatten. Damit zielten sie auf eine kleine Zahl von Autoren und Verlegern; mit vielen hatten sie zuvor zusammengearbeitet. Unter den Autoren waren dies insbesondere Moses Hess und Karl Grün und unter Verlegern Otto Lüning und Hermann Puttmann. Hess wurde als Autor der «Philosophie der Tat» angegriffen, obwohl er ursprünglich an der Abfassung der «Deutschen Ideologie» beteiligt gewesen war und mit Engels in Elberfeld im Rahmen der Veröffentlichung des *Gesellschaftsspiegels* zusammengearbeitet hatte. Karl Grün war ein enger Freund und Mitarbeiter Proudhons und Autor von *Die soziale Bewegung in Frankreich und Belgien*, wofür Marx ihn detailliert im vierten Kapitel des zweiten Bands der «Deutschen Ideologie» angriff. Zu Hess, siehe S. 74 f. der Einführung; zu Grün, siehe Seite 206. Bei Hermann Puttmann erschienen das *Deutsche Bürgerbuch* und die *Rheinischen Jahrbücher*; beide Publikationen hatten Beiträge von Engels veröffentlicht. Otto Lüning gab das *Westphälische Dampfboot* heraus, für das Marx seine Kritik an Karl Grün geschrieben hatte.
Zwar hatten diese Autoren und Veröffentlichungen den Liberalismus kritisiert; doch galt dasselbe auch für Marx und Engels. In politischer Hinsicht war dieser Angriff im *Manifest* nicht nur sektiererisch, sondern ließ auch jede Verhältnismäßigkeit vermissen. Zum ersten existierte der «wahre Sozialismus» als literarisches Phänomen im Jahr 1848 praktisch nicht mehr; zum zweiten wurde der vermeintliche Antiliberalismus dieser Autoren stark übertrieben. So schrieb Franz Mehring, der erste Biograph Karl Marx', im Jahr 1918 über die «wahren Sozialisten»: «In der Revolution, die das Todesurteil über ihre ganzen Einbildungen verhängte, haben sie durchaus auf dem linken Flügel der Bourgeoisie gestanden (...) kein anderer der ‹wahren› Sozialisten ist zur Regierung übergelaufen; von allen Schattierungen des bürgerlichen Sozialismus, den damaligen und nun gar den heutigen, haben die ‹wahren› Sozialisten in diesem Punkt geradezu das reinste Gewissen.» (F. Mehring, *Karl Marx: Geschichte seines Lebens*, 3. Auflage, Berlin 1976, S. 122). Das eigentliche Vergehen der «wahren Sozialisten» bestand darin, einen auf einer Verbindung von Proudhon und Feuerbach basierenden Sozialismus fortzuführen, von dem sich Marx und Engels 1845, als sie mit der Ausarbeitung der «Deutschen Ideologie» begannen, abgewendet hatten.

50 Zu Proudhon, siehe Seiten 44 f., 201–207 der Einführung.

51 Zu Babeuf, siehe Seite 39 f., FN 22 der Einführung.

52 Zum frühen Sozialismus in Frankreich und Großbritannien, siehe Seite 17 f., FN 2 der Einführung.

53 Es ist wahrscheinlich, dass Marx hier besonders an die Saint-Simonisten dachte. Saint-Simon schrieb der «positiven Philosophie» die Aufgabe zu, das «Los der zahlreichsten Klasse» zu verbessern. *Die Lehre Saint-Simons*, S. 107.

54 Der Chartismus war eine britische radikale Bewegung von Lohnarbeitern, die kein Wahlrecht besaßen. Ihr Name leitete sich ab aus der aus sechs Punkten bestehenden Charta; zu den dort formulierten Zielen gehörten das Männerwahlrecht, jährliche Parlamentssitzungen, gleichmäßig aufgeteilte Wahlkreise und die Besoldung von Abgeordneten. Am stärksten waren die Chartisten während der Jahre der Depression von 1837 bis 1842. In dieser Zeit richteten sie zwei Petitionen an das Parlament, unternahmen einen Aufstandsversuch und zettelten einen Generalstreik in Textilindustrieregionen an. In den darauffolgenden Jahren zwischen 1843 und 1847, als die Wirtschaft wieder expandierte, verlor die Bewegung an Bedeutung. Doch als eine weitere Handelskrise ausbrach, wurden die Chartisten wieder reger und bereiteten 1847/48 eine dritte Petition an das Parlament vor. Die feindselige Aufnahme dieser Petition sowie die Leidenschaftslosigkeit der sie begleitenden Demonstration auf dem Kennington Common am 10. April 1848 wurden allgemein als eine demoralisierende Niederlage betrachtet. Doch hielt die Agitation der Chartisten für den Rest des Jahres an; gefordert wurde nun neben den Zielen der Charta ein Ende der Union mit Irland. Trotz dieses veränderten Schwerpunkts sollte die Bewegung ihre frühere Dynamik nicht wiedererlangen und kam schließlich gegen Ende der 1850er Jahre zum Erliegen.

Der Name «Réformistes» bezog sich auf die Anhänger von *La Réforme*, einer radikalen Pariser Zeitung. Wegen der restriktiven französischen Gesetzgebung zur Versammlungsfreiheit, die nach den radikalen und revolutionären republikanischen Versuchen der Jahre 1830–1834, die Julimonarchie zu stürzen, verschärft worden war, nahmen Zeitungen die Position von politischen Parteien ein. In der französischen Provinz, und insbesondere im Süden, bildeten Netzwerke der Geselligkeit und eine informelle Organisation, die häufig von bestimmten Cafés aus operierte, den Rahmen für eine Reformpartei, die sich aus einer Allianz von Republikanern, Demokraten und Sozialisten zusammensetzte. Ein Großteil der provisorischen Regierung vom Februar 1848 rekrutierte sich aus den Reihen der Anhänger von *La Réforme* und ihrer moderateren Rivalin *La Nation*.

Zu den Owenisten und Fouerieristen, siehe die Seiten 17 FN 2, 59 FN 56, 131 Fn 154 der Einführung.

55 Dies bezieht sich auf die 1845 gegründete National Reform Association.

Die Assoziation agitierte für die Vergabe von 160 Morgen Land an jeden männlichen Arbeiter, attackierte die Sklaverei und das stehende Heer und forderte den Zehnstundentag. Die Assoziation zog viele deutsche Handwerker an, von denen einige Mitglieder des Bunds der Gerechten waren.

56 Bis 1848 bestimmte der Bundesvertrag von 1815 die Staatsordnung der Schweiz, deren Neutralität von fünf fremden Mächten garantiert wurde. Die Schweizer Abgeordnetenversammlung umfasste 22 Kantone, die bis auf Neuchâtel Republiken waren. In der Zeit nach den Napoleonischen Kriegen mündete das frühzeitige Wachstum der Textilindustrie zusammen mit einem (trotz der sprachlichen Vielfalt) entstehenden Kulturnationalismus in die Forderung nach einem starken Bundesstaat, der sich wirtschaftlich gegen das Ausland verteidigen sollte (durch die Abschaffung interner Zollschranken), die Vormundschaft der fünf Mächte abstreifen und die Schwerfälligkeit der alten Eidgenossenschaft ersetzen sollte.
1829 wurde die Liberale Partei gegründet, die eine Überarbeitung der Verfassung in jedem Kanton, die Ausweitung des Wahlrechts, bürgerliche Gleichheit, Pressefreiheit und die Trennung von Kirche und Staat forderte. Die Konservative Partei verteidigte das politische Monopol der Privilegierten, die Vorherrschaft der Kirchen und die Souveränität der Kantone. Hierbei standen sich im Wesentlichen Protestanten und Katholiken gegenüber. Nachdem es nicht gelang, in Neuchâtel Reformen durchzusetzen und eine Revision des Bundesvertrags zu erreichen, gründete der linke Flügel der Liberalen eine neue «radikale» Partei. Diese Partei widersetzte sich entschieden Forderungen nach der Ausweisung von deutschen, polnischen und italienischen Flüchtlingen und fuhr einen Frontalangriff gegen die ultramontanen Ambitionen der Jesuiten und der katholischen Kirche. Als Antwort auf die Attacken gegen die Jesuiten bildeten sieben katholische Kantone im Dezember 1845 den Sonderbund und verstießen damit gegen den Bundesvertrag.
Am 30. November 1847 gelang es General Dufour schließlich, die katholischen Kantone zu bändigen. Der Schweizer Bürgerkrieg verlieh oppositionellen Kräften in ganz Europa Mut. Die Niederlage des Sonderbunds war eine Niederlage Metternichs und brachte Guizot in Misskredit, der im Verborgenen die Katholiken unterstützt hatte, während er sich öffentlich für einen Kompromiss stark machte. In den süddeutschen Staaten machte sich nach dem Sieg der Radikalen Euphorie breit. Der berühmte französische Historiker Elie Halévy war der Auffassung, dass die Revolution von 1848 nicht aus den Pariser Barrikaden, sondern aus dem Schweizer Bürgerkrieg erstanden war.

57 Die polnische Frage war für die europäische Linke in den Jahren nach 1830 ebenso prägend, wie es die spanische Frage in den 1930er Jahren

werden sollte. Die Schaffung des Großherzogtums Warschau durch Napoleon, die Erinnerungen der polnischen Legionen an die *Grande Armée* sowie der gescheiterte polnische Aufstand von 1830/31 machten die polnische Frage nicht nur zu einem populären Anliegen unter Republikanern, Bonapartisten und Sozialisten, sondern provozierten auch die erste revolutionäre Schlacht in Paris seit 1795. Anlass war das Begräbnis des bonapartistischen Generals Lamarque in Paris im Jahr 1832. Zusammen mit der Anwesenheit des gealterten Veteranen der Amerikanischen und Französischen Revolution, Lafayette, führte das erstmalige Zeigen einer roten Fahne in einer Arbeiterprozession dazu, dass die durch die Cholera und eine wirtschaftliche Depression bereits entzündeten Spannungen noch weiter zunahmen. Das Begräbnis endete in einer Ausschreitung und der Errichtung von Barrikaden in den Arbeitervierteln. Ähnlich verhielt es sich 1848, als der Zorn über die polnische Frage den bedrohlichsten und radikalsten Moment der Revolution, den Angriff auf die Nationalversammlung am 15. Mai 1848, auslöste.

Anders als die italienische Sache, für die auch weithin Sympathie gehegt wurde, schied die polnische Frage tendenziell Moderate und Liberale von Radikalen, Republikanern und Sozialisten. Das Engagement für Polen teilte sich in die Gruppe der «Roten» und «Weißen». Die größte Ansammlung polnischer Flüchtlinge war in Paris zu finden. Der Anführer der Weißen, Fürst Czartoryski, hatte dort seinen Wohnsitz. Sein Ziel war es, durch diplomatischen Druck auf Frankreich und Großbritannien die Restauration einer polnischen Monarchie zu erreichen und dem Landadel wieder zu seiner früheren Stellung zu verhelfen. Dieses Programm war in der Vergangenheit gescheitert, weil die Bauern einer nationalen Bewegung, die an der Bauernfrage nicht interessiert war, mit Gleichgültigkeit begegnet waren. Die meisten polnischen Flüchtlinge unterstützten, wie das *Manifest* auch, die Roten, deren Programm sowohl ein demokratisches Wahlrecht als auch eine Bodenreform umfasste.

In Deutschland erlangte die Sache der Polen nach 1830 ebenfalls zentrale Bedeutung. So schrieb Heine über die polnischen Flüchtlinge nach der Unterdrückung des Aufstands von 1831: «Ja, mehr als alle obrigkeitliche Plackereien und demagogische Schriften hat der Durchzug der Polen den deutschen Michel revolutioniert (…) Tatsüchtig schlugen unsre Herzen, wenn diese uns am Kamin erzählten, wieviel sie ausgestanden von den Russen, wieviel Elend, wieviel Knutenschläge». (H. Heine, Ludwig Börne. *Eine Denkschrift und kleinere Schriften,* Hamburg 1978, S. 638).

Im November 1846 erhitzte die polnische Frage erneut die Gemüter, als Metternich die Republik Krakau und damit den letzten winzigen

Rest eines unabhängigen Polen annektierte. Im darauffolgenden Jahr wurde einer der bekanntesten Führer der Roten, Mieroslawski, der zusammen mit zehn anderen einen Aufstand in Posen, dem preußischen Teil Polens, geplant hatte, verhaftet und zum Tode verurteilt (die Strafe wurde später umgewandelt). Solidarität mit Polen war daher das Hauptthema, das in London Repräsentanten verschiedener Nationen (darunter Marx und Engels) unter dem Namen «Fraternal Democrats» («Brüderliche Demokraten») zusammenführte, eine Gruppe, die vor 1848 der wichtigste Vorläufer der Ersten Internationale war.

58 Als Marx und Engels das *Manifest* ausarbeiteten, gingen sie davon aus, dass eine Revolution in Deutschland eine Wiederholung der Französischen Revolution von 1789–1795 sein würde. Doch das, was in Frankreich das Ergebnis eines unvorhergesehenen Radikalisierungsprozesses war, der vom Widerstand des Klerus, der gescheiterten Flucht der königlichen Familie und einem verzweifelten Krieg der nationalen Verteidigung ausgelöst wurde, wurde nun als vorhersehbare Sequenz betrachtet, in Bezug auf die die «Kommunisten» sich im Voraus in Stellung bringen konnten. Die sich daraus ergebende Strategie – sowohl auf dem Vorrang des Kampfes gegen die «absolute Monarchie» zu bestehen *und* «bei den Arbeitern ein möglichst klares Bewußtsein über den feindlichen Gegensatz zwischen Bourgeoisie und Proletariat herauszuarbeiten» – stellte sich mit dem Ausbruch der Revolution in Deutschland im März 1848 als unbrauchbar heraus.

Marx und Engels kehrten im April 1848 nach Deutschland zurück und ließen sich in Köln nieder, wo sie die *Neue Rheinische Zeitung* als «Organ der Demokratie» gründeten, das sich gegen separate Arbeiterforderungen wendete, wie sie der Kölner Arbeiterverein unter der Führung von Andreas Gottschalk erhob. In dem Versuch, die Bedingungen zu reproduzieren, die zur Radikalisierung der Französischen Revolution von 1789 geführt hatten, wollte die *Neue Rheinische Zeitung* aus strategischen Gründen einen Krieg herbeiführen. Wie Engels später schrieb, bestand das politische Programm aus zwei Punkten: eine einzige, unteilbare und demokratische deutsche Republik und ein Krieg mit Russland, der die Wiederherstellung Polens mit sich bringen sollte.

Doch nicht nur Marx und Engels wurden von dem Geist von 1789 verfolgt. Dasselbe galt mehr oder weniger für jede andere politische Gruppierung. So war nicht nur die «Bourgeoisie» durchaus entschlossen, eine Entwicklung zu vermeiden, die in Terror und die Herrschaft eines Wohlfahrtsausschusses münden würde; sondern auch die Abfolge der Ereignisse war 1848 weit davon entfernt, das Reformlager zu radikalisieren, und sorgte stattdessen für Verwirrung, Unschlüssigkeit und Kompromissbereitschaft. Der Pariser Arbeiteraufstand im Juni ließ die Hoffnung auf eine Allianz von Kommunisten und Liberalen unrealis-

tisch erscheinen. Im Rheinland hatte er ein Klima der Unterdrückung und erneuten Pressezensur zufolge und veranlasste die Gruppe um Marx, auf eine revolutionäre Regierung zu drängen, die durch einen Volksaufstand eingesetzt werden sollte. Ähnlich beförderte auch die Kriegsfrage eher die Reaktion als die Revolution. Im Sommer 1848 wurde nicht gegen Russland, sondern gegen Dänemark (um Schleswig-Holstein) Krieg geführt, und dieser produzierte nicht die erhoffte massenhafte Einberufung, vielmehr ersuchte die Frankfurter Nationalversammlung die preußische Monarchie, mit dem Einsatz ihrer Armee der deutschen Nation zu helfen. Der Krieg endete ergebnislos mit dem Waffenstillstand von Malmö, den die Frankfurter Nationalversammlung ratifizierte und den Zorn des Volkes auf sich zog. Ein Aufstand in Köln wurde mit Mühe abgewendet, und das Kriegsrecht wurde verhängt. Die *Neue Rheinische Zeitung* wurde temporär verboten, und Engels war gezwungen, nach Frankreich zu fliehen, wo er bis zum folgenden Jahr blieb.
Der entscheidende Moment der deutschen Revolutionen wurde im Oktober/November 1848 erreicht. Im Oktober provozierte der bevorstehende Abzug der Habsburger Truppen nach Ungarn einen Aufstand in Wien, auf den eine dreiwöchige Belagerung folgte. Die Stadt fiel am 1. November; am 9. November schickte der preußische König 10000 Soldaten nach Berlin und verlegte die Preußische Nationalversammlung in die Provinz. Die liberale Opposition versuchte als Antwort eine Steuerverweigerungskampagne zu organisieren, wollte dabei aber nicht über friedlichen Protest hinausgehen. Im Dezember 1848 gestand Marx in einer Serie von Artikeln, «Die Bourgeoisie und die Kontrerevolution», ausdrücklich das Scheitern der Strategie der «bürgerlichen Revolution» ein. «Die preußische Bourgeoisie war nicht, wie die französische von 1789, die Klasse, welche die *ganze* moderne Gesellschaft (...) vertrat. (...) Sie war zu einer Art von *Stand* herabgesunken.» Danach distanzierte Marx sich zunehmend von der demokratischen Strategie und sprach sich stattdessen für die Bildung einer unabhängigen Arbeiterpartei aus. Zu Marx' politischer Taktik im Jahr 1848 siehe K. Marx und F. Engels, *Die Revolution von 1848*, 5. Auflage, Berlin 1966.

Weiterführende Literatur

Quellenangaben zu einzelnen Themen finden sich in den entsprechenden Fußnoten. Die im Folgenden genannten Bücher wurden ausgewählt, weil sie erstens weithin zugänglich sind und weil sie zweitens wichtige Fragen vertiefend behandeln, die für den politischen und intellektuellen Kontext, in dem das *Manifest* entstand, von Bedeutung sind.

Die beste allgemeine Darstellung deutscher Kultur und Politik in der ersten Hälfte des neunzehnten Jahrhunderts ist James J. Sheehan, *Der Ausgang des Alten Reichs: Deutschland seit dem Ende des siebenjährigen Krieges bis zur gescheiterten Revolution 1763 bis 1850* [Propyläen-Geschichte Deutschlands, Band 6], Berlin 1994. Weniger ausführlich, aber dennoch nützlich ist David Blackbourn, *The Fontana History of Germany 1780–1918*, London 2002. Zum preußischen Kontext während des gesamten Zeitraums siehe Christopher Clark, *Preußen. Aufstieg und Niedergang 1600–1947*, München 2007. Zu den spezifischen Problemen des Rheinlands in den Jahren vor 1848 siehe Jonathan Sperber, *Rhineland Radicals. The Democratic Movement and the Revolution of 1848–1849*, Princeton 1991. Zu den Revolutionen von 1848 siehe auch Sperber, *The European Revolutions*, 1848–1851, Cambridge 2005 sowie Dieter Dowe, Heinz-Gerhard Haupt & Dieter Langewiesche (Hrsg.), *Europa 1848: Revolution und Reform*, Bonn 1998. Die beste Studie zu Karl Marx und dem *Kommunistischen Manifest* ist Thomas Kuczynski, *Das Kommunistische Manifest (Manifest der Kommunistischen Partei) von Karl Marx und Friedrich Engels: von der Erstausgabe zur Leseausgabe*, Trier 1995.

Die beste allgemeine Erörterung der Junghegelianer findet sich bei John E. Toews, *Hegelianism: The Path Toward Dialectial Humanism, 1805–1841*, Cambridge 1985; Josef Rattner & Gerhard Danzer. *Die Junghegelianer: Porträt einer progressiven Intellektuellengruppe*, Würzburg 2005 sowie Gustav Mayer, «Die Anfänge des politischen Radikalismus im vormärzlichen Preußen», in: Hans-Ulrich Wehler (Hrsg.), *Radikalismus, Sozialismus und bürgerliche Demokratie*, Frankfurt am Main 1969, S. 7–108. Siehe aber auch Karl Löwith, *Von Hegel zu Nietzsche. Der revolutionäre Bruch im Denken des neunzehnten Jahrhunderts*, Stuttgart 1953; und (aus der theologischen Literatur) Albert Schweitzer, *Geschichte der Leben-Jesu-Forschung*, Tübingen 1984 [1906]. Zu Marx' Beziehung zu den Junghegelianern siehe Warren Breckman, *Marx, the Young Hegelians and the Origins of Radical Social Theory*, Cambridge 1999 und D. McLellan, *The Young Hegelians and Karl Marx*, London 1969. Ebenfalls von Interesse sind Douglas Moggach (Hrsg.), *The New Hegelians: Politics and Philosophy in the Hegelian School,* Cambridge 2006 sowie Douglas Moggach (Hrsg.), *Politics, Religion and Art: Divisions and Debate in the Hegelian School,* Evanston 2011 und David Leopold, *The Young Karl Marx: German Philosophy, Modern Politics and Human Flourishing,* Cambridge 2007.

Es gibt gute Ausgaben ausgewählter junghegelianscher Schriften: siehe Heinz und Ingrid Pepperle (Hrsg.), *Die Hegelsche Linke. Dokumente zu Philosophie und Politik im deutschen Vormärz,* Leipzig 1985 und Martin Hundt (Hrsg.), *Der Redaktionsbriefwechsel der Hallischen, Deutschen und Deutsch-Französischen Jahrbücher (1837–1844),* Berlin 2010.

Aus der deutschen Sekundärliteratur zu den Junghegelianern sind zu empfehlen Wolfgang Essbach, *Die Junghegelianer. Soziologie einer Intellektuellengruppe,* München 1988 sowie die jüngere und recht gute Publikation von Hans-Christoph Schmidt am Busch (Hrsg.), *Hegelianismus und Saint-Simonismus,* Paderborn 2007.

Die allgemeine Literatur zum sogenannten «utopischen Sozialismus» ist ziemlich veraltet; es gibt allerdings gute Einzelstudien. Siehe insbesondere Jonathan Beecher, *Charles Fourier: The Visionary and his World,* Berkeley 1992; Jonathan Beecher, *Victor Considerant and the Rise and Fall of French Romantic Socialism,* Berkeley 2001; Frank E. Manuel, *The New World of Henri de Saint-Simon,* Notre Dame 1963; Christopher H. Johnson, *Utopian Communism in France, Cabet and the Icarians,* 1839–1851, Cornell 1974; Gregory Claeys, *Machinery, Money and the Millennium from Moral Economy to Socialism 1815–1860,* Princeton 1987 (zu den Owenisten). Eine umfangreiche Überblicksarbeit ist Frank E. and Fritzie P. Manuel, *Utopian Thought in the Western World,* Cambridge/Mass. 1979. Die beste Studie zum Bund der Gerechten und seiner Beziehung zu Marx und Engels ist Christine Lattek, *Revolutionary Refugees: German Socialism in Britain, 1840–1860,* London 2002.

Zu Moses Hess siehe Edmund Silberner, *Moses Hess. Geschichte seines Lebens,* Leiden 1966 und zu Karl Grün Manuela Köppe, «Biographische und werkanalytische Einleitung», in: *Karl Grün, Ausgewählte Schriften in zwei Bänden,* hrsg. v. Manuela Köppe, Berlin 2005.

Was Marx und Engels selbst betrifft, wird jeder dankbar sein, dass das großangelegte wissenschaftliche Projekt einer Marx-Engels-Gesamtausgabe unter den Auspizien der Berlin-Brandenburgischen Akademie der Wissenschaften wieder aufgenommen wurde. Diese ermöglicht nicht nur eine einheitliche Zitierweise, sondern auch eine wissenschaftlich genauere und historisch sensiblere Betrachtung ihrer Schriften.

Die erste große Marx-Biographie von Franz Mehring, *Karl Marx: Geschichte seines Lebens,* Leipzig 1918, ist nach wie vor lesenswert. Immer noch sehr wertvoll ist *Karl Marx. Eine Biographie* von Boris Nikolaevsky, Hannover 1963. Die bekannteste moderne Biographie ist die von David McLellan, *Karl Marx. Leben und Werk,* München 1983. Es gibt außerdem eine hervorragende kurze illustrierte biographische Darstellung von Werner Blumenberg, *Karl Marx in Selbstzeugnissen und Bilddokumenten,* Reinbek bei Hamburg 2007. Was Marx' Privatleben betrifft ist die sehr lesenswerte Biographie von Francis Wheen, *Karl Marx,* München 2001, unverzichtbar. Die neueste Biographie ist die von Rolf Hosfeld, *Die Geister, die er rief: Eine neue Karl-Marx-Biografie,* München 2009.

Zur Beziehung zwischen Marx und Engels siehe insbesondere Gustav Mayer, *Friedrich Engels: Eine Biographie,* Köln 1971 und Terrell Carver, *Marx and Engels: the Intellectual Relationship,* Brighton 1983; siehe auch Tristram Hunt, *Friedrich Engels: Der Mann, der den Marxismus erfand,* Berlin 2012.

Register